Mein lieber Flori,
nochmals vielen Dank für:
- wissenschaftliche Diskussionen,
- Horizonterweiterung,
- kritisches Hinterfragen
- und: Spaß & Ablenkung
Es war eine tolle Zeit!

Dein Oliver

Die Wirkung kundenorientierter Produkt-Vorankündigungen - Eine empirische Untersuchung am Beispiel der Automobilindustrie

D I S S E R T A T I O N
der Universität St. Gallen,
Hochschule für Wirtschafts-,
Rechts- und Sozialwissenschaften (HSG)
zur Erlangung der Würde eines
Doktors der Wirtschaftswissenschaften

vorgelegt von

Oliver Merkel

aus

Deutschland

Genehmigt auf Antrag der Herren

Prof. Dr. Torsten Tomczak

und

Prof. Dr. Marcus Schögel

Dissertation Nr. 3274

Cuvillier Verlag, Göttingen 2007

Bibliografische Information Der Deutschen Bibliothek
Die Deutsche Bibliothek verzeichnet diese Publikation in der Deutschen
Nationalbibliografie; detaillierte bibliografische Daten sind im Internet über
http://dnb.ddb.de abrufbar.
1. Aufl. - Göttingen : Cuvillier, 2007
    Zugl.: St. Gallen, Univ., Diss., 2006

    978-3-86727-157-8

© CUVILLIER VERLAG, Göttingen 2007
    Nonnenstieg 8, 37075 Göttingen
    Telefon: 0551-54724-0
    Telefax: 0551-54724-21
    www.cuvillier.de

1. Auflage, 2007
Gedruckt auf säurefreiem Papier

    978-3-86727-157-8

Die Universität St. Gallen, Hochschule für Wirtschafts-, Rechts- und Sozialwissenschaften (HSG), gestattet hiermit die Drucklegung der vorliegenden Dissertation, ohne damit zu den darin ausgesprochenen Anschauungen Stellung zu nehmen.

St. Gallen, den 13. November 2006

Der Rektor:

Prof. Ernst Mohr, PhD

Vorwort

Die Produkt-Vorankündigung ist ein häufig eingesetztes Instrument, mit dem Unternehmen bestimmte Zielgruppen über die zukünftige Markteinführung von Produkten informieren. Die vorliegende Arbeit beschäftigt sich mit der Fragestellung, unter welchen Bedingungen Produkt-Vorankündigungen wahrgenommen werden und welchen Einfluss sie auf die Kaufentscheidung von Konsumenten erzielen können. Eine Reihe von Personen hat einen unmittelbaren Beitrag zu dieser Arbeit geleistet und mich unterstützt. Ihnen gilt mein aufrichtiger Dank.

An erster Stelle möchte ich mich bei meinem Doktorvater Prof. Dr. Torsten Tomczak für die kompetente und engagierte Betreuung während der Dissertation bedanken. Seine punktgenauen Fragen und sein Fokus auf die praktische Relevanz haben mich bei der Konzeption der Arbeit entscheidend beeinflusst. Auch das fast schon legendäre Seminar in Boldern und die damit verbundene Einladung zum HSG Sommerfest werden mir immer in lebendiger Erinnerung bleiben. Ebenso bedanke ich mich bei Prof. Dr. Marcus Schögel für die freundliche Übernahme des Korreferates. Neben seiner wertvollen inhaltlichen Unterstützung im Verlauf der Arbeit habe ich vor allem seine energievolle und mitreißende Art zu schätzen gelernt, mit der er Menschen stets aufs Neue motiviert.

Meinen Freunden und Kollegen am Institut für Marketing und Handel danke ich für eine überaus spannende und ereignisreiche Zeit in St. Gallen. Besonderer Dank gilt dabei Sven Henkel, Dr. Christian Schmitz und Tim Oliver Brexendorf für die vielen angeregten Diskussionen. Mit großem Engagement und Enthusiasmus haben sich Daniel Wentzel und Carolin Wufka durch das erste Manuskript gekämpft. Ihre wertvollen Hinweise haben zur klaren Strukturierung der Arbeit beigetragen.

Bedanken möchte ich mich auch bei meinen Freunden Dr. Nico Landes, Florian Frensch und Dr. Heiko Schäfer. Sie standen mir als wertvolle Sparringspartner in unzähligen Diskussionen zur Seite, bei plötzlichen Geistesblitzen auch mitten in der Nacht. Gemeinsam haben wir nicht nur neue Erkenntnisse gefeiert.

Dir, Jana, gebührt ganz besonderer Dank. Du hast mit mir in der Kälte gestanden, um Konsumenten zur Wirkung von Vorankündigungen zu befragen, hast mit Begeisterung die Fokusgruppen begleitet und dich mit mir über jedes neue Ergebnis gefreut. Ebenso wichtig: Du hast mich immer wieder aus dem Dissertationsalltag entführt und für kreativitätsfördernde Ablenkung gesorgt.

Meine Mutter hat mich in unvergleichlicher Weise gefördert und bedingungslos in all meinen Entscheidungen unterstützt. Ihr habe ich es zu verdanken, dass ich diesen spannenden Weg gehen konnte. Ihr widme ich diese Arbeit.

Berlin, im Dezember 2006   Oliver Merkel

Inhaltsverzeichnis

INHALTSVERZEICHNIS I

ABBILDUNGSVERZEICHNIS V

TABELLENVERZEICHNIS VII

ABKÜRZUNGSVERZEICHNIS VIII

ZUSAMMENFASSUNG... XI

SUMMARY XIII

1   **Einleitung** 1

   1.1   Problemstellung und Relevanz des Themas 1

   1.2   Ziele der Arbeit und Forschungsfragen 7

   1.3   Eingrenzung des Forschungsgegenstandes 8

   1.4   Forschungsmethodisches Vorgehen 9

   1.5   Aufbau der Arbeit 13

2   **Grundlagen der Arbeit** 17

   2.1   Das Konzept der Produkt-Vorankündigung 17

      2.1.1   Definition und Abgrenzung der Begrifflichkeiten 17

      2.1.2   Bestandsaufnahme der relevanten Literatur 20

         2.1.2.1   Konsumenten als Zielgruppe von Vorankündigungen 25

         2.1.2.2   Weitere Zielgruppen von Vorankündigungen 30

      2.1.3   Erkenntnisbeitrag für die weitere Arbeit 37

   2.2   Der Automobil-Kaufentscheidungsprozess von Konsumenten 38

      2.2.1   Verhaltenswissenschaftliche Perspektive 38

      2.2.2   Informationsökonomische Perspektive 46

      2.2.3   Determinanten der Kaufentscheidung 51

         2.2.3.1   Soziodemographische Determinanten 51

         2.2.3.2   Psychographische Determinanten 54

         2.2.3.3   Externe Determinanten 59

      2.2.4   Die Automobil-Kaufentscheidung unter Berücksichtigung von Produkt-Vorankündigungen 61

      2.2.5   Erkenntnisbeitrag für die weitere Arbeit 63

   2.3   Die Wirkung von Produkt-Vorankündigungen aus Herstellersicht............ 64

2.3.1   Vorteile von kundenorientierten Produkt-Vorankündigungen......... 65

2.3.2   Nachteile von kundenorientierten Produkt-Vorankündigungen 71

2.3.3   Determinanten der Wirkung von kundenorientierten Produkt-
Vorankündigungen 74

2.3.4   Erkenntnisbeitrag für die weitere Arbeit.. 79

2.4   Zusammenfassung.. 80

**3   Planung und Realisierung von Produkt-Vorankündigungen in der
Automobilindustrie 83**

3.1   Herausarbeitung der Besonderheiten von Produkt-
Vorankündigungen in der Automobilindustrie mittels Fallbeispielen 83

3.1.1   Die Produkt-Vorankündigung des BMW 1er................................. 84

3.1.2   Die Produkt-Vorankündigung des Audi A3................................... 89

3.1.3   Erkenntnisbeitrag für die weitere Arbeit....................................... 93

3.2   Annahmen und Hypothesen zum Einsatz von Produkt-
Vorankündigungen in der Automobilindustrie 95

3.2.1   Bestimmung der Zielgruppe... 98

3.2.2   Auswahl der Kommunikationskanäle 98

3.2.3   Zeitliche Gestaltung.. 104

3.2.4   Inhaltliche Gestaltung... 107

3.3   Empirische Untersuchung von Produkt-Vorankündigungen in der
Automobilindustrie... 108

3.3.1   Ziel der empirischen Untersuchung und Forschungsmethodik...... 108

3.3.2   Konzeption und Pretest des Fragebogens...................................... 110

3.3.3   Stichprobe... 111

3.3.4   Datenerhebung und Datenbasis... 111

3.3.5   Güte der Untersuchung.. 114

3.4   Ergebnisse der empirischen Untersuchung.. 116

3.4.1   Deskriptive Erkenntnisse zum Vorankündigungsverhalten von
Automobilherstellern... 116

3.4.2   Prüfung der Hypothesen.. 123

3.5   Zusammenfassung... 129

**4   Hypothesen zur Wirkung kundenorientierter Produkt-Vorankündigungen
.... 131**

4.1   Voraussetzungen für die Wirkung von Produkt-Vorankündigungen 131

4.1.1   Wahrnehmung 133

4.1.2 Einschätzung der Glaubwürdigkeit 136

4.1.3 Einschätzung der Relevanz 140

4.2 Die Wirkung von Produkt-Vorankündigungen 143

4.2.1 Inhaltliche Umorientierung der Kaufentscheidung 144

4.2.2 Zeitliche Umorientierung der Kaufentscheidung 145

4.3 Einfluss der Merkmale des Empfängers auf die Wahrnehmung und Wirkung von Produkt-Vorankündigungen 148

4.3.1 Geplanter Kaufzeitpunkt 149

4.3.2 Graduelle Meinungsführerschaft 152

4.3.3 Individuelle Wechselneigung 158

4.4 Der Zusammenhang zwischen Wahrnehmung und Wirkung von Produkt-Vorankündigungen 164

4.5 Zusammenfassung 165

5 Empirische Untersuchung der Wirkung kundenorientierter Produkt-Vorankündigungen 167

5.1 Grundlegende methodische Aspekte der empirischen Untersuchung 167

5.1.1 Reflektive vs. formative Messmodelle 167

5.1.2 Methoden und Programme der statistischen Auswertung 170

5.1.3 Gütebeurteilung der Konstruktmessung 172

5.2 Durchführung der empirischen Untersuchung 177

5.2.1 Auswahl der Forschungsmethodik 177

5.2.2 Konzeption und Pretest des Fragebogens 179

5.2.3 Stichprobe 181

5.2.4 Datenerhebung und Datenbasis 182

5.3 Operationalisierung der verwendeten Konstrukte 184

5.3.1 Operationalisierung der Merkmale des Konsumenten 184

5.3.2 Operationalisierung der Wahrnehmung von Vorankündigungen .. 192

5.3.3 Operationalisierung der Wirkung von Vorankündigungen 193

5.4 Auswertung der Ergebnisse 196

5.4.1 Der Einfluss der Merkmale von Konsumenten auf die Wahrnehmung und Wirkung von Vorankündigungen für neue Baureihen 196

5.4.2 Der Einfluss der Merkmale von Konsumenten auf die Wahrnehmung und Wirkung von Vorankündigungen für Nachfolgemodelle 200

5.5   Zusammenfassung 202

6   Implikationen für den Einsatz von Produkt-Vorankündigungen in der
Automobilindustrie **203**

6.1   Zielgruppengenaue Ansprache potenzieller Nachfrager 204

6.2   Einbeziehung der relevanten Informationsquellen von Konsumenten
beim Autokauf 205

6.3   Berücksichtigung des geplanten Kaufzeitpunkts bei der
Konsumentenansprache 208

6.4   Ansätze zur inhaltlichen Gestaltung von Vorankündigungen 210

7   Schlussbetrachtung **212**

7.1   Zusammenfassung und kritische Würdigung der Ergebnisse 212

7.2   Implikationen für die weitere Forschung 218

ANHANG 223

LITERATURVERZEICHNIS 235

CURRICULUM VITAE 263

Abbildungsverzeichnis

Abbildung 1: Brutto-Werbeausgaben und Neuzulassungen PKW-Hersteller in Deutschland 2

Abbildung 2: Methodenmix im Rahmen der Arbeit 10

Abbildung 3: Aufbau der Arbeit 15

Abbildung 4: Produkt-Vorankündigung im Vorfeld der Markteinführung 19

Abbildung 5: Einfluss von Vorankündigungen auf den Börsenwert von Unternehmen 36

Abbildung 6: Einflussfaktoren der Art von Kaufentscheidungen 40

Abbildung 7: Entscheidungsprozess beim Kauf von PKW 45

Abbildung 8: Positionierung der Automobil-Kaufentscheidung im informations-ökonomischen Dreieck 50

Abbildung 9: Zentrale Determinanten der Automobil-Kaufentscheidung 51

Abbildung 10: Motivstruktur beim Autokauf 56

Abbildung 11: Idealtypischer Kaufentscheidungsprozess unter Berücksichtigung kundenorientierter Produkt-Vorankündigungen 62

Abbildung 12: Diffusionsbeschleunigende Wirkung von Vorankündigungen 67

Abbildung 13: Diffusionsvertiefende Wirkung von Vorankündigungen 68

Abbildung 14: Determinanten der Wirkung von Produkt-Vorankündigungen 75

Abbildung 15: Forschungsmethodik – Fallbeispiele 84

Abbildung 16: Zeitliche Gestaltung der Vorankündigung BMW 1er 86

Abbildung 17: Zeitliche Gestaltung der Vorankündigung Audi A3 91

Abbildung 18: Ausgewählte Kenngrößen zum Vergleich der Wirkung der Produkt-Vorankündigungen BMW 1er und Audi A3 94

Abbildung 19: Wesentliche Gestaltungsmerkmale von Vorankündigungen 97

Abbildung 20: Kommunikationsinstrumente im Überblick 99

Abbildung 21: Forschungsmethodik – Schriftliche Herstellerbefragung 110

Abbildung 22: Effektive Stichprobe der Herstellerbefragung 112

Abbildung 23: Bedeutungsgewicht der Zielgruppen von Vorankündigungen 117

Abbildung 24: Kommunikationskanäle der Vorankündigung 119

Abbildung 25: Relative Kosten der Vorankündigung 120

Abbildung 26: Mehrstufiger Prozess von Produkt-Vorankündigungen 122

Abbildung 27: Detaillierungsgrad von Vorankündigungen 123

Abbildung 28: Hypothesenstruktur 123

Abbildung 29: Einsatz interaktiver Kommunikationskanäle im
                    Kommunikationsmix der Vorankündigung.. 124

Abbildung 30: Zusammenhang von Kaufpreis und Dauer der Vorankündigung....... 128

Abbildung 31: Forschungsmethodik – Fokusgruppen... 132

Abbildung 32: Individuelle Wahrnehmung des Angebots einer Produktkategorie.... 142

Abbildung 33: Festlegung der Kaufentscheidung von Konsumenten........................ 145

Abbildung 34: Vor- und Nachteile der Kaufrückstellung aus Kundenperspektive.... 147

Abbildung 35: Festigung der Kaufentscheidung im Zeitverlauf............................... 150

Abbildung 36: Klassisches Diffusionsmodell von Rogers....................................... 156

Abbildung 37: Einfluss der Wechselneigung auf die Kaufentscheidung unter
                    Berücksichtigung des Innovationsgrades.. 163

Abbildung 38: Hypothesen zu Wirkungsbeziehungen der latenten Variablen.......... 166

Abbildung 39: Vergleich reflektiver und formativer Messmodelle 169

Abbildung 40: Forschungsmethodik – Mündliche Konsumentenbefragung.............. 179

Abbildung 41: Aufbau der Konsumentenbefragung... 180

Abbildung 42: Operationalisierung der Meinungsführerschaft nach Childers........... 187

Abbildung 43: Ergebnisse der Hypothesenprüfung, Vorankündigung neue
                    Baureihe.. 198

Abbildung 44: Ergebnisse der Hypothesenprüfung, Vorankündigung
                    Nachfolgemodell 201

Abbildung 45: Geplanter Kaufzeitpunkt mit Einfluss auf Wahrnehmung und
                    Wirkung von Vorankündigungen... 209

Tabellenverzeichnis

Tabelle 1:   Empirische Untersuchungen zu Produkt-Vorankündigungen 21

Tabelle 2:   Empirische Arbeiten zu kundenorientierten Vorankündigungen 30

Tabelle 3:   Kaufentscheidungsprozess für Automobile nach Leigh/Rethans 43

Tabelle 4:   Bewertung der Kriterien der Automobil-Kaufentscheidung 49

Tabelle 5:   Vor- und Nachteile kundenorientierter Vorankündigungen 65

Tabelle 6:   Zusammenfassung der Unterschiede zwischen den Produkt-
               Vorankündigungen für BMW 1er und Audi A3 95

Tabelle 7:   Beispiele für Informationsquellen beim Autokauf 100

Tabelle 8:   Zusammenfassung der Annahmen und Hypothesen 109

Tabelle 9:   Zusammensetzung der Stichprobe der Herstellerbefragung 113

Tabelle 10:   Durchschnittliche Dauer der Vorankündigung in Monaten 126

Tabelle 11:   t-Test bei unabhängigen Stichproben 127

Tabelle 12:   Merkmale von Meinungsführern im Vergleich zu Nicht-
               Meinungsführern 155

Tabelle 13:   Verwendete Gütekriterien zur Beurteilung der Messmodelle 177

Tabelle 14:   Zusammensetzung der Stichprobe der Konsumentenbefragung 183

Tabelle 15:   Informationen zum Konstrukt „Graduelle Meinungsführerschaft" ... 188

Tabelle 16:   Informationen zum Konstrukt „Wechselneigung" 191

Tabelle 17:   Informationen zum Konstrukt „Wahrnehmung von Produkt-
               Vorankündigungen" 193

Tabelle 18:   Informationen zum Konstrukt „Einfluss auf die
               Kaufentscheidung: Neue Baureihen" 195

Tabelle 19:   Informationen zum Konstrukt „Einfluss auf die
               Kaufentscheidung: Nachfolgemodelle" 196

Tabelle 20:   Positive Anreize können Wirkung von Produkt-
               Vorankündigungen verstärken 211

Tabelle 21:   Zentrale Erkenntnisse der Herstellerbefragung 215

Tabelle 22:   Zentrale Erkenntnisse der Konsumentenbefragung 218

Abkürzungsverzeichnis

Abb.	Abbildung
Abs.	Abschnitt
AG	Aktiengesellschaft
AGFI	Adjusted-Goodness-of-Fit-Index
aktual.	aktualisierte (r, s)
Aufl.	Auflage
Aug.	August
Bd.	Band
bearb.	bearbeitete (r, s)
bspw.	beispielsweise
bzw.	beziehungsweise
CFI	Comparative Fit Index
Dez.	Dezember
df	Degrees of Freedom
d.h.	das heißt
Diss.	Dissertation
durchges.	durchgesehene (r, s)
erg.	ergänzte (r, s)
erw.	erweiterte (r, s)
et al.	et alii, et alia
etc.	et cetera
f., ff.	folgende, fortfolgende
Feb.	Februar
GFI	Goodness-of-Fit-Index
ggf.	gegebenenfalls
GmbH	Gesellschaft mit beschränkter Haftung
GVO	Gruppenfreistellungsverordnung
Hrsg.	Herausgeber
i.d.R.	in der Regel
Jan.	Januar
Jg.	Jahrgang
KBA	Kraftfahrt-Bundesamt
korr.	korrigierte (r, s)

Mio.	Millionen
Mrd.	Milliarden
No.	Number
Nov.	November
Nr.	Nummer
Okt.	Oktober
o.V.	ohne Verfasser
PC	Personal Computer
PKW	Personenkraftwagen
PLS	Partial Least Squares
PR	Public Relations
PVA	Produkt-Vorankündigung
rev.	revidierte
RMR	Root Mean Square Residual
RMSEA	Root Mean Squared Error of Approximation
S.	Seite
Sept.	September
Sp.	Spalte
Std.-Abw.	Standardabweichung
Tab.	Tabelle
u.a.	und andere, unter anderem
überarb.	überarbeitete (r, s)
verb.	verbesserte (r, s)
vgl.	vergleiche
Vol.	Volume
vollst.	vollständig
vs.	versus
z.B.	zum Beispiel
z.T.	zum Teil

Zusammenfassung

Mit dem Einsatz von Produkt-Vorankündigungen wird das Ziel verfolgt, bestimmte Zielgruppen über die zukünftige Markteinführung von Produkten informieren. In der Automobilindustrie werden rund 88 Prozent aller neuen Modelle vorangekündigt, um durch die frühzeitige Kontaktaufnahme mit potenziellen Nachfragern eine Beschleunigung und Vertiefung der Produktdiffusion zu erreichen. Es besteht allerdings Unklarheit über die Faktoren, welche die Wahrnehmung von Produkt-Vorankündigungen (PVA) und ihre Wirkung auf die Kaufentscheidung von Konsumenten beeinflussen.

Ziel der vorliegenden Arbeit ist die Untersuchung der Wirkung von PVA, um neue Erkenntnisse für den Einsatz und die Gestaltung kundenorientierter PVA zu generieren. Diesem Ziel folgend wird zunächst aus der Herstellerperspektive heraus analysiert, wie Unternehmen PVA einsetzen und welche Ziele sie mit dem Einsatz verbinden. Die Erkenntnisse stützen sich hier zum einen auf die Fallbeispiele BMW 1er und Audi A3 und zum anderen auf die quantitativ empirische Untersuchung von 51 PKW-Modelleinführungen. Der Schwerpunkt der Arbeit liegt jedoch in der empirischen Untersuchung der Wahrnehmung von PVA und ihrer Wirkung auf den Kaufentscheidungsprozess potenzieller Nachfrager. Im Rahmen der Analyse wurden zunächst Fokusgruppen mit Autokäufern und anschließend eine standardisierte mündliche Befragung von 233 Konsumenten durchgeführt. Durch die Synthese von Hersteller- und Konsumentenperspektive werden konkrete Handlungsempfehlungen für den wirkungsoptimalen Einsatz von PVA abgeleitet.

Grundsätzlich sollten PVA mehrstufig und mit zunehmendem Detaillierungsgrad erfolgen und die zur Angebotsbeurteilung notwendigen Informationen über Preis, Design und Ausstattung enthalten. In der vorliegenden Arbeit wird erstmals empirisch gezeigt, dass neben anderen Faktoren vor allem die Merkmale von Konsumenten einen Einfluss auf die Wahrnehmung und Wirkung von PVA haben. Bei der Realisierung erfolgreicher PVA sind insbesondere der geplante Kaufzeitpunkt des Konsumenten, seine graduelle Meinungsführerschaft sowie seine Wechselneigung einzubeziehen. Darüber hinaus ist der Innovationsgrad als Moderator einzelner Wirkungsbeziehungen zu berücksichtigen.

Summary

Firms use preannouncements with the objective to inform selected target groups about the future market introduction of new products. By communicating product details before market availability, a firm can already generate awareness among potential buyers and accelerate sales after market introduction. In the automotive industry, for example, preannouncements today are used for almost 88 percent of all new model introductions. However, it remains unclear which factors affect the perception of preannouncements and the influence they can have on customer's buying decisions.

In an exploratory study the author firstly analyzed the incidence and rationale for preannouncement. Therefore, a management survey was conducted exploring 51 model introductions for the years 2003-2005. In addition to this database, two qualitative case studies examine and compare the role of preannouncement in the market entry strategies of the BMW 1 Series and the Audi A3. However, the focus of this work clearly lies in the empirical analysis of how car buyers perceive preannouncements of new models and how they influence their buying decisions. Following an extensive literature review, focus groups with car buyers were conducted to develop a framework of the car buying decision process with special consideration of preannounced models. The developed hypotheses were empirically tested with multivariate analyses based on a dataset of 233 customer interviews.

The final synthesis of management perspective and customer perspective made it possible to derive concrete recommendations for an effective and efficient use of preannouncements in automotive marketing. First of all, preannouncements should be considered an integral part of the overall communication strategy and should follow a multilevel approach. Information on price, design and features are key to customers for product evaluation and should be communicated with increasing level of detail towards market introduction. Among other factors, the consideration of customer-specific criteria is vital for successful preannouncements. Customer-specific criteria that influence the effects of preannouncements are (1) the planned date of purchase, (2) the level of opinion leadership and (3) the propensity to change. Furthermore, the degree of innovation must be considered as a moderating variable.

1 Einleitung

1.1 Problemstellung und Relevanz des Themas

Unternehmen sehen sich bei der Einführung neuer Produkte mit zwei zentralen Herausforderungen konfrontiert: Steigender Innovationsdruck führt in vielen Branchen zu einer hohen Anzahl an Neuprodukteinführungen und damit zu hohem Wettbewerb um die Aufmerksamkeit der Konsumenten. Gleichzeitig führt die Informationsüberflutung der Konsumenten zu einer sinkenden Effizienz der eingesetzten Werbemaßnahmen.[1] Durch die **Vorankündigung** neuer Produkte versuchen Unternehmen die Effizienz ihrer Marketingmaßnahmen zu erhöhen, indem sie z.B. potenzielle Nachfrager bereits vor der Markteinführung über kommende Innovationen informieren. Grundsätzliches Ziel von kundenorientierten Produkt-Vorankündigungen (PVA) ist es, Aufmerksamkeit und Interesse zu generieren, um die inhaltliche und zeitliche Umorientierung der Kaufentscheidung zugunsten des neuen Produktes zu erreichen. Allerdings scheinen sich Vorankündigungen nicht für alle Produkte gleichermaßen zu eignen: Sie werden von Unternehmen besonders häufig bei der Markteinführung von Produkten eingesetzt, die erklärungsbedürftig, mit hohen Wechselkosten für den Nachfrager verbunden sind oder denen ein zeitintensiver Kaufentscheidungsprozess vorangeht.[2]

Produkt-Vorankündigungen werden heute von Unternehmen in zahlreichen Branchen eingesetzt: Software-Hersteller kündigen neue Programmanwendungen weit vor ihrer Einführung an,[3] Filmstudios starten ihre Marketingaktivitäten oft lange vor dem jeweiligen Filmstart oder gar vor Drehbeginn[4] und Pharmaunternehmen informieren Ärzte teilweise bereits während der klinischen Testphase über Wirkung und Anwendungsgebiete neuer Medikamente.[5] Entsprechend konnten Untersuchungen zeigen, dass in vielen Branchen mehr als die Hälfte der befragten Unternehmen Vorankündigungen zur Einführung neuer Produkte einsetzt.[6] Kurz: *„Die zeitige Kontaktaufnahme mit den Zielgruppen hat Konjunktur."*[7]

---

[1] Vgl. Kroeber-Riel/Weinberg 1996, S. 566; Kroeber-Riel/Esch 2000, S. 12.
[2] Vgl. Lilly/Walters 1997, S. 4
[3] Vgl. Hoxmeier 2000, S. 116; Zhang Foutz/Kadiyali 2003, S. 1.
[4] Vgl. Lampel/Shamsie 2000, S. 239.
[5] Vgl. Best Practices LLC 2004.
[6] Vgl. Eliashberg/Robertson 1988, S. 285; Preukschat 1993, S. 139.
[7] Pimpl 2004a, S. 16.

Die kommunikationspolitischen Herausforderungen für Unternehmen und die daraus resultierende wachsende Bedeutung von Produkt-Vorankündigungen lassen sich insbesondere am Beispiel der Automobilindustrie darstellen. Automobilhersteller versuchen potenzielle Nachfrager von der Vorteilhaftigkeit ihres Angebots zu überzeugen, indem sie zur Markteinführung massiv in Produktkommunikation und begleitende Verkaufsmaßnahmen investieren.[8] Allerdings scheinen die Maßnahmen ihre erhoffte Wirkung oftmals nicht zu entfalten. Die **sinkende Effizienz** der klassischen Werbung[9] wird deutlich, wenn man die Anzahl der PKW-Neuzulassungen in Deutschland mit den jährlichen Werbeausgaben[10] der Hersteller vergleicht (vgl. Abbildung 1). Während die Anzahl der Neuzulassungen im Jahr 2005 im Vergleich zum Jahr 1999 um 13 Prozent zurückgegangen ist, blieben die Ausgaben für klassische Werbung nahezu konstant. Anders ausgedrückt haben sich die durchschnittlichen Werbeausgaben je Neufahrzeug im gleichen Zeitraum von 412 € auf 503 € (+ 22 Prozent) erhöht.

Abbildung 1: Brutto-Werbeausgaben und Neuzulassungen PKW-Hersteller in Deutschland

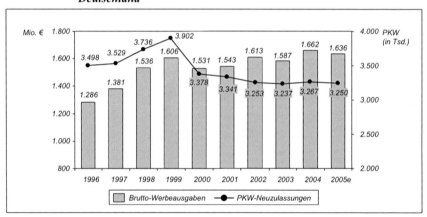

Quelle: Nielsen Media Research 2005; Kraftfahrt-Bundesamt 2005

---

[8]   Vgl. Motor Presse Stuttgart 2005, S. 309.

[9]   Der Begriff „klassische Werbung" oder auch „Mediawerbung" wird als Sammelbezeichnung für alle Formen der absichtlichen und zielgerichteten Marktkommunikation verstanden, die spezifische Massenmedien einsetzen. Vgl. Rogge 1996, S. 13 ff.

[10] Da die Mehrzahl der Automobilhersteller Werbeinvestitionen nicht detailliert veröffentlicht, werden für Vergleiche üblicherweise die von Nielsen Media Research ermittelten Brutto-Werbeinvestitionen genutzt, die auf den aktuellen Preislisten der Medien beruhen. Individuell verhandelte Rabatte, Sonderkonditionen und Mittlerprovisionen bleiben bei der Ermittlung dieser Werte unberücksichtigt. Vgl. Nielsen Media Research 2004, S. 8 ff.

Als Gründe für die sinkende Effizienz der Kommunikation zur Markteinführung neuer Automobile kommen marktbezogene Faktoren, wie z.b. immer kürzer werdende Produktlebenszyklen und die Fragmentierung des Angebots sowie kundenbezogene Faktoren, wie z.b. die wachsende Werbereaktanz der Konsumenten in Betracht.

Im Vergleich zu anderen Industriestaaten zeichnet sich Deutschland durch eine besonders hohe Fahrzeugdichte aus.[11] Der Markt gilt als vollständig gesättigt, und für die kommenden Jahre wird ein eher rückläufiger Absatz erwartet. Die Hersteller reagieren auf die sinkende Nachfrage mit immer kürzer werdenden **Produktlebenszyklen** der Modelle und zunehmender Segmentierung der Angebote durch die Einführung neuer Nischenmodelle.[12] Unterteilte man den Automobilmarkt zu Beginn des 20. Jahrhunderts in die zwei Fahrzeugtypen Limousine und Cabriolet, unterscheidet das Kraftfahrt-Bundesamt heute 9 verschiedene PKW-Typen.[13] Allein im Jahr 2005 werden voraussichtlich rund 157 neue PKW-Modelle und Modellvarianten im deutschen Markt eingeführt.[14] Die **Fragmentierung des Angebotes** durch die Schaffung neuer Fahrzeugklassen und die Markteinführung neuer Baureihen hat für Hersteller Vor- und Nachteile. Die Markenausweitung eröffnet einerseits Wachstumsmöglichkeiten und unterstützt die Auslastung vorhandener Produktionskapazitäten. Auf der anderen Seite ist diese Modellpolitik auch mit steigenden Komplexitätskosten in der Produktion und insbesondere in der Vermarktung verbunden.[15] Eine aktuelle empirische Untersuchung des Verlagshauses GRUNER + JAHR verdeutlicht die Masse an Werbebotschaften, die Konsumenten allein von den Herstellern der Automobilindustrie empfangen: Im Untersuchungszeitraum hatten die befragten Personen monatlich allein rund 54 Kontakte mit PKW-Werbung im Fernsehen.[16] Vor diesem Hintergrund verwundert es nicht, dass Konsumenten klassischer Werbung gegenüber eher ablehnend eingestellt sind, und dass mit weiter zunehmender **Werbereaktanz** gerechnet werden muss.[17]

---

[11] In Deutschland waren im Jahr 2003 pro 1.000 Einwohner 542 Fahrzeuge zugelassen, und damit deutlich mehr als bspw. in den USA (453) oder in Japan (428). Vgl. Radtke/Abele/Zielke 2004, S. 26.

[12] In den vergangenen 20 Jahren hat sich die durchschnittliche Lebenszyklusdauer neuer Automobile um rund 4 Jahre verkürzt, etwa alle 6 Jahre wird bei einer bestehenden Baureihe ein neues Modell herausgebracht. Vgl. Kalmbach 2003, S. 39. Die Mehrzahl der Automobilhersteller plant darüber hinaus die Einführung neuer Modelle, um potenziellen Kunden eine Auswahlmöglichkeit in jeder Fahrzeugkategorie unterbreiten zu können. Vgl. z.B. Frink 2005, S. 8.

[13] Vgl. Kraftfahrt-Bundesamt 2005, S. 16 ff.

[14] Vgl. Auto Motor und Sport 2004.

[15] Vgl. Kalmbach 2003, S. 41.

[16] Analysiert wurden die klassischen Werbemaßnahmen von 152 PKW-Modellen. Vgl. Gruner + Jahr AG 2004, S. 92.

[17] Vgl. VuMA Arbeitsgemeinschaft 2005, S. 23; Diez 2001, S. 566.

Durch den Einsatz von Produkt-Vorankündigungen versuchen Unternehmen, die Effizienz der klassischen Produktwerbung zu erhöhen und den Markterfolg neuer Produkte vorzubereiten. Angesichts der hohen Anzahl an Neuprodukteinführungen und der Möglichkeit, das Kaufverhalten von Konsumenten bereits vor der Markteinführung beeinflussen zu können, verwundert es nicht, dass Anzahl und Umfang von Vorankündigungskampagnen zunehmen.[18] Die wachsende Bedeutung des Themas wird durch Beiträge in zahlreichen praxisorientierten Publikationen betont, die sich allerdings oft auf Handlungsempfehlungen beschränken, die weder theoretisch noch empirisch fundiert sind. Hinzu kommt, dass sich einige Publikumszeitschriften wie z.b. „Auto, Motor und Sport" oder „Autobild" ausschließlich mit Themen rund um das Automobil beschäftigen und Vorankündigungen der Hersteller redaktionell aufgreifen, um die Leserschaft über kommende Modelle ausführlich zu informieren.

Auch die Gestaltung von Produkt-Vorankündigungen hat sich in den letzten Jahren stark verändert. Beschränkte sich die Vorankündigung eines neuen Produktes früher primär auf die Information einiger Journalisten im Rahmen einer Pressemitteilung, werden Vorankündigungen heute oftmals über verschiedenste Kanäle kommuniziert und als „integraler Bestandteil der Markteinführungsstrategie"[19] angesehen. Allerdings scheint weder branchenübergreifend, noch innerhalb einzelner Branchen Überein-stimmung hinsichtlich bestimmter Gestaltungskriterien zu bestehen. Die Analyse aktueller Vorankündigungen zeigt zum Teil deutliche Unterschiede in Bezug auf ihre zeitliche und inhaltliche Gestaltung sowie in der Wahl der eingesetzten Kommunikationskanäle.[20] Vor dem Hintergrund dieser heterogenen Gestaltung ist zu vermuten, dass das volle Wirkungspotenzial von Vorankündigungen bislang eher unzureichend ausgeschöpft wird.

Es scheint vor allem unklar, welche Gestaltungsfaktoren die Wirkung von Vorankündigungen beeinflussen.[21] Entsprechend wurde festgestellt, dass die Planung und Realisierung von Vorankündigungen oftmals keinem systematischen Prozess folgt, der z.B. auf Erkenntnisse aus dem Einsatz von klassischer Werbung zurückgreift.[22] Zudem fehlen Erkenntnisse, ob und inwieweit Unternehmen beim

---

[18]   Vgl. Pimpl 2004a, S. 16.

[19]   Interview mit Peter Sommer, Marketingdirektor, Adam Opel GmbH, am 17. Mai 2005.

[20]   Für die Darstellung aktueller Produkt-Vorankündigungen in der Automobilindustrie vgl. Pimpl 2004a, S. 16. Die heterogene Gestaltung von Produkt-Vorankündigungen wird in branchenübergreifenden empirischen Untersuchungen bestätigt. Vgl. z.B. Lilly/Walters 1997, S. 7.

[21]   Vgl. Schirm 1995, S. 49.

[22]   Vgl. Lilly/Walters 1997, S. 18.

Einsatz von Produkt-Vorankündigungen strategisch vorgehen und diese inhaltlich mit den sonstigen Kommunikationsmaßnahmen der Markteinführung verknüpfen.[23] Darüber hinaus wird vermutet, dass sich Herstellerunternehmen oftmals nicht mit den negativen Folgen bei Nichteinhaltung ihrer Vorankündigungen auseinander setzen.[24]

Im Hinblick auf die **praktische Relevanz** der Beschäftigung mit dem Phänomen Produkt-Vorankündigung können folgende Punkte festgehalten werden:

- Vorankündigungen werden als Möglichkeit angesehen, die Effizienz kommunikativer Maßnahmen im Rahmen der Markteinführung neuer Produkte zu erhöhen. Entsprechend wächst die Bedeutung von Produkt-Vorankündigungen; Anzahl und Umfang von Vorankündigungskampagnen nehmen zu.

- Das Potenzial von kundenorientierten Produkt-Vorankündigungen wird bislang nur unzureichend ausgeschöpft. Insbesondere in der Automobilindustrie ist die Realisierung von Vorankündigungen von großer Heterogenität geprägt, und es besteht Unklarheit über die Faktoren, welche die Wirkung von Vorankündigungen beeinflussen.

Die Wissenschaft beschäftigt sich zwar seit einigen Jahren mit dem Phänomen Produkt-Vorankündigung, doch dominiert dabei die Fokussierung auf die Hersteller-unternehmen und die Argumentation aus der Perspektive des Top-Managements.[25] Obwohl Konsumenten als wichtigste Zielgruppe von Vorankündigungen gelten,[26] überrascht es, dass die Wahrnehmung von Produkt-Vorankündigungen und ihre Wirkung auf den Kaufentscheidungsprozess von Konsumenten wissenschaftlich bisher nur wenig durchdrungen ist. Ein Schwerpunkt bisheriger Forschungsarbeiten liegt in der Analyse der Wirkungen, die sich Unternehmen von der Vorankündigung neuer Produkte erhoffen. Wie diese Vorankündigungen jedoch von den Konsumenten als Empfängern tatsächlich aufgenommen werden, und ob sie die gewünschten Wirkungen entfalten, liegt weiter im Unklaren. Entsprechend wird in der Literatur die empirische Untersuchung der Wirkung von kundenorientierten Produkt-Vorankündigungen gefordert.[27]

---

[23] Vgl. Schnoor 2000, S. 120.
[24] Vgl. Scharffenberg 2000, S. 213.
[25] Vgl. z.B. Eliashberg/Robertson 1988; Rabino/Moore 1989; Preukschat 1993; Möhrle 1995; Lilly/Walters 1997; Kohli 1999; Calantone/Schatzel 2000.
[26] Vgl. Preukschat 1993, S. 141.
[27] Vgl. Schnoor 2000, S. 287.

Die **theoretische Relevanz** der Arbeit ergibt sich aus folgenden Forschungslücken:

- Die Weiterentwicklung des Kommunikationsinstruments Vorankündigung wird in der Literatur nicht ausreichend antizipiert. Es fehlen vor allem aktuelle empirische Erkenntnisse über Einsatz, Planung und Gestaltung von Vorankündigungen in der Unternehmenspraxis.

- Es besteht ein Mangel an empirischen Erkenntnissen darüber, welche Faktoren die Wahrnehmung kundenorientierter Vorankündigungen und ihre Wirkung auf den Kaufentscheidungsprozess von Konsumenten beeinflussen. Auch an dieser Stelle wird weiterer Forschungsbedarf konstatiert: *„From a theory perspective, the impact of preannouncements on initial consumer preferences is interesting because consumers cannot have past familiarity with upcoming products and often will be unfamiliar with new features."*[28] Damit einhergehend wurde festgestellt, dass klare Handlungsempfehlungen für den Einsatz kundenorientierter Vorankündigungen fehlen.[29]

- Es fehlt zudem ein geeignetes Messinstrumentarium zur Erfassung der Wirkung von kundenorientierten Vorankündigungen, da bisherige methodische Ansätze nicht ohne Einschränkungen auf die Automobilbranche übertragen werden können. Bisherige Arbeiten versuchten, die Wirkung von Produkt-Vorankündigungen über das Konstrukt[30] „Glaubwürdigkeit" zu erfassen.[31] Jedoch ist die Glaubwürdigkeit einer Vorankündigung im Rahmen der Automobil-Kaufentscheidung zwar als eine notwendige, jedoch nicht als hinreichende Bedingung für die tatsächliche Handlungsfolge auf Konsumentenebene anzusehen.

Zusammenfassend kann davon ausgegangen werden, dass die Vorankündigung neuer Produkte gegenüber potenziellen Kunden aus Praxissicht branchenübergreifend und insbesondere für die Automobilindustrie hochgradig relevant ist. Die wissenschaftliche Durchdringung des Themas offenbart allerdings einige konzeptionelle und empirische Forschungslücken, zu deren Schließung die vorliegende Arbeit beitragen soll.

---

[28] Lilly/Walters 2000, S. 1.
[29] Vgl. Schnoor 2000, S. 120.
[30] Ein theoretisches Konstrukt ist ein nicht direkt beobachtbarer, aber für die Erklärung bestimmter Zusammenhänge unabdingbarer Sachverhalt. Vgl. Trommsdorff 1975, S. 32.
[31] In chronologischer Reihenfolge: Schirm 1995; Sattler/Schirm 1999; Schnoor 2000; Ernst/Schnoor 2000.

1.2 Ziele der Arbeit und Forschungsfragen

Grundlegendes Ziel der vorliegenden empirischen Untersuchung ist es, neue Erkenntnisse im Hinblick auf den Einsatz und die Gestaltung kundenorientierter Produkt-Vorankündigungen zu generieren und konkrete Handlungsempfehlungen für Hersteller aufzuzeigen. Diesem Ziel folgend wird zunächst eine eingehende theoretische Analyse zur Wirkung von Vorankündigungen auf den Kaufentscheidungsprozess von Konsumenten vorgenommen. Wie Hersteller Vorankündigungen realisieren und welche Ziele sie mit dem Einsatz verbinden, wird im Anschluss qualitativ und quantitativ analysiert. Der Schwerpunkt der Arbeit liegt jedoch in der empirischen Untersuchung der Wahrnehmung von Produkt-Vorankündigungen und ihrer Wirkung auf den Kaufentscheidungsprozess potenzieller Nachfrager. Durch die **Synthese von Hersteller- und Konsumentenperspektive** sollen konkrete Handlungsempfehlungen für den wirkungsoptimalen Einsatz von Vorankündigungen abgeleitet werden.

Das Forschungsverständnis orientiert sich an dem Ziel, praxisrelevante und verwertbare Lösungskonzepte zu erarbeiten.[32] Grundlage einer solchen realitätsorientierten Forschung ist es, die Betriebswirtschaftslehre als angewandte Wissenschaft zu verstehen, die versucht, praktisch relevante Probleme[33] zu erkennen, zu beschreiben und zu analysieren, um mit dem erzeugten Wissen zur Verbesserung von Entscheidungs- oder Verhaltensprozessen beizutragen.[34] Dem Vorschlag von ULRICH zur Unterscheidung von praxisorientierten Aussagen der angewandten Betriebswirtschaftslehre folgend kann die vorliegende Arbeit dem zweiten Typus zugeordnet werden, der dem Ziel folgt, Lösungsverfahren für konkrete Praxisprobleme zu erarbeiten.[35] Ausgehend vom dargestellten Forschungsbedarf und den formulierten Zielen leiten sich folgende konkrete Forschungsfragen ab:

1. *Wie werden kundenorientierte Produkt-Vorankündigungen in der Unternehmenspraxis geplant und eingesetzt?*

2. *Welche Gestaltungsfaktoren beeinflussen die Wahrnehmung kundenorientierter Produkt-Vorankündigungen und ihre Wirkung auf den Kaufentscheidungsprozess von Konsumenten?*

---

[32] Vgl. Tomczak 1992, S. 83.
[33] Nach Popper beginnt die wissenschaftliche Erkenntnis „[…] nicht mit Wahrnehmungen oder Beobachtungen oder der Sammlung von Daten oder von Tatsachen, sondern sie beginnt mit Problemen." Popper 1967, S. 104.
[34] Vgl. Hildebrandt 2000, S. 36.
[35] Vgl. Ulrich 1981, S. 11.

Die Arbeit richtet sich an Wissenschaftler und Praktiker: Für die Forschung leistet die empirische Untersuchung der Wirkung von kundenorientierten Vorankündigungen einen Beitrag zur Weiterentwicklung des Wissensgebietes. Der Praktiker wird unterstützt bei der Wahl einer geeigneten Vorgehensweise zur Planung und Realisierung wirkungsoptimaler Vorankündigungen im Rahmen der Markteinführung neuer Produkte.

1.3 Eingrenzung des Forschungsgegenstandes

Aufgrund der thematischen Breite der Forschungsfragen erscheint es wichtig, den Untersuchungsgegenstand der vorliegenden Arbeit einzugrenzen. Die Fokussierung der Untersuchung soll in definitorischer Hinsicht und durch die branchenspezifische Eingrenzung des Phänomens Vorankündigung erreicht werden.

Diese Untersuchung beschäftigt sich mit der Wirkung von **kundenorientierten Produkt-Vorankündigungen**, die darauf abzielen, das Kaufverhalten von Privatkunden im Sinne des ankündigenden Unternehmens zu beeinflussen. Die beabsichtigten und unbeabsichtigten Wirkungen solcher Vorankündigungen auf weitere Empfängergruppen, wie z.B. Wettbewerber oder Handelspartner, ist jedoch nicht Gegenstand dieser Arbeit. Die Untersuchung wird daher fokussiert auf private Kaufentscheidungen, in denen der Käufer auch gleichzeitig als Verwender auftritt.[36] Organisationales Beschaffungsverhalten von Unternehmen und Institutionen bleibt von den Betrachtungen ausgeschlossen.

Durch die Fokussierung der Analyse auf eine spezifische Branche wird die Validität der Aussagen erhöht und die Verallgemeinbarkeit der Ergebnisse für die gewählte Branche möglich. Die **Automobilindustrie** bietet sich aus verschiedenen Gründen als geeignete Forschungsdomäne an: Vorankündigungen werden besonders häufig eingesetzt bei der Einführung langlebiger Konsumgüter wie beispielsweise PKW, denen ein zeitintensiver Kaufentscheidungsprozess vorangeht.[37] Die Vorankündigung neuer Automobile erfolgt oftmals mit hohem Aufwand und über reichweitenstarke Kanäle, was für eine hohe Visibilität der Kampagnen bei potenziellen Kunden sorgt und empirische Untersuchungen entsprechend erleichtern kann. Obwohl in früheren

---

[36] Im Jahr 2004 wurden rund 3,3 Millionen Neuwagen in Deutschland zugelassen. Rund 50 % der Zulassungen entfielen auf private Haushalte, während sich die restlichen 50 % auf gewerbliche Zulassungen beziehen. Vgl. Kraftfahrt-Bundesamt 2005, S. 7.
[37] Vgl. Lilly/Walters 1997, S. 4.

Arbeiten oftmals Beispiele aus der Automobilindustrie zur Illustration von Sachverhalten herangezogen werden,[38] fehlen aktuelle empirische Erkenntnisse zum Vorankündigungsverhalten von Automobilherstellern. Als zusätzlicher Vorteil des Branchenfokus ist zu sehen, dass Befragungsthemen zum Thema „Auto" bei vielen Autofahrern auf grundsätzliches Interesse stoßen, womit die Durchführung empirischer Erhebungen deutlich vereinfacht wird.

1.4 Forschungsmethodisches Vorgehen

Ausgehend von der geschilderten Problemstellung und den gestellten Forschungs-fragen erweist sich die Wahl eines **quantitativen Forschungsansatzes** als sinnvoll. Grundsätzliches Ziel der quantitativen Forschung ist es, theoretische Annahmen deduktiv zu überprüfen. Hierzu werden standardisierte Methoden zur Datenerhebung und Datenauswertung eingesetzt, um Kausalzusammenhänge zu erkennen und schließlich allgemeingültige Aussagen ableiten zu können. Insbesondere zum Zwecke der Hypothesengenerierung bzw. -erweiterung werden aber auch qualitative Methoden in den Forschungsansatz integriert, die sich offener, nicht standardisierter Erhebungsverfahren bedienen.[39] Einen wesentlichen Beitrag leistet an dieser Stelle die existierende Theorie, indem sie hilft, die über qualitative Methoden induktiv erworbenen Erkenntnisse auf eine gesicherte Basis zu stellen. Zur Beantwortung der Forschungsfragen wird daher ein **Methodenmix** aus qualitativen und quantitativen Methoden gewählt[40] (vgl. Abbildung 2). Zur Beantwortung der ersten Forschungsfrage erfolgt die Analyse des Vorankündigungsverhaltens in der Unternehmenspraxis aus der **Herstellerperspektive**. Die Wirkungen, die Vorankündigungen tatsächlich auf den Kaufentscheidungsprozess ausüben können, werden aus der **Kundenperspektive** untersucht.

Die qualitativen Analyseschritte werden auf die Phase der Hypothesengenerierung in einer explorativen Vorstudie konzentriert, um die entwickelten Hypothesen dann in einer nachfolgenden Phase quantitativ zu überprüfen. Der kombinierte Einsatz der Methoden wird der Komplexität des zu untersuchenden Forschungsgegenstandes gerecht[41] und hat den Vorteil, die Stärken beider Zugänge auszunutzen und ihre

---

[38] Vgl. u.a. Schnoor 2000, S. 149; Schirm 1995, S. 17; Diez 2001, S. 559 f.
[39] Vgl. Brannen 1992, S. 24 ff.
[40] Für die Diskussion verschiedener Ansätze zur Kombination qualitativer und quantitativer Methoden im Forschungsprozess vgl. Bryman 1992, S. 59 ff.
[41] Vgl. Ulrich 1981, S. 21.

Schwächen auszugleichen.[42] In der vorliegenden Arbeit werden als **übergreifende Forschungsmethoden** die Literaturanalyse und das Experten-Interview eingesetzt. Das Verständnis für den Einsatz und die Gestaltung von Produkt-Vorankündigungen in der Automobilindustrie wird über Fallbeispiele und eine schriftliche Hersteller-befragung erarbeitet, während die Analyse der Wirkung auf die Kaufentscheidung von Konsumenten über Fokusgruppen und eine mündliche Konsumentenbefragung erfolgt. Die eingesetzten Methoden werden nachfolgend kurz beschrieben.

Abbildung 2: Methodenmix im Rahmen der Arbeit

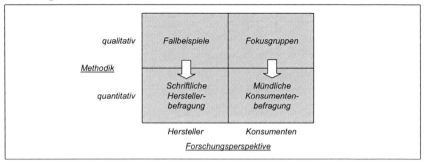

Quelle: Eigene Darstellung

QUALITATIVE METHODEN

Ziel der **Literaturanalyse** war es zunächst, notwendige theoretische Grundlagen zum Verständnis der Thematik zu erarbeiten, erste Hypothesenansätze zu formulieren und die bisherigen Erkenntnisse der Forschung kritisch zu hinterfragen.[43] Hierfür wurden empirische und konzeptionelle Arbeiten zum Thema Produkt-Vorankündigung analysiert und Beiträge aus angrenzenden Forschungsgebieten wie der Adoptions-, Diffusions- und Signaling-Theorie einbezogen. Ein weiterer Schwerpunkt des Literaturstudiums war die Auseinandersetzung mit forschungsmethodischen Ansätzen, um einen geeigneten Ansatz zur Durchführung der empirischen Primärerhebung zu erarbeiten. Die Literaturanalyse stützte sich zum größten Teil auf wissenschaftliche Arbeiten amerikanischer und deutscher Autoren, zudem wurden weitere Quellen wie Veröffentlichungen von Verbänden, Pressemitteilungen von vorankündigenden Herstellern sowie interne Ergebnisse aus der Marktforschung der befragten Unternehmen in die Analyse einbezogen.

---

[42] Vgl. Müller 2000, S. 153, Bryman 1992, S. 69.
[43] Für eine Zusammenfassung vgl. Rogge 1999, S. 82 f.

Im Rahmen der Untersuchung wurden nicht-standardisierte **Experten-Interviews** durchgeführt mit dem Ziel, ein tieferes Verständnis für die Planung und Realisierung von Produkt-Vorankündigungen in der Praxis zu gewinnen und erarbeitete Forschungshypothesen kritisch zu hinterfragen und zu erweitern. Im Zeitraum November 2004 bis Mai 2005 wurden Interviews mit Marketing-Verantwortlichen namhafter Automobilhersteller und mit Unternehmensberatern durchgeführt,[44] wobei die Auswahl entsprechend dem Erfahrungshintergrund der Befragten erfolgte.[45] Die Gespräche dauerten jeweils ca. ein bis anderthalb Stunden und wurden „offen" geführt, d.h. ohne vorgegebene Fragenstruktur und -reihenfolge, einzelne geschlossene Fragen dienten zudem zur Absicherung des Verständnisses.[46] Die Methodik des nicht-standardisierten Interviews bietet sich wie im vorliegenden Fall vor allem zur Exploration von Sachverhalten an. Als wesentlicher Vorteil im Vergleich zum standardisierten Interview gilt der flexible Gesprächsverlauf, der von der Auskunfts-person mitgestaltet werden kann: Neue Ideen und Anregungen können weiter verfolgt und die Fragen dem jeweiligen Gesprächsverlauf angepasst werden.[47] In Vorbereitung auf die Interviews wurde ein Interviewleitfaden[48] entwickelt, der zur Eingrenzung der Thematik diente und während des Interviews die Funktion eines „erzählgenerierenden Stimulus"[49] übernahm. Die Gespräche wurden zusammenfassend protokolliert[50] und den Gesprächspartnern jeweils einige Tage nach dem Interview zur Freigabe per Email zugesandt. Auf Basis der gewonnen Erkenntnisse wurde die Literaturanalyse fortgesetzt, um neue Hypothesen mit theoretischen Erkenntnissen zu konkretisieren oder auch zu verwerfen, und um Widersprüche zwischen den Aussagen der befragten Experten zu erklären.

Mit Hilfe zweier **Fallbeispiele** wurden wichtige qualitative Erkenntnisse über den Einsatz von Produkt-Vorankündigungen in der Automobilindustrie gewonnen. Ähnlich wissenschaftlichen Fallstudien erlaubt es diese qualitative Methodik dem Forscher, komplexe Zusammenhänge in ihrem Gesamtkontext wahrzunehmen, ohne den eigentlichen Charakter des Erkenntnisobjektes zu beeinflussen.[51] Vorankündigungen

---

[44] Eine Aufstellung der Interview-Partner findet sich im Anhang. Vgl. Anhang, Tab. A5.
[45] Vgl. Lamnek 1995, S. 92.
[46] Vgl. Yin 1994, S. 84.
[47] Vgl. Sauermann 1999, S. 134 f.; Lamnek 1995, S. 56; Eine Zusammenfassung der Vor- und Nachteilen der mündlichen Befragung findet sich z.B. bei Weis/Steinmetz 2000, S. 83 ff.
[48] Vgl. Anhang, Abb. A1.
[49] Lamnek 1995, S. 75.
[50] Zur zusammenfassenden Protokollierung vgl. Mayring 2002, S. 73.
[51] Vgl. die Definitionen von Yin 1994, S. 1 und Eisenhardt 1989, S. 534.

stellen ein komplexes Praxisproblem dar: Es handelt sich um einen konkreten
unternehmensspezifischen Entscheidungsprozess, der nicht vom Forscher beeinflusst
bzw. kontrolliert werden kann und daher im realen Kontext untersucht werden sollte.
Der damit verbundene hohe Praxisbezug von Fallbeispielen kann als wichtiger Vorteil
gegenüber rein quantitativen Erhebungen gelten.[52] In Abgrenzung zu wissenschaftlichen Fallstudien unterscheiden sich Fallbeispiele vor allem durch die stark
verkürzte Darstellung der Befunde.

Um die Wahrnehmung von Vorankündigungen und ihre Wirkung auf die
Kaufentscheidungsprozesse von Kunden zu verstehen, wurden im Rahmen einer
qualitativen Vorstudie zwei **Gruppendiskussionen**[53] mit acht bzw. neun Teilnehmern
durchgeführt.[54] Das Gruppendiskussionsverfahren ist dadurch gekennzeichnet, dass
eine Gruppe von Personen in strukturierter oder moderierter Weise über ein
bestimmtes Thema diskutiert.[55] Durch die alltägliche und offene Gesprächssituation
kann eine Vielzahl verschiedener Meinungen, Einstellungen, Motivationen und
Argumentationen erfasst und hinterfragt werden,[56] dabei ist die Kommunikation
zwischen den Teilnehmern ausdrücklich erwünscht.[57] Aufgrund der gruppen-
dynamischen Prozesse werden gewisse Hemmungen beseitigt, was dazu führt, dass die
Teilnehmer auch latente Meinungen äußern und Reaktionen zeigen, die sie in
Einzelgesprächen nicht offen legen.[58] Als Leitfaden für die Moderation diente ein
Skript, in dem der grobe Ablauf umrissen und zentrale Fragen den Erkenntniszielen
entsprechend vorformuliert wurden.[59] Die Aufgaben der Moderation bestanden im
Wesentlichen darin, durch anregende Impulse die Spontaneität und Aktivität der
Gesprächsteilnehmer zu fördern und den Diskussionsverlauf derart zu lenken, dass alle
Punkte des Leitfadens ausführlich besprochen wurden.[60] Die Gesprächsinhalte wurden
auf Video aufgezeichnet und für die spätere Auswertung zudem schriftlich
protokolliert. Die gewonnenen Erkenntnisse dienten einerseits der kritischen Prüfung

---

[52] Vgl. Mintzberg 1979, S. 586.
[53] Die Begrifflichkeiten „Gruppendiskussion" und „Fokusgruppe" werden in Übereinstimmung mit der
      Literatur in den weiteren Ausführungen synonym verwendet. Vgl. Kepper 2000, S. 61 und die Definitionen
      z.B. bei Morgan 1988, S. 9 f. und Welch 1985, S. 245.
[54] Als ideale Größe gilt eine Anzahl von 6-10 Teilnehmern. Vgl. Kepper 2000, S. 173; Chrzanowska 2002, S.
      21. Die Rekrutierung der Teilnehmer erfolgte über das Marktforschungsinstitut Freyer Marktforschung,
      Berlin.
[55] Vgl. Bortz/Döring 2002, S. 319.
[56] Vgl. Sauermann 1999, S. 119.
[57] Vgl. Bruns 1999, S. 139.
[58] Vgl. Meffert 1992, S. 230.
[59] Vgl. Lamnek 1998, S. 87 f.
[60] Vgl. Brannen 1992, S. 24; Sauermann 1999, S. 139; Bortz/Döring 2002, S. 243.

der Hypothesen[61] und wurden andererseits als Grundlage für die Konzeption der nachfolgenden empirischen Untersuchung genutzt.[62]

QUANTITATIVE METHODEN

Mit Hilfe einer Herstellerbefragung sollten die qualitativen Erkenntnisse aus den Experten-Interviews zur Planung, Gestaltung und Realisierung von Vorankündigungen in der Automobilindustrie quantitativ validiert werden. Als Datenerhebungsmethode wurde die **standardisierte schriftliche Befragung** gewählt.[63] Um die Vergleichbarkeit der Ergebnisse sicherzustellen, wurden folgende Kriterien zur Generierung der Stichprobe herangezogen: Betrachtet wurden die Markteinführungen von neuen Modellreihen und von Nachfolgemodellen der Jahre 2003 bis 2005 von Automobilherstellern, die in diesem Zeitraum jährlich mindestens 15.000 Fahrzeuge in Deutschland verkauft haben. Die verbleibende Stichprobe der Erhebung umfasste 95 Modelleinführungen von 26 Herstellern.

Für die Beantwortung der zweiten Forschungsfrage wurde als Verfahren für die empirische Primärerhebung die **standardisierte mündliche Befragung** von Konsumenten eingesetzt. Zielsetzung war die Schaffung der Datengrundlage zur Überprüfung der theoriegeleiteten und aus der qualitativen Vorstudie gewonnenen Hypothesen zur Wirkung von Vorankündigungen auf die Kaufentscheidung von Konsumenten. Der eigentlichen Befragung ging eine Vorauswahl voraus, so dass für die verbleibende homogene Stichprobe eine einheitliche Fragebogengestaltung gewählt werden konnte. Befragt wurden 240 Konsumenten, die zum Zeitpunkt der Erhebung einen Neuwagenkauf innerhalb der folgenden 24 Monate geplant hatten.

1.5 Aufbau der Arbeit

Die vorliegende Arbeit ist in sieben Kapitel untergliedert, wobei sich die Struktur im Wesentlichen an den eingangs formulierten Fragestellungen orientiert (vgl. Abbildung 3). Im ersten Kapitel wurden Problemstellung, Forschungsbedarf, Zielsetzung und forschungsmethodisches Vorgehen erläutert. Daraus abgeleitet werden in **Kapitel 2** die Grundlagen der Arbeit definitorisch und konzeptionell erfasst: Es werden die

---

[61] Vgl. Bortz/Döring 2002, S. 320.

[62] Vgl. Sauermann 1999, S. 119; Berekoven/Eckert/Ellenrieder 2001, S. 97.

[63] Zur Gestaltung und den Vor- und Nachteilen der schriftlichen Befragung vgl. Schmitt-Hagstotz/Pepels 1999, S. 156 ff.

Besonderheiten der kundengerichteten Produkt-Vorankündigung herausgearbeitet und der Kaufentscheidungsprozess für Automobile aus der verhaltenswissenschaftlichen und der informationsökonomischen Perspektive untersucht. Darüber hinaus werden die Chancen und Risiken analysiert, die sich für Unternehmen aus dem Einsatz von Vorankündigungen ergeben können.

Das **Kapitel 3** dient der Beantwortung der ersten Forschungsfrage und beschäftigt sich mit dem Vorankündigungsverhalten von Automobilherstellern. Bisherige theoretische und empirische Erkenntnisse werden dargestellt und um eigene Überlegungen auf Basis von Fallbeispielen und Experten-Interviews ergänzt. Die erarbeiteten Annahmen und Hypothesen werden im Anschluss mit Hilfe einer Herstellerbefragung quantitativ überprüft.

Im Mittelpunkt der Ausführungen von **Kapitel 4** steht die Erarbeitung von Hypothesen zur Wirkung von kundenorientierten Produkt-Vorankündigungen. Zunächst wird geklärt, wie Entscheidungsprozesse beim Kauf von Automobilen unter Berücksichtigung von Vorankündigungen grundsätzlich ablaufen. Hierzu werden zunächst die Voraussetzungen für die Wirkungsentfaltung analysiert und anschließend mögliche Wirkungen auf die Kaufentscheidung von Konsumenten aufgezeigt. Aufbauend auf dem theoretischen Fundament der Arbeit werden Hypothesen zu den relevanten Wirkungsbeziehungen abgeleitet. Zudem wird auf die Operationalisierung der betrachteten exogenen und endogenen Variablen eingegangen.

Dementsprechend schließt sich mit **Kapitel 5** die empirische Beantwortung der zweiten Forschungsfrage an. Zur Gewinnung der Datengrundlage für die empirische Analyse wird eine Konsumentenbefragung durchgeführt. Im Anschluss an die Gütebeurteilung der Messung werden die Ergebnisse der Hypothesenprüfung dargestellt und diskutiert.

In **Kapitel 6** werden die Implikationen für die Praxis aufgezeigt, die sich aus der Synthese der empirischen Erkenntnisse aus Hersteller- und Konsumentenperspektive ergeben. Im Fokus der Ausführungen steht die Darstellung von Ansätzen, wie Automobilhersteller die Effektivität und Effizienz ihrer Vorankündigungsmaßnahmen erhöhen können.

Abschließend werden in **Kapitel 7** die zentralen Forschungsergebnisse zusammengefasst und kritisch gewürdigt. Der Beitrag der vorliegenden Untersuchung für die Forschung soll im Folgenden unter konzeptionellen, empirischen und methodischen Gesichtspunkten bewertet werden. Daran anschließend werden Ansätze für die weitere Forschung formuliert.

Abbildung 3: Aufbau der Arbeit

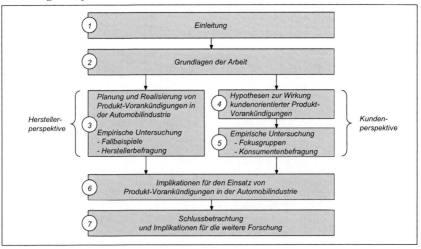

Quelle: Eigene Darstellung

2 Grundlagen der Arbeit

Durch die kritische Diskussion der bisherigen empirischen und konzeptionellen Forschungsarbeiten zum Thema Produkt-Vorankündigung werden in diesem Kapitel zunächst die notwendigen theoretischen Grundlagen zum Verständnis der Thematik erarbeitet. Die anschließende Diskussion der Automobil-Kaufentscheidung von Konsumenten aus einer verhaltenswissenschaftlichen und informationsökonomischen Perspektive folgt dem Ziel, mögliche Ansatzpunkte für den Einsatz von Produkt-Vorankündigungen zu identifizieren. Als weitere Stossrichtung werden die Chancen und Risiken diskutiert, die sich aus Sicht der Automobilhersteller mit dem Einsatz von kundenorientierten Produkt-Vorankündigungen im Rahmen der Markteinführung neuer Automobile ergeben und in einer Kosten-Nutzen-Analyse unternehmensindividuell zu bewerten sind. In diesem Zusammenhang sollen auch die wesentlichen Determinanten der Wirkung kundenorientierter Produkt-Vorankündigungen festgestellt und diskutiert werden.

2.1 Das Konzept der Produkt-Vorankündigung

Für die Auseinandersetzung mit dem Phänomen Produkt-Vorankündigung und seiner Wirkung auf den Kaufentscheidungsprozess erscheinen eine klare Definition und die Abgrenzung der Begrifflichkeiten notwendig. Im Anschluss an die Bestandsaufnahme der relevanten Forschungsliteratur konzentriert sich die Diskussion im ersten Schritt auf Beiträge, die den Konsumenten in den Mittelpunkt des Interesses stellen. Um weitere Erkenntnisse für den Einsatz und die Gestaltung von Vorankündigungen zu gewinnen, werden im zweiten Schritt auch jene Beiträge diskutiert, die sich mit Vorankündigungen auseinandersetzen, welche sich an Sekundärzielgruppen wie Wettbewerber, Handel und Kapitalanleger richten.

2.1.1 Definition und Abgrenzung der Begrifflichkeiten

In der Marketingforschung wird das Konzept der „Produkt-Vorankündigung" bereits seit Anfang der 80er Jahre konzeptionell und empirisch untersucht.[64]

---

[64] Eine Übersicht früherer Arbeiten zu Produkt-Vorankündigungen findet sich bei Preukschat 1993, S. 17 ff.

ELIASHBERG/ROBERTSON etablieren den Begriff und definieren Vorankündigungen[65] als *„[...] formal, deliberate communication before a firm actually undertakes a particular marketing action such as a price change, a new advertising campaign, or a product line change."*[66] Diese Definition umfasst eine sehr weite Interpretation des Begriffs, die sich auf nahezu jede zukünftige Marketingmaßnahme beziehen kann und keine Einschränkung in Bezug auf die verfolgten Ziele, die avisierte Zielgruppe oder die Ausgestaltung vornimmt.[67] Eine weitere Konkretisierung im Sinne der Erkenntnisziele erscheint daher notwendig. Die Vorankündigung neuer Produkte wird im Rahmen der Arbeit als Bestandteil der strategischen Marketingkommunikation begriffen, die beabsichtigt ist und einem systematischen Prozess folgt. Der Zeitpunkt der Kommunikation liegt vor der Markteinführung des neuen Produktes und kann sich über einen längeren Zeitraum erstrecken. In Anlehnung an PREUKSCHAT wird der Begriff wie folgt definiert:[68]

> *Produkt-Vorankündigungen beschreiben den zieladäquaten Kommunikationsprozess eines Unternehmens, der darauf ausgerichtet ist, bestehenden und potenziellen Kunden eine Botschaft über die Absicht der zukünftigen Markteinführung eines Produktes zu vermitteln.*

In der Unternehmenspraxis und insbesondere in der Automobilindustrie verbreitet ist der Begriff **„Prelaunch-Marketing"** der synonym zur Produkt-Vorankündigung im Sinne der Definition gebraucht wird. Obwohl MÖHRLE in seiner Arbeit von **„Prämarketing"** spricht, macht die Definition des Begriffes deutlich, dass es sich auch hier um Produkt-Vorankündigungen handelt: *„Unter Prämarketing verstehen wir die zielgerichteten, im zeitlichen Vorlauf einer Neuprodukteinführung stattfindenden und mit dieser inhaltlich verbundenen Marketingaktivitäten eines Unternehmens."*[69] WIND/MAHAJAN entwickelten den Ansatz des **„Marketing Hype"**, der ebenfalls die Vorankündigung neuer Produkte in den Mittelpunkt stellt, um die Chancen einer erfolgreichen Markteinführung zu erhöhen.[70]

---

[65] In der englischsprachigen Literatur haben sich die Begriffe „Preannouncement" (Vorankündigung) und „New Product Preannouncement" (Produkt-Vorankündigung) etabliert. Vgl. z.B. Eliashberg/Robertson 1988 und Lilly/Walters 1997.

[66] Eliashberg/Robertson 1988, S. 282.

[67] Vgl. Calantone/Schatzel 2000, S. 17.

[68] In Anlehnung an Preukschat 1993, S. 10.

[69] Möhrle 1995, S. 11.

[70] Vgl. Wind/Mahajan 1987.

Das Konzept der Produkt-Vorankündigung widerspricht damit Erkenntnissen der klassischen Marketing-Literatur, wo im Zusammenhang mit der zeitlichen Koordination der Marketing-Instrumente oftmals darauf hingewiesen wird, dass Produkte vor ihrer Bewerbung erhältlich sein sollten.[71] Man spricht bei Vorankündigungen auch von der psychologischen oder virtuellen Markteinführung, da die Kommunikationsmaßnahmen der physischen Verfügbarkeit des Produktes vorgelagert sind, wie aus Abbildung 4 ersichtlich wird.[72] Da nicht immer deutlich ist, wann die Vorankündigung aufhört und die Kommunikation zur Markteinführung beginnt, wird der Übergang zwischen beiden Kommunikationsphasen als Grauzone bezeichnet.

Abbildung 4: Produkt-Vorankündigung im Vorfeld der Markteinführung

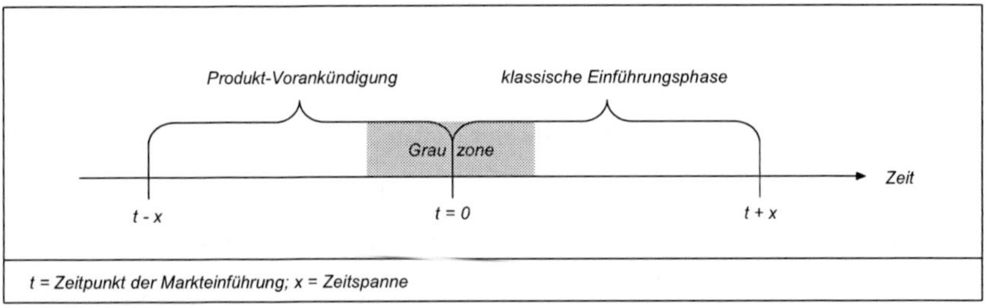

Quelle: Angepasste Darstellung nach Möhrle 1995, S. 12.

Von CRAWFORD wird darüber hinaus die Unterscheidung zwischen formellen und informellen Produkt-Vorankündigungen vorgeschlagen. Dabei umfasst die formelle Vorankündigung klassische Werbemaßnahmen wie Anzeigen oder Fernsehwerbung, während informelle Vorankündigungen vor allem PR-Maßnahmen einsetzen.[73] Dieser Unterscheidung soll jedoch nicht gefolgt werden, da aus den Praxisbeispielen ersichtlich wurde, dass neben PR-Maßnahmen immer auch klassische Mediawerbung im Rahmen von Vorankündigungen eingesetzt wurde und vice versa. Auch LEE/O'CONNOR unterschieden zwischen zwei verschiedenen Arten von kundenorientierten Vorankündigungen. Der erste Typ von Vorankündigungen informiert potenzielle Kunden über neue Produkte und soll das wahrgenommene Risiko reduzieren („Customer Education"). Die zweite Art von Vorankündigungen wird eingesetzt, um Aufmerksamkeit und Interesse zu erzeugen und Mund-zu-Mund-

---

[71] Vgl. z.B. Kuß/Tomczak 2002, S. 231.
[72] Vgl. Brockhoff/Rao 1993, S. 213; Preukschat 1993, S. 51.
[73] Vgl. Crawford 1994, S. 296.

Propaganda zu stimulieren („Anticipation Creation").[74] Für die Untersuchung von Vorankündigungen für neue Automobile scheint auch diese Differenzierung wenig zielführend, da anzunehmen ist, dass Automobilhersteller stets beide Ziele mit der Vorankündigung verfolgen.[75]

Von der vorgestellten Definition explizit ausgeschlossen sind unbeabsichtigte Vorankündigungen, wie zum Beispiel Abbildungen von seriennahen Testfahrzeugen in der Motorpresse (so genannte „Erlkönige"),[76] beabsichtigte Falschmeldungen („Vaporware")[77] sowie Kommunikation für Produkte, bei denen der Vertrieb dem Produktionsprozess zwangsläufig vorgelagert ist (z.B. Sonderanfertigungen). Zudem unterscheidet sich die Produkt-Vorankündigung von anderen absatzpolitischen Maßnahmen dadurch, dass sie sich letztlich auf eine mögliche Produkteinführung bezieht, jedoch keine Verpflichtung besteht, diese auch tatsächlich durchzuführen.[78]

2.1.2 Bestandsaufnahme der relevanten Literatur

Angesichts der hohen Relevanz von Produkt-Vorankündigungen in der Unternehmenspraxis überrascht es, dass dieses Thema wissenschaftlich bisher nur wenig durchdrungen ist. Ziel dieses Kapitels ist daher die Schaffung von Transparenz über den aktuellen Forschungsstand sowie die kritische Reflektion der zentralen Forschungsergebnisse bisheriger empirischer Untersuchungen.

Zur Systematisierung der vorliegenden Forschungsliteratur bieten sich verschiedene Kriterien an. Ein chronologischer Überblick über die Literatur, wie ihn z.B. PREUKSCHAT liefert,[79] verdeutlicht den kontinuierlichen „Stream of Research" der letzten Jahre, wird aber der inhaltlichen Breite der untersuchten Fragestellungen nicht gerecht. Neben Arbeiten, die sich themen- und branchenübergreifend mit dem

---

[74] Vgl. Lee/O'Connor 2003, S. 13 f.

[75] Beispielhaft kann hier die Vorankündigung für das Modell Porsche Cayenne angeführt werden, die das Ziel hatte, „[…] frühzeitig Neugier für den neuen Porsche zu wecken, ernsthaft Interessierte kennenzulernen und sie zu informieren. Der Cayenne soll ein knappes Jahr vor der Einführung als das verstanden werden, was er in der Tat ist: ein echter Porsche." Porsche AG 2001, S. 1.

[76] Teilweise werden Fotos von Testfahrzeugen von Herstellern auch bewusst lanciert, um im Rahmen der Vorankündigung zusätzliche Aufmerksamkeit durch die redaktionelle Presseberichterstattung zu generieren.

[77] Die Wortschöpfung „Vaporware" geht zurück auf die in der Software-Industrie verbreitete Praxis von Vorankündigungen für Software, die angekündigt, dann aber nicht oder mit großer Verzögerung ausgeliefert wird. Vgl. Bayus/Jain/Rao 2001, S. 3; Haan 2003; Alsop 1994.

[78] Vgl. Heil/Robertson 1991, S. 404.

[79] Vgl. Preukschat 1993, S. 13 ff.

Phänomen auseinander setzen,[80] steht vor allem bei jüngeren Untersuchungen meist die Wirkung der Vorankündigung auf eine bestimmte Zielgruppe im Mittelpunkt des Forschungsinteresses. Für die vorliegende Arbeit erscheint es somit sinnvoll, die relevanten Forschungsbeiträge entsprechend der wichtigsten Zielgruppen Konsumenten, Wettbewerber, Handel und Kapitalmarkt zu gliedern und die inhaltlichen Schwerpunkte der Arbeiten darzustellen (vgl. Tabelle 1). In der Literatur werden noch weitere Zielgruppen von Vorankündigungen genannt, wie z.b. Mitarbeiter, Anbieter komplementärer Güter, Journalisten oder Behörden, die bislang jedoch nicht explizit Forschungsgegenstand von Untersuchungen waren und auf die aufgrund ihrer nachgelagerten Bedeutung nicht näher eingegangen werden soll.[81]

Tabelle 1: Empirische Untersuchungen zu Produkt-Vorankündigungen

Zielgruppe der Vorankündigung	Fokus der Untersuchung	Autor
Konsumenten	• Einfluss von nicht erhältlichen Produktalternativen auf die Kaufentscheidung • Kaufrückstellung aufgrund von PVA • Faktoren, die die Glaubwürdigkeit von Vorankündigungen beeinflussen • Wahrnehmung nicht eingehaltener Vorankündigungen • Kundenwahrnehmung konkurrierender Vorankündigungen	• Farquhar/Pratkanis 1987 • Eliashberg/Rao/Rymon 1995 • Schirm 1995; Sattler/Schirm 1999; Schnoor 2000; Ernst/Schnoor 2000 • Hoxmeier 2000 • Lilly/Walters 2000
Wettbewerber	• Vorankündigung zur Durchsetzung von Kompatibilitätsstandards • Unwahre Vorankündigungen („Vaporware") • Reaktionen von Unternehmen auf Vorankündigungen von Wettbewerbern	• Heß 1991 • Eliashberg/Robertson/Rymon 1996; Bayus/Jain/Rao 2001; • Robertson/Eliashberg 1991; Heil/Walters 1993; Robertson/Eliashberg/Rymon 1995;
Handel	• Wirkung von Vorankündigungen auf die Aufnahmebereitschaft des Handels	• Scharffenberg 2000
Kapitalmarkt	• Auswirkung von Vorankündigungen auf den Börsenwert von Unternehmen • Auswirkung der Vorankündigung von Brand Extensions auf den Börsenwert • Auswirkung verspäteter Produkteinführungen auf den Börsenwert • Auswirkung von Vorankündigungen auf den Börsenwert von direkten Wettbewerbern	• Chaney/Devinney/Winer 1991; Chaney/Devinney 1992; Eddy et al. 1993; Kelm/Narayan/Pinches 1995 • Lane/Jacobsen 1995 • Hendricks/Singhal 1997 • Akhigbe 2002; Chen et al. 2002
Umfassende Arbeiten	• Vorankündigungsverhalten von Unternehmen in verschiedenen Branchen	• Eliashberg/Robertson 1988; Rabino/Moore 1989; Preukschat 1993; Möhrle 1995; Lilly/Walters 1997; Kohli 1999; Calantone/Schatzel 2000

Quelle: Eigene Darstellung

---

[80] Vgl. Anhang, Tab. A1.
[81] Vgl. Scharffenberg 2000, S. 21.

In den folgenden Ausführungen werden zunächst die zentralen Ergebnisse der bisherigen Untersuchungen vorgestellt, die sich umfassend mit dem Thema Produkt-Vorankündigung auseinandersetzen. Um darüber hinaus Erkenntnisse für den Einsatz und die Gestaltung von spezifischen Vorankündigungen zu gewinnen, werden anschließend sowohl Arbeiten diskutiert, die den Konsumenten im Mittelpunkt des Interesses stellen als auch Arbeiten, die sich mit Vorankündigungen gegenüber weiteren Zielgruppen beschäftigen.

Eine erste systematische wissenschaftliche Auseinandersetzung mit dem Thema Produkt-Vorankündigung wurde 1988 von ELIASHBERG/ROBERTSON vorgelegt. Die Autoren analysierten in ihrer empirischen Untersuchung das Vorankündigungs-verhalten von 75 US-amerikanischen Unternehmen aus neun verschiedenen Branchen. Die Befragung ergab, dass 51 Prozent der Unternehmen Vorankündigungen zur Ein-führung neuer Produkte einsetzen.[82] Als wichtige Ziele für den Einsatz von Produkt-Vorankündigungen nannten die Unternehmen Image-Verbesserung, Erlangung von Distributionsvorteilen sowie Stimulation der Nachfrage.[83] Dies verdeutlicht, dass Konsumenten als wichtige Zielgruppe von Produkt-Vorankündigungen gelten können. ELIASHBERG/ROBERTSON beschäftigen sich weiter mit der Frage, wie sich voran-kündigende und nicht-vorankündigende Unternehmen voneinander unterscheiden. Die Ergebnisse zeigen signifikant positive Zusammenhänge zwischen dem Einsatz von Produkt-Vorankündigungen und den für Kunden entstehenden Wechselkosten sowie der Attraktivität des Wettbewerbsumfeldes. Ein negativer Zusammenhang ergab sich zu den Konstrukten „Marktdominanz des Senders" und „Unternehmensgröße des Senders". Demnach kündigen Unternehmen in dominanter Marktposition die Markteinführung neuer Produkte seltener an, um die Konkurrenz mit eigenen im Markt befindlichen Produkten zu vermeiden.[84] Aufgrund ihrer Pionierrolle wird die Untersuchung von ELIASHBERG/ROBERTSON in der Literatur als wichtige Grundlage für die spätere Forschung anerkannt.[85] Kritisch zu beurteilen ist jedoch das Untersuchungsdesign: So wurden die Vorteile von Produkt-Vorankündigungen ausschließlich durch vorankündigende Unternehmen bewertet, Nachteile nur durch

---

[82] Vgl. Eliashberg/Robertson 1988, S. 285. Da die Begriffsdefinition hier die Ankündigung verschiedenster künftiger Marketingaktivitäten wie z.b. Preiserhöhungen oder neue Werbekampagnen einschließt, darf der hohe Anteil vorankündigender Unternehmen nicht verwundern.

[83] Vgl. Eliashberg/Robertson 1988, S. 288.

[84] Unter dem Begriff „Kannibalisierung" wird in der Betriebswirtschaft der Sachverhalt verstanden, wenn der Absatz neuer Produkte in wesentlichen Teilen zu Lasten der bisherigen Produkte eines Herstellers geht, also keine Marktanteile gegenüber Wettbewerbsprodukten gewonnen werden. Vgl. Homburg/Krohmer 2003, S. 513.

[85] Vgl. zum Beispiel Preukschat 1993, S. 24; Lilly/Walters 1997, S. 5; Scharffenberg 2000, S. 27.

nicht-vorankündigende Unternehmen. Aufgrund der heterogenen Zusammensetzung des Samples (75 Unternehmen aus 9 Branchen) besteht zudem die Gefahr der Verzerrung der Untersuchungsergebnisse durch Vermischung branchenspezifischer Charakteristika.

PREUKSCHAT replizierte die Studie von ELIASHBERG/ROBERTSON in seiner Dissertation für den deutschen Markt und befragte 96 Unternehmen aus vier Branchen zu ihrem Vorankündigungsverhalten. Von den Unternehmen seiner Stichprobe gaben 59 Prozent an, im Zeitraum zwischen 1985 und 1990 mindestens eines der eingeführten Produkte vorangekündigt zu haben.[86] Ferner wurden Faktoren analysiert, welche die Bereitschaft von Unternehmen zum Einsatz von Vorankündigungen beeinflussen. Diese subsumiert PREUKSCHAT unter produkt- und unternehmens-bezogenen Kontexteinflüssen sowie wettbewerbs- und zielgruppenbezogenen Kontexteinflüssen. Auf Basis einer Faktorenanalyse der betrachteten Kontext-Variablen kommt der Autor zu dem Ergebnis, dass sich die Bereitschaft von Unternehmen, ein neues Produkt anzukündigen erhöht, wenn eine oder mehrere der folgenden Bedingungen zutreffen:[87]

- Das Produkt nimmt einen hohen Stellenwert im Wertesystem der potenziellen Konsumenten ein. Dies ist z.B. der Fall, wenn potenzielle Kunden der Produktkategorie hohe Aufmerksamkeit schenken, dem Kauf eine umfangreiche Informationssuche vorausgeht und eine vergleichsweise hohe finanzielle Belastung mit dem Produktkauf verbunden ist.
- Das Produkt wird auf einem Markt mit hohem Entwicklungspotenzial eingeführt. Hierunter sind Märkte zu verstehen, die sich durch eine hohe Geschwindigkeit des technologischen Fortschritts und durch hohes erwartetes Wachstum auszeichnen.
- Das Produkt weist im Vergleich zum bestehenden Produktangebot einen stark innovativen Charakter auf und ist auch für das herstellende Unternehmen mit einem hohen Neuigkeitsgrad verbunden
- Das Produkt stellt bezüglich der Adoption bestimmte Anforderungen an potenzielle Konsumenten. Hierunter wird z.B. die Lernerfordernis beim Konsumenten verstanden, die mit der Übernahme des Produktes verbunden ist sowie das Ausmaß, in dem Konsumenten zur Produktübernahme Gewohnheiten ändern müssen.

---

[86] Vgl. Preukschat 1993, S. 139. Auffallend ist, dass dieses Ergebnis mit dem von Eliashberg/Robertson ermittelten Wert von 51 % vergleichbar ist. Vgl. Eliashberg/Robertson 1988, S. 285.

[87] In den folgenden Ausführungen vgl. Preukschat 1993, S. 208 ff.

Zwar befragte PREUKSCHAT auch Hersteller- und Zuliefererunternehmen der Automobilindustrie, jedoch beziehen sich die Ergebnisse auf relativ weit zurück liegende Daten (1985 bis 1990) und sind aufgrund der geringen Fallzahl (n = 19) nicht uneingeschränkt generalisierbar.

Weitere umfassende empirische Arbeiten, die sich mit dem Einsatz und den Wirkungsmechanismen von Produkt-Vorankündigungen beschäftigen, wurden von RABINO/MOORE, MÖHRLE, CALANTONE/SCHATZEL, LILLY/WALTERS und KOHLI vorgelegt. Die Autoren RABINO/MOORE beschreiben die Produkt-Vorankündigung als eigenständige Phase im Produkteinführungsprozess. Sie zeigen, dass Unternehmen ihre Vorankündigungen an verschiedene Anspruchsgruppen richten, und dass die Gestaltung sowohl von produktspezifischen Merkmalen anhängig ist, als auch vom gewählten Zielpublikum.[88] CALANTONE/SCHATZEL beschäftigten sich mit der Frage, wodurch sich Unternehmen differenzieren lassen, die Vorankündigungen einsetzen. Als wichtigsten Faktor für den Einsatz identifizierten sie dabei das Ziel des Unternehmens, eine Führungsrolle in der Branche zu besetzen.[89] MÖHRLE wiederum setzt sich zunächst theoretisch mit den Kriterien für die Planung und Realisierung von Vorankündigungen auseinander und fordert die Überwindung der inhaltlichen Unterscheidung zwischen Vorankündigung und Marketing nach Markteinführung. Am Beispiel von 10 Fallstudien prüft er die Erkenntnisse und illustriert die Anwendung in der Unternehmenspraxis. Im Fokus der Forschung von LILLY/WALTERS stand die zeitliche Gestaltung als ein wesentliches Gestaltungsmerkmal von Vorankündigungen. Auf Basis einer branchenübergreifenden Befragung von US-amerikanischen Managern konnten sie zeigen, dass das Timing von Vorankündigungen u.a. abhängig ist von möglichen Wettbewerbsreaktionen, von produktbezogenen Faktoren (z.B. Komplexität des neuen Produktes), von kundenbezogenen Faktoren (z.B. Produkt-Loyalität) und von der Phase, in der sich der Produktentwicklungsprozess befindet.[90] Die kundenbezogenen Faktoren, nach denen Unternehmen die zeitliche Gestaltung von Vorankündigung ausrichten, wurden von KOHLI untersucht.[91] Ebenfalls auf Basis einer Befragung von Managern konnte er aufzeigen, dass der Zeitraum zwischen Vorankündigung und Markteinführung besonders lang ist, wenn hohe Wechselkosten und hohe Lernerfordernisse für potenzielle Kunden bestehen. Auch die Kauffrequenz

---

[88] Vgl. Rabino/Moore 1989, S. 37.

[89] Vgl. Calantone/Schatzel 2000, S. 25.

[90] Vgl. Lilly/Walters 1997, S. 11 ff. In seiner theoretischen Arbeit erweitert Büschken das Modell zum Timing von Produkt-Vorankündigungen um die beiden markt-bezogenen Faktoren „Marktvolumen" und „Einführungspreis/Preisverfall". Vgl. Büschken 2000, S. 9.

[91] Vgl. Kohli 1999, S. 52 ff.

scheint entscheidend: Je seltener Konsumenten Produkte einer bestimmten Kategorie erwerben, desto länger gestalten Unternehmen die Vorankündigung für neue Produkte in solchen Segmenten.

2.1.2.1 Konsumenten als Zielgruppe von Vorankündigungen

Aus forschungstheoretischer Sicht ist insbesondere die Wirkung von Vorankündigungen auf die Kaufentscheidung von **Konsumenten** interessant, da diese mangels Verfügbarkeit über keine Erfahrungen mit dem angekündigten Produkt verfügen können. Aus früheren Untersuchungen ist bekannt, dass die Mehrzahl der Unternehmen Konsumenten in den Mittelpunkt ihrer Überlegungen zum Einsatz von Produkt-Vorankündigungen stellt.[92] Es galt daher zunächst zu klären, ob Konsumenten Vorankündigungen überhaupt wahrnehmen. Für die Beantwortung dieser Frage hat SCHIRM im Rahmen seiner Dissertation 189 Studenten zu ihrer Einschätzung von fünf realen und zwei fiktiven Vorankündigungen befragt. Dabei fielen die Wahrnehmungswerte von realen Produkt-Vorankündigungen signifikant höher aus als diejenigen von fiktiven Vorankündigungen, woraus er ableitet, dass Vorankündigungen von Konsumenten bewusst wahrgenommen werden.[93] FARQUHAR/PRATKANIS befassten sich in zwei Arbeiten mit „**Phantom-Alternativen**", also nicht-verfügbaren Produktalternativen, zu denen auch vorangekündigte Produkte zählen.[94] In einem Experiment wiesen sie nach, dass auch Produkte, die temporär oder permanent nicht physisch verfügbar sind, von Kunden als Kaufalternative wahrgenommen werden und einen signifikanten Einfluss auf das Kaufentscheidungsverhalten von Konsumenten und damit auf die im Sortiment befindlichen Produktalternativen haben können.[95] Dabei wird angenommen, dass der Einfluss vom Grad der Substituierbarkeit abhängt, den das vorangekündigte Produkt im Vergleich zu anderen Produkten aufweist. Einen Schritt weiter geht die Analyse von ELIASHBERG/RAO/RYMON, die den Nachweis erbringen konnte, dass Konsumenten unter bestimmten Bedingungen ihre Kaufentscheidung bis zur Markteinführung eines angekündigten Produktes zurückstellen. Als entscheidendes Kriterium wurde dabei die **Glaubwürdigkeit** der Vorankündigung identifiziert.[96] Eine Generalisierbarkeit der Befunde ist aufgrund der

---

[92] Vgl. Eliashberg/Robertson 1988, S. 286; Preukschat 1993, S. 141.

[93] Vgl. Schirm 1995, S. 94. Auch Schnoor findet heraus, dass die Probanden Vorankündigungen wahrnehmen und in ihren Kaufentscheidungen berücksichtigen. Vgl. Schnoor 2000, S. 192.

[94] Vgl. Farquhar/Pratkanis 1987 und Farquhar/Pratkanis 1993.

[95] Vgl. Farquhar/Pratkanis 1987, S. 29.

[96] Vgl. Eliashberg/Rao/Rymon 1995, S. 21.

geringen Fallzahl (25 Probanden) und der Begrenzung auf eine Branche (PC) nicht uneingeschränkt möglich. Die Arbeit ist allerdings von Bedeutung, da hier erstmalig explizit die Wirkung von Vorankündigungen auf das Kaufentscheidungsverhalten von Konsumenten untersucht wurde.

Mit der Wirkung von Vorankündigungen gegenüber potenziellen Kunden befassten sich die Forschungsarbeiten von SCHIRM, SATTLER/SCHIRM, SCHNOOR sowie ERNST/SCHNOOR, die ebenfalls einen Zusammenhang zwischen der Glaubwürdigkeit einer Vorankündigung und dem Verhalten von Kunden konstatieren und sich auf die Befunde von ELIASHBERG/RAO/RYMON beziehen.[97] Ziel der Studie war es herauszu-finden, welche Gestaltungsfaktoren die Glaubwürdigkeit von Vorankündigungen beeinflussen. Die Datenbasis der Dissertation von SCHIRM ist ein internationales Conjoint-Experiment mit 739 Versuchspersonen. Die gewonnenen empirischen Ergebnisse belegen, dass eine Vorankündigung umso glaubwürdiger ist, je weniger innovativ das vorangekündigte Produkt ist, je bedeutender das ankündigende Unternehmen ist und je langfristiger und detaillierter die Vorankündigung erfolgt.[98] SATTLER/SCHIRM erweitern in einer späteren Arbeit die Conjoint-Analyse von SCHIRM derart, dass neben den Herstellermarken auch eine Handelsmarke sowie eine fiktive neue Marke betrachtet werden. Sie können nachweisen, dass der Marke bei der Beurteilung der Glaubwürdigkeit von Produkt-Vorankündigungen die höchste Bedeutung zukommt.[99] Dies gilt vor allem dann, wenn Produkte von neuen oder weniger imagestarken Marken angekündigt werden. Marken sind jedoch eher von nachgeordneter Bedeutung für die Glaubwürdigkeit bei Vorankündigungen für Produkte von etablierten, starken Marken, mit denen Nachfrager positive Assoziationen verbinden.

Wenn der Glaubwürdigkeit eine zentrale Bedeutung für die Wirksamkeit von Produkt-Vorankündigungen zukommt, ist es von Interesse, wie Glaubwürdigkeit kommuniziert werden kann. Daher untersuchten SCHNOOR und ERNST/SCHNOOR, inwieweit dazu Ergebnisse der **Signaling-Theorie** herangezogen werden können.[100] Die Signaling-Theorie basiert auf den Forschungsarbeiten von AKERLOF, NELSON, STIGLITZ und

---

[97] Vgl. Schnoor 2000, S. 146 ff.
[98] Vgl. Schirm 1995, S. 138. Die Arbeit wird auch als Grundlage für die weitere Forschung zur Wirkung kundenorientierter Produkt-Vorankündigungen gesehen. Vgl. z.B. Scharffenberg 2000, S. 25.
[99] Vgl. Sattler/Schirm 1999, S. 80. Die Glaubwürdigkeit der integrierten Handelsmarke und der fiktiven Marke wurde von den Probanden am geringsten eingeschätzt.
[100] Die Kernergebnisse der Dissertation von Schnoor 2000 finden sich auch im Artikel von Ernst/Schnoor 2000.

insbesondere SPENCE.[101] Ausgehend vom Ansatz der Informationsökonomik, nach dem bei realen Transaktionsprozessen zwischen Anbietern und Nachfragern Informationsassymetrien bestehen,[102] versteht man unter Signaling die an andere Marktteilnehmer übermittelten Informationen über eigene Absichten.[103] Mögliche Signale in Vorankündigungen unterscheidet SCHNOOR in Input- und Output-Signale. Dabei werden als Input-Signale z.b. der wahrgenommene Ankündigungsaufwand oder Garantien eingestuft, da sie Investitionen des Unternehmens signalisieren. Output-Signale hingegen sind z.b. Patentinformationen, die Leistungskompetenz demonstrieren und Vertrauen schaffen sollen. Um zu analysieren, ob von diesen Signalen Wirkungen auf die Glaubwürdigkeit von Vorankündigungen ausgehen, wurden verschiedene Experimente durchgeführt. Am Beispiel von Vorankündigungen für ein innovatives Notebook wird dargestellt, dass die Probanden von der wahrgenommenen **Höhe des Aufwands** relativ zum Branchendurchschnitt auf die Glaubwürdigkeit der Vorankündigung schließen. Allerdings kann sich ein zu hoher Aufwand auch negativ auf die Glaubwürdigkeit auswirken.[104]

Es wird zudem gezeigt, dass **Patentinformationen** bei der Beurteilung der Vorankündigung eine relativ hohe Bedeutung zukommt, da sie die technologische Kompetenz eines Herstellers widerspiegeln können.[105] Daneben gibt es weitere Faktoren, die das Vertrauen von Kunden erhöhen und somit die Wirkung der Signale verstärken können. Aus den Befunden eines Conjoint-Experiments ergab sich, dass die Glaubwürdigkeit von Produkt-Vorankündigungen abhängig ist vom **Innovationsgrad** des Produktes und vom **Etablierungsgrad** des Herstellers.[106] Insbesondere bei revolutionären Neuerungen kann sich die Herausstellung der Innovativität des angekündigten Produktes aber auch negativ auf die Glaubwürdigkeit des Herstellers

---

[101] Vgl. Akerlof 1970; Nelson 1970; Spence 1974; Stiglitz 1975.

[102] Vgl. Nelson 1970, S. 311.

[103] Spence definiert Signale als „[...] activities or attributes of individuals in a market which, by design or accident, alter the beliefs of, or convey information to, other individuals in the market." Spence 1974, S. 1. Im Fokus seiner Untersuchung stand die Bedeutung und Wirkung von Signalen auf dem Arbeitsmarkt, wo der Ausbildungsstand eines Bewerbers als Signal für dessen Qualifikation angesehen wird. Signale sind für Personalentscheidungen von großer Bedeutung, da ein Arbeitgeber die tatsächliche Qualifikation eines Bewerbers erst nach seiner Einstellung auf Basis von Erfahrung bewerten und fundiert einschätzen kann. Ineffizienzen entstehen dann, wenn ausschließlich diese Signale beachtet werden und Bewerber abgewiesen werden, die für eine bestimmte Tätigkeit zwar geeignet wären, aber nicht im Stande sind, ihre erworbenen Qualifikationen entsprechend zu signalisieren. Vgl. Spence 1974, S. 99 ff.

[104] Die Ergebnisse von Schnoor decken sich mit Erkenntnissen aus der klassischen Werbewirkungsforschung, wonach sich die extrem hohe Anzahl von Wiederholungen einer Werbebotschaft negativ auf die Einschätzung potenzieller Nachfrager auswirken kann: „If it's advertised too much, there must be something wrong." Kirmani 1997, S. 84.

[105] Vgl. Schnoor 2000, S. 193 ff. und S. 261.

[106] Vgl. Schnoor 2000, S. 248 ff.; Ernst/Schnoor 2000, S. 1340.

auswirken, da Kunden oft skeptisch bezüglich der Einhaltung der Vorankündigung sind. Im Gegensatz zu SCHIRM wurde ein negativer Zusammenhang zwischen **Detaillierungsgrad** der Produkt-Vorankündigung und ihrer Glaubwürdigkeit nachgewiesen.[107] Diese Abweichung wird damit begründet, dass sich Kunden insbesondere dann am Detaillierungsgrad einer Produkt-Vorankündigung orientieren, wenn keine weiteren Informationen[108] zur Qualität vorliegen. Werden jedoch alternative qualitätsrelevante Signale wahrgenommen, verliert der Detaillierungsgrad an Bedeutung.

Aus methodischer Sicht kann kritisiert werden, dass die Wirkung kundenorientierter Vorankündigungen in der bisherigen Forschung ausschließlich über das Konstrukt „Glaubwürdigkeit" erfasst wurde. Neben der Beurteilung der Glaubwürdigkeit müssen jedoch weitere Kriterien erfüllt sein, um Konsumenten zur inhaltlichen oder zeitlichen Umorientierung ihrer Kaufentscheidung zu veranlassen. Um welche Kriterien es sich dabei konkret handelt, soll im Laufe der Arbeit analysiert werden. Es ist daher festzuhalten, dass die tatsächliche Wirkung von Produkt-Vorankündigungen auf das Kaufentscheidungsverhalten von Konsumenten bislang nicht untersucht wurde. Weitere Kritik bezieht sich darauf, dass die Probanden bisheriger Studien zum Zeitpunkt der Befragung lediglich allgemeines Interesse für die Produktkategorie der Vorankündigung äußerten und ihr Kenntnisstand bezüglich der Produktkategorie eher gering war.[109] Man kann davon ausgehen, dass Kunden mit konkreter Kaufabsicht Vorankündigungen differenzierter wahrnehmen, da sie das angekündigte Produkt ggf. als echte Kaufalternative bewerten müssen.

Eingangs wurde bereits erwähnt, dass Vorankündigungen im Kampf um die Aufmerksamkeit potenzieller Nachfrager vor allem mit klassischen Kommunikationsmaßnahmen im Wettbewerb stehen. Vor allem in Produktmärkten, in denen viele Unternehmen neue Produkte ankündigen, ist auch ein Wettbewerb zwischen verschiedenen Vorankündigungen denkbar. LILLY/WALTERS widmen sich in ihrer Untersuchung der spannenden Frage, wie Konsumenten konkurrierende Vorankündigungen für zwei ähnliche Produkte wahrnehmen.[110] Hierzu führten sie ein Experiment mit Studenten zu Vorankündigungen in verschiedenen Produktkategorien

---

[107] Vgl. Schirm 1995, S. 138.

[108] Unter „Information" wird in Anlehnung an Wittmann zweckorientiertes Wissen verstanden, das zur Vorbereitung des Handelns eingesetzt wird. Vgl. Wittmann 1959, S. 14.

[109] Vgl. z.B. bei Schnoor 2000, S. 191.

[110] Vgl. Lilly/Walters 2000.

durch. Den Ergebnissen der Autoren zu Folge präferieren Konsumenten das Produkt der zweiten Vorankündigung, wenn sie bei gleicher Produktqualität mehr Informationen beinhaltet als eine vorhergehende Vorankündigung.[111] Die Frage, wie Konsumenten auf die Nichteinhaltung von Produkt-Vorankündigungen reagieren, stand im Mittelpunkt der Arbeit von HOXMEIER. Er zeigt am Beispiel Software-Branche, dass verspätete Produkteinführungen nur geringen Einfluss auf die Kundenwahrnehmung haben. Entscheidend für die Wirkung der Vorankündigung und das Image des Herstellers ist den Befunden zufolge vielmehr die Einhaltung der angekündigten Produktqualität und -funktionalität.[112] In Tabelle 2 sind die zentralen Arbeiten zu kundenorientierten Produkt-Vorankündigungen mit Relevanz für die vorliegende Problemstellung aufgestellt.

Fazit: Als erstes Teilergebnis der Literaturanalyse kann festgehalten werden, dass ein Mangel an aktuellen empirischen Erkenntnissen zum Einsatz von Vorankündigungen in der Unternehmenspraxis besteht. Um ein grundlegendes Verständnis für die Entscheidungsprobleme von Herstellern zu gewinnen, die den Einsatz von Vorankündigungen planen, sollen daher reale Produkt-Vorankündigungen in der Automobilindustrie aus der **Herstellerperspektive** empirisch untersucht werden. Darüber hinaus liegen zwar einige Untersuchungen vor, die sich mit den Wirkungen auseinandersetzen, die sich Unternehmen vom Einsatz von Produkt-Vorankündigungen erhoffen. Wie Vorankündigungen jedoch konkret von potenziellen Kunden wahrgenommen werden, d.h. wie und wann sie die vermuteten Wirkungen entfalten, ist noch weitgehend unklar.[113] Ein zentrales Ziel der vorliegenden Arbeit ist es, zur Schließung dieser Forschungslücke beitragen. Die Wirkungen, die Vorankündigungen tatsächlich auf den Kaufentscheidungsprozess ausüben können, werden aus der **Kundenperspektive** untersucht. Aus der Synthese von Hersteller- und Konsumentenperspektive sollen schließlich konkrete Handlungsempfehlungen für einen Einsatz kundenorientierter Vorankündigungen abgeleitet werden, die bislang fehlen.[114]

---

[111] Vgl. Lilly/Walters 2000, S. 5 f.
[112] Vgl. Hoxmeier 2000, S. 129.
[113] Vgl. Schirm 1995, S. 49.
[114] Vgl. Schnoor 2000, S. 120.

Tabelle 2: Empirische Arbeiten zu kundenorientierten Vorankündigungen

Fokus	Autor	Methodik	Kernaussagen
Einfluss von nicht erhältlichen Produktalternativen auf Wahlverhalten von Konsumenten	Farquhar/Pratkanis (1987)	Experiment mit 150 Versuchspersonen für 10 verschiedene Produktarten (u.a. Reifen, Autobatterien, Weichspüler)	Kaufentscheidungen von Konsumenten werden auch durch nicht erhältliche (vorangekündigte) Produkte beeinflusst, Attraktivität der erhältlichen Produkte wurde durch Phantomalternative gesteigert
Wahrscheinlichkeit, dass Kunden auf vorangekündigte Produkte warten	Eliashberg/Rao/ Rymon (1995)	Befragung von 25 Doktoranden zu einer realen Vorankündigungsanzeige	Die Wahrscheinlichkeit des Wartens wird von der Glaubwürdigkeit der Vorankündigung beeinflusst
Faktoren, die die Glaubwürdigkeit von PVA beeinflussen	Schirm (1995)	Conjoint-Analyse mit 739 Studenten und Doktoranden aus 7 Nationen zu fiktiven Vorankündigungen für Notebooks, Desktop PCs und Fotoapparate	Eine Vorankündigung ist umso glaubwürdiger, je - bedeutender das Unternehmen - weniger innovativ das Produkt - langfristiger die Vorankündigung - detaillierter die Vorankündigung
	Sattler/Schirm (1999)	Conjoint-Analyse mit 143 Studenten zu einer fiktiven Vorankündigung für einen Fotoapparat	Marken kommt bei der Beurteilung der Glaubwürdigkeit von PVA hohe Bedeutung zu
	Schnoor (2000)	Experiment mit 126 Studenten sowie Conjoint-Analyse mit 104 Studenten zu einer fiktiven Vorankündigung für ein Notebook	Positive Signalwirkungen gehen aus von der Information über - Höhe des Aufwandes für PVA - Patentinformationen (Kompetenz)
	Ernst/Schnoor (2000)		
Kundenwahrnehmung nicht eingehaltener Vorankündigungen	Hoxmeier (2000)	Schriftliche Befragung von 95 IT-Managern zu Vorankündigungen von Software	Zeigt, dass verspätete Produkteinführungen in der Software-Branche kaum Einfluss auf Kundenwahrnehmung haben; Hersteller-Image hängt ab von Einhaltung der angekündigten Produktqualität und -funktionalität
Kundenwahrnehmung von zwei konkurrierenden PVA für Produkte mit ähnlichen Eigenschaften	Lilly/Walters (2000)	Experiment mit 326 Studenten der Wirtschaftswissenschaften für Vorankündigungen in 9 Produktkategorien (z.B. Staubsauger, Drucker, Geschirrspüler)	Kunden präferieren das Produkt der 2. Vorankündigung, wenn sie - bei gleicher Produktqualität mehr Informationen beinhaltet - bei höherer Produktqualität den Zusatz "getestet" aufweist

Quelle: Eigene Darstellung

2.1.2.2 Weitere Zielgruppen von Vorankündigungen

Im Mittelpunkt des Forschungsinteresses stehen Produkt-Vorankündigungen, die sich an bestehende und potenzielle Kunden eines Unternehmens richten. Gleichzeitig erzielen solche kundenorientierten Vorankündigungen auch beabsichtigte und unbeabsichtigte Wirkungen bei weiteren Empfängergruppen, wie z.B. Wettbewerbern, Handelspartnern oder Kapitalanlegern, da eine kundengerichtete Kommunikation unter Ausschluss anderer Empfänger kaum möglich ist.[115] Für vorankündigende Unternehmen erscheint es daher von großer Bedeutung, mögliche Wirkungen auf diese

---

[115] Vgl. Eliashberg/Robertson 1988, S. 282.

„indirekten Zielgruppen"[116] zu kennen und potenzielle Reaktionen bei der Planung von Vorankündigungen zu berücksichtigen. Im Folgenden sollen Arbeiten vorgestellt werden, deren empirische Befunde aus dieser Perspektive für die weitere Untersuchung von Bedeutung sind.

WETTBEWERBER

Ein Forschungsschwerpunkt in der aktuellen Literatur ist die Wirkung von Produkt-Vorankündigungen auf Wettbewerbsunternehmen.[117] Sowohl die empirischen als auch die konzeptionellen Arbeiten zu **wettbewerbsgerichteten Vorankündigungen** verstehen Produkt-Vorankündigungen in der Regel als Marktsignale, die für etablierte Marktteilnehmer eines Marktsegmentes eine Bedrohung darstellen können, z.B. wenn sie aufgrund des wachsenden Wettbewerbs mit sinkenden Umsätzen rechnen müssen.[118]

Eine wichtige Frage war zunächst, wie hoch die Wahrscheinlichkeit ist, dass Unternehmen die Signale von Wettbewerbern wahrnehmen und wie sie darauf reagieren. In ihrer schriftlichen Befragung von 532 US-amerikanischen Unternehmen fanden ROBERTSON/ELIASHBERG/ RYMON heraus, dass zwei Drittel der befragten Firmen bereits Signale von Wettbewerbern empfangen und 14 Prozent auf diese Signale reagiert haben.[119] Während in dieser Studie neben Vorankündigungen auch andere Signale, wie z.B. Preisveränderungen betrachtet werden, stehen in späteren Untersuchungen ausschließlich die Reaktionen auf wettbewerbsgerichtete Vorankündigungen im Vordergrund. HEIL/WALTERS konnten bspw. zeigen, dass Unternehmen Produkt-Vorankündigungen von anderen Marktteilnehmern gewissenhaft prüfen und umso stärker reagieren, je größer die befürchteten wirtschaftlichen Konsequenzen sind und je aggressiver die Markteinführung des neuen Produktes betrieben wird.[120] Als besonders bedrohlich werden Vorankündigungen für solche Produkte wahrgenommen, die einen komparativen Wettbewerbsvorteil gegenüber den im Markt befindlichen Konkurrenzprodukten aufweisen oder auf eine schnelle Marktpenetration ausgerichtet sind.[121]

---

[116] Preukschat bezeichnet Konsumenten als direkte Zielgruppe von Produkt-Vorankündigungen und alle weiteren Adressaten als indirekte Zielgruppen. Vgl. Preukschat 1993, S. 142.

[117] Vgl. Anhang, Tab. A3.

[118] Vgl. Hauser/Shugan 1983, S. 353.

[119] Vgl. Robertson/Eliashberg/Rymon 1995, S. 6.

[120] Vgl. Heil/Walters 1993, S. 62.

[121] Vgl. Hultink/Langerak 2002, S. 208.

Durch den gezielten Einsatz von kundenorientierten Vorankündigungen können Unternehmen neue Produkte frühzeitig positionieren, viel versprechende Marktsegmente für sich besetzen und somit Markteintrittsbarrieren für Konkurrenten schaffen.[122] PREUKSCHAT spricht in diesem Zusammenhang von der „kognitiven Besetzung" eines Marktsegmentes, mit der sich die Erfolgsaussichten der Markteinführung von Wettbewerbern verschlechtern.[123] Den Ergebnissen von HEß folgend können Vorankündigungen auch erfolgreich zur Vorbereitung der Durchsetzung von Kompatibilitätsstandards bei Wettbewerbsunternehmen eingesetzt werden.[124] Ebenso kann ein Entwicklungsvorsprung in neuen Technologien signalisiert werden mit dem Ziel, Wettbewerber von der Weiterentwicklung ähnlicher Produkte abzubringen. Den praktischen Einsatz solcher Taktiken bestätigt ein Blick in die Wirtschaftspresse, hier im Zusammenhang mit der Vorstellung neuer Serviceangebote des Internetunternehmens Google: *„Die Entwicklung neuer Produkte andeuten und sich dann in Schweigen hüllen, ist eine beliebte Taktik, um Wettbewerber zu verunsichern. Der Markt ist [...] gelähmt, Konkurrenten springen die Geldgeber ab."*[125]

In der Untersuchung von ROBERTSON/ELIASHBERG/RYMON gaben 40 Prozent der befragten Marketing-Manager der Stichprobe (n = 346) an, mindestens eine Vorankündigung eines Wettbewerbers wahrgenommen zu haben. Die häufigste Reaktion bestand darin, ebenfalls ein neues Produkt einzuführen (42 Prozent), während nur 22 Prozent mit einer eigenen Produkt-Vorankündigung reagierten. Wird die Vorankündigung eines Wettbewerbers als glaubwürdig eingestuft, sind nach konzeptionellen Überlegungen von HEIL/ROBERTSON weitere aktive **Reaktionsmöglichkeiten** eines Unternehmens denkbar. Hierzu zählen u.a. die Verstärkung der Entwicklungsanstrengungen, um das angekündigte Produkt hinsichtlich Qualität oder Verfügbarkeit übertreffen zu können. Es können Abwehrstrategien entwickelt werden, die den Einsatz von preis- oder kommunikationspolitischen Maßnahmen umfassen oder diese im Sinne von Gegen-Signalen lediglich ankündigen.[126] Ebenso denkbar als Reaktion ist die Ankündigung eines gänzlich neuen Produktes, das dann im Wettbewerb mit dem zuerst

---

[122] In der Literatur wird an dieser Stelle auf die Gefahr kartellrechtlicher Untersuchungen hingewiesen, insbesondere wenn marktdominierende Unternehmen die Absicht erkennen lassen, einen bestehenden Markt mit Hilfe der Vorankündigung eines neuen Produktes „einzufrieren". Vgl. Heil/Langvardt 1994, S. 94.

[123] Vgl. Preukschat 1993, S. 114.

[124] Vgl. Heß 1991, S. 56 ff.

[125] Hohensee 2005, S. 96.

[126] Vgl. Heil/Robertson 1991, S. 412 f.

angekündigten aber noch nicht erhältlichen Produkt steht.[127] Im Gegensatz dazu sind auch passive Strategien, wie z.b. das Ignorieren der Vorankündigung oder der Rückzug aus dem Marktsegment möglich.[128]

Eine weitere Gruppe von Autoren befasst sich mit der Wirkung von **Vaporware**, d.h. mit unwahren Vorankündigungen. Am Beispiel der Software-Industrie zeigen z.b. BAYUS/JAIN/RAO, dass viele Firmen gezielt Vaporware einsetzen, um Wettbewerbsvorteile zu erzielen.[129] Dabei können insbesondere marktbeherrschende Unternehmen durch unwahre Vorankündigungen Wettbewerber vom Markt verdrängen. Nicht immer sind unwahre Vorankündigungen beabsichtigt: Unternehmen argumentieren oftmals auch, dass sie zum Zeitpunkt der Vorankündigung fest mit der rechtzeitigen Markteinführung gerechnet haben, aber unvorhersehbare Schwierigkeiten im Produktentwicklungsprozess zur Nichteinhaltung der Ankündigungen geführt haben.[130] Die aus Forschungssicht interessanten Konsequenzen für den Einsatz unwahrer Vorankündigungen wurden bislang allerdings nicht untersucht.

Aus spieltheoretischer Perspektive nähern sich die beiden konzeptionellen Arbeiten von LEVY und HAAN dem Thema Vaporware. Da unwahre Vorankündigungen nur dann effektiv sind, wenn falsche Ankündigungen von den Marktteilnehmern nicht geahndet würden, bestehen für die meisten Unternehmen nur geringe Anreize, Vaporware einzusetzen.[131] Für marktbeherrschende Unternehmen hingegen können die Chancen unwahrer Produkt-Vorankündigungen größer sein als die verbundenen Risiken, z.B. durch die Schaffung effizienter Markteintrittsbarrieren für Wettbewerber.[132]

Für die weitere Arbeit sind die Ergebnisse insofern von Bedeutung, da beim Einsatz kundengerichteter Vorankündigungen eine **Informationsdiffusion** auf andere Zielgruppen wie z.b. potenzielle und reale Wettbewerber nicht gänzlich ausgeschlossen werden kann, da die enthaltenen Informationen quasi „öffentlich" kommuniziert

---

[127] In diesem Zusammenhang wird auch von „retaliatory preannouncements" gesprochen. Vgl. hierzu Lilly/Walters 2000.
[128] Vgl. Lilly/Walters 1997, S. 11.
[129] Vgl. hier und im Folgenden Bayus/Jain/Rao 2001, S. 6 ff. Als absichtliche Falschankündigungen für den Untersuchungsbereich Software wurden alle Fälle berücksichtigt, in denen sich der angekündigte Markteinführungstermin um mehr als 3 Monate verzögert hatte. Bei rund 47 % von den 123 analysierten Vorankündigungen verzögerte sich die Markteinführung um mehr als 3 Monate.
[130] Vgl. Haan 2003, S. 345; Bayus/Jain/Rao 2001, S. 4.
[131] Vgl. Levy 1996, S. 21.
[132] Vgl. Haan 2003, S. 355 f..

werden. Wettbewerber können die wahrgenommen Signale interpretieren und werden zu einer Einschätzung der eigenen Erfolgsaussichten veranlasst.[133] Unternehmen befinden sich daher in einer Art Zielkonflikt hinsichtlich der zeitlichen Gestaltung: Einerseits sollen potenzielle Nachfrager möglichst frühzeitig über die bevorstehende Markteinführung informiert werden, andererseits ist eine zu frühe Vorankündigung mit den geschilderten Risiken verbunden. Unerwünschte Reaktionen von Wettbewerbern sind unter Umständen auch ein Grund, warum Unternehmen gänzlich auf den Einsatz von Vorankündigungen verzichten, wie ein Manager in der Untersuchung von LILLY/WALTERS berichtet: *„If we were to preannounce [...] potentially, competitors could time a big promotional sales just when our product is coming out."*[134] Für ankündigende Unternehmen ist es wichtig, mögliche (Gegen-)Reaktionen von Wettbewerbern beim Einsatz von Produkt-Vorankündigungen zu berücksichtigen, da sie wesentliche Auswirkungen auf Profitabilität, Marktposition und Marktanteil des neuen Produktes haben können.[135]

HANDELSPARTNER

Für Herstellerunternehmen bieten sich grundsätzlich zwei Möglichkeiten für den Einsatz von Vorankündigungen gegenüber ihren **Handelspartnern**: Zum einen werden handelsgerichtete Vorankündigungen eingesetzt, um den Handel direkt über die künftige Markteinführung von Produkten zu informieren. Zum anderen werden Vorankündigungen, die auf andere Zielgruppen wie z.B. Konsumenten ausgerichtet sind, auch von Handelsunternehmen wahrgenommen. Dementsprechend konnte PREUKSCHAT feststellen, dass von denjenigen Unternehmen, die regelmäßig Vorankündigungen einsetzen, 63 Prozent den Handel über konsumentengerichtete Produkt-Vorankündigungen beeinflussen wollen und 77 Prozent ihre Vorankündigungen direkt an den Handel richten.[136] Diese Ergebnisse wurden von SCHARFFENBERG bestätigt: Hier gaben 82 Prozent der befragten Herstellerunternehmen an, dass sie regelmäßig neue Produkte gegenüber dem Handel vorankündigen.[137] Die Antwortverteilungen machen deutlich, dass die Handelspartner als wichtige Zielgruppe für Produkt-Vorankündigungen angesehen werden müssen.

---

[133] Vgl. Heil/Robertson 1991, S. 407.
[134] Lilly/Walters 1997, S. 11.
[135] Vgl. Heil/Walters 1993, S. 53; Hauser/Shugan 1983, S. 353.
[136] Vgl. Preukschat 1993, S. 141.
[137] Vgl. hier und im Folgenden Scharffenberg 2000, S. 153 ff.

Auch bei der Gestaltung von kundenorientierten Vorankündigungen sollten Unternehmen die Ansprüche der Handelspartner berücksichtigen: Aus Sicht der Handelspartner sollten Vorankündigungen möglichst weit vor der geplanten Markteinführung des neuen Produktes eingesetzt werden, in jedem Fall jedoch vor der Information potenzieller Kunden. Grundsätzlich verbinden Handelsunternehmen mit innovativen Produkten auch hohe Absatzpotenziale, und die überdurchschnittliche Marktstellung eines Herstellers wird als zusätzlicher Indikator für eine positive Nachfrageentwicklung gewertet, was einen positiven Einfluss auf die Aufnahmebereitschaft nach sich zieht. Frühzeitigen Vorankündigungen gegenüber Kunden stehen die befragten Handelsvertreter jedoch eher skeptisch gegenüber, da Umsatzrückgänge bei bestehenden Produkten befürchtet werden. Die Inhalte der Vorankündigungen werden sehr genau bewertet und ihre Nichteinhaltung ist aus Sicht des Handels mit negativen Image-Auswirkungen für das ankündigende Unternehmen verbunden.[138]

KAPITALANLEGER

Vorankündigungen geben Auskunft über die zukünftig geplante Einführung neuer Produkte und enthalten damit Informationen, welche die Erwartungen von **Kapitalanlegern** beeinflussen. Eine Reihe von Untersuchungen befasst sich daher mit der Frage, ob und wie stark sich Vorankündigungen auf die Kapitalmarktbewertung des ankündigenden Unternehmens auswirken können.[139] CHANEY/DEVINNEY konnten in ihrer viel beachteten Analyse von 1.481 Produkt-Vorankündigungen von 263 US-amerikanischen Unternehmen für den Zeitraum 1975 bis 1988 eine Überrendite[140] in Höhe von 0,6 Prozent oder 72,5 Mio. US$ je Produkt-Vorankündigung feststellen.[141] Dieser positive Einfluss von Vorankündigungen auf den Börsenwert eines Unternehmens konnte in weiteren Untersuchungen z.B. von KELM/NARAYANAN/PINCHES, AKHIGBE oder CHEN bestätigt werden, wie aus Abbildung 5 ersichtlich wird.[142] Als problematisch wird gesehen, dass nicht immer ersichtlich ist, ob es sich tatsächlich um Produkt-Vorankündigungen oder um Kommunikation im Rahmen der Markteinführung handelt.[143]

---

[138] Vgl. Scharffenberg 2000, S. 226.

[139] Vgl. Anhang, Tab. A2.

[140] Die Überrendite ist definiert als Differenz zwischen der Änderung der Rendite im betrachteten Ereignisfenster und einer für den Zeitraum vor der Vorankündigung berechneten Vergleichsrendite. Vgl. Chaney/Devinney/Winer 1991, S. 582 f.

[141] Vgl. Chaney/Devinney 1992, S. 683.

[142] Vgl. Kelm/Narayanan/Pinches 1995; Mishra/Bhabra 2001; Akhigbe 2002; Chen et al. 2002.

[143] Auch Schnoor weist auf diesem Umstand hin. Vgl. Schnoor 2000, S. 126.

Abbildung 5:   Einfluss von Vorankündigungen auf den Börsenwert von Unternehmen

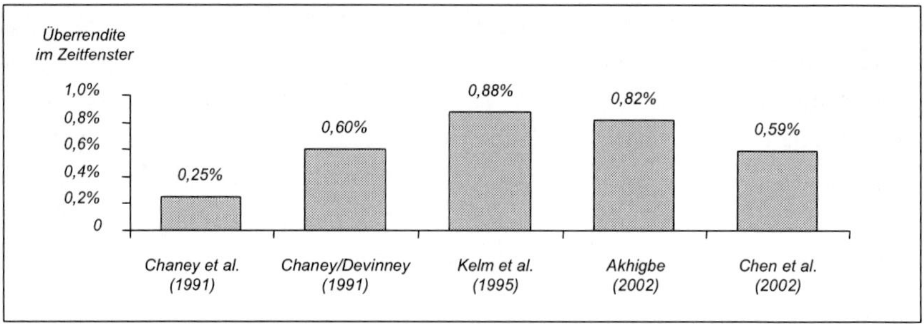

Quelle: Eigene Darstellung

Die Forschungsarbeiten von AKHIGBE sowie CHEN ET AL. widmen sich zusätzlich der Fragestellung, welchen Einfluss die Ankündigung neuer Produkte auf den Börsenwert der direkten Wettbewerber eines Unternehmens haben.[144] Ihren Überlegungen folgend gehen Investoren davon aus, dass Unternehmen durch Innovationen strategische Wettbewerbsvorteile aufbauen können, die zumindest kurzfristig Nachfrage von Wettbewerbsprodukten abziehen.[145] Dementsprechend konnten beide Untersuchungen einen negativen Einfluss auf den Marktwert der direkten Wettbewerber in Höhe von 0,30 Prozent[146] bzw. 0,15 Prozent nachweisen.[147] Die Abweichungen zwischen den Ergebnissen können u.a. auf den unterschiedlichen Betrachtungszeitraum, die untersuchten Branchen sowie auf Unterschiede im gewählten Ereignisfenster zurückgeführt werden.[148]

HENDRICKS/SINGHAL[149] untersuchen den Einfluss von **nicht eingehaltenen Vorankündigungen** auf den Marktwert von Unternehmen am Beispiel verspäteter Produkteinführungen. In ihrer Analyse von 101 Fällen können die Autoren nachweisen, dass Unternehmen bei verspäteter Markteinführung angekündigter Produkte durchschnittlich 5,3 Prozent ihres Marktwertes am Tag der Bekanntgabe der

---

[144] Die Wettbewerber der ankündigenden Unternehmen wurden anhand der für börsennotierte Firmen üblichen Industrieklassifizierung (Standard Industry Classification Code) identifiziert. Vgl. Akhigbe 2002, S. 372.

[145] Vgl. Akhigbe 2002, S. 377 f., Chen et al. 2002, S. 83.

[146] Vgl. Akhigbe 2002, S. 374.

[147] Vgl. Chen et al. 2002, S. 82.

[148] Akhigbe (2002) betrachtet Vorankündigungen im Zeitraum von 1970-1993, der Marktwertverlust von 0,3 % bezieht sich auf den Tag der Ankündigung. Chen et al. (2002) analysieren Vorankündigungen der Jahre 1991-1995, und der Wertverlust der Wettbewerber in Höhe von 0,15 % bezieht sich auf den Tag der Ankündigung und den Tag davor.

[149] Vgl. Hendricks/Singhal 1997, S. 422 ff.

Verzögerung verlieren.[150] Als aktuelles Beispiel für negative Auswirkungen der Nichteinhaltung von Vorankündigungen kann die Spielkonsole „Playstation 3" angeführt werden, deren Markteinführung sich um voraussichtlich 6 Monate verzögern wird. Am Tag der Bekanntgabe dieser Nachricht verlor der Aktienkurs des Mutterkonzerns Sony rund 2 Prozent seines Wertes.[151] Diese Befunde sind aus Unternehmenssicht insbesondere für die inhaltliche Gestaltung von Vorankündigungen relevant: Geplante Termine zur Markteinführung sollten realistisch gewählt werden, da ihre Verfehlung das Vertrauen der Kapitalanleger offensichtlich erschüttert.

Somit lässt sich folgendes festhalten: Vorankündigungen können einen positiven Einfluss auf den Marktwert des ankündigenden Unternehmens haben und einen negativen Einfluss auf den Marktwert der direkten Wettbewerber. Unternehmen, die kundengerichtete Vorankündigungen einsetzen, müssen sich darüber im Klaren sein, dass diese offensichtlich auch von Investoren wahrgenommen und bewertet werden. Die empirischen Arbeiten liefern zudem Hinweise dafür, dass Vorankündigungen positive Wirkungen auf potenzielle Konsumenten haben, welche die festgestellte Wirkung auf den Marktwert von Unternehmen erklären.

2.1.3 Erkenntnisbeitrag für die weitere Arbeit

Die Vorankündigung neuer Produkte kann sich an verschiedene Zielgruppen richten, wobei potenzielle Kunden als primäre Zielgruppe bezeichnet werden, während Wettbewerber, Handelspartner und Kapitalanleger zur Sekundärzielgruppe zählen. Im Rahmen der Arbeit wird unter dem Begriff Produkt-Vorankündigung ein zieladäquater Kommunikationsprozess eines Unternehmens verstanden, der darauf ausgerichtet ist, bestehenden und potenziellen Kunden eine Botschaft über die Absicht der zukünftigen Markteinführung eines Produktes zu vermitteln.[152] Die Analyse der einschlägigen Literatur hat gezeigt, dass es insgesamt relativ wenige Arbeiten gibt, die sich explizit mit kundenorientierten Produkt-Vorankündigungen beschäftigen. Zudem betrachten bisherige Untersuchungen Vorankündigungen vor allem aus der Hersteller-Perspektive und analysieren die Gründe für den Einsatz von Produkt-Vorankündigungen. Aus forschungstheoretischer Sicht besteht daher ein Mangel an empirischen Erkenntnissen zur Wahrnehmung kundenorientierter Vorankündigungen und ihrer Wirkung auf die

---

[150] Vgl. Hendricks/Singhal 1997, S. 434.
[151] Vgl. Kölling et al. 2006, S. 3.
[152] Vgl. die Definition von Preukschat 1993, S. 10.

Kaufentscheidung von Konsumenten.[153] Im Fokus der weiteren Ausführungen steht somit die Klärung der Frage, welchen Einfluss Vorankündigungen auf den Kaufentscheidungsprozesse von Konsumenten erzielen können, und wie dieser Einfluss von Unternehmensseite optimal gesteuert werden kann.

2.2 Der Automobil-Kaufentscheidungsprozess von Konsumenten

Dem Verständnis von KUß/TOMCZAK folgend soll unter dem Begriff der Kaufentscheidung „[...] *die Auswahl eines von mehreren vergleichbaren Angeboten von Sachgütern, Dienstleistungen, Rechten oder Vermögenswerten zum freiwilligen Austausch gegen Geld"* verstanden werden.[154] In den folgenden Ausführungen werden die theoretischen Grundlagen zur Entwicklung einer Theorie der Automobil-Kaufentscheidung unter Berücksichtigung von Produkt-Vorankündigungen erarbeitet. Es soll dabei geklärt werden, wie die Automobil-Kaufentscheidung idealtypisch abläuft und welche Ansatzpunkte sich für Vorankündigungen ergeben, diesen Entscheidungsprozess im Sinne des vorankündigenden Unternehmens positiv zu beeinflussen. Die Diskussion stützt sich dabei einerseits auf die Erkenntnisse aus Forschungsarbeiten, die den Kaufentscheidungsprozess von Konsumenten aus einer verhaltenswissenschaftlichen Perspektive betrachten und andererseits auf Arbeiten, die Kaufentscheidungen aus einer informationsökonomischen Perspektive analysieren.

2.2.1 Verhaltenswissenschaftliche Perspektive

Um die Produkt- und Markenwahl von Konsumenten mittels Vorankündigungen beeinflussen zu können, ist es von zentraler Bedeutung zu verstehen, wie sich die Kaufentscheidung für Automobile grundsätzlich vollzieht. Für eine Klassifizierung von Kaufentscheidungstypen können zahlreiche Kriterien herangezogen werden. Über welches Produktwissen verfügt ein Konsument zum Zeitpunkt des Kaufes? Wie groß ist die Anzahl der betrachteten Produktalternativen und wie ist das allgemeine Vorgehen zur Bewertung dieser Alternativen gekennzeichnet? Ist das Evoked Set,[155]

---

[153] Vgl. Schirm 1995, S. 49.

[154] Kuß/Tomczak 2004, S. 94.

[155] Der Begriff „Evoked Set" wurde im betriebswirtschaftlichen Zusammenhang erstmalig von March/Simon diskutiert, das Konzept selbst wurde von Howard in die Marketingliteratur eingeführt. Vgl. March/Simon 1958; Howard 1963. Es folgt der Annahme, dass Konsumenten nicht jede erhältliche Produktalternative auch als Kaufalternative wahrnehmen: „The brands that become alternatives to the buyer's choice decision are generally a small number, collectively called his ‚evoked set'." Howard/Sheth 1969, S. 26. Vertiefend zum Konzept des Evoked Set vgl. Jarvis/Wilcox 1973.

also die Auswahl derjenigen Produkte, die als echte Alternativen im Kaufentscheidungsprozess betrachtet und bewertet werden, bereits vor dem Kauf bekannt oder wird es erst währenddessen gebildet?

In der Literatur werden üblicherweise vier Typen von Kaufentscheidungen nach dem Ausmaß der kognitiven Beteiligung des Konsumenten unterschieden.[156] Demnach existieren Kaufentscheidungen mit stärkerer kognitiver Kontrolle, wie extensive und limitierte Kaufentscheidungen und solche mit schwächerer kognitiver Kontrolle wie habitualisierte und impulsive Kaufentscheidungen.[157] Bei **extensiven Kaufentscheidungen** handelt es sich typischerweise um komplexe und neuartige Entscheidungssituationen. Die Kaufabsicht entwickelt sich erst im Laufe des Kaufprozesses, in dem sich der Konsument über die vorhandenen Kaufalternativen und Ziele klar wird.[158] Extensive Kaufentscheidungen zeichnen sich durch umfangreiche, zum großen Teil bewusst ablaufende Problemlösungsprozesse aus. Unter **limitierten Kaufentscheidungen** werden Entscheidungen verstanden, die geplant gefällt werden. Der Konsument verfügt über fundiertes Produktwissen in einer bestimmten Produktkategorie und kann bei seiner Entscheidung auf eine Auswahl an Alternativen zurückgreifen.[159] Da das Entscheidungsfeld des Konsumenten weitgehend vorgeklärt ist, interessieren vor allem prägnante, direkt zur Kaufentscheidung beitragende Schlüsselinformationen, welche für die Produktbeurteilung besonders wichtig sind und mehrere Einzelinformationen bündeln. Aus Sicht der Kommunikationspolitik Erfolg versprechend ist darüber hinaus die Gewinnung von Meinungsführern, da sich Konsumenten in limitierten Entscheidungen oftmals an solchen Personen orientieren.[160] **Habitualisierte Käufe** sind gewohnheitsmäßige Kaufentscheidungen, bei denen der Konsument keine neuerliche Beurteilung der Alternativen vornimmt.[161] Habitualisiertes Kaufverhalten kann als Folge von wiederholt zufriedenen Erfahrungen

---

[156] Vgl. Bänsch 2002, S. 84, Kroeber-Riel/Weinberg 1996, S. 359; Bebié 1978, S. 422 ff.

[157] Die vorliegende Typologie geht zurück auf Kantona, der zunächst eine Einteilung in „echte" und „habituelle" Kaufentscheidungen vornahm, Kantona 1960, S. 57. Engel/Blackwell/Miniard 1968 und Howard 1963 haben in Erweiterung des Ansatzes die „limitierte Kaufentscheidung" als einen dritten Entscheidungstyp definiert. Voraussetzung für die Existenz echter, habitueller und limitierter Kaufentscheidungen ist das Konsumbedürfnis eines Konsumenten. Aus diesem Grund weisen Kroeber-Riel/Weinberg darauf hin, dass ein solches Bedürfnis auch spontan aus der Umfeldsituation erwachsen kann und ergänzen den Typus der „Impulskäufe". Vgl. Kroeber-Riel/Weinberg 1996, S. 398.

[158] Vgl. Kuß/Tomczak 2004, S. 102 f.

[159] Kroeber-Riel/Weinberg 1996, S. 374.

[160] Als Meinungsführer gelten Personen in der sozialen Bezugsgruppe eines Konsumenten, die im Rahmen persönlicher Kommunikation besondere Aktivitäten entfalten und dadurch hohen Einfluss auf Meinungs- und Entscheidungsbildung besitzen. Vgl. Rogers/Cartano 1962, S. 435. Zum Konzept der Meinungsführerschaft im Automobilmarketing vgl. die Arbeit von Brüne 1989.

[161] Vgl. Kuß/Tomczak 2004, S. 105.

entstehen und vor allem bei der Anschaffung von problemlosen Gütern auf, wie z.B. Produkten des täglichen Bedarfs. **Impulskäufe** sind durch spontanes, ungeplantes Handeln gekennzeichnet und werden gedanklich kaum kontrolliert. Kaufentscheidung und Kaufhandlung fallen dabei räumlich und zeitlich zusammen: Das Evoked Set für die Kaufentscheidung wird erst zum Zeitpunkt des Kaufes erschlossen, der Konsument reagiert ohne vorhergehende Informationssammlung und rationales Abwägen der Kaufalternativen. Die wichtigsten Unterschiede zwischen den vorgestellten Typen von Kaufentscheidungsprozessen werden in Abbildung 6 noch einmal zusammengefasst.

Abbildung 6: Einflussfaktoren der Art von Kaufentscheidungen

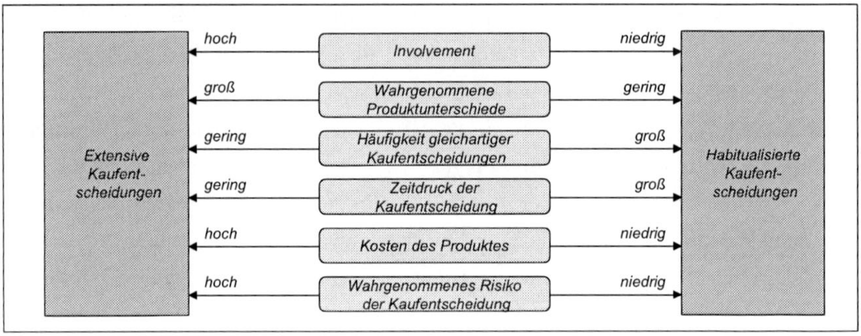

Extensive Kaufent- scheidungen				Habitualisierte Kaufent- scheidungen
	hoch	Involvement	niedrig	
	groß	Wahrgenommene Produktunterschiede	gering	
	gering	Häufigkeit gleichartiger Kaufentscheidungen	groß	
	gering	Zeitdruck der Kaufentscheidung	groß	
	hoch	Kosten des Produktes	niedrig	
	hoch	Wahrgenommenes Risiko der Kaufentscheidung	niedrig	

Quelle: In Anlehnung an Kuß/Tomczak 2004, S. 106; Solomon 2004, S. 295; Bebié 1978, S. 422f.

In der Literatur wird die Entscheidung für den Kauf eines neuen PKW zumeist als typisches Beispiel für **extensive Kaufentscheidungen** eingestuft.[162] Konsumenten sehen sich beim Kauf eines Neuwagens mit einer großen Anzahl an Produkt-alternativen konfrontiert; sie müssen eine Entscheidung treffen bezüglich der Fahrzeugklasse, des Modells und der gewünschten Ausstattung. Vor dem Kauf beschäftigen sie sich in der Regel intensiv mit den angebotenen Kaufalternativen und den wahrgenommenen Leistungsunterschieden. Der Kauf eines Automobils ist zudem mit einer relativ hohen finanziellen Belastung verbunden, die kurzfristig nicht reversibel ist und zu einem hohen wahrgenommenen Risiko des Konsumenten führt.[163] Die durchschnittliche Haltedauer für PKW, also der Zeitraum zwischen Kaufabschluss und Wiederkauf, beträgt in Deutschland rund 5 bis 6 Jahre und ist als deutliches Indiz

---

[162] Vgl. Pepels 1995, S. 9.
[163] Der durchschnittliche Neuwagenpreis betrug in den alten Bundesländern 2004 ca. 25.000 € und hat sich damit in den letzten 5 Jahren um mehr als 20 % erhöht. Vgl. Deutsche Automobil Treuhand GmbH 2005, S. 12.

für die im Vergleich mit anderen Produkten relativ geringe Anzahl gleichartiger Kaufentscheidungen im Leben des durchschnittlichen Konsumenten zu werten.[164]

Die Ergebnisse einer empirischen Untersuchung von UNGER zeigen jedoch, dass der PKW-Kaufentscheidungsprozess eher auf dem Kontinuum zwischen extensiver und limitierter Kaufentscheidung liegt, und somit keinem der beiden Typen eindeutig zuordenbar scheint.[165] Die Verlagerung vom extensiven zum limitierten Typus vollzieht sich in dem Maße, wie der Konsument als Wiederholungskäufer auftritt und zunehmende Erfahrung beim Autokauf erwirbt. Betrachtet man den ersten Autokauf eines Konsumenten, handelt es sich nach den diskutierten Eigenschaften um eine extensive Kaufentscheidung. Als rein limitierte Kaufentscheidung gilt der Automobilkauf z.b. im Falle eines Unternehmers, der in regelmäßigen Abständen das jeweils aktuelle Modell einer **existierenden Baureihe** erwirbt und bereits auf umfangreiche Erfahrungen mit diesem Modell zurückgreifen kann. Wird hingegen eine **neue Baureihe** eingeführt, können potenzielle Käufer nicht auf bisherige Erfahrungen zurückgreifen.[166] Unterstützt werden diese Überlegungen durch eine aktuelle Arbeit von LAMBERT-PANDRAUD/LAURENT/LAPERSONNE, die das Kaufverhalten von älteren Konsumenten untersucht. Die Autoren weisen empirisch nach, dass der Entscheidungsprozess mit zunehmendem Alter und wachsender Erfahrung der Konsumenten vereinfacht wird und die Intensität der Informationssuche nachlässt. Sie stellen fest: *„Older buyers make their purchase decisions from a reduced framework in which the number of alternative cars they consider is smaller.“*[167] Aufgrund der beschriebenen empirischen und plausibilitätsgeleiteten Überlegungen soll der Klassifikation des Automobilkaufs als **extensiv-limitierte Kaufentscheidung** in dieser Arbeit gefolgt werden.

Eine weitere Möglichkeit, die Automobil-Kaufentscheidung von anderen Käufen zu differenzieren, bietet die Unterteilung entsprechend den Kaufgewohnheiten der Konsumenten in **Convenience, Shopping** und **Specialty Goods**.[168] Als Convenience

---

[164] Vgl. Motor Presse Stuttgart 2005, S. 294.

[165] Vgl. Unger 1998, S. 61. Es ist jedoch anzumerken, dass Ungers empirische Klassifikation auf einer relativ kleinen Stichprobe von 50 Neuwagenkäufern beruht und daher nicht generalisiert werden kann.

[166] Den Einfluss bisheriger Produkterfahrungen von Konsumenten auf die Wahrnehmung und Bewertung der Produktkommunikation untersuchen z.b. Alba/Hutchinson 1987 und Raju/Lonial/Mangold 1995.

[167] Lambert-Pandraud/Laurent/Lapersonne 2005, S. 101. Die Datengrundlage der Studie bildet eine jährlich durchgeführte schriftliche Befragung von jeweils rund 30.000 Neuwagen-Käufern in den wichtigsten europäischen Märkten. Analysiert wurden die Antworten von 28.913 Befragten aus dem Erhebungszeitraum Juli 1997 bis Juni 1998.

[168] Vgl. Meffert 1998, S. 638.

Goods werden Güter des täglichen Bedarfs bezeichnet, wie z.b. Grundnahrungsmittel, während unter dem Begriff Shopping Goods Güter des gehobenen Bedarfs, wie z.B. höherwertige Kleidung oder etwa Fernsehgeräte subsumiert werden. Dem Schema von RUHFUS[169] folgend können Automobile in die Kategorie der **Specialty Goods** eingeordnet werden: Der Autokauf ist i.d.R. eine komplexe und selten getätigte Anschaffung, die einen langen und intensiven Entscheidungsvorbereitungsprozess erfordert. Die hohe finanzielle Mittelbindung, die hohe soziale Sichtbarkeit und die hohe dem Kauf beigemessene Bedeutung sind weitere Merkmale von Specialty Goods, die für Automobile zutreffend sind.

Für die Untersuchung der Wirkung von kundenorientierten Vorankündigungen ist im nächsten Schritt zu klären, in welchen Phasen die eigentliche Kaufentscheidung für ein Automobil abläuft. Der allgemeine Prozess einer Kaufentscheidung kann in die fünf Phasen (1) Problemerkennung, (2) Informationssuche, (3) Bewertung der verfügbaren Produktalternativen und schließlich (4) Produktauswahl und (5) Kaufabschluss unterteilt werden.[170] Ist der Bedarf für ein bestimmtes Produkt erkannt, kommen als idealtypische Strategien für die Informationssuche z.B. das alternativen- und das attributweise Vorgehen in Frage.[171] Der alternativenweisen Strategie folgend nehmen Konsumenten alle relevanten Merkmale der Marken auf, um sie zu bewerten und untereinander zu vergleichen. Beim attributweisen Vorgehen werden die Produkte anhand der relevanten Merkmale nacheinander verglichen. Die Bewertung der Produktalternativen folgt gewissen Entscheidungsregeln, wobei grundsätzlich zwischen kompensatorischen und nicht-kompensatorischen Entscheidungsmodellen unterschieden werden kann. Kompensatorische Modelle zeichnen sich dadurch aus, dass keine Hierarchie nach der Wichtigkeit unter den Produktattributen existiert. Negative Einzeleindrücke können durch positivere Eindrücke von anderen Attributen kompensiert werden.[172] Schließlich werden die unakzeptablen Alternativen („Inept Set") aus der Menge aller betrachteten Produktalternativen („Awareness Set") exkludiert[173] und die Vor- und Nachteile des verbleibenden Alternativensets auf Basis kompensatorischer Entscheidungsregeln miteinander verglichen, um zu einer Entscheidung zu gelangen. Als zentraler Auslöser für die finale Kaufentscheidung gilt

---

[169] Vgl. Ruhfus 1976, S. 23.

[170] Vgl. z.B. Solomon 2004, S. 293; Kotler/Bliemel 1999, S. 339.

[171] Vgl. Kroeber-Riel/Weinberg 1996, S. 379 ff.

[172] Allerdings wurde in verschiedenen Arbeiten gezeigt, dass kompensatorische Entscheidungsmodelle reales Kaufentscheidungsverhalten vielfach nicht adäquat abbilden. Vgl. im Überblick Bettman/Johnson/Payne 1991, S. 50 ff.

[173] Vgl. Narayana/Markin 1975, S. 1 f.

der vom Kunden wahrgenommene Wertgewinn, der sich aus der Differenz von Wertsumme und Kostensumme eines bestimmten Angebots ergibt und von sämtlichen Marketinginstrumenten beeinflusst werden kann.[174]

Eine erste Untersuchung, die sich explizit mit dem Kaufentscheidungsprozess für Automobile beschäftigt, stammt von LEIGH/RATHANS.[175] Nach dem Ansatz der Script-Theorie[176] wurden 30 Konsumenten gebeten, eine Liste von 20 Handlungen aufzustellen, die von Autokäufern üblicherweise beim Autokauf vorgenommen werden. Vorgegeben wurden lediglich der erste Schritt als Absicht zum Autokauf und der letzte Schritt, das Verlassen des Händlers mit dem Auto. Als Ergebnis der von den Probanden formulierten Handlungen ergab sich folgender zeitlicher Ablauf:

Tabelle 3: Kaufentscheidungsprozess für Automobile nach Leigh/Rethans

Phase im Kaufentscheidungsprozess	Handlung/Ereignis	Anzahl Nennungen
1. Problemerkennung	• Decide to purchase new car	30
2. Informationssuche	• Look at ads	8
	• Talk to friends	10
	• Discuss with family	8
	• Discuss finances	8
	• Visit showroom/dealer	21
	• Talk to salespersons	11
3. Bewertung von Alternativen	• Check on color	7
	• Check on Mileage	7
	• Get price estimates	14
	• Test drive	20
	• Visit other dealers	8
4. Produktauswahl	• Decide on make/type	9
	• Go to dealer	12
	• Choose car	16
	• Discuss trade-in	12
	• Negotiate price	9
	• Arrange financing	11
5. Kaufabschluss	• Sign papers	15
	• Pay dealer	15
	• Drive out car	30

Quelle: Eigene Darstellung in Anlehnung an Leigh/Rethans 1983, S. 668.

---

[174] Die vom Kunden wahrgenommene Kostensumme hängt u.a. ab von der Einschätzung der monetären Kosten, dem Image des Produktes, der aufzuwendenden Mühe und Zeit zur Beschaffung des Produktes sowie vom entstehenden psychischen Aufwand. Vgl. Kuß/Tomczak 2002, S. 205; Kotler/Bliemel 1999, S. 57 ff.

[175] Vgl. Leigh/Rethans 1983.

[176] Der Begriff „Script" bezieht sich auf eine spezielle Form der Wissensrepräsentation. Scripts bilden eine Struktur, um Sequenzen von Handlungen in einem bestimmten Kontext zu beschreiben. Vgl. Schank/Abelson 1977, S. 41. Zur Script-Theorie allgemein vgl. auch Bower/Black/Turner 1979.

Als zentrale Erkenntnisse der Untersuchung stellen die Autoren den schematischen Fluss der Automobil-Kaufentscheidung und die hohe Konsistenz der Aussagen der Konsumenten hinsichtlich der einzelnen Prozessschritte in zeitlicher und inhaltlicher Hinsicht fest.[177] Unter den befragten Konsumenten scheint ein Konsens hinsichtlich der für den Kauf notwendigen Überlegungen und Handlungen zu bestehen. Für den Fortlauf der Arbeit ist darüber hinaus die Erkenntnis wichtig, dass sich die von LEIGH/RETHANS identifizierten typischen Handlungen beim Autokauf in die bereits vorgestellten Phasen des allgemeinen Konzepts zur Kaufentscheidung einteilen lassen, wie aus Tabelle 3 deutlich wird.[178]

Einen weiteren Ansatz, den Automobil-Kaufentscheidungsprozess in den verschiedenen Planungs- und Informationsphasen abzubilden, präsentiert der Verlag MOTOR PRESSE STUTTGART als Ergebnis einer empirischen Studie, die vom INSTITUT FÜR DEMOSKOPIE ALLENSBACH durchgeführt wurde (vgl. Abbildung 7).[179] Das Modell erweitert den Ansatz von LEIGH/RETHANS um die drei Phasen nach dem Kaufabschluss und integriert die zeitliche Dauer jeder Phase, wodurch ein tieferes Verständnis für die Wahrnehmung und Wirkung von Vorankündigungen möglich wird. Danach geht der Kaufentscheidung für ein neues Auto meist eine längere Phase der Orientierung und Überlegung voraus. Diese **Vorlaufphase** ist durch die unstrukturierte, eher passive Aufnahme von Informationen über aktuelle und künftige Modelle geprägt. Automagazine werden lediglich situativ genutzt, sofern kein dauerhaftes Interesse am Thema Auto gegeben ist. Ist der Kaufzeitpunkt weniger als 12 Monate entfernt, beginnt die **Intensivphase**, in der die Interessenten strukturiert und intensiv nach Informationen über die Produktalternativen suchen. Ziel sind Markt- und Kostentransparenz und ein Überblick über Marken, Modelle und Fahrzeugklassen, um eine erste Vorauswahl treffen zu können. Die Auseinandersetzung mit dem geplanten Kauf und den zur Verfügung stehenden Modellalternativen nimmt ca. 6 Monate vor dem Kaufabschluss signifikant zu. In dieser so genannten **akuten Phase** werden Händler kontaktiert, Prospekte und Autozeitschriften genutzt und Gespräche mit Meinungsführern im sozialen Umfeld und mit Verkäufern geführt.[180] In dieser Phase wird die Entscheidung für eine Marke und das entsprechende Modell endgültig festgelegt.

---

[177] Vgl. Leigh/Rethans 1983, S. 671.

[178] Die Ergebnisse stimmen mit Erkenntnissen aus der Psychologie überein, wonach menschliches Entscheidungsverhalten grundsätzlich als dynamischer Vorgang im Sinne eines Prozesses begriffen werden kann. Vgl. Dahlhoff 1980, S. 21 f.

[179] Vgl. hier und im Folgenden Motor Presse Stuttgart 2005, S. 294 f.

[180] Vgl. Leigh/Rethans 1983, S. 668.

Abbildung 7: Entscheidungsprozess beim Kauf von PKW

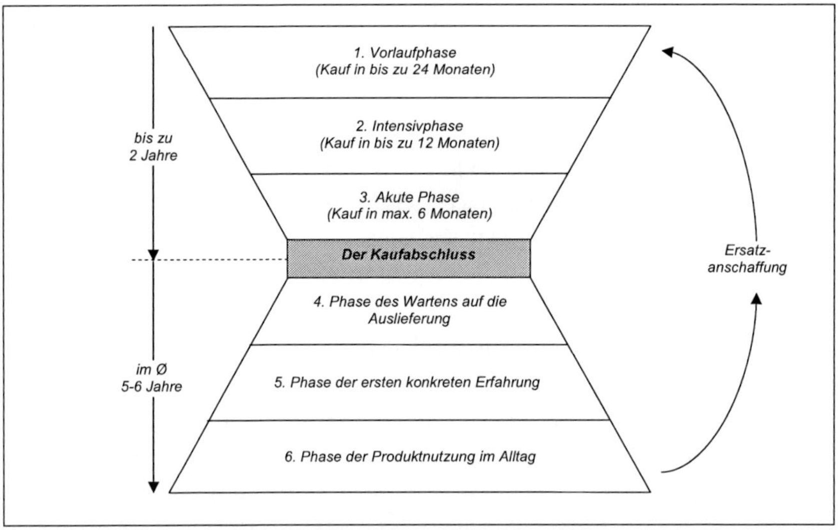

Quelle: In Anlehnung an Motor-Presse Stuttgart 2005, S. 294.

Obwohl der Kaufentscheidungsprozess mit dem Kaufabschluss endet, beschäftigen sich Konsumenten auch nach dem Kauf intensiv mit ihrer Wahl. Von besonderer Wichtigkeit ist hier die **Phase des Wartens auf die Auslieferung**, in der die getroffene Entscheidung auf ihre Richtigkeit hin geprüft wird. Der Käufer sucht nach Informationen, um seine Entscheidung zu rechtfertigen und kognitive Dissonanzen abzubauen.[181] So wird die Entscheidung im sozialen Umfeld kommuniziert, um die Zustimmung anerkannter Autoexperten unter Freunden und Kollegen zu erhalten; auch Testberichte in Autozeitschriften werden weiter mit großer Aufmerksamkeit studiert. Bei Diskrepanzen zwischen der in der Vergangenheit gebildeten Erwartung und der tatsächlichen Produkterfahrung besteht die Gefahr, dass Konsumenten einen fiktiven Vergleich zwischen dem gewählten Modell und den zuvor ausselektierten Alternativen vornehmen und zu einer dauerhaft negativen Beurteilung kommen können.[182] Aus diesem Grund entscheiden die **Phase der ersten konkreten Erfahrung** und die **Phase der Produktnutzung im Alltag** u.a. über die Zufriedenheit des Kunden mit dem

---

[181] Unter kognitiver Dissonanz wird das Vorhandensein nicht zusammenpassender Beziehungen zwischen Meinungen und Einstellungen verstanden. Nach Kaufentscheidungen können Dissonanzen aus dem Wissen entstehen, die Nachteile des gewählten Produktes hinzunehmen, aber auf die Vorteile eines Alternativproduktes verzichten zu müssen. Dieser kognitive Konflikt ist umso stärker, je mehr gemeinsame Vorteile die betrachteten Alternativen aufweisen. vgl. Kroeber-Riel/Weinberg 1996, S. 184.

[182] Vgl. zum Zufriedenheitsbegriff Herrmann/Huber/Wricke 1999, S. 678 ff.

Produkt und damit über seine Einstellung zur Marke, über Markentreue oder die Absicht eines Markenwechsels.[183] Lag der Schwerpunkt des Handels früher auf der Phase des Verkaufs, wird heute die ganzheitliche Betreuung des Kunden im Lebenszyklus gefordert.[184]

Es kann festgehalten werden, dass die Kaufentscheidung für ein neues Auto mehrphasig und mehrdimensional angelegt ist.[185] Automobilhersteller stehen damit vor der Herausforderung, ihre Produktkommunikation derart zu gestalten, dass sie für Konsumenten in jeder Phase der Kaufentscheidung relevant ist: Potenzielle Kunden sollen überzeugt und zum Kauf animiert werden, während sich bestehende Kunden in ihrer Kaufentscheidung bestätigt fühlen sollen. Die **Produkt-Vorankündigung** eines neuen Modells hingegen bezieht sich explizit auf den Zeitraum vor der Kaufentscheidung. Wird die Wirkung einer Vorankündigung im Sinne der positiven Beeinflussung des Kaufverhaltens verstanden, ist zu vermuten, dass diese Wirkung mit Phase des Kaufentscheidungsprozesses variiert, in der sich der Empfänger zum Zeitpunkt der erstmaligen Wahrnehmung befindet. In Übereinstimmung mit den vorangegangenen Ausführungen ist die Ansprache von Konsumenten, die sich in der „Intensivphase" (zweite Phase) oder am Anfang der „akuten Phase" (dritte Phase) befinden, wahrscheinlich besonders wirkungsvoll, da die Aufnahme von Informationen zu möglichen Alternativen im Mittelpunkt steht, aber die finale Kaufentscheidung noch nicht getroffen ist. In der weiteren Arbeit soll daher geklärt werden, inwieweit vorankündigende Hersteller die Phase im Kaufprozess bei der Ansprache von Interessenten berücksichtigen.

2.2.2 Informationsökonomische Perspektive

Im Mittelpunkt der informationsökonomischen Überlegungen steht die Annahme, dass bei realen Transaktionsprozessen zwischen Anbietern und Nachfragern Informationsassymetrien bestehen.[186] Anbieter verfügen nur über unvollständige Informationen über die Bedürfnisse und Erwartungen der Nachfrager, Nachfrager haben auf der anderen

---

[183] Nach durchschnittlich 5 bis 6 Jahren der Nutzung des Fahrzeugs beginnt erneut die Vorkaufphase. In der Literatur wird in diesem Zusammenhang auch von der „Zirkularität" zwischen Nachkauf- und Vorkaufphase gesprochen. Vgl. Hansen/Jeschke 1992, S. 90.

[184] Vgl. Mattes et al. 2004, S. 34 f.

[185] Vgl. Leigh/Rethans 1983, S. 671.

[186] Vgl. Nelson 1970, S. 311. Die Informationsökonomik entstand aus dem Versuch heraus, das Phänomen unterschiedlicher Preise für homogene Güter und damit eine offensichtliche Abweichung von den Implikationen der Allgemeinen Gleichgewichtstheorie zu erklären.

Seite nur unvollständige Informationen über die Leistungen, Qualitäten und Preise der Anbieter.[187] Die Marktunsicherheit durch Informationsassymetrien existiert vor allem in Märkten mit vielen Marktteilnehmern, wo es unmöglich ist, alle Anbieter zu kennen und in Märkten, in denen der Aufbau von Reputation erschwert wird durch wenige Transaktionen je Zeitperiode. Für die Beurteilung einer Leistung sind Informationen, wie sie z.b. über Vorankündigungen bereitgestellt werden können, als ein zentrales Instrument zur Reduktion von Unsicherheit im Kaufprozess anzusehen.[188]

Grundsätzlich stellt die Informationsökonomie damit einen geeigneten Ansatz dar, die nachfragerseitigen Unsicherheits- und Beurteilungsprobleme im Kaufentscheidungsprozess für Automobile abzubilden. Die Beurteilungsprobleme lassen sich danach differenzieren, zu welchem Zeitpunkt die Eigenschaften eines Produktes beurteilt werden können und ob aus Sicht der Konsumenten überhaupt die Möglichkeit zur Beurteilung gegeben ist. Aus der Kombination der Kriterien ergeben sich drei verschiedene Typen von Leistungseigenschaften:[189]

- **Sucheigenschaften** sind dadurch gekennzeichnet, dass sie vom Nachfrager durch einfache Inspektion des Leistungsangebotes und ohne nennenswerte Kosten bereits vor dem Kauf vollständig beurteilt werden können (z.b. Design eines PKW). Die Informationssuche wird abgebrochen, wenn der Nachfrager aus subjektiver Sicht ein ausreichendes Informationsniveau erreicht hat.[190]
- **Erfahrungseigenschaften** umfassen dagegen diejenigen Merkmale, die sich dem Konsumenten erst nach dem Kauf bei Ge- oder Verbrauch eines Produktes durch Erfahrung erschließen (z.b. Zuverlässigkeit eines PKW). Eine vollständige Beurteilung von Erfahrungseigenschaften durch Informationen vor dem Kauf ist somit nicht möglich.
- Von besonderer Bedeutung für den Konsumenten sind **Vertrauenseigenschaften**, weil ihre Ausprägung die Kaufentscheidung entscheidend beeinflussen kann (z.b. Sicherheit eines PKW). Allerdings entziehen sie sich weitgehend oder vollkommen der Beurteilung durch den einzelnen Konsumenten. Vertrauenseigenschaften können von Kunden weder vor noch nach dem Kauf beurteilt werden oder nur mit unangemessen hohem Aufwand. Der Käufer hat als Nachweis des Vorhandenseins

---

[187] Vgl. Kaas 1995, Sp. 972.

[188] Weiber/Adler 1995a, S. 60.

[189] Die Unterteilung geht zurück auf Nelson 1970, der zwischen Such- und Erfahrungseigenschaften unterscheidet. Darby/Karni 1973 erweitern die Typisierung um Vertrauenseigenschaften. Vgl. Kuß/Tomczak 2004, S. 109 ff.; Weiber/Adler 1995a, S. 54 und die dort angegebene Literatur.

[190] Vgl. Srinivasan 1987, S. 321.

dieser Eigenschaft nur die Zusicherung des Anbieters. Da nur der Hersteller weiß, ob das Vertrauen des Konsumenten gerechtfertigt ist, herrscht Informationsasymmetrie, wobei sich diese nicht nachträglich abbauen lässt wie bei Erfahrungseigenschaften.

Auf Basis dieser Überlegungen lassen sich Kaufentscheidungen hinsichtlich der drei Dimensionen differenzieren und im so genannten informationsökonomischen Dreieck positionieren.[191] Für jede Kaufentscheidung sind die drei komplementären Eigenschaftskategorien mehr oder weniger stark ausgeprägt und addieren sich in der Summe zu 100 Prozent. In Abhängigkeit von der eingesetzten Strategie zur Unsicherheitsreduktion wird zwischen drei verschiedenen Kauftypen unterschieden. Wird zur Risikoreduktion z.b. hauptsächlich auf zusätzliche externe Informationen zurückgegriffen, spricht man vom **Suchkauf**. Kaufentscheidungsprozesse, bei denen Konsumenten mehrheitlich auf Erfahrungseigenschaften zurückgreifen, werden **Erfahrungskäufe** genannt und Entscheidungen, bei denen sich Konsumenten im Wesentlichen auf die Angaben des Anbieters verlassen müssen, werden **Vertrauenskäufe** genannt. Von der Dominanz eines Kauftyps wird gesprochen, wenn sein Anteilswert 50 Prozent übersteigt, alle anderen Fälle werden hingegen als Mischkäufe bezeichnet.[192]

Auf Basis der theoretischen Erkenntnisse gilt es nun zu klären, wie der Automobil-Kaufentscheidungsprozess aus informationsökonomischer Perspektive einzuordnen ist. Als differenzierende Merkmale der vorgestellten Kauftypen wurden erstens die Möglichkeit der Beurteilbarkeit der Leistungseigenschaften und zweitens der Zeitpunkt der Eigenschaftsbeurteilung genannt. Um zu einer gesamthaften Einschätzung der Automobil-Kaufentscheidung zu gelangen, sollen zunächst die aus Konsumentensicht wichtigsten Kriterien zur Bewertung von Kaufalternativen identifiziert und den Eigenschaftstypen zugeordnet werden. Hierzu wird auf die Ergebnisse einer empirischen Untersuchung der DEUTSCHE AUTOMOBIL TREUHAND (DAT) zurückgegriffen, in der Konsumenten ungestützt zu den wichtigsten Kriterien ihrer Entscheidung für einen Neuwagen befragt wurden.[193] Dabei entspricht die in Tabelle 4 dargestellte Reihenfolge der Kriterien der ermittelten Wichtigkeit der einzelnen Kriterien.

---

[191] Vgl. hier und im Folgenden Weiber/Adler 1995a, S. 59 ff.
[192] Vgl. Kuß/Tomczak 2004, S. 110.
[193] Vgl. Deutsche Automobil Treuhand GmbH 2005, S. 16.

Tabelle 4: Bewertung der Kriterien der Automobil-Kaufentscheidung

Kriterium der Kaufentscheidung	Beurteilbarkeit des Kriteriums möglich?	Beurteilbarkeit vor dem Kauf möglich?	Eigenschaftstyp
1. Zuverlässigkeit	ja	nein	Erfahrungseigenschaften
2. Aussehen	ja	ja	Sucheigenschaften
3. Kraftstoffverbrauch	ja	nein	Erfahrungseigenschaften
4. Anschaffungspreis	ja	ja	Sucheigenschaften
5. Serienausstattung	ja	ja	Sucheigenschaften
6. Reparatur- und Wartungskosten	ja	nein	Erfahrungseigenschaften
7. Wiederverkaufswert	ja	nein	Erfahrungseigenschaften
8. Dichte des Kundendienstnetzes	nein	nein	Vertrauenseigenschaften
9. Lieferzeit	ja	nein	Erfahrungseigenschaften
10. Prestigewert	ja	ja	Sucheigenschaften

Quelle: *Eigene Darstellung auf Basis Deutsche Automobil Treuhand GmbH 2005, S. 16*

Es zeigt sich, dass Automobile sowohl über Sucheigenschaften, Erfahrungseigenschaften als auch Vertrauenseigenschaften verfügen. Eine eindeutige Zuordnung zu einer der drei genannten Kategorien ist daher nicht möglich.[194] Der hohe Anteil von Sucheigenschaften resultiert aus der relativ leichten Beurteilbarkeit vieler Leistungseigenschaften von Automobilen vor dem Kauf durch Rückgriff auf interne und externe Informationen. Hierzu zählen z.B. das Design eines Fahrzeugs, der Anschaffungspreis und die angebotene Serienausstattung. Für den Autokauf sind aus der Perspektive der Nachfrager aber auch viele Kriterien entscheidend, die erst nach dem Kauf zuverlässig beurteilt werden können, wie z.B. der Kraftstoffverbrauch oder die Zuverlässigkeit eines Autos. Hier kann sich der Nachfrager zwar an Herstellerangaben, Testberichten oder anderen Modellen eines Herstellers orientieren, die tatsächliche Bewertung solcher Kriterien kann jedoch erst nach dem Kauf erfolgen. Vertrauenseigenschaften liegen beim Autokauf nur in sehr begrenztem Maße vor und scheinen eher von nachrangiger Bedeutung für die Entscheidung zu sein.[195]

Die Übertragung der relevanten Kaufmerkmale in das informationsökonomische Dreieck erfolgt in Abbildung 8, um zu einer Beurteilung der Automobil-Kaufentscheidung zu gelangen.

---

[194] Vgl. Kaas/Busch 1996, S. 245.

[195] Diese Einschätzung wird in empirischen Untersuchungen bestätigt. Vgl. z.B. Weiber/Adler 1995b, S. 106 ff.

Abbildung 8: **Positionierung der Automobil-Kaufentscheidung im informationsökonomischen Dreieck**

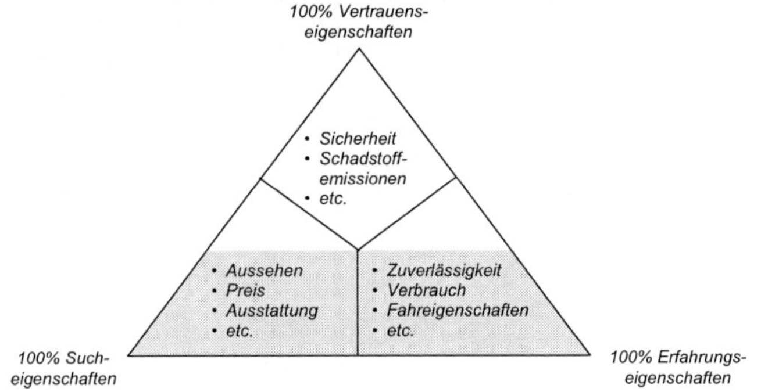

Quelle: In Anlehnung an Weiber/Adler 1995b, S. 100.

Auf Basis der empirischen Erkenntnisse und der plausibilitätsgeleiteten Überlegungen
wird der Automobil-Kaufentscheidungsprozess auf dem Kontinuum **zwischen Such-
und Erfahrungskauf** eingeordnet, mit einem stärkeren Anteil an Such- gegenüber
Erfahrungseigenschaften. Empirische Belege für diese Einordnung fanden
KAAS/BUSCH, die in einer Untersuchung zeigen konnten, dass mit zunehmender
Produkterfahrung Erfahrungseigenschaften ähnlich wie Sucheigenschaften
wahrgenommen werden.[196] Da die Beurteilung der Leistungseigenschaften eines
Neuwagens von den kognitiven Fähigkeiten und Erfahrungswerten der Nachfrager
abhängen, kann davon ausgegangen werden, dass der Anteil von Such- und
Erfahrungseigenschaften entsprechend dem Beurteilungsvermögen der Nachfrager
variiert.[197] Grundsätzlich sind Informationen für die Beurteilung einer Leistung „[...]
als ein zentrales Instrument der Unsicherheitsreduktion im Kaufprozess anzusehen. "[198]
Es wird davon ausgegangen, dass Nachfrager solange nach Preis- und
Qualitätsinformationen suchen, bis die Grenzkosten der Informationssuche gleich dem
erwarteten Grenznutzen sind.[199] Der vergleichsweise hohe Anteil an Sucheigenschaften
beim Autokauf verdeutlicht die Möglichkeit für den Hersteller, mit Hilfe von Produkt-
Vorankündigungen bereits im Vorfeld der Markteinführung die Beurteilung eines
neuen Modells anzuregen. Basierend auf diesen Überlegungen ist weiter zu vermuten,

---

[196] Vgl. Kaas/Busch 1996, S. 247 f.
[197] Für eine ausführliche Diskussion zur Subjektivität der informationsökonomischen Leistungseigenschaften
vgl. Kaas/Busch 1996, S. 240 ff. und Weiber/Adler 1995b, S. 99 ff.
[198] Weiber/Adler 1995a, S. 60. Vgl. hierzu auch Taylor Nelson Sofres Automotive 2000, S. 3.
[199] Vgl. Kaas 1991, S. 361.

dass die ausführliche Darstellung relevanter Informationen entscheidend ist für die Wirkungsentfaltung von Vorankündigungen.

2.2.3 Determinanten der Kaufentscheidung

Zum weiteren Verständnis der Wirkungsweise von kundenorientierten Vorankündigungen sollen im Folgenden die Faktoren diskutiert werden, die Einfluss auf die Marken- und Produktwahl ausüben. Die Automobil-Kaufentscheidung wird durch eine Reihe von Faktoren beeinflusst, die sich oftmals der Steuerung durch das Marketing entziehen und in soziodemographische, psychographische und externe Determinanten unterteilt werden können.[200] Obwohl die Determinanten teilweise nicht völlig trennscharf voneinander abgegrenzt werden können, wird der Unterteilung gefolgt, um ihre Wirkung auf die Kaufentscheidung und die Besonderheiten des Autokaufs im Vergleich zu anderen Kaufentscheiden zu verdeutlichen.

Abbildung 9: Zentrale Determinanten der Automobil-Kaufentscheidung

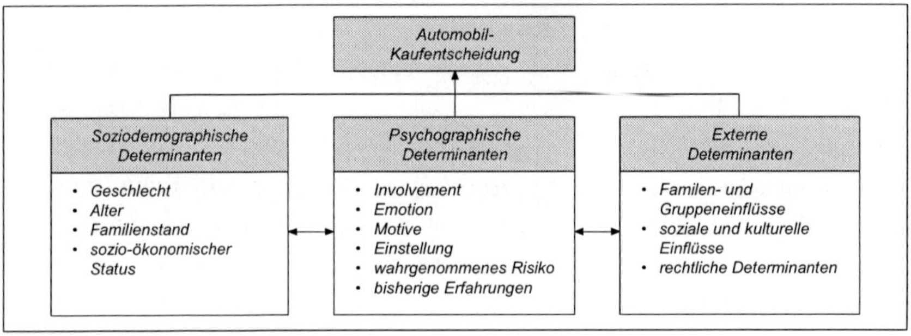

Quelle: In Anlehnung an Meffert 1998, S. 180.

2.2.3.1 Soziodemographische Determinanten

Als zentrale soziodemographische Determinanten der Automobil-Kaufentscheidung wurden in verschiedenen empirischen Untersuchungen das Geschlecht und Alter eines Käufers, die Phase im Familienlebenszyklus und sein sozioökonomischer Status identifiziert.[201] Der Hauptvorteil der soziodemographischen Kriterien liegt in ihrer leichten Erfassbarkeit durch die Existenz entsprechender sekundär-statistischer Daten

---

[200] Diese Größen werden oft auch als Kriterien zur Marktsegmentierung herangezogen. Vgl. Freter 1983, S. 43 ff.; Meffert 1998, S. 178 ff.; Kotler/Bliemel 1999, S. 436 ff.
[201] Vgl. Diez 2001, S. 41 ff.

und der relativ einfachen Erhebung dieser Variablen. Als bedeutender Nachteil wird jedoch ihre relativ geringe Kaufverhaltensrelevanz diskutiert. Das heißt, sozioökonomische Größen haben i.d.R. nur eine geringe Erklärungs- und Vorhersagekraft bezüglich des Konsumentenverhaltens und des möglichen Einsatzes von Marketinginstrumenten.[202]

GESCHLECHT

Wenn man die interfamiliäre Kaufentscheidung für Automobile vereinfachend in die drei Phasen (1) Problemerkennung, (2) Informationssuche und (3) Auswahlentscheidung unterteilt, geht die Initiative für den Autokauf häufig von einem der beiden Partner aus, während der männliche Partner anschließend meist für die Suche nach Informationen verantwortlich ist und dann wiederum gemeinsam über Marke, Modell und Ausstattungsmerkmale entschieden wird.[203] Das heißt, dass der Anteil synkratischer Entscheidungen von der Initiationsphase zur Informationssuche zunächst abnimmt und später, wenn es zur Kaufentscheidung kommt, wieder ansteigt. Auch wenn das Automobil in keiner eindeutigen Beziehung zum Geschlecht des Konsumenten steht, wie z.b. Kosmetika oder Bekleidung, wurden geschlechtsspezifische Unterschiede in Bezug auf das Kaufverhalten festgestellt. Entscheiden Frauen allein über den Autokauf, nutzen sie im Durchschnitt zwar weniger Informationsquellen als Männer, jedoch suchen sie häufiger das Gespräch mit Freunden und Bekannten: Einer Untersuchung der DEUTSCHE AUTOMOBIL TREUHAND zufolge kontaktierten mehr als 60 Prozent der befragten Frauen im Rahmen der Automobil-Kaufentscheidung Meinungsführer in ihrem sozialen Umfeld, bei den Männern der Stichprobe waren es lediglich 45 Prozent.[204] Aus Sicht des Herstellers scheint es daher wichtig, die Kommunikationsmaßnahmen entsprechend den geschlechtsspezifischen Bedürfnissen aufzubereiten.

ALTER

Mit zunehmendem Alter steigen die für den Autokauf zur Verfügung stehenden Finanzmittel und die Ansprüche der Käufer. Entsprechend ist das Durchschnittsalter der Fahrer von Premiummarken deutlich höher als das von Fahrern von preisgünstigeren Herstellern.[205] Allerdings nimmt die Begeisterung für das Autofahren mit steigendem Alter der Fahrer stetig ab: 55 Prozent der Autofahrer im Alter von 20

---

[202] Vgl. Freter 1983, S. 56.

[203] Vgl. Davis/Rigaux 1974, S. 53.

[204] Vgl. Deutsche Automobil Treuhand GmbH 2005, S. 18; Motor Presse Stuttgart 2005, S. 322.

[205] Auf Basis Zählung in der Markt-Media-Studie „Typologie der Wünsche 05/06". Vgl. TdWI GmbH 2005.

bis 24 Jahren genießen jede Autofahrt, während nur noch knapp 30 Prozent der über 60-jährigen Freude am Autofahren empfinden.[206] Für das Marketing von Neuwagen ist das Alter der Zielgruppe daher unbedingt zu berücksichtigen, wobei das psychologische Alter einen weitaus höheren Erklärungsbeitrag für das Kaufverhalten liefert als das kalendarische Alter von Konsumenten.[207]

FAMILIENLEBENSZYKLUS

Als weiterer zentraler Faktor der Automobil-Kaufentscheidung wurde die Phase im Familienlebenszyklus identifiziert, die durch die demographischen Merkmale Familienstand, Alter der Ehepartner bzw. Haushaltsmitglieder und Zahl der Kinder bestimmt ist.[208] Empirische Untersuchungen haben gezeigt, dass die Stellung im Familienlebenszyklus stark mit dem Kauf bestimmter Produkte und Dienstleistungen korreliert, die in gewissen Lebensphasen verstärkt nachgefragt werden. So sind für Familien mit Kleinkindern beim Kauf eines Neuwagens andere Merkmale entscheidend als für Rentner. Kognitive Dissonanzen, die sich für Familienväter aus dem Wunsch nach Fahrleistung und rationalen Abwägungen wie Praktikabilität ergeben, versuchen die Hersteller abzuschwächen, indem sie z.B. Kombi-Fahrzeuge mit Sonderausstattung und leistungsstarken Motoren anbieten.

SOZIO-ÖKONOMISCHER STATUS

Aufgrund der vergleichsweise hohen finanziellen Belastung beim Autokauf wird das Kaufverhalten entscheidend vom sozio-ökonomischen Status beeinflusst, der wiederum von anderen Faktoren wie Ausbildung, Einkommen und Zugehörigkeit zu einer bestimmten sozialen Schicht abhängt.[209] Dabei scheint die Dauer des Kaufentscheidungsprozesses negativ mit der Höhe des verfügbaren Budgets für den Autokauf zu korrelieren: Käufer mit niedrigerem Einkommen benötigen länger zur Entscheidungsfindung als Käufer aus höheren Einkommensschichten.[210] Vom Einkommen abhängig sind auch die Nutzungsdauer und die Entscheidung für den Kauf eines Neu- oder Gebrauchtwagens. Interessant ist zudem die Tatsache, dass sich Einkommens- und Ausbildungsniveau als Indikatoren des sozio-ökonomischen Status eines Autokäufers positiv auf die Markentreue auswirken.[211]

---

[206] Vgl. Motor Presse Stuttgart 2005, S. 30.
[207] Vgl. Meffert 1998, S. 185.
[208] Vgl. Pepels 1995, S. 31; Meffert 1998, S. 185.
[209] Vgl. Meffert 1998, S. 185.
[210] Vgl. Gruner + Jahr AG 2004, S. 12.
[211] Vgl. Bauer/Herrmann/Huber 1996, S. 128.

2.2.3.2 Psychographische Determinanten

Neben den soziodemographischen Merkmalen spielen auch die psychographischen Merkmale eine entscheidende Rolle bei der Wahl für oder gegen ein bestimmtes Fahrzeugmodell. Psychographische Kriterien tragen u.a. der Tatsache Rechnung, dass Individuen trotz ihrer Zugehörigkeit zur gleichen demographischen Gruppierung teilweise völlig unterschiedliche Ansichten und Einstellungen haben können.[212] Als zentrale psychographische Determinanten wurden das Involvement, die mit dem Auto verbundenen Emotionen, die Kaufmotive sowie die generelle Einstellung zum Auto identifiziert. Kaufentscheidende Merkmale sind zudem das wahrgenommene Risiko und die bisherigen Erfahrungen des Konsumenten mit einem bestimmten Modell oder einer bestimmten Marke.

INVOLVEMENT

Unter dem Begriff Involvement soll in den folgenden Ausführungen das Produkt-Involvement verstanden werden, das die wahrgenommene persönliche Relevanz eines Produktes ausdrückt, die wiederum durch bestimmte Werte, Bedürfnisse und Interessen einer Person definiert ist.[213] KROEBER-RIEL/WEINBERG definieren Involvement entsprechend als Grad der Aktiviertheit, der „Ich-Beteiligung" eines Konsumenten beim Kauf eines Produktes.[214] Tendenziell ist das Kaufinvolvement hoch bei Produkten mit hohem sozialen Risiko, hoher persönlicher Identifikation und langfristiger Bindung von Einkommensanteilen sowie bei Vorhandensein vieler verschiedener Kaufalternativen.[215] Demzufolge ist mit der Automobil-Kaufentscheidung i.d.R. ein hohes Involvement verbunden, DIEZ spricht vom Automobilkauf gar als „High-Involvement-Kauf par excellence."[216] Kennzeichnend für das Konsumentenverhalten unter High-Involvement Bedingungen sind die umfassende Informationsverarbeitung, die Wahrnehmung von Werbung und die bewusste Suche nach Informationen zur Identifikation der besten Alternative.[217] In einer Untersuchung zum Informationsverhalten beim Autokauf konnte SRINIVASAN feststellen, dass ein positiver Zusammenhang zwischen dem Involvement eines Konsumenten und dem

---

[212] Vgl. Kotler et al. 2003, S. 459.

[213] Zur Definition und Messung des Involvement-Konstrukts vgl. Antil 1984, S. 204 und Zaichkowsky 1985, S. 342. Eine Methodik zur Erfassung des Involvement von Konsumenten im Hinblick auf Automobile wurde von Bloch vorgelegt. Das Konstrukt „Automobile Involvement" umfasst 17 Fragen, sich in verschiedene Sub-Faktoren untergliedern lassen. Vgl. Bloch 1981, S. 63.

[214] Vgl. Kroeber-Riel/Weinberg 1996, S. 174.

[215] Vgl. Trommsdorff 1975, S. 321.

[216] Diez 2001, S. 58.

[217] Vgl. Kuß/Tomczak 2004, S. 67.

Ausmaß der Informationssuchaktivität besteht.[218] Als weiterer Beleg für die Einschätzung von DIEZ kann das hohe Interesse gelten, das dem Auto entgegengebracht wird: In der aktuellen repräsentativen Verbrauchs- und Medienanalyse VuMA bestätigten rund 71 Prozent der Befragten, an Themen über Autos interessiert zu sein.[219] Das Konstrukt Involvement ist als graduelle Größe zu sehen, die sich im Zeitverlauf ändert. In Bezug auf die Automobil-Kaufentscheidung wurde festegestellt, dass sich das Involvement von Konsumenten mit zunehmender Nähe zum geplanten Kaufzeitpunkt erhöht.[220]

MOTIVATION

Eine weitere Besonderheit der Automobil-Kaufentscheidung ist die Tatsache, dass sehr viele verschiedene Motive angesprochen werden. Motivation kann als hypothetisches Konstrukt verstanden werden, mit dem man die Ursachen des Konsumentenverhaltens zu erklären versucht.[221] Die bekannteste Motivationstheorie stammt von MASLOW und unterscheidet fünf verschiedene Arten von Bedürfnissen.[222] Für die einzelnen Stufen gilt das Prinzip der Motivaktualisierung, d.h. ein Bedürfnis hat solange verhaltens-bestimmende Kraft, bis es vollständig befriedigt ist und das nächsthöhere Bedürfnis an Bedeutung gewinnt.[223] Analog zur Bedürfnishierarchie nach MASLOW hat BÖSENBERG eine Motivstruktur für den Autokauf entwickelt, die in Abbildung 10 dargestellt ist.[224] Für die meisten Autofahrer sind die Motive Zuverlässigkeit, Wirtschaftlichkeit und Sicherheit längst nicht mehr allein entscheidend, sondern aufgrund der fortschreitenden technischen Entwicklung in gewisser Hinsicht nur noch Grundsatzanforderungen, die ein Hersteller im deutschen Markt erfüllen muss. Ausgehend von der Prämisse, dass bestimmte Qualitätsanforderungen von der Mehrzahl der Modelle einer Fahrzeugkategorie erfüllt werden, haben heute Faktoren wie das Design des Fahrzeugs und das Markenimage des Herstellers bedeutenden Einfluss auf die Kaufentscheidung von Konsumenten. Dem Wunsch der Kunden nach Individualität entsprechen die Hersteller mit einen umfangreichen Angebot an Zusatzausstattung, das eine individuelle Fahrzeugkonfiguration ermöglicht.

---

[218] Vgl. Srinivasan 1987, S. 321.

[219] Vgl. VuMA Arbeitsgemeinschaft 2005, S. 14.

[220] Vgl. Gruner + Jahr AG 2004, S. 13.

[221] Vgl. Kroeber-Riel/Weinberg 1996, S. 141. In der Literatur wird der Bedürfnis-Begriff aufgrund seiner engen Verwandtschaft oftmals synonym mit dem Motiv-Begriff gebraucht.

[222] Einen Vergleich verschiedener Motivationstheorien bietet z.B. Schneider 2004, S. 48 ff.

[223] Vgl. Maslow 1970.

[224] Vgl. Bösenberg 1987, S. 63 ff.

Abbildung 10: Motivstruktur beim Autokauf

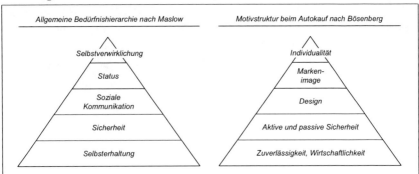

Quelle: Dietz 2001, S. 59.

EMOTION

Nur wenige Bereiche werden in Deutschland so emotional diskutiert wie Themen rund ums Automobil. Als Beispiele der jüngeren Vergangenheit seien die steigenden Benzinpreise oder die von der Regierungskoalition geführte Diskussion zur Einführung von Autobahngebühren für Privatpersonen erwähnt. Emotionen können als innere Erregungen verstanden werden, die angenehm oder unangenehm empfunden und mehr oder weniger bewusst erlebt werden.[225] Emotionen haben einen Einfluss darauf, wie sich Konsumenten in bestimmten Situationen verhalten und können die Kaufentscheidung entsprechend beeinflussen. Da sich die verschiedenen Modelle einer Kategorie qualitativ immer weiter annähern,[226] besteht eine wesentliche Zielsetzung der Produktkommunikation darin, die Modelle durch eine emotionale Positionierung unterscheidbar zu machen. Als Beispiel für diese Strategie kann die Kommunikation von BMW angeführt werden, die darauf ausgerichtet ist, den Konsumenten „Freude am Fahren" zu vermitteln.[227]

EINSTELLUNG

Kaum ein anderes Konstrukt wurde in der Konsumentenforschung so ausführlich erforscht wie das der Einstellung. FISHBEIN/AJZEN stellen bereits 1975 fest, das mindestens 100 verschiedene Definitionen und mehr als 500 Einstellungsmaße in der Literatur zu finden sind.[228] TROMMSDORFF definiert eine Einstellung als *„[...] Zustand*

---

[225] Vgl. Kroeber-Riel/Weinberg 1996, S. 106.
[226] Vgl. Kalmbach 2003, S. 37.
[227] Vgl. Panke 2005, S. 5.
[228] Vgl. Fishbein/Ajzen 1975, S. 2.

einer gelernten und relativ dauerhaften Bereitschaft, in einer entsprechenden Situation gegenüber dem betreffenden Objekt regelmäßig mehr oder weniger stark positiv bzw. negativ zu reagieren. "[229] In der Literatur wird zwischen der kognitiven, affektiven und konativen Komponente der Einstellung unterschieden.[230] Bezogen auf den Kaufentscheidungsprozess für Automobile repräsentiert die kognitive Komponente das Wissen eines Konsumenten hinsichtlich der wahrgenommenen Merkmale eines bestimmten PKW-Modells. Die affektive Komponente bezieht sich auf die emotional und motivational begründete Einschätzung des Modells, die mit Werten und Bedürfnissen in Verbindung gebracht werden. Aus dieser Einschätzung resultiert die Einstellung des Konsumenten gegenüber dem Modell, welche als die Handlungsbereitschaft aufgefasst werden kann, sich entsprechend der positiven oder negativen Bewertung zu verhalten (konative Komponente). Für die Automobil-Kaufentscheidung wurde gezeigt, dass mit der Höhe der positiven Einstellung eines Konsumenten zu seinem Auto seine Wechselneigung beim nächsten Autokauf nachlässt.[231] Aus Sicht des Marketing ist interessant, dass Einstellungen gelernt sind, also durch Kommunikationsmaßnahmen wie Vorankündigungen gezielt beeinflusst werden können.

WAHRGENOMMENES RISIKO

Der Begriff „wahrgenommenes Risiko" wurde erstmals von BAUER in die Literatur zum Konsumentenverhalten eingeführt und beschreibt die wahrgenommene Unsicherheit bezüglich unerwünschter Folgen eines Kaufs.[232] Da Abweichungen zwischen den Erwartungen an ein Leistungsangebot und den tatsächlichen Erfahrungen nicht auszuschließen sind, besteht die Gefahr einer Fehlentscheidung.[233] Die von Konsumenten erwarteten negativen Konsequenzen eines Kaufs können funktioneller, finanzieller, gesundheitlicher, sozialer oder psychologischer Art sein.[234] Wenn das wahrgenommene Kaufrisiko eine individuelle Toleranzschwelle überschreitet,

---

[229] Trommsdorff 1975, S. 159.

[230] Vgl. Kuß/Tomczak 2004, S. 45.

[231] Vgl. Unger 1998, S. 226 ff.

[232] Vgl. Bauer 1960, S. 391.

[233] Vgl. Kuhlmann 1978, S. 2.

[234] Das „funktionelle Risiko" beschreibt die Möglichkeit, dass der Grundnutzen der gewählten Alternative nicht erfüllt ist, während sich das „finanzielle Risiko" auf potenziell unangemessene Preise oder das Risiko finanzieller Einbußen bei Nichterfüllung der Kaufziele bezieht. Das „soziale Risiko" beschreibt die Möglichkeit, dass die gewählte Produktalternative nicht auf soziale Akzeptanz stößt und das „physische Risiko" bezieht sich auf mögliche Gesundheits- und Sicherheitsrisiken, die mit der Kaufentscheidung verbunden sein könnten. Schließlich wird unter dem „psychologischem Risiko" das Risiko verstanden, dass die Alternative zu Enttäuschung, Frustration oder mangelnder Identifikation führt. Für eine ausführliche Diskussion der wahrgenommenen Risiken von Konsumenten vgl. z.B. Panne 1977, S. 59 ff.; Solomon 2004, S. 304.

versuchen Konsumenten dieses Risiko entweder zu reduzieren oder sehen gänzlich vom Kauf des Produktes ab.[235] Aufgrund der vergleichsweise hohen Kosten stellt das finanzielle Risiko einen Haupttreiber für das im Rahmen des Autokaufs wahrgenommene Risiko dar. Darüber hinaus sind bei der PKW-Kaufentscheidung auch das soziale und psychologische Risiko immanent. Für den Käufer kann es von Bedeutung sein, dass das gewählte Modell auf soziale Akzeptanz stößt und die individuellen Kaufziele (z.b. Fahrspaß) erfüllt werden. UNGER kann in einer empirischen Untersuchung zeigen, dass das wahrgenommene Risiko bei der Automobil-Kaufentscheidung umso geringer ausfällt, je größer die graduelle Meinungsführerschaft eines Konsumenten ist.[236] Da die extensive Informationssuche als Strategie zur Risikoreduktion zu bewerten ist, können Automobilhersteller das wahrgenommene Risiko durch Bereitstellung relevanter Informationen beeinflussen. Wie LEE/O'CONNOR zeigen konnten, gilt dies insbesondere für innovative Produkte, die hohe Lernanforderungen an den Konsumenten stellen: Durch den Einsatz von Vorankündigungen konnte das wahrgenommene Risiko potenzieller Nachfrager signifikant verringert werden.[237]

BISHERIGE ERFAHRUNGEN

Einen hohen Einfluss auf zukünftige Automobil-Kaufentscheidungen üben die bisherigen Erfahrungen[238] des Konsumenten mit einem bestimmten Modell, einer bestimmten Marke oder einer Produktkategorie aus.[239] Schließlich ist der Umfang des gespeicherten Wissens, auf das in Entscheidungssituationen zurückgegriffen wird, als Ergebnis von Kauferfahrungen zu begreifen.[240] SRINIVASAN konnte entsprechend zeigen, dass positive Erfahrungen eines Konsumenten mit seinem aktuellen PKW-Modell eine negative Wirkung auf die Informationssuchaktivität beim Kauf eines neuen Modells haben.[241] Die Erfahrungen eines Konsumenten mit Automobilen können rational oder emotional begründet sein und werden z.B. durch Anzahl und Heterogenität seiner zurückliegenden Kaufentscheidungen geprägt, durch die Verwendungssituation und -frequenz oder durch den Distributionskanal über den das

---

[235] Vgl. Pepels 1995, S. 63 ff.
[236] Vgl. Unger 1998, S. 242 ff.
[237] Vgl. Lee/O'Connor 2003, S. 13 f.
[238] „Erfahrungen sind sowohl als persönlich sensuale Eindrücke, wie auch – mittels Wahrnehmung, Beobachtung und Experiment – als verstandesmäßig geordnete Systeme denkbar." Bergmann/Pradel 1999, S. 749.
[239] Vgl. May 1969, S. 64.
[240] Vgl. Billen 2003, S. 262.
[241] Vgl. Srinivasan 1987, S. 321.

Fahrzeug erworben wurde. Aus verschiedenen Studien ist der große Einfluss des individuellen Erlebens während einer Probefahrt auf die Kaufentscheidung bekannt.[242] Entsprechend ist es ein wichtiges Ziel der Kommunikation von Automobilherstellern, potenzielle Kunden von einer Probefahrt zu überzeugen. Darüber hinaus kommunizieren Konsumenten ihre individuellen Erfahrungen und beeinflussen mit ihren Empfehlungen auch das Entscheidungsverhalten Anderer.[243]

2.2.3.3 Externe Determinanten

Zu den wichtigsten externen Determinanten der Automobil-Kaufentscheidung zählen Familien- und Gruppeneinflüsse, soziale und kulturelle Einflüsse sowie rechtliche Determinanten.

FAMILIEN- UND GRUPPENEINFLÜSSE

Die Entscheidung für den Kauf eines Automobils wird häufig nicht von einer Person allein gefällt, sondern als so genannter Kollektiventscheid, bei dem mehrere Personen auf die Beschaffungsentscheidung einwirken.[244] Multipersonale Kaufentscheidungen sind meist geprägt von Kompromissen, die getroffen werden, um Konflikte zu vermeiden, die sich aus Abweichungen in den Zielvorstellungen und differierenden Wahrnehmungen ergeben können.[245] Betrachtet man den Typus **Familien-entscheidungen**, lassen sich nach dem Modell von DAVIS/RIGAUX idealtypisch vier verschiedene Grundtypen der Entscheidungsfindung unterscheiden: (1) die autonome Entscheidung, die allein getroffen wird, (2) die Dominanz des Familienvaters, (3) die Dominanz der Ehefrau und (4) die synkratische Entscheidung, bei der alle Familienmitglieder gleichermaßen an den Kaufentscheidungen mitwirken.[246] Es ist charakteristisch, dass der relative Einfluss der einzelnen Familienmitglieder auf Kaufentscheidungen abhängig ist vom Gegenstand der Kaufentscheidung und der Phase im Familienlebenszyklus.[247] Welche Art von Entscheidungsstruktur für den Autokauf zutrifft, hängt vor allem von den bereits diskutierten soziodemographischen und psychographischen Faktoren ab. BELCH/WILLIS konnten mit Hilfe einer

---

[242] Vgl. Leigh/Rethans 1983, S. 668.

[243] Vgl. Reichheld 2003, S. 50.

[244] Vgl. Pepels 1995, S. 7. Die Notwendigkeit gemeinsamer Entscheidungen beim Autokauf ergibt sich z.b. aus der gemeinsamen Nutzung und eingeschränkten Ressourcen.

[245] Vgl. Büschken 1994, S. 6.

[246] Vgl. Davis/Rigaux 1974, S. 54 f.

[247] Vgl. Pepels 1995, S. 31.

Befragung US-amerikanischer Haushalte empirisch nachweisen, dass der Autokauf aus Sicht beider Lebenspartner zwar grundsätzlich gemeinsam entschieden wird, der Einfluss des Mannes jedoch in allen Phasen und Aspekten der Kaufentscheidung – bis auf die Farbwahl – überwiegt.[248]

Der Einfluss von Bezugsgruppen oder Bezugspersonen steht häufig im direkten Zusammenhang mit der Automobil-Kaufentscheidung.[249] Dabei kann zwischen dem weiteren und dem engeren sozialen Umfeld eines Individuums unterschieden werden. Zum weiteren Bezugsfeld zählen Personen oder Gruppen, an denen sich Konsumenten orientieren, aber in keinem persönlichen Kontakt stehen (z.b. Sportler, Schauspieler). Zum engeren Bezugsfeld hingegen gehören Gruppen und Personen, mit denen ein Käufer in einer persönlichen Beziehung steht (z.b. Kollegen, Nachbarn).[250] Zu den zentralen Faktoren, die den Einfluss einer Bezugsgruppe auf das Konsumenten-verhalten bestimmen, zählen die Einstellung des Individuums gegenüber der Gruppe, die Art der Gruppe sowie die Art des Produktes.[251] Eine besondere Bedeutung kommt beim Autokauf den Meinungsführern zu, da sie mit ihren Einstellungen und ihrem Verhalten beispielgebend für ein Individuum oder eine Gruppe sein können.[252]

SOZIALE UND KULTURELLE EINFLÜSSE

Untersuchungen haben gezeigt, dass sich Konsumenten einer bestimmten sozialen Schicht häufig am Konsumverhalten der in der Sozialpyramide über ihnen stehenden Schicht orientieren.[253] Der Begriff „soziale Schicht" bezieht sich auf Gruppen von Individuen mit ähnlichen Lebenszielen und Lebensstilen und wird über den sozialen Status, d.h. über Statuskriterien wie Beruf, Einkommen, Abstammung etc. definiert.[254] Konsumenten berücksichtigen die vorhandenen Werte und Vorstellungen ihres sozialen Umfeldes aufgrund der hohen Visibilität der Automobil-Kaufentscheidung. Automarke und Modell sind nicht nur leicht durch andere registrierbar, sondern werden auch tatsächlich registriert, bewertet und mit dem Individuum in Verbindung gebracht.[255] Allerdings verliert der Einfluss sozialer Schichten auf das Kaufverhalten

---

[248] Vgl. Belch/Willis 2001, S. 117 f.

[249] Vgl. Diez 2001, S. 61. Eine Gruppe wird hier verstanden als jene Mehrzahl von Personen, die in wiederholten und nicht nur zufällig wechselseitigen Beziehungen zueinander stehen. Vgl. Kroeber-Riel/Weinberg 1996, S. 469 ff.

[250] Vgl. z.B. Schneider 2004, S. 43.

[251] Vgl. Assael 1998, S. 535 f.

[252] Vgl. Abschnitt 4.3.2.

[253] Vgl. hier und im Folgenden Meffert 1998, S. 123.

[254] Vgl. Wiswede 1985.

[255] Vgl. Bänsch 1996, S. 39.

aufgrund der Entkopplung der Verknüpfung von sozialer Lage und sozialer Schicht in entwickelten Volkswirtschaften zunehmend an Bedeutung.

RECHTLICHE DETERMINANTEN

Schließlich unterliegt die Automobil-Kaufentscheidung verschiedenen rechtlichen Rahmenbedingungen. Hierunter zählen z.b. Versicherungspflicht für Fahrzeuge, die gesetzlichen Regelungen zur Kraftfahrtsteuer oder Abgasnormen.[256] Da diese rechtlichen Rahmenbedingungen einen direkten Einfluss auf die dem Konsumenten zur Verfügung stehenden Finanzmittel haben, wirken sie indirekt auf die Kaufentscheidung ein. Auch laufende Finanzierungs- oder Leasingverträge wirken auf die Kaufentscheidung, da der vorzeitigen Auflösung solcher Verträge oftmals erhebliche Restriktionen gegenüberstehen.

2.2.4 Die Automobil-Kaufentscheidung unter Berücksichtigung von Produkt-Vorankündigungen

Wird die Produkt-Vorankündigung als Instrument der Kommunikationspolitik eines Unternehmens verstanden, so muss sie drei Ziele verfolgen, um den Markterfolg eines neuen Produktes vorzubereiten: Sie muss dafür sorgen, dass das Produkt von den Konsumenten wahrgenommen, akzeptiert und schließlich vorgezogen wird.[257] Auf Basis der in diesem Abschnitt erarbeiteten Erkenntnisse wird es möglich, den idealtypischen Kaufentscheidungsprozess unter Berücksichtigung von Produkt-Vorankündigungen in einem vereinfachten theoretischen Modell darzustellen (vgl. Abbildung 11). Ziel ist dabei nicht, den Entscheidungsprozess eines jeden Konsumenten mit allen individuellen Besonderheiten abzubilden, sondern ein Modell vorzustellen, das für die Mehrzahl der Konsumenten hinreichend gut passt.[258] In Anlehnung an die Ausführungen in Abschnitt 2.3.1 lässt sich der dargestellte Prozess der Kaufentscheidung in die vier der Bedarfserkennung folgenden Phasen Informationssuche, Bewertung von Produktalternativen, Produktauswahl und Kaufabschluss unterteilen.[259] Im Folgenden soll der dargestellte Prozess aus dem Blickwinkel der Vorankündigung vorgestellt werden, um ihren Einfluss auf die Kaufentscheidung von Konsumenten zu verstehen.

---

[256] Vgl. Diez 2001, S. 62.
[257] Vgl. Kuß/Tomczak 2002, S. 220.
[258] Vgl. Balderjahn 1993, S. 67.
[259] Vgl. Abschnitt 2.3.1.

Abbildung 11: Idealtypischer Kaufentscheidungsprozess unter Berücksichtigung kundenorientierter Produkt-Vorankündigungen

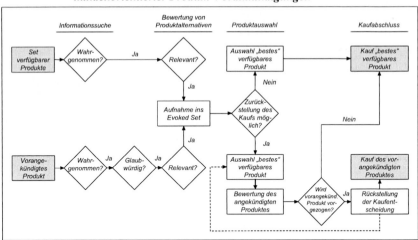

Quelle: Eigene Darstellung

Grundvoraussetzung für die Wirkungsentfaltung einer Vorankündigung ist zunächst, dass sie wahrgenommen wird. Wie eingangs gezeigt wurde, steht die Vorankündigung dabei sowohl mit der Kommunikation für bereits eingeführte Produkte als auch mit den Vorankündigungen anderer Hersteller im Wettbewerb um die Aufmerksamkeit potenzieller Konsumenten. Die Wahrnehmung ist daher als erste Teilwirkung einer Vorankündigung zu verstehen. Da sich Vorankündigungen auf zukünftige Ereignisse beziehen, müssen Konsumenten im zweiten Schritt deren Glaubwürdigkeit in Bezug auf die Einhaltung der kommunizierten Produktmerkmale und des Markteinführungs-termins einschätzen.[260] Damit ein vorangekündigtes Produkt in das Evoked Set aufgenommen wird, muss es zudem als relevant eingestuft werden. So könnte z.B. die Vorankündigung eines neuen Luxus-Sportwagens von vielen Konsumenten wahrgenommen und als glaubwürdig eingeschätzt werden. Relevant im Sinne der Einschätzung als mögliche Kaufalternative wäre sie jedoch nur für eine kleine Teilmenge aller Empfänger.

Begreift man die Beeinflussung der Kaufentscheidung potenzieller Nachfrager als Wirkung einer Vorankündigung, so sind Wahrnehmung und Glaubwürdigkeit der Vorankündigung sowie die Relevanz des neuen Produktes als Voraussetzungen dieser

---

[260] Vgl. Eliashberg/Rao/Rymon 1995, S. 21.

Wirkung zu sehen. Da das vorangekündigte Produkt im Vergleich zu anderen Produktalternativen nicht erhältlich ist, müssen Konsumenten weiterhin einschätzen, ob die Möglichkeit besteht, einen eventuell geplanten Kauf zurückzustellen.[261] Ist die Rückstellung nicht möglich, z.b. wenn aufgrund von Diebstahl oder Unfall ein Ersatzfahrzeug beschafft werden muss, dann wird vermutlich ein verfügbares Produkt aus dem Bündel an Alternativen ausgewählt. Besteht zeitliche Flexibilität im Hinblick auf die Kaufentscheidung, wird unterstellt, dass ein Kunde dasjenige Modell erwirbt, für das er zum Zeitpunkt der Kaufentscheidung den höchsten Nutzen empfindet. Risikoneutrale Kunden entscheiden sich vermutlich eher für ein vorangekündigtes Produkt, wenn seine Qualität höher eingeschätzt wird als die Qualität der verbliebenen verfügbaren Produktalternativen.[262]

Aus der Diskussion wird deutlich, dass Automobilhersteller die Vorankündigungen neuer Modelle derart gestalten müssen, dass sie von Konsumenten wahrgenommen und als glaubwürdig eingestuft werden. Sie müssen darüber hinaus Informationen enthalten, die dem Konsumenten eine Einschätzung bezüglich der Relevanz des Angebots erlauben.

2.2.5 Erkenntnisbeitrag für die weitere Arbeit

Für den Fortgang der Arbeit sollen die zentralen Punkte der vorangegangenen Diskussion kurz zusammengefasst werden. Aus der informationsökonomischen Betrachtung des Kaufentscheidungsprozesses wurde ersichtlich, dass aufgrund des vergleichsweise hohen Anteils an Sucheigenschaften die Möglichkeit besteht, die Kaufentscheidung von Kunden gezielt durch Vorankündigungen zu beeinflussen.[263] Aus der verhaltenswissenschaftlichen Perspektive heraus wurde der Autokauf als extensiv-limitierter Kaufentscheidungsprozess klassifiziert, der sich in verschiedene, zeitlich nacheinander ablaufende Phasen unterteilen lässt. Relevant für den Einsatz von Vorankündigungen ist vor allem, dass die Ansprache von Kunden, die sich in der Intensivphase befinden, besonders Erfolg versprechend scheint. Demzufolge scheint der geplante Kaufzeitpunkt des Konsumenten Einfluss auf die Wirkung von Vorankündigungen auszuüben. Die Automobil-Kaufentscheidung wird auch durch eine Reihe von Faktoren beeinflusst, die sich teilweise der Steuerung durch das

---

[261] Vgl. Brockhoff/Rao 1993, S. 214; Farquhar/Pratkanis 1993, S. 1218.

[262] Vgl. hierzu auch Schnoor 2000, S. 146 ff.

[263] Vgl. die Ausführungen in Abschnitt 2.2.1.

Marketing entziehen und in soziodemographische, psychographische und externe Determinanten unterteilt werden können. Als Kriterien, die insbesondere die Wirkung von Vorankündigungen beeinflussen können, sind zu nennen: Erstens, das wahrgenommene Risiko, das aus der Nichtverfügbarkeit des angekündigten Modells resultiert und durch die Vorankündigung abgeschwächt werden sollte sowie zweitens die bisherigen Erfahrungen und die Einstellung eines Konsumenten zu seinem Auto, da hierdurch seine Wechselneigung und die Bewertung der Vorankündigung beeinflusst wird.

2.3 Die Wirkung von Produkt-Vorankündigungen aus Herstellersicht

Um zu verstehen, warum Automobilhersteller Produkt-Vorankündigen einsetzen, sollen im nächsten Schritt die möglichen Wirkungen, die mit dem Einsatz von Vorankündigungen erzielt werden können, näher betrachtet werden.

Der Einsatz von Produkt-Vorankündigungen ist für ein Unternehmen grundsätzlich mit Vor- und Nachteilen verbunden, die bei der Entscheidungsfindung im Sinne einer Kosten-Nutzen-Analyse zu berücksichtigen sind.[264] Da Vorankündigungen offensichtlich nicht obligatorisch im Rahmen der Markteinführung neuer Produkte eingesetzt werden, müssen vorankündigende Unternehmen folglich einen höheren Nutzen und/oder geringere Kosten wahrnehmen als nicht-vorankündigende Unternehmen. Einen guten Überblick über die Vor- und Nachteile von Vorankündigungen aus der Perspektive von Unternehmen bieten die bereits erwähnten Studien von ELIASHBERG/ROBERTSON und PREUKSCHAT.[265] Aus Tabelle 5 sind die Faktoren für die Diskriminierung vorangekündigter Produkte gegenüber nicht-vorangekündigten Produkten ersichtlich, die sich explizit auf die Wirkung bei **kundenorientierten Vorankündigungen** beziehen.[266] Daneben sind von einem Unternehmen natürlich auch die potenziellen Wirkungen auf andere Zielgruppen zu berücksichtigen, die bereits in Abschnitt 2.1.4 diskutiert wurden.

---

[264] Vgl. Homburg/Krohmer 2003, S. 498; Brockhoff 1999, S. 269.
[265] Vgl. Eliashberg/Robertson 1988; Preukschat 1993.
[266] Vgl. Brockhoff 1999, S. 270.

Tabelle 5: Vor- und Nachteile kundenorientierter Vorankündigungen

Vorteile	USA	D	Nachteile	USA	D
• Beschleunigung der Diffusion	(-)	(+)	• Kannibalisierung eigener Produkte	(+)	(*)
• Vertiefung der Diffusion	(+)	(+)	• Image-Verlust bei Nichteinhaltung der Vorankündigung	(+)	(+)
• Image-Verbesserung des Anbieters	(+)	(-)			
• Gewinnung von Kundeninformationen	(-)	(+)			

Werte in Klammern: (+) signifikant diskriminierender Faktor, (*) nicht signifikant diskriminierender Faktor, (-) nicht untersuchter Faktor. USA = Werte aus Eliashberg/Robertson 1988, D = Werte aus Preukschat 1993.

Quelle: Eigene Darstellung auf Basis Brockhoff 1999, S. 270.

2.3.1 Vorteile von kundenorientierten Produkt-Vorankündigungen

Als Vorteile, die sich Unternehmen durch den Einsatz von kundenorientierten Vorankündigungen erhoffen, wurden die Beschleunigung und die Vertiefung der Produktdiffusion identifiziert. Darüber hinaus können Unternehmen Produkt-Vorankündigungen auch zur gezielten Image-Verbesserung und zur Gewinnung von Marktforschungsinformationen über bestehende und potenzielle Kunden einsetzen.

DIFFUSIONSBESCHLEUNIGENDE WIRKUNG

Das Konzept der Diffusion entstammt der Soziologie und bezeichnet den Kommunikationsprozess durch den sich Informationen, Einstellungen, Meinungen und Ideen innerhalb sozialer Systeme ausbreiten. In der betriebswirtschaftlichen Diskussion liegt der Schwerpunkt des Interesses auf der Ausbreitung neuer Produkte und Dienstleistungen. In seiner wegweisenden Arbeit beschreibt ROGERS den Begriff **Diffusion** als die zeitlich verteilte Übernahme und die damit verbundene Ausbreitung einer Innovation über verschiedene Individuen hinweg.[267] Für das Verständnis der Leistungspotenziale von Vorankündigungen ist zusätzlich die Differenzierung von **Informationsdiffusion** und **Produktdiffusion** notwendig.[268]

Die diffusionsbeschleunigende Wirkung von Vorankündigungen wird am besten deutlich, wenn man die Markteinführung einer Innovation mit Vorankündigung und die Markteinführung einer Innovation ohne Vorankündigung miteinander vergleicht. Im letztgenannten Fall startet die Produktkommunikation zeitgleich mit der Markteinführung, also mit der physischen Verfügbarkeit des neuen Produktes. Da

---

[267] Vgl. Rogers 1962, S. 120.
[268] Ähnlich Preukschat 1993, S. 49 ff.

potenzielle Nachfrager erst ab dem Zeitpunkt der Markteinführung Informationen über das neue Produkt wahrnehmen können, entsteht eine Einführungsphase, in der zunächst keine oder nur sehr geringe Umsätze getätigt werden.[269] Entscheidet sich ein Unternehmen für den Einsatz einer Vorankündigung, so ist die Informationsdiffusion der Produktdiffusion zeitlich vorgelagert. Bezogen auf die Stufen des Adoptionsprozesses können mit Hilfe von Vorankündigungen somit bereits vor der Markteinführung (1) Aufmerksamkeit und (2) Interesse erzeugt und (3) eine Bewertung der Innovation durch potenzielle Kunden erreicht werden.[270] Inwieweit Konsumenten im individuellen Adoptionsprozess fortfahren und auch ihre Kaufentscheidung bereits vor der Markteinführung treffen, hängt u.a. von bestimmten Produkt- und Unternehmensmerkmalen sowie von Persönlichkeitsmerkmalen des Konsumenten ab. Die diffusionsbeschleunigende Wirkung von Vorankündigungen ergibt sich also aus der frühzeitigeren Anregung von Adoptionsprozessen, die frühzeitigere Adoptionsentscheidungen zur Folge haben können. In der Folge kann es einem Unternehmen gelingen, bereits vor dem Markteinführungszeitpunkt des Produktes einen Bestand an Adoptions- bzw. Kaufwilligen zu schaffen und somit einen beschleunigten Abverkauf nach Markteinführung zu induzieren.

Als Beispiel für die Beschleunigung der Produktdiffusion durch eine gezielte Produkt-Vorankündigung kann die Markteinführung der Spielkonsole „XBox" von Microsoft gelten, die in den USA am 22. November 2005 eingeführt wurde. Bereits rund sechs Monate vor dem Verkaufstart wurden erste Bilder und Produktmerkmale kommuniziert und von den Medien redaktionell aufbereitet.[271] Durch die mediale Aufmerksamkeit wurde bereits vor der Markteinführung Interesse und Nachfrage für die neue Konsole erzeugt, wie die Verkaufszahlen verdeutlichen: *„[...] nearly 326,000 units were sold through in the U.S. in Nov. It's assumed virtually all available consoles sold out Nov. 22, the first day of sale."*[272]

---

[269] In der Literatur wird die zeitliche Differenz zwischen der Markteinführung und dem Beginn der Produktdiffusion mit der Unterscheidung zwischen Angebotszyklus und Nachfragezyklus erklärt. Der Angebotszyklus ist dabei definiert als Zeitspanne, in der ein Unternehmen unter bestimmten Bedingungen zum Verkauf eines Produktes bereit ist, während der Nachfragezyklus die Zeitspanne darstellt, in der potenzielle Nachfrager unter bestimmten Bedingungen zur Übernahme einer Innovation bereit sind. Vgl. Pfeiffer/Bischof 1974, S. 641.

[270] Der individuelle Adoptionsprozess vollzieht sich ausgehend von der Markteinführung einer Innovation in verschiedenen, zeitlich nacheinander ablaufenden Adoptionsperioden, die in der Literatur bezeichnet werden als (1) Awareness, (2) Interest, (3) Evaluation, (4) Trial und (5) schließlich Adoption. Vgl. Rogers 2003, S. 21.

[271] Vgl. Wildermann 2005, S. 11.

[272] o.V. 2005, S. 1.

Voraussetzung für die Diffusionsbeschleunigung ist jedoch, dass der Adoptionsprozess nicht an die Verfügbarkeit des Produktes gebunden ist. In diesem Zusammenhang wird auf die bereits erwähnten Untersuchungen von FARQUHAR/PRATKANIS hingewiesen, die den Nachweis erbrachten, dass auch nicht-erhältliche Produkte als echte Kaufalternativen eingeschätzt werden können, sofern subjektiv überzeugende Informationen bereitgestellt werden, die eine solche Einschätzung erlauben.[273] Welche Art von Informationen Vorankündigungen aus Sicht von Konsumenten enthalten müssen, damit sie ein noch nicht erhältliches Produkt als Kaufalternative berücksichtigen, ist im weiteren Verlauf der Arbeit zu klären.[274] Eine schematische Darstellung der beschleunigenden Wirkung von Vorankündigungen auf die Informations- und Produktdiffusion ist in Abbildung 12 dargestellt.

Abbildung 12: Diffusionsbeschleunigende Wirkung von Vorankündigungen

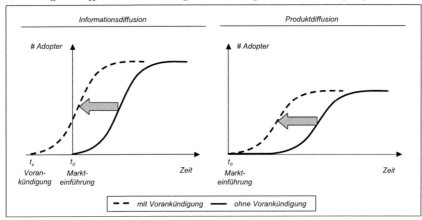

Quelle: In Anlehnung an Preukschat 1993, S. 52.

Für vorankündigende Unternehmen ist die diffusionsbeschleunigende Wirkung insbesondere aus wirtschaftlichen Gesichtspunkten interessant. Wie auf der linken Seite der Darstellung ersichtlich, kann ein neues Produkt aufgrund von Vorankündigungen bereits zum Zeitpunkt der Markteinführung (t_0) über ein bestimmtes Maß an Bekanntheit in der Zielgruppe verfügen. Experten gehen davon aus, dass der Aufbau von Marktbekanntheit für ein bestimmtes Produkt mit Hilfe von Vorankündigungen nicht nur zeitlich früher, sondern auch kostengünstiger erreicht

---

[273] Vgl. Farquhar/Pratkanis 1987, S. 29.
[274] Vgl. Abschnitt 4.1.3.

werden kann.[275] Auf der rechten Seite von Abbildung 12 ist die beschleunigte Produktdiffusion dargestellt, die ebenfalls einen positiven wirtschaftlichen Effekt haben kann: Werden aufgrund frühzeitigerer Adoptionsentscheidungen Umsätze früher getätigt, ergeben sich für das Unternehmen unter der Annahme eines konstanten Gesamtumsatzes entsprechende Zinsvorteile. Es bleibt anzumerken, dass die absolute Wirkung einer Vorankündigung bezogen auf die Diffusionsgeschwindigkeit branchen- und produktspezifisch ist und von verschiedenen Faktoren beeinflusst werden kann.[276] Hierzu zählen u.a. der relative Wettbewerbsvorteil des neuen Produktes, seine Komplexität und seine Kompatibilität mit existierenden Technologien und bestehendem Wissen potenzieller Anwender sowie die Erprobungsmöglichkeit vor der Markteinführung.

DIFFUSIONSVERTIEFENDE WIRKUNG

Eine vorankündigungsbedingte Steigerung der Aufnahmebereitschaft zum Markteinführungszeitpunkt kann im weiteren Verlauf des Produktlebenszyklus die Diffusion (und damit die Umsatzentwicklung) nicht nur beschleunigen, sondern auch erhöhen. Unter dem Begriff **Diffusionsvertiefung** wird entsprechend die Gewinnung zusätzlicher Kunden verstanden, die eine Innovation aufgrund der Vorankündigung übernehmen. In Abbildung 13 ist die Wirkung im Vergleich zur Markteinführung ohne Vorankündigung schematisch dargestellt.

Abbildung 13: Diffusionsvertiefende Wirkung von Vorankündigungen

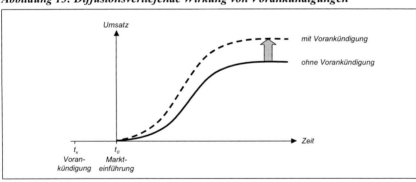

Quelle: Eigene Darstellung

---

[275] Auf die im Vergleich mit klassischen Kommunikationsmaßnahmen geringeren Kosten von Vorankündigungen wird z.B. bei Calantone/Schatzel hingewiesen: „Preannouncements [...] are relatively fast, inexpensive to produce, and more believable than advertising." Calantone/Schatzel 2000, S. 18.

[276] Vgl. hier und im Folgenden Crawford 1994, S. 291.

Vordergründiges Ziel von Vorankündigungen ist es, die Vorteilhaftigkeit der Innovation gegenüber anderen Produktalternativen zu kommunizieren und Kaufbereitschaft zu erzeugen. Schließlich wird ein angekündigtes Modell vor allem dann in Betracht gezogen, wenn die wahrgenommene Produktqualität die der verfügbaren Produktalternativen übersteigt.[277] Dabei ergibt sich die Gesamtmenge an zusätzlichen Nachfragern aus der Summe von Konsumenten, deren Adoptionsprozess erst durch die Vorankündigung angeregt wird und denjenigen Nachfragern, die sich bereits im Adoptionsprozess befinden und das vorangekündigte Produkt zusätzlich in ihr **Evoked Set** aufnehmen. Aufgrund der Nichterhältlichkeit des neuen Modells ist jedoch entscheidend, neben der inhaltlichen auch die zeitliche Umorientierung der Kaufentscheidung zu erreichen. Potenzielle Nachfrager müssen bereit sein, mit dem Kauf bis zur Markteinführung des neuen Produktes zu warten und ggf. bereits geplante Käufe zu verschieben.

IMAGE-VERBESSERUNG DES ANBIETERS

In Anlehnung an TROMMSDORFF wird unter dem Begriff **Image** ein System von subjektiv bewerteten Ausprägungen von Produkt- und Markeneigenschaften verstanden.[278] Das Markenimage wird als mehrdimensionales Einstellungskonstrukt verstanden und bezeichnet allgemein die Bereitschaft von Konsumenten, sich gegenüber einem Produkt oder Hersteller positiv oder negativ zu verhalten.[279] Grundsätzlich lässt sich sagen, dass das Markenimage eines Herstellers bei Konsumenten zu einem großen Teil aus der subjektiven Wahrnehmung und Bewertung der Marketingmaßnahmen des Herstellers entsteht.[280] Die Kommunikation von produktbezogenen Informationen vor der Markteinführung bietet dem Hersteller somit die Möglichkeit, sein aktuelles Image durch die noch nicht verfügbaren Produkte zu prägen und damit indirekt auch auf das Verhalten potenzieller Nachfrager Einfluss zu nehmen. In der Automobilindustrie wird vor allem die Vorankündigung von Produktdetails genutzt, um das neue Modell und die Marke selbst als innovativ und technisch leistungsfähig zu positionieren. Positive Ausstrahlungseffekte von der Innovation auf die Herstellermarke und ggf. auch auf das aktuelle Produktprogramm

---

[277] Vgl. Dannenberg 2003, S. 92.

[278] Vgl. Trommsdorff 1975, S. 65.

[279] Zur Gleichsetzung von Image und mehrdimensionaler Einstellung vgl. z.B. Rosenstiel/Neumann 1991, S. 124; Meffert 1998, S. 75. Zur Beziehung zwischen Image und Verhalten vgl. die Übersicht bei Geise 1984, S. 183.

[280] Vgl. Schneider 1989, S. 108. Biel unterscheidet beim Markenimage zwischen den drei Komponenten Image des Herstellers" (Corporate Image), Image des Produktes oder der Dienstleistung (Product Image) sowie Image des Verwenders (Image of User). Vgl. Biel 1993, S. 72

sind dabei durchaus erwünscht.[281] Als Beispiel für dieses Vorgehen kann die Technik der Keramik-Verbundbremsscheibe dienen, die von Porsche als erstem Automobilhersteller in ein Serienfahrzeug eingebaut wurde: *„Für den Kunden bedeuten diese Verbesserungen erhöhte Leistungsfähigkeit, erhöhten Bremskomfort sowie eine nochmals verlängerte Lebensdauer der Bremsanlage."*[282] Die Vorankündigung wurde Anfang Juni 2004 kommuniziert, rund anderthalb Monate vor der Markteinführung.

GEWINNUNG VON KUNDENINFORMATIONEN

Unternehmen setzen Vorankündigungen auch ein, um gezielt **Informationen** über bestehende Kunden zu erfassen oder potenzielle Nachfrager zu identifizieren.[283] Wesentliches Ziel der Erfassung von soziodemographischen und psychographischen Merkmalen ist es, potenzielle Kunden zielgruppengenau ansprechen zu können. Zu diesem Zweck können Unternehmen Kommunikationsinstrumente einsetzen, bei denen potenzielle Nachfrager freiwillig Informationen über sich preisgeben, wie z.b. bei Gewinnspielen oder speziellen Webseiten, die eine Registrierung seitens des Konsumenten erfordern.

Es wurde darüber hinaus festgestellt, dass Unternehmen Vorankündigungen auch als Mittel zur gezielten Provokation von Reaktionen der Zielgruppe einsetzen, um die Akzeptanz bestimmter Produktmerkmale zu testen und um ggf. noch Änderungen vor der Markteinführung vornehmen zu können.[284] Voraussetzung für die Gewinnung derartiger Kundeninformationen ist die Möglichkeit des Unternehmens, die Reaktion von Nachfragern auch kurzfristig erfassen zu können. In der Automobilindustrie bieten die großen Automobilmessen eine geeignete Plattform, um neu entwickelte Fahrzeugkonzepte der Öffentlichkeit vorzustellen und die Reaktionen von Presse und Publikum aufzunehmen. So wurde beispielsweise die Entscheidung für das Design des Modells „BMW 1er" entscheidend von den positiven Reaktionen von Fachpresse und Messebesuchern auf die vorhergehende Studie „CS1" beeinflusst, wie die Rede von BMW-Entwicklungsvorstand GÖSCHEL am Vorabend der Messeeröffnung verdeutlicht: *„Mit der heutigen Weltpremiere der Concept Studie CS1 zeigen wir Ihnen nun, welcher Designrichtung das Exterieur eines zukünftigen ‚kleinen BMW'*

---

[281] Zur Image-fördernden Wirkung durch die Einführung neuer Produkte vgl. Langner 1974, S. 46. Der sachliche Übertrag zwischen zwei Wahrnehmungsobjekten (Vorankündigung und Marke) wird oftmals als auch „Spill-Over-Effekt" bezeichnet. Vgl. Pepels 1995, S. 81.

[282] Porsche AG 2004, S. 2.

[283] Vgl. Preukschat 1993, S. 154.

[284] Vgl. Chaney/Devinney 1995, S. 12.

folgen könnte.[285] Die extensive Presseberichterstattung und die positiven Kundenreaktionen beeinflusste schließlich die Entscheidung von BMW, die Formensprache der Studie in wesentlichen Punkten auf das Serienmodell BMW 1er zu übertragen.

2.3.2 Nachteile von kundenorientierten Produkt-Vorankündigungen

Mit dem Einsatz von Vorankündigungen gegenüber bestehenden und potenziellen Kunden können auch verschiedene Risiken verbunden sein, die es zu berücksichtigen gilt. Es besteht zum einen die Gefahr der Nachfrageverlagerung von den bisherigen Produkten hin zum neuen Produkt eines Anbieters und zum anderen das Risiko eines möglichen Image-Verlustes bei Nichteinhaltung der Vorankündigung.

KANNIBALISIERUNG EIGENER PRODUKTE

Unter **Kannibalisierung** innerhalb des Produktprogramms wird allgemein der Sachverhalt verstanden, wenn der Absatz neuer Produkte in wesentlichen Teilen zu Lasten der bisherigen Produkte eines Herstellers geht, also keine nennenswerten Marktanteile gegenüber Wettbewerbsprodukten gewonnen werden. Eine derartige Verlagerung der Nachfrage vom bestehenden zum neuen Produkt kann vor allem dann auftreten, wenn die Produkte von der Zielgruppe als substitutiv wahrgenommen werden.[286]

Für den Fall der Automobilindustrie muss grundsätzlich unterschieden werden zwischen der Einführung einer neuen Baureihe und der Einführung eines Nachfolgemodells einer bereits existierenden Baureihe. Die potenziellen Kunden einer **neuen Baureihe** rekrutieren sich meist zu einem substanziellen Teil aus Fahrern von Modellen anderer Marken. Ein Wechsel innerhalb der eigenen Produktpalette wird vom Hersteller in den meisten Fällen nur dann gewünscht, wenn mit dem Wechsel der Aufstieg in eine höhere Fahrzeugklasse verbunden ist („up-grading") und das neue Produkt stärker als das bereits eingeführte Modell zur Erreichung der Unternehmensziele beitragen kann. Die Bereitschaft der Konsumenten zum up-grading kann durchaus als Ziel der Vorankündigung verstanden werden, wenn der Hersteller von der erhöhten Zahlungsbereitschaft des Kunden profitiert.[287] Die Gefahr der

---

[285] Göschel 2002, S. 2.

[286] Zu den Auswirkungen von Kannibalisierungseffekten vgl. Copulsky 1976; Farrell/Saloner 1986.

[287] Vgl. Levinthal/Purohit 1989.

Kannibalisierung des Absatzes einer neuen Baureihe mit existierenden Modellen, die niedriger positioniert sind („down-grading"), ist dann zu vernachlässigen, wenn die verschiedenen Modelle einer Marke möglichst überschneidungsfrei positioniert sind und der Produktnutzen klar kommuniziert wird. Evident ist die Gefahr der Kannibalisierung hingegen bei der Einführung eines **Nachfolgemodells**. Ein Hersteller steht hier vor der Herausforderung, einerseits bestehende Kunden zu einem möglichst späten Zeitpunkt von der Markteinführung in Kenntnis zu setzen, um den Absatz des aktuell im Markt befindlichen Modells nicht zu gefährden.[288] Schließlich könnten sich aktuelle Kunden entscheiden, geplante Käufe hinauszuzögern, um auf das neue Modell zu warten. Andererseits sollen möglichst viele Kunden anderer Hersteller über das neue Fahrzeug informiert werden, um Aufmerksamkeit und Interesse für das Modell aufzubauen.

Die Gründe für die Kannibalisierung ergeben sich analog zu den Gründen, die bereits im Zusammenhang mit der diffusionsbeschleunigenden und diffusionsvertiefenden Wirkung von Vorankündigungen diskutiert wurden. Ausschlaggebend ist zumeist die höhere Attraktivität des neuen Angebots gegenüber den aktuell erhältlichen Modellen, z.B. in Bezug auf das Design, den Preis oder bestimmte Ausstattungsmerkmale. Die durch die Präsentation des neuen Modells im Rahmen der Vorankündigung hervorgerufene Obsoleszenz bleibt nicht auf die Modelle der Wettbewerber beschränkt. Die mit der Kannibalisierung verbundenen wirtschaftlichen Auswirkungen verdeutlichen die Wichtigkeit der eindeutigen Positionierung neuer Baureihen sowie die Bestimmung des optimalen Zeitpunkts der Vorankündigung bei der Markteinführung von Nachfolgemodellen.

IMAGE-VERLUST BEI NICHTEINHALTUNG DER VORANKÜNDIGUNG

Während sich das Risiko von Kannibalisierungseffekten direkt auf die Absatzentwicklung niederschlägt, kann die Nichteinhaltung einer Produkt-Vorankündigung zur Schädigung der Reputation und einem Image-Verlust des vorankündigenden Unternehmens führen.[289] Dabei muss zwischen zeitlichen und inhaltlichen Aspekten der Vorankündigung unterschieden werden. Wurde Bedarf für ein vorangekündigtes

---

[288] Die Hypothese, dass Hersteller bei der Markteinführung einer neuen Produktgeneration gänzlich auf den Einsatz von Produkt-Vorankündigungen verzichten, konnte empirisch nicht bestätigt werden. Vgl. Kohli 1999, S. 54.

[289] Vgl. Herbig/O'Hara 1998, S. 20. In der informationsökonomischen Literatur wird der Begriff „Reputation" mit dem Vertrauenskapital (Goodwill) eines Unternehmens bei den Kunden gleichgesetzt. Die Reputation drückt damit aus, wie vertrauenswürdig sich ein Unternehmen in der Vergangenheit verhalten hat und welches Vertrauen ihm für die Zukunft entgegengebracht wird. Vgl. Rippberger 1998, S. 183.

Produkt erzeugt, kann die zeitliche Verschiebung der Markteinführung bei potenziellen Nachfragern Verärgerung auslösen. Ebenso kann die Nichteinhaltung angekündigter Produktmerkmale zu einem Verlust an Glaubwürdigkeit und Vertrauen in das Unternehmen führen, was sich schlimmstenfalls in der Ablehnung von Produkten des Herstellers manifestieren kann.[290] Das vorankündigende Unternehmen muss prinzipiell davon ausgehen, dass sowohl das eingeführte Produkt als auch das Unternehmen selbst an den kommunizierten Versprechungen gemessen wird. In Bezug auf die Stärke der negativen Wirkung bei Nichteinhaltung scheinen jedoch branchentypische Unterschiede vorzuherrschen. Aus der bereits erwähnten Untersuchung von HOXMEIER wurde deutlich, dass die Nichteinhaltung der angekündigten Produktmerkmale in der Software-Branche einen negativen Effekt auf das Image eines Herstellers haben kann, während die verspätete Markteinführung offenbar ohne Auswirkungen bleibt.[291]

Es ist jedoch anzunehmen, dass bezüglich der Einschätzung branchenspezifische Unterschiede bestehen. In stark kompetitiven Branchen, wie z.b. dem Markt für Spielkonsolen, kann die Verzögerung der geplanten Markteinführung eine Schwächung der Wettbewerbsposition nach sich ziehen.[292] Potenzielle Kunden könnten das Vertrauen in die technologische Leistungskraft des Unternehmens verlieren und sich für den Kauf alternativer Produkte von Wettbewerbern entscheiden. Auch könnten sich für den potenziellen Nachfrager wirtschaftliche Nachteile aus der Nichteinhaltung des angekündigten Markteintritts ergeben, z.B. wenn ein Konsument sein aktuelles Fahrzeug zur Finanzierung eines neuen Autos verkauft hat und das neue Modell nun nicht wie geplant erhältlich ist. Es ist also davon auszugehen, dass Hersteller z.B. in der Automobilindustrie und in anderen Branchen von Konsumenten sehr wohl an der Einhaltung des angekündigten Markteinführungstermins gemessen werden und sich die Nichteinhaltung negativ auf das Image der Firma auswirken kann.

Da jeder Produktentwicklungsprozess durch eine Vielzahl von Unsicherheiten geprägt ist, wird die Nichteinhaltung angekündigter Produktspezifika oftmals auf technische Probleme zurückgeführt.[293] Darüber hinaus kann die Nichteinhaltung der

---

[290] Preukschat weist darüber hinaus auf den speziellen Fall hin, wenn Konsumenten nach dem Kauf eines vergleichbaren Produktes eine Vorankündigung wahrnehmen. Die Konfrontation mit dem neuen Produkt kann ggf. kognitive Dissonanzen auslösen oder verstärken, was sich negativ auf die Wahrnehmung des vorankündigenden Unternehmens übertragen kann. Vgl. Preukschat 1993, S. 101.

[291] Vgl. Hoxmeier 2000, S. 134.

[292] Vgl. Kölling et al. 2006, S. 3.

[293] Vgl. Hendricks/Singhal 1997, S. 425.

Vorankündigung von einem Unternehmen aber auch durchaus beabsichtigt sein, z.B. um (1) als Trendsetter zu wirken und den Absatz der aktuellen Produktlinie zu fördern,[294] (2) das Wettbewerbsklima auf einem bestimmten Markt zu testen, (3) durch die bewusste Falschankündigung Markteintrittsbarrieren zu schaffen oder um (4) Wettbewerber vom Markt zu verdrängen.[295] Dass die Strategien der Falschankündigung auf Dauer nur wenig Erfolg versprechen, zeigen BOONE/LEMON/STAELIN in einer Untersuchung, wonach zurückliegende Markteinführungsstrategien von Firmen eine entscheidende Rolle im Kaufentscheidungsverhalten von Konsumenten spielen: Die bislang wahrgenommenen Produkteinführungen und die eingesetzte Einführungsstrategie eines Unternehmens können demnach sowohl die Wahrnehmung künftiger Produkte als auch die Kaufentscheidung selbst beeinflussen.[296]

2.3.3 Determinanten der Wirkung von kundenorientierten Produkt-Vorankündigungen

Nachdem in den beiden vorangegangenen Abschnitten die Chancen und Risiken diskutiert wurden, die mit dem Einsatz von Vorankündigungen verbunden sind, ist es im nächsten Schritt wichtig zu verstehen, von welchen Faktoren diese abhängen. Dabei sollen sich die Ausführungen auf die zwei zentralen Wirkungsziele beschränken, die sich Unternehmen vom Einsatz von Vorankündigungen erwarten: (1) die Beschleunigung und (2) die Vertiefung der Neuprodukt-Diffusion. Die sekundären Ziele Image-Verbesserung und Gewinnung von Kundeninformationen sowie die diskutierten Risiken werden nicht näher betrachtet.

In der Auseinandersetzung mit der aktuellen Forschungsliteratur wurde deutlich, dass es bislang nur wenige Arbeiten gibt, die sich explizit mit der Wirkung von kundengerichteten Vorankündigungen beschäftigen. Die Untersuchungen von SCHIRM, SCHNOOR, SCHIRM/SATTLER sowie ERNST/SCHNOOR nähern sich der Wirkung von Vorankündigungen über das Konstrukt „Glaubwürdigkeit"[297] und untersuchen Wirkungszusammenhänge mit Hilfe von Experimenten für fiktive Produkt-Vorankündigungen aus den Segmenten Notebooks, Desktop PCs und Fotoapparate. Die konzeptionell und empirisch identifizierten Einflussfaktoren lassen sich grundsätzlich in vier Bereiche unterteilen, die in Abbildung 14 dargestellt sind. Ob

---

[294] Vgl. Kohli 1999, S. 45.

[295] Vgl. Eliashberg/Robertson/Rymon 1996; Bayus/Jain/Rao 2001, 10 f.

[296] Vgl. Boone/Lemon/Staelin 2001, S. 105.

[297] Vgl. Abschnitt 2.1.3.

eine Übertragung dieser Ergebnisse auf die Automobilindustrie sinnvoll ist, soll im Folgenden theoretisch diskutiert werden.

Abbildung 14: Determinanten der Wirkung von Produkt-Vorankündigungen

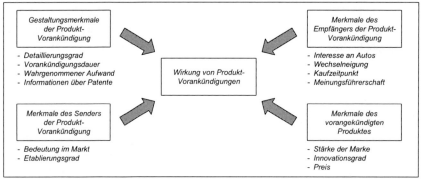

Quelle: Eigene Darstellung

MERKMALE DES SENDERS DER PRODUKT-VORANKÜNDIGUNG

Offensichtlich macht es für die Beurteilung einer Produkt-Vorankündigung einen erheblichen Unterschied, von wem diese Kommunikation ausgeht. Den Ergebnissen von SCHIRM folgend hat die **Bedeutung eines Unternehmens** am Markt einen positiven Einfluss auf die Glaubwürdigkeit von Vorankündigungen, die er im Sinne von „Wirkung" interpretiert.[298] Die subjektive Einschätzung der Bedeutung eines Unternehmens setzt sich vermutlich aus einer Vielzahl verschiedener Eindrücke zusammen, wie z.B. der wahrgenommenen Ertragskraft oder der technologischen Kompetenz des Unternehmens. Als wichtigstes Kriterium für die individuelle Beurteilung der Bedeutung ist sicherlich die Größe eines Unternehmens zu sehen.[299] CHANEY/DEVINNEY bestätigen den Zusammenhang zwischen der Bedeutung eines Unternehmens und der Glaubwürdigkeit und begründen ihn damit, dass „bedeutende" Unternehmen stärkere negative Konsequenzen befürchten müssen, wenn sie Vorankündigungen nicht einhalten können.[300] Deswegen wird ihren Vorankündigungen wiederum mehr Glauben geschenkt. Ein positiver Zusammenhang zur Glaubwürdigkeit wurde auch für den wahrgenommenen **Etablierungsgrad des Herstellers** nachgewiesen, wobei sich z.B. SCHNOOR auf eine ähnliche Argumentation

---

[298] Vgl. Schirm 1995, S. 182.

[299] Vgl. Schirm 1995, S. 69.

[300] Vgl. Chaney/Devinney 1995, S. 26.

stützt.[301] Fraglich ist, ob die empirischen Ergebnisse uneingeschränkt auf die Situation in der Automobilindustrie übertragen werden können. Inwieweit Konsumenten die Bedeutung einzelner Automobilhersteller klar voneinander differenzieren können, ist unklar. Beispielsweise kann auch ein vergleichsweise kleiner Hersteller wie Porsche aufgrund der Faszination der Marke in Augenhöhe mit wesentlichen größeren Herstellern wahrgenommen werden. Darüber hinaus ist die Mehrzahl der Automobilhersteller seit vielen Jahrzehnten auf dem deutschen Markt vertreten. Entsprechend schwer fällt es Konsumenten, Automobilhersteller nach ihrem Etablierungsgrad zu differenzieren.[302]

MERKMALE DES VORANGEKÜNDIGTEN PRODUKTES

Die Conjoint-Analysen von SATTLER/SCHIRM haben gezeigt, dass der **Marke des Absenders** einer Produkt-Vorankündigung bei der Beurteilung der Glaubwürdigkeit die höchste Bedeutung zukommt.[303] Allerdings sind Marken von eher nachgelagerter Priorität, wenn es sich um etablierte Marken mit hohem Vertrauenskapital handelt. Nun sind Automobilmarken meist überdurchschnittlich starke Marken, die eine hohe Bekanntheit und großes Vertrauen der Konsumenten genießen. Die ungestützte Markenbekanntheit der meisten deutschen Automobilhersteller liegt bei über 90 Prozent, auch Importmarken erreichen meist Bekanntheitswerte von über 80 Prozent.[304] Wenig überraschend im Zusammenhang mit den diskutierten Werbeaufwendungen für Automobilmarken ist, dass auch Marken, die erst vor wenigen Jahren in Deutschland eingeführt wurden, bereits nach kurzer Zeit die genannten Bekanntheitswerte erreichen.[305] Die Stärke einer Marke kann auch über Verfahren zur Markenbewertung ermittelt werden.[306] Nach dem in der Praxis weit verbreiteten monetären Bewertungsansatz von INTERBRAND finden sich unter den 100 wertvollsten Marken der Welt im Ranking des Jahres 2005 allein 10 verschiedene Automobilmarken.[307] Ähnlich den Ergebnissen von SATTLER/SCHIRM für den Vergleich etablierter Marken

---

[301] Vgl. Schnoor 2000, S. 248 ff.; Ernst/Schnoor 2000, S. 1340.

[302] Vgl. Fokusgruppen vom 19. und 26. Mai 2005.

[303] Vgl. Sattler/Schirm 1999, S. 80.

[304] Vgl. Stern Markenprofile 2003, S. 33 f.

[305] Als Beispiele sollen hier die Marken Smart und Hyundai angeführt werden. Das Smart City Coupé wurde im Oktober 1998 in Deutschland eingeführt und erreichte 2003 einen Bekanntheitsgrad von 88 %. Die Marke Hyundai ist seit 1992 im Deutschen Markt vertreten und erreichte im Jahr 2003 einen Bekanntheitsgrad von 81 %. Vgl. Stern Markenprofile 2003, S. 33 f.

[306] Eine Markenbewertung kann beispielsweise dazu dienen, den monetären Wert einer Marke zu bestimmen, der u.a. für Bilanzierungszwecke oder für die Bemessung eines Kaufpreises angesetzt werden kann. Vgl. Esch/Andresen 1994, S. 213. Für einen Vergleich verschiedener Bewertungsansätze vgl. Bekmeier-Feuerhahn 1998, S. 69 ff.; Kriegbaum 2001, S. 91 ff.; Kranz 2002, S. 439 ff.

[307] Vgl. Berner/Kiley 2005, S. 90 ff.

im Segment Fotoapparate[308] ist auch für die Automobilindustrie davon auszugehen, dass Konsumenten bei den etablierten Herstellern vielfach keine oder nur sehr geringe Unterschiede bezüglich der Glaubwürdigkeit von Vorankündigungen für Automobile wahrnehmen.

Ein weiteres Merkmal, das für die Beurteilung von Vorankündigungen relevant scheint, ist der **Innovationsgrad des Produktes**. Nach SCHIRM kann sich ein hoher Innovationsgrad negativ auf die Glaubwürdigkeit einer Vorankündigung auswirken.[309] Einschränkend ist dabei allerdings anzumerken, dass sich die Ergebnisse auf Vorankündigungen für PCs und Fotoapparate beziehen, also auf Branchen mit sehr hoher Innovationsgeschwindigkeit. Daher ist zu vermuten, dass dieser negative Einfluss auf die Wirkung von Vorankündigungen für die Automobilindustrie eher vernachlässigbar ist und lediglich bei revolutionären Neuerungen wie z.B. der Einführung des Wasserstoff-Antriebs auftreten kann. Eine spezifische Sachlage der Automobilindustrie verdient im Zusammenhang mit dem Innovationsgrad allerdings besondere Aufmerksamkeit. Neben neuen Modellreihen werden vor allem Nachfolgemodelle existierender Baureihen eingeführt. Welche Auswirkungen diese Unterscheidung auf die Gestaltung von Vorankündigungen (Herstellerperspektive) und die Wirkung von Vorankündigungen (Konsumentenperspektive) haben kann, soll im Rahmen der vorliegenden Arbeit untersucht werden. Ebenfalls zu klären ist die Rolle, die der **Preis eines vorangekündigten Produktes** hinsichtlich der Wirkung der Vorankündigung spielt. SCHIRM argumentiert konzeptionell, dass Vorankündigungen umso glaubwürdiger empfunden werden, je höher der Preis eines Produktes im Vergleich zu gegenwärtig erhältlichen Produkten ist.[310] Allerdings fehlen empirische Erkenntnisse, die diese Vermutung stützen.

GESTALTUNGSMERKMALE DER PRODUKT-VORANKÜNDIGUNG
In bisherigen empirischen Untersuchungen wurden verschiedene Gestaltungsmerkmale der Vorankündigung identifiziert, die einen positiven Einfluss auf die Glaubwürdigkeit und damit die Wirkung von Vorankündigungen haben.[311] Hierunter zählen:

---

[308] Vgl. Sattler/Schirm 1999, S. 80.
[309] Vgl. Schirm 1995, S. 140 f.
[310] Vgl. Schirm 1995, S. 86.
[311] Vgl. Abschnitt 2.1.2.1.

- der Detaillierungsgrad der Vorankündigung,
- die Vorankündigungsdauer,
- die Höhe des wahrgenommenen Aufwandes sowie
- die in der Vorankündigung enthaltenen Informationen über Patente.

Konzeptionell wurden darüber hinaus auch der Einfluss der Wahrnehmungshäufigkeit sowie das Kommunikationsmedium einer Vorankündigung diskutiert.[312] Es wird angenommen, dass die genannten Gestaltungselemente auch für die Automobilindustrie Gültigkeit besitzen und die Wirkung von Vorankündigungen für neue Automobile beeinflussen können. Einzig über den Einfluss von Patentinformationen äußerten sich die befragten Automobil-Experten in den Interviews überaus kritisch.[313] Hier wurde die Vermutung geäußert, dass Patentinformationen zwar bei technologiegetriebenen Produkten eine positive Wirkung auf die Glaubwürdigkeit erzielen können,[314] aber für die Beurteilung neuer Automobile nicht relevant sind. Unklar ist jedoch, inwieweit die Erkenntnisse zum Einfluss der Gestaltungsmerkmale auch tatsächlich in die Gestaltung von Vorankündigungen einfließen.

MERKMALE DES EMPFÄNGERS DER PRODUKT-VORANKÜNDIGUNG

Schließlich sind auch die Merkmale der Empfänger einer Produkt-Vorankündigung zu berücksichtigen, da verschiedene Personen identische Vorankündigungen unterschiedlich wahrnehmen, bewerten und auf diese reagieren.[315] Es stellt sich die Frage, woher diese Unterschiede rühren und mit welchen Merkmalen sie in Zusammenhang stehen.

In der Literatur wird der Einfluss der Empfängermerkmale auf die Wahrnehmung von Vorankündigungen und ihre Wirkung auf den Kaufentscheidungsprozess teilweise theoretisch diskutiert, in den bisherigen empirischen Erhebungen jedoch vernachlässigt.[316] Allerdings weisen die Ergebnisse der bisherigen Ausführungen auf die hohe Relevanz der Merkmale der Empfänger hin. In Abschnitt 2.2.3 wurde u.a. gezeigt, dass sich das allgemeine **Interesse eines Konsumenten für Autos** und seine bisherigen Erfahrungen auf seine Informationssuchaktivität auswirken können und damit auf die Wahrscheinlichkeit, dass er die Vorankündigung für ein bestimmtes

---

[312] Vgl. Preukschat 1993; Heil/Robertson 1991.
[313] Eine Aufstellung der Interview-Partner findet sich im Anhang. Vgl. Anhang, Tab. A5.
[314] Vgl. Schnoor 2000, S. 248.
[315] Vgl. Schirm 1995, S. 83.
[316] Vgl. Ernst/Schnoor 2000, S. 1347.

Modell in seiner Kategorie wahrnimmt.[317] Darüber hinaus scheinen sich die bisherigen Erfahrungen eines Konsumenten mit einer bestimmten Marke oder einem bestimmten Modell auch in seiner **Markenloyalität** zu manifestieren. Ein Modell- und/oder Markenwechsel wird vor allem dann angestrebt, wenn die ursprünglichen Erwartungen an das aktuelle Fahrzeug nicht mit den tatsächlichen Erfahrungen übereinstimmen. Darüber hinaus können auch die Erfahrungen, die ein Konsument bislang mit Vorankündigungen gemacht hat, eine wichtige Rolle spielen. Hat ein Konsument beispielsweise einmal vergeblich auf die Markteinführung eines angekündigten Produktes gewartet, fällt seine Beurteilung aktueller Produkt-Vorankündigungen im Vergleich zu Konsumenten ohne negative Erfahrungen vermutlich skeptischer aus.

Einen starken Einfluss auf die Wirkung von Vorankündigungen übt offensichtlich auch die **Phase des Kaufentscheidungsprozesses** aus, in der sich ein Konsument zum Zeitpunkt der Wahrnehmung der Vorankündigung befindet. Schließlich variieren das Ausmaß der Informationssuche und die Größe des Alternativensets mit zunehmender Nähe der Kaufentscheidung. Als letzter Punkt wurde gezeigt, dass es aus Sicht der Kommunikationspolitik Erfolg versprechend sein kann, gezielt **Meinungsführer** anzusprechen, da sich diese durch eine gewisse Offenheit gegenüber Innovationen auszeichnen und sich andere Konsumenten in limitierten Entscheidungen oftmals am Verhalten von Meinungsführern orientieren.[318]

2.3.4 Erkenntnisbeitrag für die weitere Arbeit

Als wichtigste Chancen, die sich Unternehmen vom Einsatz von Vorankündigungen erwarten, wurden die Beschleunigung und die Vertiefung der Neuprodukt-Diffusion identifiziert. Als Risiken wurden die Kannibalisierung eigener im Markt befindlicher Produkte sowie der Imageverlust bei Nichteinhaltung der Vorankündigung genannt. Aus der Diskussion zu den Determinanten der Wirkung von Vorankündigungen wurde deutlich, dass sich nicht alle Erkenntnisse aus der bisherigen Forschung auf die Situation der Automobilindustrie übertragen lassen. Beispielsweise erscheinen die Merkmale des Senders einer Produkt-Vorankündigung weniger relevant für die Bewertung einer Automobil-Vorankündigung, da es Konsumenten vermutlich schwer fällt, Etablierungsgrad und Bedeutung verschiedener Automobilhersteller klar voneinander abzugrenzen. Im Hinblick auf die Produktmerkmale ist vor allem die

---

[317] Einen schwachen Zusammenhang zwischen dem Produktinteresse und dem Glaubwürdigkeitsurteil von Konsumenten ermittelt Preukschat 1993, S. 96.
[318] Vgl. Brüne 1989.

Unterscheidung des Innovationsgrades in neue Baureihen und neue Modell-generationen relevant. Ebenfalls von großer Bedeutung für die Wirkung von Vorankündigungen scheinen die Merkmale der Empfänger von Vorankündigungen zu sein, die in der Literatur bislang vernachlässigt wurden.

2.4 Zusammenfassung

Aufgabe dieses Kapitels war es, die theoretischen Grundlagen zum Verständnis der Wirkung von Produkt-Vorankündigungen auf die Kaufentscheidung von Konsumenten zu erarbeiten. Im Anschluss an die eingehende Analyse existierender Forschungs-arbeiten wurden zunächst die Besonderheiten der Automobil-Kaufentscheidung herausgearbeitet. Mit der Entwicklung eines idealtypischen Kaufentscheidungs-prozesses unter Berücksichtigung kundenorientierter Produkt-Vorankündigungen konnte gezeigt werden, dass für Hersteller verschiedene Herausforderungen bestehen, neue Produkte als Kaufalternative zu positionieren. Der vergleichsweise hohe Anteil an Sucheigenschaften im Zusammenhang mit der Automobil-Kaufentscheidung macht jedoch deutlich, dass Vorankündigungen grundsätzlich sehr gut geeignet sind, die Kaufentscheidung von Konsumenten durch geeignete Informationen bereits vor der Markteinführung gezielt zu beeinflussen. Aus der anschließenden Diskussion der Leistungspotenziale kundenorientierter Vorankündigungen wurde ersichtlich, dass aus **Herstellerperspektive** die Beschleunigung und Vertiefung der Neuprodukt-Diffusion von Unternehmen als wichtigste Wirkungen von Produkt-Vorankündigungen gesehen werden.

Ob und in welchem Maße die theoretisch erarbeiteten Erkenntnisse Berücksichtigung bei der Planung und Umsetzung von Vorankündigungen in der Unternehmenspraxis finden, soll im nächsten Teil der Arbeit geklärt werden. Da empirische Erkenntnisse zum Vorankündigungsverhalten von Automobilherstellern fehlen, sollen diese Daten mit Hilfe einer Primärerhebung gewonnen werden. Es erscheint zweckmäßig, eine Spezifizierung der ersten zentralen Forschungsfrage wie folgt vorzunehmen:

- Wie werden Produkt-Vorankündigungen in der Automobilindustrie zeitlich und inhaltlich gestaltet, und von welchen Faktoren ist dies abhängig?
- An welche Zielgruppen richten Automobilhersteller Produkt-Vorankündigungen?
- Welche Kommunikationskanäle werden in welchem Umfang im Rahmen von Produkt-Vorankündigungen eingesetzt?

Aus der bisherigen Diskussion wurde deutlich, dass ein Mangel an empirischen Erkenntnissen zur Wahrnehmung kundenorientierter Vorankündigungen und ihrer Wirkung auf die Kaufentscheidung von Konsumenten besteht. Diese Erkenntnis verwundert zunächst, da potenzielle Kunden stets als primäre Zielgruppe von Vorankündigungen genannt werden.[319] Es wurde herausgearbeitet, dass der Kaufentscheidungsprozess für Neuwagen im Durchschnitt rund 24 Monate dauert und sich in verschiedene, zeitlich nacheinander ablaufende Phasen unterteilen lässt. Relevant für den Einsatz von Vorankündigungen ist vor allem, dass der geplante Kaufzeitpunkt des Konsumenten Einfluss auf die Wirkung von Vorankündigungen hat. Demnach erscheint es besonders Erfolg versprechend, diejenigen Interessenten anzusprechen, die sich in der so genannten Intensivphase befinden, also im Zeitfenster 12 bis 6 Monate vor der Kaufentscheidung. Relevant für die Wirkung von Vorankündigungen sind zudem das wahrgenommene Risiko, das aus der Nichtverfügbarkeit des angekündigten Modells resultiert und durch die Bereitstellung geeigneter Information reduziert werden kann, sowie die bisherigen Erfahrungen und die Einstellung des Konsumenten zu seinem Auto, da hierdurch seine Wechselneigung und die Bewertung der Vorankündigung beeinflusst wird.

Es überrascht, dass der Einfluss der Merkmale der Empfänger bislang nur theoretisch diskutiert wurde, da Unternehmen durch die zielgruppengenaue Ansprache der Nachfrager die Wirkung von Vorankündigungsmaßnahmen erhöhen können.[320] Daher ist die empirische Untersuchung des Einflusses der Merkmale von Konsumenten auf die Wahrnehmung und Wirkung von Vorankündigungen ein weiterer zentraler Fokus dieser Arbeit. Die zweite Forschungsfrage, die sich auf die Untersuchung aus der **Konsumentenperspektive** bezieht, kann entsprechend präzisiert werden:

- Welche Voraussetzungen müssen erfüllt sein, damit Produkt-Vorankündigungen den Kaufentscheidungsprozess von Konsumenten beeinflussen können?
- Welchen Einfluss haben die Merkmale der Empfänger auf die Wahrnehmung von Produkt-Vorankündigungen?
- Welchen Einfluss haben die Merkmale der Empfänger auf die Wirkung von Produkt-Vorankündigungen?

---

[319] Vgl. z.B. Preukschat 1993, S. 141.
[320] Vgl. Ernst/Schnoor 2000, S. 1347.

3 Planung und Realisierung von Produkt-Vorankündigungen in der Automobilindustrie

Ziel der Ausführungen in diesem Kapitel ist es, den Einsatz von Produkt-Vorankündigungen in der Automobilindustrie umfassend zu untersuchen. Im Sinne der ersten Forschungsfrage soll analysiert werden, wie kundenorientierte Vorankündigungen in der Unternehmenspraxis geplant und umgesetzt werden. Hierbei interessiert insbesondere die Frage nach den Ursachen für die heterogene Vorankündigungsgestaltung. Am Beispiel der Markteinführungen der Modelle BMW 1er und Audi A3 werden zunächst die Herausforderungen und Besonderheiten von Vorankündigungen in der Automobilindustrie herausgearbeitet. Auf Basis der hierdurch gewonnenen qualitativen Befunde und der anschließenden theoretischen Diskussion werden Annahmen und Hypothesen formuliert, die mit Hilfe einer schriftlichen Hersteller-Befragung empirisch überprüft werden.

3.1 Herausarbeitung der Besonderheiten von Produkt-Vorankündigungen in der Automobilindustrie mittels Fallbeispielen

Das Untersuchungsinteresse ist darauf gerichtet, möglichst umfassende und gründliche Erkenntnisse über den Einsatz von Produkt-Vorankündigungen in der Automobil-industrie zu gewinnen. Zu diesem Zweck sollen zunächst am Beispiel von zwei aktuellen Modelleinführungen die Besonderheiten von Vorankündigungen für die Automobilindustrie herausgearbeitet werden (vgl. Abbildung 15). In den folgenden Ausführungen wird von **Fallbeispielen** gesprochen, die sich von wissenschaftlichen Fallstudien nach der Definition von YIN vor allem durch die kürzere Darstellung der qualitativen Befunde unterscheiden.[321] Bei der Fallauswahl wurden basierend auf den Erkenntnissen aus den Experten-Interviews zwei Kriterien berücksichtigt: Erstens sollte die Markteinführung einer neuen Baureihe untersucht und im Vergleich dazu die Einführung einer neuen Modellgeneration betrachtet werden. Zweitens wurden Markteinführungen im gleichen Fahrzeugsegment ausgewählt, da die kumulierten Kommunikationsaufwendungen der Hersteller je Segment deutlich variieren und eine Vergleichbarkeit ansonsten nicht gegeben wäre. Ausgewählt wurden Modell-einführungen der Hersteller BMW und Audi, die in den Jahren 2003 und 2004 jeweils

---

[321] Vgl. Yin 1994, S.1.

ein neues Modell in der unteren Mittelklasse,[322] der so genannten „Golf-Klasse" eingeführt haben. Die Fallbeispiele unterscheiden sich dahingehend, dass der BMW 1er als neue Modellreihe eingeführt wurde, während der Audi A3 als neue Modellgeneration das Vorgängermodell gleichen Namens ablöste. Insgesamt wurden drei Interviews mit Führungskräften von BMW und Audi durchgeführt, die für die Entwicklung und Umsetzung der Vorankündigungsstrategien verantwortlich bzw. daran maßgeblich beteiligt waren.[323] Ergänzt wurden die Erkenntnisse aus den Gesprächen durch Pressemeldungen und unternehmensinterne Untersuchungen der Hersteller, Berichte in der Fachpresse sowie öffentlich zugängliche Studien.

Abbildung 15: Forschungsmethodik – Fallbeispiele

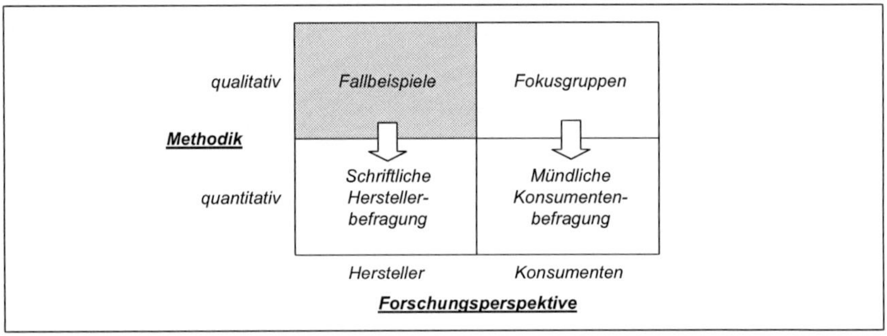

Quelle: Eigene Darstellung

3.1.1 Die Produkt-Vorankündigung des BMW 1er

Das Modell BMW 1er ist positioniert als Premium-Fahrzeug in der unteren Mittelklasse. Der Eintritt in dieses Segment war für BMW von strategischer Bedeutung, da einerseits die Lücke in der Modellpalette zwischen den Baureihen BMW 3er und BMW Mini geschlossen wurde. Andererseits wurden mit der Markteinführung die Weichen gestellt, um das Absatzwachstum der Vergangenheit auch in Zukunft erreichen zu können.[324] Mit der Entscheidung zur Produktion der neuen Baureihe wurde gleichzeitig auch das wichtigste Ziel der Produkt-

---

[322] Im Rahmen der Arbeit wird auf die Fahrzeugsegmentierung des Kraftfahrt-Bundesamts zurückgegriffen. Vgl. Kraftfahrt-Bundesamt 2005.

[323] Eine Aufstellung der Interview-Partner findet sich im Anhang. Vgl. Anhang, Tab. A5.

[324] Ausgehend von einem weltweiten Absatz von ca. 12 Mio. Fahrzeugen im Segment „Untere Mittelklasse" in 2004 rechnet BMW mit einem Absatzwachstum von 20 % bis zum Jahr 2010. Der Anteil der Premium-Modelle hingegen soll überproportional wachsen: Hier wird eine Absatzsteigerung von ca. 50 % bis 2010 erwartet. Vgl. Panke 2004, S. 2.

Vorankündigung definiert: Die Eroberung neuer Kunden für die Marke BMW. Mit dem BMW 1er sollten neue Zielgruppen angesprochen werden, die sich von bisherigen BMW-Kunden hinsichtlich sozio-demographischer Merkmale wie z.b. Alter und Einkommen teilweise deutlich unterscheiden. Gleichzeitig sollte der Wechsel bisheriger BMW-Kunden zum BMW 1er unbedingt vermieden werden. Mit Hilfe der Vorankündigung sollte es gelingen, Aufmerksamkeit und Interesse potenzieller Nachfrager zu wecken und das neue Modell als typischen BMW zu positionieren.

Für die Erarbeitung der Einführungsstrategie des BMW 1er wurde bereits ca. 30 Monate vor der Markteinführung ein internationales Launch-Team installiert, das später durch nationale Launch-Teams mit Vertretern verschiedener Unternehmens-bereiche ergänzt wurde. Durch die interdisziplinäre Besetzung der Launch-Teams sowie durch gleich bleibende Strukturen und Verantwortlichkeiten nach der Markteinführung wurde die Verknüpfung der Vorankündigung mit den sonstigen Kommunikationsmaßnahmen sichergestellt. Das Marketing-Budget für den BMW 1er wurde für das Gesamtjahr 2004 auf Basis von Absatzzielen, Erfahrungswerten und Wettbewerbsdaten für die einzelnen Märkte festgelegt. Die Kosten der Vorankündigungsmaßnahmen wurden als Bestandteil des Marketingbudgets nicht gesondert ausgewiesen. Nach Schätzung der Interviewpartner lagen die Kosten bei ca. 30 Prozent der Gesamtkosten der Markteinführung, was einem Betrag im mittleren einstelligen Millionenbereich entspricht. Die konzipierten Maßnahmen sollten weltweit zum Einsatz kommen und wurden für den Einsatz in den einzelnen Absatzmärkten an die jeweilige Landessprache angepasst. Im Folgenden wird beispielhaft die Realisierung für den deutschen Markt dargestellt.

Die Umsetzung der kundenorientierten Vorankündigung erfolgte in drei Phasen, die nach ihrer jeweiligen primären Zielsetzung benannt wurden: (1) Involvieren, (2) Faszinieren und (3) Mobilisieren (vgl. Abbildung 16). Der eigentlichen Vorankündigung voraus ging eine Vorphase, die sich an die Zielgruppen Presse und Handel richtete. Während einer Pressekonferenz am Vorabend des Genfer Automobilsalons im Februar 2001 gab der damalige Vorstandsvorsitzende der BMW AG, Joachim Milberg, die Entscheidung des Konzernvorstands zur Entwicklung der 1er Baureihe bekannt.[325] Mit der Vorstellung einer ersten Studie auf dem Genfer Automobilsalon im folgenden Jahr sollten die Reaktionen von Fachpublikum und Öffentlichkeit auf das mögliche Design der neuen Baureihe getestet werden.

---

[325] Vgl. BMW AG 2001, S. 1.

Abbildung 16: Zeitliche Gestaltung der Vorankündigung BMW 1er

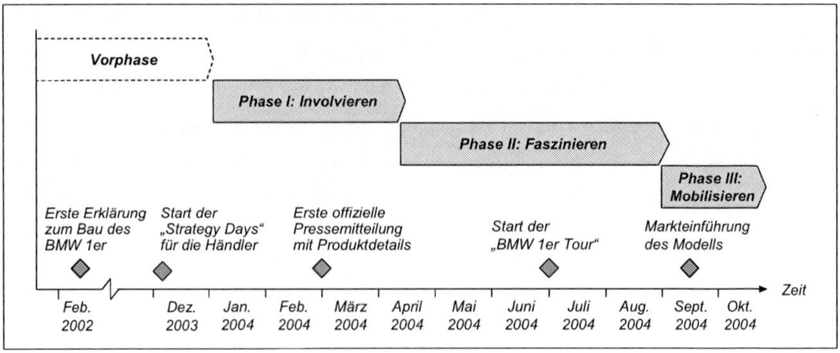

Quelle: Eigene Darstellung

PHASE I: „INVOLVIEREN"

Im Vordergrund der ersten Phase der Vorankündigung (Januar bis März 2004) stand die Kontaktaufnahme mit der nicht grundsätzlich BMW-affinen Zielgruppe. Es sollte Aufmerksamkeit erzeugt und Interesse für den BMW 1er geweckt werden. Im Mittelpunkt aller Maßnahmen stand die Webseite www.prinzip-freude.de, die eine Lebenswelt rund um den BMW 1er skizzieren und als Interaktionsplattform mit den Kunden genutzt werden sollte. Ein umfangreiches redaktionelles Angebot wurde ergänzt durch kostenlose Downloads von Musik und Handy-Klingeltönen und zahlreiche Gewinnspiele. Für die vollständige Nutzung der Webseite mussten sich die Interessenten mit vollständiger Anschrift registrieren. Hierdurch gelang es BMW, die Adressdaten potenzieller Kunden zu gewinnen, um diese im Rahmen der Vorankündigung (und darüber hinaus) kontinuierlich mit Informationen zum BMW 1er kontaktieren zu können.[326] Neben der Anschrift wurden jedoch keine weiteren Informationen erhoben. Der relativ lange Vorankündigungszeitraum von rund 8 Monaten wurde mit dem Innovationsgrad des Modells begründet. BMW unterscheidet in diesem Zusammenhang grundsätzlich zwischen Vorankündigungen für neue Baureihen (z.b. BMW 1er) und Vorankündigungen für Nachfolgemodelle (z.b. BMW 3er), wobei letztere meist mit einem zeitlichen Vorlauf von weniger als 3 Monaten angekündigt werden, um den Absatz des Vorgängermodells nicht zu schädigen. Der breiten Öffentlichkeit wurde das neue Modell im März 2004, ca. 6 Monate vor der Markteinführung, in einer Pressemitteilung detailliert vorgestellt.[327]

---

[326] Vgl. Pimpl 2004b, S. 2.
[327] Vgl. BMW AG 2004b, S. 1.

PHASE II: „FASZINIEREN"

Die zweite Phase der Vorankündigung (April bis September 2004) sollte bei den Interessenten Begeisterung wecken und Faszination für das Produkt BMW 1er auslösen. Die Webseite wurde in dieser Phase u.a. durch Kommunikationsmaßnahmen in klassischen Medien, wie z.b. Zeitschriften, Zeitungen und TV ergänzt, die auf die kommende Markteinführung hinwiesen. Der Einsatz reichweitenstarker klassischer Kommunikationskanäle bereits vor der Markteinführung ist relativ unüblich bei BMW und wurde mit dem Ziel begründet, in möglichst kurzer Zeit eine hohe Bekanntheit für das neue Modell aufzubauen. Unternehmensinterne empirische Untersuchungen belegen, dass das Fahrerlebnis einer der wichtigsten Kriterien im Kaufentscheidungs-prozess für einen BMW ist und Testfahrten einen signifikanten Einfluss auf die Kaufbereitschaft haben. Aus diesem Grunde entschied sich BMW erstmalig, potenziellen Kunden bereits vor der Markteinführung **Probefahrten** für ein neues Modell anzubieten.[328] Da die Gestaltung solcher Events mit hohen Kosten und großem Koordinationsaufwand verbunden ist, ging dem Einsatz eine detaillierte Kosten-Nutzen-Analyse voraus.

Aus Sicht des Herstellers waren die vergleichsweise hohen Kosten einerseits durch den hohen Grad an Interaktion mit den potenziellen Kunden während der Events[329] und andererseits durch die zu erwartende Medienresonanz in der nationalen und lokalen Berichterstattung gerechtfertigt. Interessenten konnten sich ab Februar 2004 auf der speziellen Webseite des BMW 1er für eine Probefahrt vor der Markteinführung im Rahmen der „European Promotion Tour BMW 1er" bewerben. Die so generierten Adressen wurden von BMW zentral qualifiziert[330] und an die beteiligten Händler übergeben, die entsprechend Termine für die Probefahrten mit den Interessenten vereinbarten. In Deutschland wurden schließlich mehr als 17.000 Probefahrten vor der Markteinführung des Modells durchgeführt, europaweit waren mehr als 60.000.[331]

---

[328] Das Konzept, Probefahrten in großem Umfang bereits vor der Markteinführung anzubieten, wurde bislang nur von Mercedes-Benz zur Einführung der A-Klasse 1996 umgesetzt. Vgl. Diez 2001, S. 559.

[329] Aus dem Sponsoring ist bekannt, dass die Stärke der Interaktion mit den Konsumenten bei Events einen signifikanten Einfluss auf die Wahrnehmung und das Image einer Marke hat. Übertragen auf Maßnahmen der Vorankündigung ist anzunehmen, dass sich die Wirkung der Vorankündigung durch das individuelle Erleben des Produktes deutlich erhöhen kann. Vgl. Coppetti 2004, S. 110 f.

[330] Um die Effizienz der Terminvereinbarung zu erhöhen und die Händler zu entlasten, wurden die generierten Adressen durch einen externen Dienstleister auf Richtigkeit und Vollständigkeit hin geprüft und ggf. entsprechend ergänzt.

[331] Vgl. BMW AG 2004a, S. 1.

PHASE III: „MOBILISIEREN"

Den Übergang der Vorankündigungsmaßnahmen zur Kommunikation nach Markteinführung markiert die letzte Phase (ab September 2004). Sie hatte das Ziel, die Interessenten zum Informationsgespräch beim Händler zu bewegen, Probefahrten durchzuführen und Kaufabschlüsse zu tätigen. Hierzu wurden die Interessenten nochmals schriftlich kontaktiert und auf das Datum der Markteinführung hingewiesen. Andererseits wurde der Werbedruck in den reichweitenstarken klassischen Kommunikationsmedien nochmals verstärkt.

Da mit dem BMW 1er eine neue Zielgruppe für die Marke BMW erschlossen werden sollte, wurde die Anzahl der namentlich erfassten Interessenten zu einer wichtigen Zielgröße, da somit das durch die Vorankündigung generierte Interesse quantitativ erfasst werden konnte. Darüber hinaus wurden die Anzahl der durchgeführten Probefahrten sowie die Anzahl der eingehenden Vorbestellungen als Indikatoren für die Wirkung der Vorankündigung erfasst. Die Analyse der Presseberichterstattung wurde ebenfalls zur Steuerung der Vorankündigungsmaßnahmen genutzt, da die Kommunikation der Inhalte über redaktionelle Beiträge eine wichtige Voraussetzung zur Erreichung der Vorankündigungsziele darstellt. Die erzeugte Medienresonanz wurde quantitativ über die Anzahl der Berichte und über die Berechnung des hypothetischen Medienwertes dieser Berichte erfasst und analysiert.[332] Die Durchsetzung der Positionierung wurde durch die qualitative Beurteilung der Berichte geprüft. Im vorliegenden Fall wurden Berichte als positiv eingestuft, wenn eines der folgenden Attribute aufgegriffen wurde: (1) „First BMW in its class", (2) „Unrivaled driving exhilaration" oder (3) „Unique premium character". Insgesamt konnten durch den Einsatz der Vorankündigungsmaßnahmen folgende Ergebnisse erzielt werden:

- Generierung von ca. 194.000 Adressen von Interessenten
- Durchführung von ca. 60.000 Probefahrten vor Markteinführung
- Eingang von ca. 10.000 Vorbestellungen

Für die weitere Untersuchung sind folgende Erkenntnisse von Bedeutung. Mit der Vorankündigung des neuen Modells gelang es BMW, Aufmerksamkeit und Interesse bei Personen der Zielgruppe aufzubauen. Dies spiegelt sich zum einen in der hohen Anzahl gewonnener Adressdaten und zum anderen in den durchgeführten Probefahrten

---

[332] Der hypothetische Medienwert errechnet sich aus dem Umfang des redaktionellen Berichts und dem aktuellen Werbepreis pro Flächen- oder Zeiteinheit des jeweiligen Mediums. Vgl. Interview mit Patrick Wittstock, Kleine Baureihe, BMW AG, am 25. November 2004.

wider. Die vergleichsweise hohe Anzahl von verbindlichen Vorbestellungen[333] zeigt, dass die im Rahmen der Vorankündigung kommunizierten Informationen für viele Interessenten offensichtlich ausreichend waren, um sich zum Kauf des neuen Modells zu entschließen. Obwohl ein Kausalzusammenhang zwischen Vorankündigung und Absatzerfolg nicht hergestellt werden kann, ist davon auszugehen, dass die Produkt-Vorankündigung entscheidend zum Erreichen der Absatzziele beigetragen hat. Bis Ende des Jahres konnten rund 40.000 Fahrzeuge abgesetzt werden. Im ersten vollen Produktionsjahr wurden die Erwartungen übertroffen und rund 150.000 Fahrzeuge der BMW 1er Reihe verkauft.[334]

3.1.2 Die Produkt-Vorankündigung des Audi A3

Der Audi A3 wurde im September 1996 als erstes Modell eines Premiumherstellers im Fahrzeugsegment „untere Mittelklasse" eingeführt. Als Einstiegsmodell konzipiert, das vor allem jüngere Käuferschichten ansprechen soll,[335] ist der A3 für Audi bis heute strategisch von großer Bedeutung, da laut empirischen Ergebnissen der unternehmens-internen Marktforschung ein wesentlicher Teil der A3-Kunden später auf größere Baureihen wie Audi A4 oder Audi A8 umsteigt.[336] Mit der Einführung der zweiten Modellgeneration ergaben sich für Audi zwei zentrale Herausforderungen: Zum einen ist das Premiumsegment in der unteren Mittelklasse durch den Eintritt neuer Anbieter wie DaimlerChrysler, Alfa oder BMW heute stark umkämpft. Dies erschwerte vor allem das Ziel, neben bisherigen A3-Fahrern auch neue Kunden für den Audi A3 zu gewinnen. Zum anderen registrierten die Markenverantwortlichen eine allgemein sinkende Effizienz der werblichen Maßnahmen, die u.a. auf wachsende Informations-überflutung und eine generelle Abneigung der Konsumenten gegenüber klassischer Werbung zurückzuführen ist.[337] Es sollten daher innovative und effiziente Kommunikationswege entwickelt werden, um potenzielle Kunden bereits vor Markteinführung über das neue Modell zu informieren. Ziel der Vorankündigung war es, die Verteidigung und den Ausbau der Führungsposition in der unteren Mittelklasse durch

---

[333] Nach Einschätzung der Interviewpartner reflektierte die Anzahl der Vorbestellungen bereits rund 8 % des geplanten Absatzvolumens je Kalenderjahr. Vgl. Interview mit Martin Schneider, Produktmanager BMW 1er-Reihe, Region Deutschland, am 25. November 2004.

[334] Vgl. BMW AG 2005, S. 2.

[335] Das durchschnittliche Alter von Fahrern der Marke Audi liegt bei rund 47,2 Jahren, das Alter von Fahrern des Modells Audi A3 hingegen bei 43,6 Jahren. Vgl. TdWI GmbH 2005.

[336] Vgl. Elsen 2004, S. 36.

[337] Vgl. Abschnitt 1.1.

Gewinnung neuer Kunden und Aktivierung bisheriger Käufer kommunikativ zu unterstützen.

Auf Basis dieser Herausforderungen wurde der Ansatz „Werbung wird Programm" entwickelt, der dem Ziel folgte, die Werbereaktanz der Zielgruppe mit attraktiver Kommunikation zu durchbrechen und gleichzeitig Neugier auf den Audi A3 zu wecken.[338] Der international renommierte Filmregisseur Wim Wenders wurde mit der Entwicklung eines Werbefilms in Spielfilmqualität beauftragt, der von den üblichen Werbefilmen hinsichtlich Qualität und Länge abweichen sollte. Von einem für die Automobilbranche ungewöhnlichen kommunikativen Auftritt und der Verpflichtung von Wim Wenders versprach sich Audi neben starker Presseresonanz hohe Aufmerksamkeit für die Markteinführung des neuen Modells. Da die bisherigen und potenziellen A3-Kunden als überdurchschnittlich online-affin eingeschätzt werden, wurde erstmalig das Internet als zentrales Medium für die Kommunikation einer Markteinführung festgelegt. Alle zusätzlich eingesetzten Kommunikationsmittel wie Plakate und TV-Spots sollten auf den Film und die entsprechende Webseite hinweisen und damit die enge Verzahnung aller Kommunikationsinstrumente sicherstellen. Als primäre Zielgruppe der Vorankündigung wurden bisherige A3-Fahrer und Fahrer von vergleichbaren Fremdfabrikaten bestimmt. Darüber hinaus wurde auch die enge Kooperation mit Presse und Handel als Erfolgsvoraussetzung erkannt. Der Etat für die Einführungskampagne des Audi A3 lag im mittleren einstelligen Millionenbereich und lag aufgrund allgemeiner Kosteneinsparungen ca. 25 Prozent unter dem Budget für die Markteinführung des Vorgängermodells.

Die Umsetzung der Kommunikation zur Markteinführung des Audi A3 erfolgte dreistufig. In der so genannten „Start-Phase" wurde das neue Modell erstmalig angekündigt und in der „Teaser-Phase" auf der Automobilmesse vorgestellt. In der „Promotion-Phase" kamen klassische Kommunikationsinstrumente zum Einsatz, um eine entsprechende Breitenwirkung zu erzielen (vgl. Abbildung 17). Die Maßnahmen wurden für den weltweiten Einsatz konzipiert und für die verschiedenen Absatzmärkte nach entsprechender sprachlicher Adaption eingesetzt. Die Betrachtung soll sich an dieser Stelle auf die Realisierung der Vorankündigungsmaßnahmen in Deutschland, als wichtigstem Markt des Audi A3, beschränken.

---

[338] Vgl. hier und im Folgenden Schwingen 2004.

Abbildung 17: Zeitliche Gestaltung der Vorankündigung Audi A3

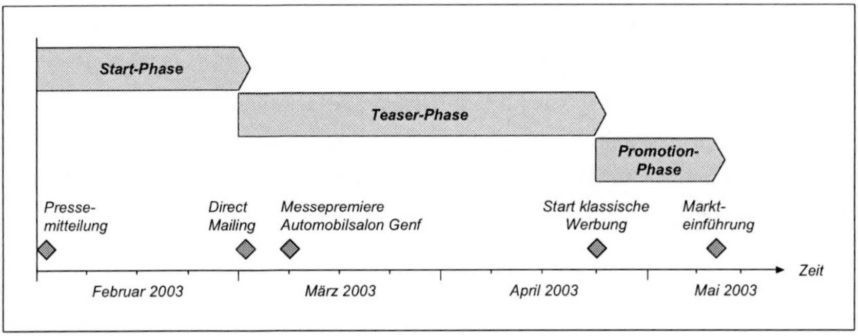

Quelle: Eigene Darstellung

START-PHASE

Mehr als drei Monate vor der geplanten Markteinführung wurde die Vorankündigungskampagne für den Audi A3 mit einer offiziellen Pressemitteilung eingeleitet. [339] Zu diesem Zeitpunkt war es aus Sicht von Audi wichtig, noch keine offiziellen Bilder des neuen Modells zu veröffentlichen: Es wurde die Gefahr erkannt, dass potenzielle Kunden des aktuellen Modells geplanten ggf. Käufe zurückstellen würden, um auf das neue Modell zu warten und sich der Absatz des Vorgängermodells am Ende des Produktlebenszyklus überdurchschnittlich verringern könnte.

TEASER-PHASE

Ab Anfang März wurden mit einem personalisierten Anschreiben 150.000 bisherige A3-Fahrer und Fahrer von Wettbewerbsmarken auf die bevorstehende Markteinführung hingewiesen. Inhalt des Mailings waren erste Informationen zum neuen A3 und der Verweis auf die spezielle Webseite http://www.bist-du-bereit.de, auf der sich die Interessenten für die Zusendung weiterer Informationen registrieren konnten. Mit der Premiere des neuen A3 auf dem Genfer Automobil-Salon am 9. März 2003 wurde das Modell der Öffentlichkeit präsentiert.

PROMOTION-PHASE

Im Mittelpunkt der Promotion-Phase stand der sechsminütige Kurzfilm „The Other Side of the Road" von Wim Wenders, der den Audi A3 effektvoll inszeniert und wie ein Trailer für einen abendfüllenden Kinofilm wirkt. Im Stile der Werbung für Hollywoodfilme wurde im Internet, in Publikumszeitschriften und Tageszeitungen

---

[339] Vgl. Audi AG 2004, S. 1.

sowie auf Plakaten auf den Kurzfilm hingewiesen, der ab 26. April 2003 auf der Webseite von Audi angesehen und herunter geladen werden konnte. In Zusammenarbeit mit dem TV-Sender Sat.1 wurde der Werbefilm als „Spot-Premiere" angekündigt und einen Tag nach der offiziellen Markteinführung am 10. Mai 2003 in voller Länge ausgestrahlt. Sämtliche Maßnahmen verfolgten das Ziel, möglichst weite Teile der Zielgruppe zu erreichen und die Interessenten zum Download des Films im Internet zu bewegen.

Die Wirkung der Vorankündigungsmaßnahmen wurde durch eine quantitative Untersuchung der Marktforschungsagentur ICON BRAND NAVIGATION überprüft. Demnach erinnerten sich 75 Prozent der Befragten in der Zielgruppe an die Vorankündigung des Audi A3, rund 49 Prozent beabsichtigten das Modell Probe zu fahren oder beim Händler zu besichtigen.[340] Als wichtige Erfolgsgrößen der Vorankündigungsmaßnahmen wurden neben der Anzahl der verbindlichen Vorbestellungen auch die Anzahl der Internet-Nutzer, die sich den Film auf der Webseite angesehen bzw. herunter geladen hatten, erfasst. Die Presseberichterstattung wurde ähnlich wie bei BMW nach qualitativen und quantitativen Aspekten ausgewertet. Im Zeitraum Mai bis Dezember 2003 wurden ca. 120.000 Audi A3 abgesetzt, das Absatzziel wurde um ca. 16 Prozent übertroffen. Darüber hinaus lassen sich weitere quantitative Ergebnisse festhalten:

- Ca. 660.000 betrachtete Videos/Downloads
- Ca. 560.000 Besucher des Audi A3 „Car-Configurators" auf der Audi Website
- Ca. 14.000 Vorbestellungen des Audi A3

Anders als beim Fallbeispiel BMW 1er wurde mit dem Audi A3 das Nachfolgemodell einer bestehenden Modellreihe eingeführt. Daher ist nicht klar, zu welchem Anteil die erzielten Ergebnisse auf die Vorankündigung zurückzuführen sind und welche Rolle das vorhandene Interesse bisheriger Audi A3-Kunden spielt. Der Erkenntnisbeitrag, der sich aus dem Vergleich beider Fallbeispiele für die weitere Arbeit ergibt, wird im nächsten Schritt kurz diskutiert.

---

[340] Vgl. Schwingen 2004, S. 59.

3.1.3 Erkenntnisbeitrag für die weitere Arbeit

Die vorliegenden Fallbeispiele haben gezeigt, dass viele **Gemeinsamkeiten** hinsichtlich der Entwicklung und Realisierung der Produkt-Vorankündigungen von BMW 1er und Audi A3 bestehen. In beiden Fällen wurden ausgehend von Positionierung und Zielgruppe des neuen Modells konkrete, messbare Ziele für die Vorankündigung definiert und entsprechende Maßnahmen zur Zielerreichung geplant. In einer weiter zurückliegenden branchenübergreifenden Untersuchung wurde hingegen festgestellt, das Unternehmen nur selten explizite Ziele für die Vorankündigung formulieren.[341] Dieser Widerspruch zu den Befunden aus den Fallbeispielen könnte z.B. auf die Erfahrung der betrachteten Unternehmen im Hinblick auf die Planung und Realisierung von Produkt-Vorankündigungen zurückgeführt und als Indiz für die gestiegene Bedeutung gewertet werden.

Mit der sorgfältigen Planung wurde zudem einer zentralen Forderung für den erfolgreichen Einsatz von Produkt-Vorankündigungen entsprochen.[342] Die Realisierung der Vorankündigungsmaßnahmen erfolgte bei beiden Herstellern in verschiedenen Phasen, für die unterschiedliche Kommunikationsmittel zum Einsatz kamen, die eng mit den sonstigen Marketingmaßnahmen der Markteinführung verknüpft wurden. Die „engstmögliche Verzahnung aller Werbemittel" ist bei Audi bereits als konkretes Ziel der Vorankündigung verankert,[343] bei BMW wurde die Zusammenarbeit aller Marketingbereiche u.a. durch die Bildung interdisziplinärer Launch-Teams sichergestellt. Bei beiden Fallbeispielen wurden spezielle Webseiten als zentrales Kommunikationsinstrument eingesetzt, auf die alle anderen werblichen Maßnahmen wie TV-Spots, Anzeigen etc. im Rahmen der Vorankündigung hinwiesen. Die erzielten Ergebnisse der einzelnen Vorankündigungsmaßnahmen wurden in beiden Fällen mittels verschiedener Kontrollgrößen qualitativ und quantitativ erfasst. Einige ausgewählte vergleichbare Größen sind in Abbildung 18 dargestellt.

In Bezug auf die Wirkung der Vorankündigungen kann zunächst festgestellt werden, dass es in beiden Fällen gelang, die Aufmerksamkeit und das Interesse einer hohen Anzahl potenzieller Kunden zu gewinnen.[344] Dabei hat sich das Internet als Leitmedium der Vorankündigungskampagne vor allem durch den hohen Grad an

---

[341] Vgl. Möhrle 1995, S. 222.

[342] Vgl. Schnoor 2000, S. 276.

[343] Vgl. Schwingen 2004, S. 30.

[344] Im Rahmen der Vorankündigung BMW 1er wurden 194.000 Adressen von Interessenten erfasst. Audi konnte rund 660.000 Interessenten zur Betrachtung des Webefilms für den neuen Audi A3 im Internet bewegen.

möglicher Interaktion bewährt. Eine wirkungsvolle Größe zur Erfassung der Wirkung von Produkt-Vorankündigungen für neue Modelle scheint die Anzahl der Vorbestellungen zu sein, da die Besteller ihre Kaufentscheidung zu großen Teilen auf Informationen aus der Vorankündigung stützen müssen. Dabei ist allerdings anzumerken, dass die im Vergleich zum BMW 1er höhere Anzahl an Vorbestellungen für den Audi A3 vor allem aus der Tatsache resultiert, dass Besteller des Audi A3 auch auf Erfahrungen mit dem aktuell im Markt befindlichen Modell zurückgreifen konnten.[345] Bezüglich der Wahrnehmung der Vorankündigung innerhalb der Zielgruppe konnten keine Unterschiede festgestellt werden. Allerdings fällt die Bereitschaft zur Durchführung einer Probefahrt für die neue Baureihe BMW 1er höher aus, als für das bereits im Segment etablierte Modell Audi A3.

Abbildung 18: Ausgewählte Kenngrößen zum Vergleich der Wirkung der Produkt-Vorankündigungen BMW 1er und Audi A3

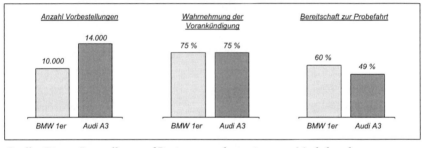

Quelle: Eigene Darstellung auf Basis unternehmensinterner Marktforschungs-ergebnisse und Schätzungen der Interviewpartner

Beim Vergleich der Vorankündigungen von BMW 1er und Audi A3 wurden jedoch auch einige **Unterschiede** hinsichtlich der Ausgestaltung der Produkt-Vorankündigungen festgestellt, die in erster Linie auf die Art der Innovation zurückzuführen sind (vgl. Tabelle 6). Diese Unterschiede zwischen Vorankündigungen für neue Baureihen und Vorankündigungen für neue Modellgenerationen manifestieren sich u.a. in den definierten Zielen, der Zielgruppe sowie der inhaltlichen und zeitlichen Gestaltung der Maßnahmen.

---

[345] Den Einfluss bisheriger Produkterfahrungen von Konsumenten auf die Wahrnehmung und Bewertung der Produktkommunikation untersuchen z.B. Alba/Hutchinson 1987 und Raju/Lonial/Mangold 1995.

Tabelle 6: **Zusammenfassung der Unterschiede zwischen den Produkt-Vorankündigungen für BMW 1er und Audi A3**

Bereich	BMW 1er (neue Baureihe)	Audi A3 (neue Modellgeneration)
Ziele	• Erfolgreicher Eintritt in ein neues Marktsegment	• Ausbau der bisherigen Marktposition
Zielgruppe	• Eroberung neuer Kunden, d.h. Fokus auf Autofahrer, die bislang keinen BMW fahren	• Aktivierung bisheriger A3 Fahrer • Eroberung neuer Kunden, die bislang keinen Audi fahren
Inhaltliche Gestaltung	• Durchführung von Probefahrten vor Markteinführung • Veröffentlichung offizieller Bilder bereits 5 Monate vor Markteinführung	• Keine Probefahrten vor Markteinführung • Veröffentlichung von Produkt-Abbildungen erst kurz vor Markteinführung
Zeitliche Gestaltung	• Start der Vorankündigung ca. 8 Monate vor Markteinführung • Erste offizielle Pressemitteilung ca. 6 Monate vor Markteinführung • Einsatz klassischer Mediawerbung ca. 5 Monate vor der Markteinführung	• Start der Vorankündigung ca. 3 Monate vor Markteinführung • Erste offizielle Pressemitteilung ca. 3 Monate vor Markteinführung • Einsatz klassischer Mediawerbung erst wenige Wochen vor der Markteinführung

Quelle: Eigene Darstellung

3.2 Annahmen und Hypothesen zum Einsatz von Produkt-Vorankündigungen in der Automobilindustrie

Zur Beantwortung der ersten Forschungsfrage ist herauszuarbeiten, wie konsumenten-gerichtete Produkt-Vorankündigungen in der Unternehmenspraxis geplant und welche Methoden und Instrumente bei ihrer Realisierung eingesetzt werden. Aufbauend auf der theoretischen Diskussion und den qualitativen Erkenntnissen aus den Fallbeispielen werden in diesem Abschnitt zu testende Aussagen hinsichtlich des Vorankündigungsverhaltens von Automobilherstellern formuliert, die als **Annahmen** bezeichnet werden sollen.[346] Zudem werden empirisch überprüfbare Aussagen über die Wirkungsbeziehungen zwischen Produktmerkmalen und der Gestaltung von Vorankündigungen entwickelt. Diese Aussagen stellen **Hypothesen** dar.

In der Praxis können unterschiedliche Ansätze beobachtet werden, wie und wann Vorankündigungen eingesetzt werden, was auf unterschiedliche Zielsetzungen und die Heterogenität der vorangekündigten Produkte zurückzuführen ist.[347] Der Einsatz von

---

[346] Die Begriffe „Annahme" und „Hypothese" beziehen sich auf empirisch erfassbare Sachverhalte und müssen mit bestehenden theoretischen Erkenntnissen vereinbar sein. Im Unterschied zur Annahme unterstellen die formulierten Hypothesen jedoch einen Kausalzusammenhang. Vgl. Hildebrandt 2000, S. 41 f.; Bortz/Döring 2002, S. 492 ff.

[347] Vgl. Lilly/Walters 1997, S. 5.

Produkt-Vorankündigungen wird offensichtlich nicht für alle Produkte gleichermaßen Erfolg versprechend eingeschätzt. Den empirischen Ergebnissen von PREUKSCHAT folgend ist die Bereitschaft von Unternehmen, neue Produkte voranzukündigen umso stärker, je größer:

- die Aufmerksamkeit potenzieller Kunden für eine Produktkategorie,
- das Ausmaß der Informationssuche vor dem Kauf,
- die wahrgenommene finanzielle Belastung durch den Kauf,
- die dem Kauf allgemein zugemessene Bedeutung sowie
- das empfundene Risiko eines Fehlkaufs ist.[348]

Ausgehend von der Diskussion in Abschnitt 2.2 führt die Prüfung dieser Kriterien für die Automobil-Kaufentscheidung zu folgenden Einschätzungen: Der Kauf eines Neuwagens ist im Leben vieler Menschen eine Investitionsentscheidung von besonderer Bedeutung und wohl nur mit dem Immobilienerwerb oder Entscheidungen zur Altersvorsorge zu vergleichen.[349] Aufgrund der hohen finanziellen Belastung und der großen sozialen Bedeutung des Automobils in der westlichen Gesellschaft empfinden die meisten Konsumenten ein hohes Risiko im Zusammenhang mit der Kaufentscheidung.[350] Um die Kaufalternativen beurteilen zu können und um das wahrgenommene Risiko einer Fehlentscheidung zu reduzieren, suchen Nachfrager im Kaufprozess gezielt und intensiv nach Informationen.[351] Da die von PREUKSCHAT identifizierten Kriterien somit in hohem Maße für den Autokauf zutreffen, wird vermutet, dass der Anteil von Vorankündigungen in der Automobilindustrie im Vergleich zu anderen Branchen besonders hoch sein sollte.[352] Entgegen den Erkenntnissen bisheriger branchenübergreifender Studien wird angenommen, dass nahezu alle Automobilhersteller Vorankündigungen im Rahmen der Markteinführung einsetzen. Mit der empirischen Untersuchung dieser Aussage kann zunächst die Bedeutung des Instruments „Vorankündigung" in der Automobilindustrie erfasst werden. Ein hoher Anteil an vorankündigenden Unternehmen würde darüber hinaus zeigen, dass sich Hersteller heute nicht mehr allein durch die Entscheidung für oder

---

[348] Vgl. Preukschat 1993, S. 205.

[349] Vgl. Johnson 2004, S. 2. Experten gehen davon aus, dass in einem durchschnittlichen bundesdeutschen Haushalt über den gesamten Kundenlebenszyklus Ausgaben in Höhe von ca. 300.000 € im Zusammenhang mit dem Erwerb und Unterhalt von Automobilen anfallen. Vgl. Dannenberg 2003, S. 89.

[350] Vgl. Abschnitt 2.2.3.2.

[351] Vgl. Weiber/Adler 1995a, S. 60.

[352] Möhrle formuliert die Aussage, dass der Einsatz von Vorankündigungen in der Automobilindustrie zur Normalität geworden sei. Ein entsprechender empirischer Nachweis fehlt jedoch. Vgl. Möhrle 1995, S. 222.

gegen den Einsatz von Vorankündigungen vom Wettbewerb differenzieren können. Stattdessen gilt es, eine Vorankündigung derart zu gestalten, dass die propagierten Ziele auch im Vorankündigungs-Wettbewerb realisiert werden können.

Neben der grundsätzlichen Entscheidung über den Einsatz einer Vorankündigung ist eine Reihe weiterer Entscheidungen zu treffen, welche die Wirkung einer Vorankündigung maßgeblich beeinflussen können. Da zu den einzelnen Schritten der Planung von Produkt-Vorankündigungen keine empirischen Erkenntnisse vorliegen, wird in der aktuellen Literatur Forschungsbedarf attestiert.[353] Nach CALANTONE/ SCHATZEL sind vier wesentliche Kriterien für die Gestaltung von Vorankündigungen von Bedeutung: (1) die Bestimmung der relevanten Zielgruppen, (2) die Wahl geeigneter Kommunikationsmedien sowie (3) die zeitliche und (4) die inhaltliche Gestaltung der Vorankündigung.[354] Diese Gestaltungskriterien finden sich in ähnlicher Form auch im Rahmen des idealtypischen Prozesses der Kommunikationspolitik wieder, wie ihn z.B. HOMBURG/KROHMER[355] skizzieren. Die zentralen Fragestellungen für die Formulierung einer Vorankündigungsstrategie finden sich in Abbildung 19 zusammengefasst und bieten sich zur Strukturierung der nachfolgenden Überlegungen zum Vorankündigungsverhalten von Automobilherstellern an.

Abbildung 19: Wesentliche Gestaltungsmerkmale von Vorankündigungen

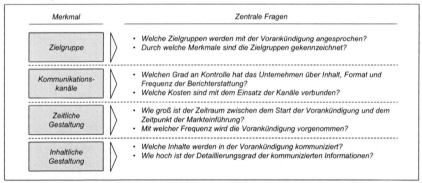

Quelle: In Anlehnung an Calantone/Schatzel 2000, S. 27.

---

[353] Vgl. Schnoor 2000, S. 287.

[354] Vgl. Calantone/Schatzel 2000, S. 27. Diese Unterteilung bezieht sich u.a. auf die Erkenntnisse von Eliashberg/Robertson, nach denen ein Hersteller im Vorfeld einer Produkt-Vorankündigung eine Kosten-Nutzen-Analyse durchführen muss, um zu entscheiden „[...] whether to send the signal, when to send it and to whom the signal should be directed." Eliashberg/Robertson 1988, S. 282. Ein ähnlicher Ansatz stammt von Lilly/Walters 1997, S. 7.

[355] Vgl. Homburg/Krohmer 2003, S. 623.

3.2.1 Bestimmung der Zielgruppe

Grundsätzliches Ziel von Produkt-Vorankündigungen ist es, bestimmte Zielgruppen über die zukünftige Markteinführung eines neuen Produktes zu informieren und die Einstellungsbildung in positiver Weise zu beeinflussen. Notwendig für die Entwicklung effizienter und effektiver Vorankündigungen ist ein tiefes Verständnis der Reaktionsmuster und Verhaltensweisen der einzelnen Zielgruppen.[356] Als mögliche Empfängergruppen wurden neben bestehenden und potenziellen Kunden u.a. auch Wettbewerber, Handelspartner oder Kapitalanleger identifiziert.[357] Allerdings wird die Beeinflussung des Kaufverhaltens von **Konsumenten** als eines der wichtigsten Ziele für den Einsatz von Vorankündigungen genannt.[358] Beispielsweise stellte PREUKSCHAT in seiner branchenübergreifenden Untersuchung fest, dass 59 Prozent der befragten Unternehmen mindestens eines ihrer Produkte direkt gegenüber potenziellen Nachfragern ankündigten.[359] Es wird daher erwartet, dass Automobilhersteller Vorankündigungen vor allen an diejenigen Personen der Zielgruppe richten, die sich bereits aktiv mit dem Autokauf befassen. In Anlehnung an den dargestellten Prozess der Automobil-Kaufentscheidung scheint es Erfolg versprechend, diejenigen Nachfrager in den Mittelpunkt der Vorankündigung zu stellen, die bereits über eine konkrete Kaufabsicht verfügen, sich also in der zweiten (Intensivphase) oder dritten Phase (akute Phase) der Kaufentscheidung befinden.[360] Daher lautet die erste Annahme:

A1:   Automobilhersteller richten Produkt-Vorankündigungen für neue Modelle an Konsumenten mit konkreter, zeitnaher Kaufabsicht

3.2.2 Auswahl der Kommunikationskanäle

Ziel der Festlegung der Kommunikationsinstrumente ist es, die anvisierte Zielgruppe mit den richtigen Werbeträgern zum optimalen Zeitpunkt und mit minimalen Streuverlusten bei optimalen Kosten zu erreichen.[361] Grundsätzlich stehen Unternehmen für die Kommunikation von Produkt-Vorankündigungen die gleichen

---

[356] Vgl. Meffert 1998, S. 671.
[357] Vgl. Eliashberg/Robertson 1988, S. 282.
[358] Vgl. Lilly/Walters 1997, S. 8.
[359] Vgl. Preukschat 1993, S. 139.
[360] Vgl. Abschnitt 2.2.1.
[361] Die Begriffe Kommunikationsinstrument und Kommunikationskanal werden im Folgenden synonym verwendet. Dabei wird der Definition von Rogers gefolgt: „A communication channel is the means through by which messages get from one individual to another" Rogers 2003, S. 18.

Übermittlungswege zur Verfügung wie bei der Kommunikation nach der Markteinführung.[362] In Abbildung 20 werden die wichtigsten Instrumente der Kommunikationspolitik dargestellt, wobei anzumerken ist, dass ihre gegenseitige Abgrenzung nicht völlig trennscharf gelingen kann.[363] Für die weitere Betrachtung soll eine geeignete Differenzierung der Kanäle vorgenommen und ihre Eignung für den Einsatz im Rahmen von Vorankündigungen diskutiert werden.

Abbildung 20: Kommunikationsinstrumente im Überblick

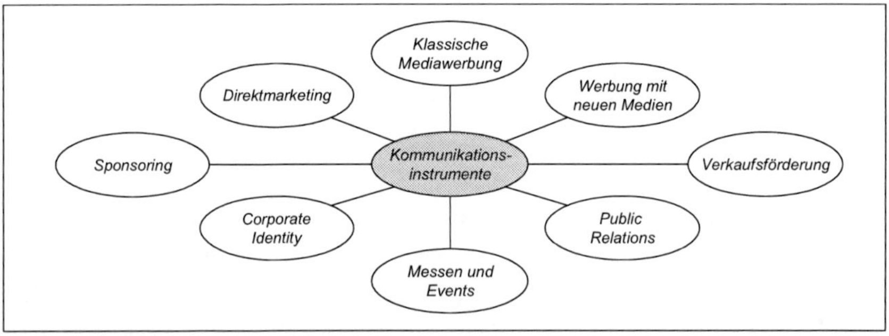

Klassische Mediawerbung

Direktmarketing

Werbung mit neuen Medien

Sponsoring

Kommunikations-instrumente

Verkaufsförderung

Corporate Identity

Public Relations

Messen und Events

Quelle: Homburg/Krohmer 2003, S. 649.

Hersteller, welche die Vorankündigung eines neuen Modells planen, können sich bei der Auswahl der geeigneten Kanäle an den beim Autokauf genutzten Informationsquellen der Konsumenten orientieren. Es wurde bereits diskutiert, dass Konsumenten bei der Automobil-Kaufentscheidung in Ergänzung zu den über Medien bereitgestellten Informationen vor allem auch auf Informationen aus der persönlichen Kommunikation zurückgreifen.[364] Neben dieser binären Differenzierung des Informationsweges in persönliche und mediale Kommunikation kann in einer zweiten Dimension auch nach der Art der Informationsquelle unterschieden werden. In Betracht kommen (1) die direkte Untersuchung durch den Konsumenten, (2) die Übermittlung von Informationen über neutrale Dritte und (3) durch anbieterkontrollierte Informations-quellen.[365] Die verschiedenen Informationsquellen beim Autokauf lassen sich nun in Anlehnung an KUß/TOMCZAK in einer Matrix darstellen, die in Tabelle 7 dargestellt ist.

---

[362] Vgl. Lilly/Walters 1997, S. 9.
[363] Vgl. Homburg/Krohmer 2003, S. 649.
[364] Vgl. Abschnitt 2.2.1.
[365] Vgl. Kuß/Tomczak 2004, S. 120.

Tabelle 7: Beispiele für Informationsquellen beim Autokauf

Informationsweg Art der Quelle	persönlich	über Medien
Direkte Betrachtung/ Untersuchung	• Besuch von Automessen • Probefahrten vor Markteinführung	_____
Neutrale Dritte	• Empfehlungen von Freunden und Bekannten	• Testberichte • Presseberichterstattung
Anbieterbestimmte Informationsquellen	• Gespräche mit Verkäufern	• Klassische Werbung • Prospekte

Quelle: In Anlehnung an Kuß/Tomczak 2004, S. 121.

DIREKTE BETRACHTUNG/UNTERSUCHUNG

Vorangekündigte Produkte entziehen sich aufgrund ihrer Nichterhältlichkeit der direkten Untersuchung durch potenzielle Nachfrager. Im Vergleich zu anderen Branchen bieten sich für Automobilhersteller zwei Möglichkeiten, neue Modelle für Konsumenten bereits vor der Markteinführung physisch erlebbar zu machen. Zum einen können Hersteller ihre neuen Modelle durch die Präsentation auf **Automobilmessen** einer breiten Öffentlichkeit vorstellen und die Reaktionen von Fachpresse und Publikum zu testen.[366] Schließlich ziehen allein die drei größten Automobilmessen in Deutschland mehr als 1,5 Mio. Besucher an.[367]

Zum zweiten erlaubt der relativ hohe Produktionsvorlauf grundsätzlich die Durchführung von **Probefahrten** vor der Markteinführung, wird in der Praxis allerdings nur sehr selektiv eingesetzt. Wie das Fallbeispiel BMW 1er gezeigt hat, ist mit der Organisation von Probefahrten vor Markteinführung ein entsprechend hoher Koordinations- und Finanzaufwand verbunden, der im Rahmen einer Kosten-Nutzen-Analyse gegenüber den Vorteilen abgewogen werden muss.[368]

---

[366] Vgl. Motor Presse Stuttgart 2005, S. 31.

[367] Folgende Besucherzahlen wurden zugrunde gelegt: Internationale Automobilausstellung in Frankfurt/Main 2003 (997.000), Essen Motor Show 2004 (417.000) und Mitteleuropäischer Automobilsalon AMI in Leipzig 2005 (274.000). Vgl. Motor Presse Stuttgart 2005, S. 31.

[368] Im Rahmen der Vorankündigung des BMW 1er wurden allein in Deutschland rund 17.000 Probefahrten vor Markteinführung durchgeführt. Vgl. BMW AG 2004a, S. 1.

NEUTRALE DRITTE

Aus der theoretischen Diskussion und aktuellen empirischen Erhebungen wurde deutlich, dass die persönliche Kommunikation die Informationssuche beim Autokauf dominiert. Zu den wichtigsten Quellen der Informationsgewinnung und Meinungsbildung zählen Gespräche innerhalb der Familie sowie **Gespräche mit Freunden und Bekannten**.[369] Die persönliche Kommunikation wird gemeinhin als wirkungsvoller beurteilt als Kommunikation über Massenmedien, was auf ihre spezifische Eigenschaften zurückzuführen ist.[370] Zunächst sind persönliche Kontakte weniger zweckgerichtet und rufen daher nicht so leicht selektives Kommunikations-verhalten hervor wie im Falle anbieterkontrollierter Informationsquellen. Das heißt, den übertragenen Informationen wird eine höhere Aufmerksamkeit zuteil. Die im Vergleich zur Massenkommunikation größere Glaubwürdigkeit resultiert aus der Tatsache, dass die Teilnehmer in der Regel kein wirtschaftliches Interesse an der Beeinflussung anderer haben und die authentische Diskussion von Vor- und Nachteilen mit einem hohen Informationswert verbunden ist.[371] Interpersonale Kommunikation ist zudem flexibel, da eine direkte Rückkopplung zwischen Kommunikator und Rezipient besteht. Da Informationen zum Thema „Auto" allgemein auf hohes Interesse stoßen, besteht für Unternehmen die Möglichkeit, durch Vorankündigungen Mund-zu-Mund-Kommunikation für neue PKW-Modelle zu stimulieren. Die kontrollierte Einflussnahme auf diese Form der Kommunikation ist jedoch nicht möglich.

Als neutrale Informationsquellen über Medien werden **Testberichte** und die allgemeine redaktionelle **Presseberichterstattung** eingestuft. Für Automobilhersteller stellen Medien eine wichtige indirekte Zielgruppe von Vorankündigungen dar, sind Konsumenten doch häufig nur über zwischengeschaltete Medien zu erreichen. Über PR-Maßnahmen wird entsprechend versucht, die redaktionelle Berichterstattung im Sinne des Herstellers zu beeinflussen, da „*[...] die Glaubwürdigkeit von Informationen steigt, wenn sie durch Medien an die Zielgruppen herangetragen werden.*"[372] Für die Vorankündigung neuer PKW-Modelle ist die enge Einbindung von Medien essenziell, um Informationen über neue Modelle an potenzielle Nachfrager zu kommunizieren.

---

[369] Vgl. Gruner + Jahr AG 2004, S. 45.
[370] Vgl. im Folgenden Kroeber-Riel/Weinberg 1996, S. 499.
[371] Vgl. Kaas 1991, S. 362.
[372] Diez 2001, S. 545.

ANBIETERBESTIMMTE INFORMATIONSQUELLEN

Eine wichtige Quelle zur Informationsgewinnung im Vorfeld der Automobil-Kaufent-scheidung stellen für Konsumenten **Gespräche mit Verkäufern** dar. Durch die persönliche Kommunikation mit „Unternehmensvertretern" können offene Punkte schnell geklärt und Transparenz über das vorhandene Produktangebot erreicht werden. Es ist bekannt, dass Verkäufer die Kaufentscheidung von Konsumenten beeinflussen können.[373] Ebenso bekannt ist, dass Verkäufer durch ihren direkten Kundenkontakt die Markenwahrnehmung und Markenstärke des Herstellers prägen können.[374] Daher stellt das Mitarbeiterverhalten einen wichtigen Kanal für die Marken- und Produkt-kommunikation dar.[375] Für den Einsatz von Produkt-Vorankündigungen erscheint es essenziell, dass Verkäufer gegenüber potenziellen Interessenten auskunftsfähig sind über kommende Produkteinführungen und entsprechend frühzeitig über neue Modelle informiert werden.

Zu den anbieterbestimmten Informationsquellen, die über Medien kommuniziert werden, zählen klassische Werbung und andere Below-the-Line Maßnahmen.[376] Aus der Analyse der relevanten Statistiken der Werbewirtschaft wird deutlich, dass die **klassische Mediawerbung** die dominierende Rolle im Kommunikationsmix der Automobil-wirtschaft spielt.[377] Im Jahr 2004 investierten die Automobilhersteller in Deutschland rund 1,6 Mrd. € in die klassische Kommunikation,[378] wobei davon ausgegangen werden kann, dass ein Großteil der Budgets für die Bewerbung von neuen Fahrzeugen bereitgestellt wurde.[379] Differenziert man die Bruttowerbeausgaben der Automobilindustrie für das Jahr 2004 nach Kanälen, so wird deutlich, dass die drei Kanäle Fernsehen (38,3 Prozent), Zeitung (28,5 Prozent) und Zeitschriften (21,8 Prozent) den Großteil des Gesamtbudgets für klassische Mediakommunikation auf sich vereinen.[380]

Im Hinblick auf die Verbreitung von Innovationen und den Einsatz von Massenmedien stellen ROGERS/SCOTT folgendes fest: *„Mass media channels are more effective in*

---

[373] Vgl. Kuß/Tomczak 2004, S. 113.

[374] Vgl. Berry/Parasuraman 1991, S. 129.

[375] Vgl. Tomczak et al. 2005, S. 29.

[376] Der Begriff „Below-the-Line" wird als Sammelbezeichnung für alle Formen der Marktkommunikation verstanden, die nicht in den klassischen Medien („Above-the-Line") betrieben wird. Vgl. Roberts 1980, S. 588 ff.

[377] Vgl. Diez 2001, S. 491.

[378] Vgl. Nielsen Media Research, zitiert in Motor Presse Stuttgart 2005, S. 309

[379] Vgl. Interview mit Lothar Korn, Leiter Global Advertising Mercedes-Benz PKW, am 30. März 2005.

[380] Vgl. Nielsen Media Research, zitiert in Motor Presse Stuttgart 2005, S. 309.

creating knowledge of innovations, whereas interpersonal channels are more effective in forming and changing attitudes toward a new idea, and thus in influencing the decision to adopt or reject a new idea.[381] Aufbauend auf der Argumentation, dass Automobilhersteller Vorankündigungen auf interessierte Kreise unter den Konsumenten fokussieren, kann angenommen werden, dass Massenmedien deutlich seltener eingesetzt werden als Below-the-Line Maßnahmen, welche die Interaktion mit potenziellen Nachfragern ermöglichen.

A2: Automobilhersteller setzen im Rahmen von Produkt-Vorankündigungen vor allem Below-the-Line Maßnahmen ein

Bei der Beurteilung einer neuen Modellgeneration können Nachfrager auf die Leistungsmerkmale des aktuell im Markt befindlichen Modells zurückgreifen und in der Regel davon ausgehen, dass sich das Qualitätsniveau nicht verschlechtert.[382] Bei der Bewertung einer neuen Baureihe fehlt diese Vergleichsmöglichkeit. Der Aufbau spezifischer Gedächtnisbilder, die zur Präferenzbildung notwendig sind, muss zunächst allein über die Vorankündigung erreicht werden. Aus diesem Grund wird vermutet, dass Hersteller bei der Markteinführung neuer Baureihen im Vergleich zu Nachfolgemodellen häufiger Kommunikationskanäle einsetzen, die eine direkte Interaktion mit dem Konsumenten ermöglichen. Dazu zählen z.B. Events, Automessen oder speziell gestaltete Internetauftritte. Es wird folgende Hypothese formuliert:

H1: Je größer der Innovationsgrad eines angekündigten Modells, desto häufiger der Einsatz interaktiver Kommunikationskanäle im Kommunikationsmix

Mit dem Einsatz von Vorankündigungen sind bestimmte Kosten verbunden, die sich vereinfacht aus der Wahl der Kommunikationsinstrumente und der Dauer ihres Einsatzes ergeben. SCHNOOR stellte fest, dass Kunden von der Höhe des wahrgenommenen Aufwandes für eine Vorankündigung auf ihre Glaubwürdigkeit schließen.[383] Diese Befunde decken sich mit den Ergebnissen von Studien zur Wirkung klassischer Kommunikationsmaßnahmen.[384] Die Ratio potenzieller Nachfrager ist, dass ein Unternehmen nur dann hohe Budgets in Werbung investiert, wenn es langfristig von der Qualität des beworbenen Produktes überzeugt ist. Es ist somit davon

---

[381] Rogers/Scott 1997, S. 20.
[382] Vgl. Ebel/Hofer/Al-Sibai 2004, S. 7.
[383] Vgl. Schnoor 2000, S. 193 ff.
[384] Vgl. Kirmani 1990, S. 166 ff.; Kirmani 1997, S. 82 ff.

auszugehen, dass sich Automobilhersteller der positiven Signalwirkung umfangreicher Vorankündigungskampagnen durchaus bewusst sind. Dabei ist allerdings zu beachten, dass besonders hohe Aufwendungen für eine Vorankündigung auch den gegenteiligen Effekt hervorrufen und negativ auf die Glaubwürdigkeit der Vorankündigung wirken können.[385] Die absoluten **Kosten von Vorankündigungen** fanden in der bisherigen wissenschaftlichen Auseinandersetzung keine Beachtung.[386] Ausgehend von der Tatsache, dass die durchschnittlichen Kommunikationskosten für die Markteinführung eines neuen Modells leicht mehrere Millionen Euro erreichen können,[387] wird angenommen, dass ein wesentlicher Teil dieser Budgets bereits vor der Markteinführung im Rahmen von Vorankündigungen investiert wird. Entsprechend lautet die dritte Annahme:

A3:   Automobilhersteller investieren einen wesentlichen Teil der Marketingausgaben zur Produkteinführung in die Durchführung von Produkt-Vorankündigungen

3.2.3 Zeitliche Gestaltung

Nach der Festlegung der Zielgruppe und der Wahl der geeigneten Kommunikationsinstrumente müssen Unternehmen, die die Vorankündigung zur Markteinführung eines neuen Modells planen, auch entscheiden, in welcher Phase des Produktentwicklungsprozesses der Einsatz in Frage kommt. Nach PREUKSCHAT lanciert die Mehrzahl der Unternehmen (89 Prozent) Vorankündigungen erst dann, wenn die Entwicklung des Produktes relativ konkrete Formen angenommen hat und zumindest die Erstellung von Prototypen zulässt.[388] Im Vergleich der vier von ihm untersuchten Branchen fällt auf, dass Unternehmen der Unterhaltungselektronik bereits in sehr frühen Phasen der Produktentwicklung Vorankündigungen einsetzen, während Unternehmen der Branchen Automobil, Foto und Haushaltsgeräte eher kurzfristige Vorankündigungen zur Vorbereitung der Markteinführung einsetzen.[389] Diese Einschätzung widerspricht allerdings den in der Praxis beobachteten und in der Literatur zitierten Beispielen, wonach neue PKW-Modelle relativ langfristig vor ihrer

---

[385] Vgl. Abschnitt 2.1.2.1.

[386] Vgl. Schnoor 2000, S. 182.

[387] Interview mit Hans-Christian Schwingen 2004, Leiter Marketing Kommunikation, Audi AG, am 6. Dezember 2004.

[388] Vgl. Preukschat 1993, S. 148.

[389] Vgl. Preukschat 1993, S. 149.

Markteinführung angekündigt werden[390] und zeigt den Bedarf an empirisch fundierten Erkenntnissen zur zeitlichen Gestaltung von Vorankündigungen in der Automobilindustrie.

Die **Vorankündigungsdauer** beschreibt den Zeitraum zwischen der erstmaligen Vorankündigung eines Produktes und seiner tatsächlichen Markteinführung. Die branchenübergreifende Untersuchung von ELIASHBERG/ROBERTSON ergab große Unterschiede in der zeitlichen Gestaltung von Vorankündigungen mit einer Spanne von 6 bis 18 Monaten, wobei ein Median von 3 Monaten ermittelt wurde.[391] Die hohe Heterogenität in der zeitlichen Gestaltung von Vorankündigungen überrascht zunächst. In der Literatur finden sich jedoch auch Hinweise, dass branchenspezifische Übereinstimmungen in der Einschätzung der Vorteilhaftigkeit bestimmter Vorankündigungsdauern bestehen.[392] LILLY/WALTERS klassifizieren vier Faktoren, die zur Erklärung der festgestellten Schwankungen hinsichtlich der Vorankündigungsdauer herangezogen werden können: (1) die Heterogenität der Produktgestaltung, (2) die Wettbewerbssituation, (3) unternehmensinterne Faktoren sowie (4) die anvisierte Zielgruppe.[393] Unternehmen versuchen demnach den Zeitpunkt der erstmaligen Produkt-Vorankündigung dahingehend zu optimieren, dass die geplanten Ziele der Vorankündigung realisiert, gleichzeitig aber negative Wirkungen, wie die Kannibalisierung bereits eingeführter Produkte oder unerwünschte Wettbewerbsreaktionen verhindert oder zumindest minimiert werden können.[394]

Zwei wesentliche Punkte sprechen für den Einsatz langfristiger Vorankündigungen in der Automobilindustrie: Erstens erstreckt sich die Automobil-Kaufentscheidung über einen vergleichsweise langen Zeitraum, der für Unternehmen zahlreiche Kontaktmöglichkeiten zur Beeinflussung des Konsumenten bietet.[395] Zweitens sorgen die langen Entwicklungszeiträume und der hohe Entwicklungsaufwand neuer Modelle dafür, dass auch bei relativ frühen Vorankündigungen kaum eine Gefahr der Nachahmung durch Konkurrenzunternehmen besteht. Diesen Überlegungen folgend wird folgende Annahme postuliert:

---

[390] Die Vorankündigungsmaßnahmen für die A-Klasse von Mercedes-Benz begannen bereits mehr als 24 Monate vor der tatsächlichen Markteinführung. Vgl. Diez 2001, S. 559.

[391] Vgl. Eliashberg/Robertson 1988, S. 286. Die Ergebnisse von Eliashberg/Robertson wurden in späteren Untersuchungen weitgehend bestätigt. Vgl. Preukschat 1993, S. 145.

[392] Vgl. Lilly/Walters 1997, S. 10.

[393] Vgl. Lilly/Walters 1997, S. 11 ff.

[394] Vgl. Abschnitt 2.3.2.

[395] Der Kaufentscheidungsprozess für neue Automobile erstreckt sich im Durchschnitt über rund 24 Monate. Vgl. Motor Presse Stuttgart 2005, S. S. 294.

A4:   Automobilhersteller kündigen neue Modelle im Vergleich zu anderen Branchen relativ langfristig an

Die Erkenntnisse aus den Experten-Interviews und der untersuchten Fallbeispiele deuten zudem darauf hin, dass ein Zusammenhang besteht zwischen der zeitlichen Gestaltung von Vorankündigungen und dem Innovationsgrad des neuen Modells.[396] Da potenzielle Nachfrager bei neuen Baureihen nicht auf vorhandene Erfahrungsmuster zurückgreifen können, wie dies bei neuen Modellgenerationen der Fall ist, sind seitens des Herstellers größere Kommunikationsanstrengungen notwendig, um das Produkt zu etablieren. Neue Baureihen werden daher wahrscheinlich eher langfristig angekündigt, um den Namen, das Design und die relevanten Ausstattungsmerkmale möglichst weiten Teilen der Zielgruppe bekannt zu machen. Mit der Einführung eines Nachfolgemodells ist jedoch die Herausforderung verbunden, einerseits bestehende und potenzielle Kunden über das neue Modell zu informieren, ohne andererseits den Absatz des noch im Markt befindlichen Vorgängermodells zu stark zu belasten. Daher ist anzunehmen, dass die Vorankündigungsdauer im Vergleich geringer ist. Die Hypothese wird unterstützt durch eine empirische Untersuchung zum Vorankündigungsverhalten von Herstellern in der Computerindustrie, wonach die Vorankündigungsdauer mit der Zunahme des Innovationsgrades des angekündigten Produktes ansteigt.[397] Es wird weiter vermutet, dass ein Zusammenhang zwischen der Dauer der Vorankündigung und dem Kaufpreis des neuen Modells besteht. Das Absatzpotenzial für vergleichsweise teure PKW-Modelle ist begrenzt. Durch Vorankündigungen versuchen Hersteller, die notwendigen Informationen möglichst frühzeitig bereitzustellen. Bekannt ist, dass Konsumenten umso rationaler in ihrem Entscheidungsverhalten sind, je höher der Preis eines Produktes ist.[398] Daher wird erwartet, dass hochpreisige Automobile besonders langfristig angekündigt werden. Folgende Hypothesen werden aufgestellt:

H2:   Je größer der Innovationsgrad eines angekündigten Modells, desto länger die Dauer der Produkt-Vorankündigung

H3:   Je höher der Kaufpreis eines angekündigten Modells, desto länger die Dauer der Produkt-Vorankündigung

---

[396] Für die Erfassung des Innovationsgrades wird differenziert zwischen neuen Baureihen (hoher Innovationsgrad) und Nachfolgemodellen bereits existierender Baureihen (niedriger Innovationsgrad).

[397] Vgl. Rabino/Moore 1989, S. 39.

[398] Vgl. Anirudh 1994, S. 100 f.

3.2.4 Inhaltliche Gestaltung

Bereits zu Beginn der betriebswirtschaftlichen Diskussion von Vorankündigungen wurde gezeigt, dass knapp die Hälfte aller Unternehmen wiederholte Vorankündigungen desselben Produktes durchführt.[399] Überraschend dabei ist, dass offenbar ein großer Teil der Unternehmen die Vorankündigung einer Innovation als singuläre Maßnahme betrachtet und nicht auf Erkenntnisse aus dem Einsatz von klassischer Werbung zurückgreift.[400] Allgemein anerkannt ist die Tatsache, dass die Anzahl der Wiederholungen einer Botschaft die Kommunikationswirkung positiv beeinflussen kann.[401] Aktuelle Untersuchungen können entsprechend zeigen, dass ein positiver linearer Zusammenhang besteht zwischen der Häufigkeit der Wiederholung einer Werbebotschaft und der wahrgenommenen Qualität des beworbenen Produktes.[402] Wenn die Vorankündigung als Instrument der Kommunikationspolitik begriffen wird, kann demzufolge auch die Wahrscheinlichkeit, die Vorankündigung im Gedächtnis der Empfänger zu verankern und positive Reaktionen hervorzurufen, durch Wiederholung erhöht werden. Es erscheint daher unmittelbar einsichtig, dass Automobilhersteller oftmals aufeinander folgende Vorankündigungen für dasselbe Produkt im Rahmen konzertierter Kampagnen einsetzen.

A5:   Automobilhersteller kündigen neue Automobile in mehrstufigen Vorankündigungskampagnen an

Insbesondere beim Einsatz von Vorankündigungen, die zeitlich relativ lange vor der geplanten Markteinführung beginnen, ist eine Abstimmung der Kommunikationsinhalte von großer Bedeutung, um Aufmerksamkeit und Interesse potenzieller Kunden über einen längeren Zeitraum aufrecht zu erhalten. Einerseits muss die Vorankündigung genügend Informationen beinhalten, die es potenziellen Interessenten ermöglicht, eine individuelle Einschätzung der Produktmerkmale vorzunehmen.[403] Auf der anderen Seite besteht die Herausforderung, dass z.B. zu weit vor der Markteinführung lancierte Bilder den Abverkauf des aktuell erhältlichen Modells nachhaltig negativ beeinflussen könnten. Bei der Einführung des Porsche Cayenne folgte die Vorankündigung einem detaillierten Skript, wie Felix Bräutigam, damaliger Leiter der Porsche Marketing-Kommunikation betont: *„Wir haben eine Dramaturgie*

---

[399] Vgl. Preukschat 1993, S. 153.
[400] Vgl. Lilly/Walters 1997, S. 18.
[401] Vgl. Kotler/Bliemel 1999, S. 930.
[402] Vgl. Moorthy/Hawkins 2005, S. 359.
[403] Vgl. Pimpl 2004a, S. 16.

aufgebaut. Die Spannung soll erhalten bleiben."[404] Es wird daher vermutet, dass der Detaillierungsgrad[405] von Vorankündigungen für Automobile bis zur Markteinführung zunimmt.

A6:   Der Detaillierungsgrad von Produkt-Vorankündigungen für Automobile nimmt bis zum Zeitpunkt der Markteinführung zu

3.3 Empirische Untersuchung von Produkt-Vorankündigungen in der Automobilindustrie

3.3.1 Ziel der empirischen Untersuchung und Forschungsmethodik

Zur Beantwortung der ersten Forschungsfrage soll geklärt werden, wie kundenorientierte Produkt-Vorankündigungen in der Praxis eingesetzt werden. Im Rahmen der Prüfung der **Annahmen** sollen in einem ersten Schritt deskriptive Erkenntnisse über das Vorankündigungsverhalten von Automobilherstellern gewonnen werden. So fehlen empirische Aussagen über den Anteil von Unternehmen, die Vorankündigungen einsetzen sowie Erkenntnisse darüber, welchen Prämissen die inhaltliche und zeitliche Gestaltung von Vorankündigungen folgt und welche Zielgruppe über welche Kommunikationsmittel angesprochen wird. Aus der theoretischen Diskussion und den Praxisbeispielen wurde deutlich, dass sich Vorankündigungen in der Automobilindustrie nicht nur von Vorankündigungen für Produkte aus anderen Branchen, sondern auch untereinander teilweise deutlich unterscheiden. Als wesentlicher Grund wurden die divergierenden Ziele genannt, die mit der Markteinführung von neuen Baureihen und neuen Modellgenerationen verbunden sind.[406] In einem zweiten Schritt sollen auf Basis der erhobenen Daten auch die aufgestellten Hypothesen überprüft werden. Es wurde herausgearbeitet, dass vermutlich ein Zusammenhang besteht zwischen dem Innovationsgrad eines neuen Modells und der Dauer der Vorankündigung sowie zwischen dem Innovationsgrad und den eingesetzten Kommunikationsinstrumenten. Darüber hinaus soll auch der vermutete Zusammenhang zwischen dem Preis eines neuen Modells und der Dauer der

---

[404] Porsche AG 2001, S. 1.

[405] Unter dem Begriff „Detaillierungsgrad" wird hier die Informationsdichte oder der Informationsgehalt einer Vorankündigung verstanden. In den Experten-Interviews wurde im Zusammenhang mit dem zunehmenden Detaillierungsgrad der Begriff „Striptease-Prinzip" geprägt. Vgl. z.B. Interview mit Lothar Korn, Leiter Global Advertising Mercedes-Benz PKW, am 30. März 2005.

[406] Vgl. Abschnitt 3.1.3.

Vorankündigung auf seine Signifikanz hin geprüft werden. Die Annahmen und Hypothesen finden sich in Tabelle 8 zusammengefasst.

Tabelle 8: Zusammenfassung der Annahmen und Hypothesen

Gestaltungs-merkmal	Annahmen	Hypothesen
Bestimmung der Zielgruppe	A1: Automobilhersteller richten Produkt-Vorankündigungen an Konsumenten mit konkreter, zeitnaher Kaufabsicht	
Auswahl der Kommuni-kationskanäle	A2: Automobilhersteller setzen im Rahmen von Produkt-Vorankündigungen vor allem Below-the-Line Maßnahmen ein A3: Automobilhersteller investieren einen wesentlichen Teil der Marketingausgaben zur Produkteinführung in die Durchführung von Produkt-Vorankündigungen	H1: Je größer der Innovationsgrad eines angekündigten Modells, desto häufiger der Einsatz interaktiver Kommunikationskanäle im Kommunikationsmix
Zeitliche Gestaltung	A4: Automobilhersteller kündigen neue Modelle im Vergleich zu anderen Branchen relativ langfristig an	H2: Je größer der Innovationsgrad eines angekündigten Modells, desto länger die Dauer der Produkt-Vorankündigung H3: Je höher der Kaufpreis eines angekündigten Modells, desto länger die Dauer der Produkt-Vorankündigung
Inhaltliche Gestaltung	A5: Automobilhersteller kündigen neue Auto-mobile in mehrstufigen Vorankündigungs-Kampagnen an A6: Der Detaillierungsgrad von Produkt-Vorankündigungen für Automobile nimmt bis zum Zeitpunkt der Markteinführung zu	

Quelle: Eigene Darstellung

Zur empirischen Überprüfung der herausgearbeiteten Annahmen und Hypothesen wurde eine standardisierte **schriftliche Befragung** von Automobilherstellern zur Markteinführung neuer PKW-Modelle durchgeführt (vgl. Abbildung 21). Zu den Vorteilen der schriftlichen Befragung zählen u.a. die gute Erreichbarkeit der Auskunftspersonen, die vergleichsweise geringen Kosten im Vergleich zu Experten-Interviews und die Möglichkeit für die Befragten, selbst über den Zeitpunkt der Beantwortung zu entscheiden.[407] Außerdem entfällt die Möglichkeit der Antwort-verzerrung durch den Einfluss des Interviewers. Als wesentlicher Nachteil der schriftlichen Befragung ist zu sehen, dass falsch verstandene Sachverhalte nicht aufgeklärt werden und zu unkontrollierten Antworten führen können.[408] Diese Gefahr wurde durch die sorgfältige Formulierung der einzelnen Fragen und die Durchführung eines Pretests mit Mitgliedern der Stichprobe minimiert.

---

[407] Zu den Vor- und Nachteilen von schriftlichen Befragungen und ihrer Gestaltung vgl. Schmitt-Hagstotz/Pepels 1999, S. 156 ff.; Pepels 1995, S. 202 ff.; Weis/Steinmetz 2000, S. 16 ff.

[408] Vgl. Pepels 1995, S. 203.

Abbildung 21: Forschungsmethodik – Schriftliche Herstellerbefragung

	Fallbeispiele	Fokusgruppen
qualitativ		
Methodik	⬇	⬇
quantitativ	Schriftliche Hersteller-befragung	Mündliche Konsumenten-befragung
	Hersteller	Konsumenten
	Forschungsperspektive	

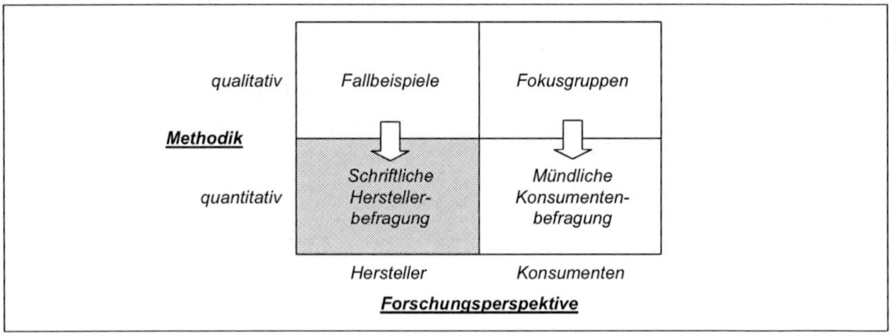

Quelle: Eigene Darstellung

3.3.2 Konzeption und Pretest des Fragebogens

Die **Antwortquote** bei schriftlichen Befragungen wird u.a. in hohem Maße beeinflusst durch das Befragungsthema, die Dauer der Beantwortung sowie die Verständlichkeit der Fragen. Die Experten-Interviews ergaben, dass seitens der Marketing-Verantwortlichen in der Automobilindustrie großes Interesse an der Thematik Produkt-Vorankündigung besteht, jedoch zeitliche Restriktionen die Teilnahme an aufwendigen Befragungen häufig verhindern. Um eine hohe Antwortquote zu erzielen, wurde der Fragebogen derart konzipiert, dass die Fragen einerseits leicht verständlich und zügig zu beantworten sind, andererseits alle wesentlichen Aspekte angesprochen werden. Der Aufbau richtet sich nach den formulierten Fragestellungen und adressiert folgende Themenbereiche: [409]

- Bestimmung der Zielgruppe,
- Auswahl der Kommunikationskanäle,
- zeitliche Gestaltung und
- inhaltliche Gestaltung der Produkt-Vorankündigung.

Dem eigentlichen Fragenkomplex vorangestellt war die grundsätzliche Frage nach dem Einsatz von Vorankündigungsmaßnahmen im Rahmen der Markteinführung. Diejenigen Befragten, die keine Vorankündigung eingesetzt haben, wurden gebeten, die Gründe dafür zu nennen und den Bogen ansonsten unausgefüllt zurückzusenden. Es wurde ein **Pretest** des Fragebogens mit Marketingmanagern zweier

---

[409] Der Fragebogen ist im Anhang dieser Arbeit vollständig aufgeführt. Vgl. Anhang, Abb. 4.

Automobilhersteller sowie zwei Branchenexperten durchgeführt, der zu keinen inhaltlichen Änderungen, aber zur Präzisierung und Vereinfachung der Frageformulierungen im Sinne einer besseren Verständlichkeit führte.

3.3.3 Stichprobe

Für die Erhebung kamen zunächst sämtliche Markteinführungen neuer PKW-Modelle in Deutschland aus den Jahren 2003 bis 2005 in Betracht.[410] Diese zeitliche Einschränkung erschien notwendig, da es innerhalb der Unternehmen aus verschiedenen Gründen immer wieder zu personellen Veränderungen kommt und bei weiter zurück liegenden Markteinführungen die Befragung der tatsächlich Verantwortlichen nicht mehr sicher gestellt werden kann. Als weitere Einschränkung wurden nur Modelleinführungen von Herstellern untersucht, die seit 2003 im Durchschnitt mindestens 15.000 Fahrzeuge pro Jahr in Deutschland verkauft haben, um Verzerrungen der Ergebnisse durch Angaben von besonders absatzschwachen Herstellern, wie z.B. Lada oder Maserati zu vermeiden.[411] Die 26 Hersteller der Stichprobe repräsentieren zusammen ca. 98 Prozent des PKW-Absatzes in Deutschland.[412] Schließlich wurden nur Einführungen von neuen Modellreihen und von Nachfolgemodellen betrachtet: Facelifts,[413] Sonder-Editionen oder Cabriolet-Versionen von bestehenden Modellreihen wurden nicht untersucht. Die verbleibende **Stichprobe** umfasste 95 Modelleinführungen von neuen Modellreihen (41 Prozent) und Nachfolgemodellen (59 Prozent) und spiegelt die Grundgesamtheit aller Modelleinführungen ausreichend wider.

3.3.4 Datenerhebung und Datenbasis

Für jede Modelleinführung der Stichprobe wurde ein Ansprechpartner identifiziert, der für die Marketing-Kommunikation der Markteinführung direkt verantwortlich oder maßgeblich an dieser beteiligt war. Die Auskunftspersonen wurden vor der Zusendung des Fragenbogens telefonisch kontaktiert, um ihre persönliche Unterstützung

---

[410] Die Termine für künftige Markteinführungen beruhen auf Angaben der Zeitschrift „Auto, Motor und Sport", die Termine historischer Markteinführungen wurden bei den Herstellern erfragt. Vgl. Auto Motor und Sport 2004.

[411] Grundlage der Analyse waren die Zulassungsstatistiken des Kraftfahrt-Bundesamtes für die Jahre 2003 bis 2005.

[412] Vgl. Kraftfahrt-Bundesamt 2005, S. 9 ff.

[413] Der Begriff Facelift (auch Modellpflege) bezeichnet die optische Überarbeitung einer bestehenden Modellreihe, die meist nach drei- bis vierjähriger Produktion durchgeführt wird.

einzuwerben und um die Bearbeitung des Fragebogens durch Dritte auszuschließen. Dabei zeigten die Marketing-Verantwortlichen generell starkes Interesse am Thema der Befragung, was wiederum als Indiz für die hohe praktische Relevanz der Untersuchung angesehen werden kann. Der Fragebogen wurde den Ansprechpartnern mit einem personalisierten Begleitschreiben, das sich auf das geführte Telefonat bezog, per Email oder per Fax zugesandt.[414] Um die Auskunftsbereitschaft weiter zu erhöhen, wurde die anonymisierte Analyse der Antworten zugesichert und zudem die Zusendung einer Zusammenfassung der Ergebnisse nach Abschluss der Auswertung angeboten.[415] Nach Ablauf der Bearbeitungszeit von zwei Wochen wurde bei fehlenden Antworten zunächst per Email und telefonisch nachgefasst und um die Rücksendung des Fragebogens gebeten.[416] Der damit verbundene Zeitaufwand wurde durch die Steigerung der Rücklaufquote gerechtfertigt.

Ausgehend von der Stichprobe von 95 Modelleinführungen konnten 54 Rückantworten verzeichnet werden. Unvollständig ausgefüllte Fragebögen konnten meist durch telefonische Rückfragen komplettiert werden. Bei drei Fragebögen waren die Befragten jedoch nicht erreichbar, so dass die Antworten von der Auswertung ausgeschlossen werden mussten. Wie aus Abbildung 22 ersichtlich, verbleibt als Datenbasis für die Analyse eine **effektive Stichprobe** von 51 Modelleinführungen von 16 Herstellern.[417] Die somit erzielte Rücklaufquote von rund 54 Prozent übertrifft die Erwartungen und kann als zufrieden stellend angesehen werden.[418]

Abbildung 22: Effektive Stichprobe der Herstellerbefragung

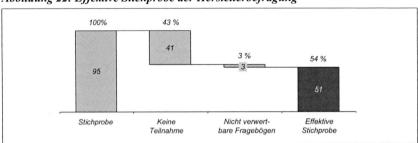

Quelle: Eigene Darstellung

[414] Vgl. Anhang, Abb. A2.
[415] Vgl. Pepels 1995, S. 203.
[416] Das Anschreiben der Nachfassaktion findet sich im Anhang, Abb. A3.
[417] Unter den 51 untersuchten Modelleinführungen sind 18 neue Baureihen und 33 Nachfolgemodelle.
[418] Bei schriftlichen Befragungen werden Rücklaufquoten von 15-40 % oder darunter als durchaus üblich betrachtet. Vgl. Pepels 1995, S. 204; Berekoven/Eckert/Ellenrieder 2001, S. 104 sowie Fritz 1992, S. 98.

Bezüglich der 41 Auskunftspersonen, die nicht an der Befragung teilnahmen, ergaben sich keine Hinweise auf systematische Ursachen dieses Verhaltens.[419] Für die Absage an der Teilnahme wurden verschiedene Gründe genannt: In einigen Fällen hatten die für die Markteinführung verantwortlichen Mitarbeiter das Unternehmen verlassen und standen nicht mehr für Auskünfte zur Verfügung (z.B. Opel Signum). Zudem waren einige Hersteller aus Gründen der Vertraulichkeit nicht bereit, Informationen über spezifische Marketingmaßnahmen bereitzustellen (z.B. Ford) oder nehmen grundsätzlich nicht an Befragungen teil (z.B. Porsche).

Im Hinblick auf die Zusammensetzung der Stichprobe nach Fahrzeugsegmenten konnte eine relativ hohe Vergleichbarkeit mit dem Marktanteil der vertretenen Fahrzeugsegmente im deutschen PKW-Markt festgestellt werden.[420] Wie aus Tabelle 9 ersichtlich, ist lediglich das Segment Geländewagen leicht überrepräsentiert, während das Segment Kleinwagen im Vergleich zum Markt unterrepräsentiert ist. Die effektive Stichprobe stellt ein „verkleinertes Abbild" der Grundgesamtheit aller Modelleinführungen dar und kann als repräsentativ bezeichnet werden.[421] Auf Basis der gewonnenen Daten können somit Aussagen über den Untersuchungsgegenstand getroffen werden.

Tabelle 9: Zusammensetzung der Stichprobe der Herstellerbefragung

Fahrzeugsegment	Beispiele aus der Stichprobe	Fälle in der Stichprobe (n)	Anteil in der Stichprobe	Anteil am Gesamtmarkt
Kleinwagen	Mitsubishi Colt	5	10%	18%
Untere Mittelklasse	VW Golf	13	25%	25%
Mittelklasse	VW Passat	9	17%	19%
Obere Mittelklasse	BMW 5er	4	8%	8%
Oberklasse	Mercedes-Benz CLS	2	4%	1%
Geländewagen	BMW X5	8	16%	6%
Vans	Opel Zafira	6	12%	12%
Sonstige (Cabrios, Utilities, Mini)	Mercedes-Benz SLK	4	8%	11%
Summe		**51**	**100%**	**100%**

Quelle: Eigene Darstellung

---

[419] Repräsentativitätsprobleme können bei Untersuchungen entstehen, wenn die Tendenz zur Antwortverweigerung bei Teilen der Stichprobe unterschiedlich stark ausgeprägt ist (nonresponse bias). Vgl. Aaker/Kumar/Day 2004, S. 390.

[420] Die Abgrenzung der Segmente im deutschen PKW-Markt folgt den Empfehlungen des Kraftfahrt-Bundesamts (KBA). Vgl. Kraftfahrt-Bundesamt 2005, S. 16 ff.

[421] Repräsentativität wird hier vereinfachend definiert als weitgehende Kongruenz zwischen der Grundgesamtheit aller Modelleinführungen und der tatsächlich durch die effektive Stichprobe repräsentierten Gesamtheit. Vgl. Kromrey 1995, S. 197; Pepels 1995, S. 163.

Für die Erfassung der Antworten wurden die Fragen vorab kodiert und anhand der Kodierung in eine zu diesem Zweck programmierte Datenbank eingegeben. Zur statistischen Auswertung der Ergebnisse wurden die Softwareprogramme Excel 2003 und SPSS 12.0 eingesetzt, wobei sich insbesondere SPSS durch die Bereitstellung einer Vielzahl von Methoden und statistischen Tests zur Signifikanzüberprüfung auszeichnet.[422]

3.3.5 Güte der Untersuchung

Entscheidend für die Qualität der gewonnenen Erkenntnisse ist, dass diese den allgemeinen Gütekriterien empirischer Sozialforschung genügen. Üblicherweise wird die Forschung hinsichtlich der Gütekriterien Objektivität, Validität sowie Reliabilität hin geprüft.[423]

Das Gütekriterium **Objektivität** einer Untersuchung ist erfüllt, wenn die Messergebnisse ausschließlich von den Untersuchungsobjekten und -bedingungen abhängig sind und vom Forscher nicht beeinflusst werden. Sämtliche Personen, die unabhängig voneinander Messergebnisse erfassen, würden zu gleichen Ergebnissen gelangen.[424] Nach BORTZ/DÖRING kann eine Differenzierung in drei Untergruppen vorgenommen werden:[425] (1) Das Kriterium der Durchführungsobjektivität wird erfüllt, da die Datengrundlage auf einer standardisierten schriftlichen Befragung beruht, die sich dem Einfluss durch den Forscher entzieht. (2) Auswertungsobjektivität kann für die vorliegende Untersuchung unterstellt werden, da aufgrund der vorgegebenen Antwortmöglichkeiten keine Möglichkeit zur Einflussnahme in der Auswertung der Daten besteht. (3) Im Sinne der Interpretationsobjektivität wurde darauf geachtet, dass den Interpretationen zugrunde liegende Quellen jeweils explizit benannt wurden.

Die **interne Validität** oder Gültigkeit einer Analyse gilt als gegeben, wenn sie den untersuchten Sachverhalt tatsächlich zu erfassen vermag.[426] Das Kriterium bezieht sich also auf die innere Stimmigkeit und Konsistenz des Erhebungsinstruments. Das heißt, bei Kausalaussagen muss der beobachtete Effekt der abhängigen Variable eindeutig auf die Variation der unabhängigen Variablen zurückzuführen sein. Dem Kriterium

---

[422] Vgl. z.B. Janssen/Laatz 2005; Bühl/Zöfel 2004; Eckstein 2004.

[423] Für eine ausführliche Beschreibung der Gütekriterien vgl. z.B. Yin 1994, S. 33 ff.

[424] Vgl. Berekoven/Eckert/Ellenrieder 2001, S. 84 f.

[425] Vgl. Bortz/Döring 2002, S. 180.

[426] Vgl. Bortz/Döring 2002, S. 56 f.

der internen Validität wurde u.a. durch den Pretest des Fragebogens und die sorgfältige Spezifikation der Grundgesamtheit aktueller Modelleinführungen entsprochen. Das Gütekriterium **externe Validität** beschreibt den Grad der Verallgemeinerungsfähigkeit oder Generalisierbarkeit der Forschungserkenntnisse und zeigt, ob die festgestellten Zusammenhänge auch in anderen Situationen erwartet werden können.[427] Hier geht es letztlich darum, dass die Messung das relevante Phänomen möglichst in allen Aspekten erfasst. Zu diesem Zweck wurden im Vorfeld der Herstellerbefragung Experten-Interviews durchgeführt, um erste Hinweise auf das Vorankündigungsverhalten von Automobilherstellern zu erhalten und um Hypothesen zu generieren. Durch die telefonische Kontaktaufnahme mit den Auskunftspersonen wurde sichergestellt, dass diese für die jeweilige Vorankündigung entweder direkt verantwortlich oder maßgeblich an ihrer Umsetzung beteiligt waren. Mit der Befragung von Einzelpersonen ist allerdings auch eine Einschränkung verbunden, da an Entscheidungen für den Einsatz von Vorankündigungsmaßnahmen meist mehrere Personen beteiligt sind. Im Anschluss an die statistische Auswertung der Fragebögen wurden die Ergebnisse zunächst dahingehend überprüft, ob sie der erwarteten Grundtendenz entsprechen und anschließend durch die Einbindung weiterer Datenquellen und durch die Diskussion mit weiteren Experten validiert.

Die **Reliabilität** einer Untersuchung drückt aus, wie konsistent, zuverlässig und stabil die Ergebnisse einzuschätzen sind. Es soll sichergestellt werden, dass die Untersuchung nachvollziehbar und für andere Forscher unter gleichen Bedingungen wiederholbar ist.[428] Zu diesem Zweck wurden zunächst die Basisannahmen und die analytischen Konstrukte klar spezifiziert. Um die Vergleichbarkeit mit anderen Untersuchungsdesigns zu gewährleisten, wurde das Vorgehen der Erhebung detailliert beschrieben, die Sequenz aus Datengewinnung, Datenverarbeitung und Dateninterpretation ist klar ersichtlich. Es wurde eine Datenbank eingerichtet, die neben den ausgefüllten Fragebögen der Teilnehmer auch die Interviewprotokolle der Expertengespräche enthält. Somit wird eine etwaige Wiederholung der Analyse durch andere Forscher möglich.

---

[427] Vgl. Balderjahn 2003, S. 134.
[428] Vgl. z.B. Kepper 1994, S. 185 ff.

3.4 Ergebnisse der empirischen Untersuchung

3.4.1 Deskriptive Erkenntnisse zum Vorankündigungsverhalten von Automobilherstellern

Bisherige Forschungsarbeiten haben ergeben, dass in vielen Branchen mehr als die Hälfte der Unternehmen Vorankündigungen zur Einführung neuer Produkte einsetzen.[429] Es wurde argumentiert, dass es sich bei der Vorankündigung nicht um ein obligatorisch eingesetztes Kommunikationsinstrument handelt, *„[...] sondern vielmehr im Einzelfall über die jeweilige Vorteilhaftigkeit entschieden wird."*[430] Andere Autoren kamen zu dem Ergebnis, dass Vorankündigungen eher in neuen als in etablierten Märkten eingesetzt werden.[431] Die vorliegenden Befunde der Herstellerbefragung widersprechen diesen Einschätzungen und zeigen, dass die Mehrzahl der neuen Modelle vorangekündigt wurde: Bei **88 Prozent** aller PKW-Modelleinführungen der Jahre 2003 bis 2005 wurden Produkt-Vorankündigungen im Rahmen der Markteinführung eingesetzt. Nur sechs Modelle von zwei Herstellern wurden nicht vorangekündigt, wobei hier als wichtigster Grund für die negative Entscheidung aktuelle Budgetrestriktionen angeführt wurden.

Es kann festgestellt werden, dass die Vorankündigung neuer Modelle in der Auto-mobilindustrie offensichtlich zum Standardrepertoire der Marketingkommunikation zählt. Damit wird deutlich, dass sich Automobilhersteller heute nicht mehr allein durch den Einsatz von Vorankündigungen im Kommunikationswettbewerb differenzieren können, sondern über deren Gestaltung differenzieren müssen. Für die deutliche Abweichung von den Ergebnissen branchenübergreifender Untersuchungen kommen verschiedene Gründe in Betracht. Zunächst muss der hohe Anteil als Indiz für die Wirksamkeit von Vorankündigungen gewertet werden, da davon auszugehen ist, dass dem Einsatz eine mehr oder weniger detaillierte Kosten-Nutzen-Analyse vorausgeht. Die Mehrzahl der befragten Marketingverantwortlichen gab an, dass mit dem Einsatz von Vorankündigungen konkrete Ziele verfolgt werden, die mit qualitativen (90 Prozent) und quantitativen Methoden (95 Prozent) erfasst werden. Hersteller befürchten darüber hinaus Wettbewerbsnachteile, wenn sie keine Vorankündigungen einsetzen. Ein Marketingdirektor beschreibt die veränderte Situation wie folgt: *„Seit ein paar Jahren starten wir die Produktkommunikation für jedes neue Modell ein paar*

---

[429] Vgl. hierzu die Arbeiten von Eliashberg/Robertson 1988, S. 285 und Preukschat 1993, S. 139.

[430] Preukschat 1993, S. 139.

[431] Vgl. Beard/Easingwood 1996, S. 97.

Monate vor der Markteinführung. Früher war das anders. Da wurde nur eine Pressemitteilung verschickt und das Auto auf einer Automobilmesse vorgestellt. "[432] Nicht zu vernachlässigen ist daneben die Tatsache, dass die zitierten empirischen Studien bereits mehr als 10 Jahre zurückliegen, wodurch jüngere Entwicklungen nicht ausreichend reflektiert werden. Die Prüfung der weiteren formulierten Annahmen erfolgt durch die Diskussion der deskriptiven Erkenntnisse und wird strukturiert nach den wichtigsten Gestaltungsfaktoren von Vorankündigungen, die in Abschnitt 3.2 vorgestellt wurden.

BESTIMMUNG DER ZIELGRUPPE

Die Untersuchung der Modelleinführungen ergab, dass Automobilhersteller mit dem Einsatz von Vorankündigungen vor allem diejenigen Konsumenten ansprechen wollen, die in den nächsten 0 bis 6 Monaten die konkrete Anschaffung eines Neuwagens im entsprechenden Fahrzeugsegment planen. Wie aus Abbildung 23 ersichtlich, wird die Bedeutung von Konsumenten mit langfristiger Kaufabsicht (6 bis 18 Monate) bereits deutlich geringer eingeschätzt, während Kunden ohne konkrete Kaufabsicht insgesamt eher geringe Bedeutung zukommt. Es kann in Übereinstimmung mit **Annahme 1** festgehalten werden, dass vor allem Kunden mit zeitnaher konkreter Kaufabsicht im Mittelpunkt von Vorankündigungen stehen. Unterschiede der Bedeutung hinsichtlich des Innovationsgrades konnten hingegen nicht festgestellt werden.

Abbildung 23: Bedeutungsgewicht der Zielgruppen von Vorankündigungen

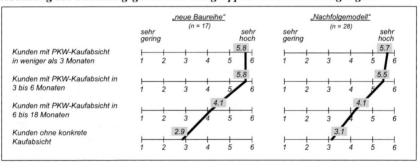

Quelle: Eigene Darstellung

---

[432] Interview mit Bernhard Grünewald, Product Marketing Manager Toyota, am 25. März 2005.

Als Begründung für dieses Vorgehen führten die befragten Experten in den Interviews an, dass die Wirkung einer Vorankündigung auf die Kaufentscheidung umso größer sei, je näher der geplante Kaufzeitpunkt des Konsumenten zum Zeitpunkt der Wahrnehmung der Vorankündigung ist. Trotz dieser intuitiv verständlichen Argumentation scheint das Antwortverhalten der Befragungsteilnehmer zum großen Teil auch ihre Zielvorstellung von der optimalen Vorankündigungsgestaltung zu reflektieren, da in der Praxis aufgrund fehlender Informationstiefe in den meisten Fällen nicht nach dem geplanten Kaufzeitpunkt der Konsumenten differenziert werden kann. Es ist den Herstellern oftmals nicht bekannt, zu welchem Zeitpunkt welche potenziellen Nachfrager den Kauf eines neuen Autos planen. Realistisch erscheint die Differenzierung vor allem bei bestehenden Kunden oder wenn entsprechende Informationen durch den Einsatz interaktiver Kommunikationskanäle vorliegen. Für den Fortgang der Untersuchung erscheint daher folgende Frage von Bedeutung: Welcher Zusammenhang besteht zwischen dem individuell geplanten Kaufzeitpunkt des Konsumenten und der Wirkung einer Vorankündigung?

AUSWAHL DER KOMMUNIKATIONSKANÄLE

Die Analyse der eingesetzten Kommunikationskanäle bestätigt die in **Annahme 2** vermutete Bedeutung von Below-the-Line-Maßnahmen im Rahmen der Vorankündigung (vgl. Abbildung 24). So gaben beispielsweise alle Hersteller an, Öffentlichkeitsarbeit einzusetzen, um gezielt redaktionelle Presseberichte in Autozeitschriften und sonstigen Massenmedien zu lancieren. Auch die Präsentation auf Automessen wird häufig genutzt: 93 Prozent der untersuchten neuen Modelle wurden der Öffentlichkeit auf Automessen vor der Markteinführung vorgestellt. Überraschend erscheint, dass bei der Mehrzahl der Vorankündigungen nicht nur Online-Werbung eingesetzt wurde, sondern auch spezifische Webseiten für die jeweiligen Modelle gestaltet wurden. Ausschlaggebend für diese Entscheidung könnte in Anlehnung an die Fallbeispiele[433] die Möglichkeit sein, über geeignete Angebote in Interaktion mit potenziellen Nachfragern zu treten und letztlich personalisierte Angebote zu unterbreiten.[434] Aus Konsumentensicht spielen derartige Internetangebote eine entscheidende Rolle zur Reduktion des Informationsbeschaffungsaufwandes, da sie anonym und ohne Zeitdruck auf die gewünschten Informationen zurückgreifen können. Mit dem Einsatz speziell gestalteter Webseiten für neue PKW-Modelle

---

[433]　Vgl. Abschnitt 3.1.
[434]　Vgl. Kleinaltenkamp 2000, S. 335.

können Automobilhersteller die Kaufanbahnung positiv unterstützen[435] und durch besondere Angebote wie z.b. die Gründung von „Virtual Communities" bestehende und potenzielle Kunden an die Marke binden.[436]

Jedoch setzen Automobilhersteller auch klassische Werbemittel im Rahmen der Vorankündigung ein. Bei mehr als der Hälfte der Modelleinführungen wurde die Vorankündigung auch über die reichweitenstarken Kommunikationskanäle TV und Radio kommuniziert. Damit widersprechen die Befunde früheren empirischen Studien, wonach Massenmedien im Rahmen von Vorankündigungen kaum eingesetzt werden.[437]

Abbildung 24: Kommunikationskanäle der Vorankündigung

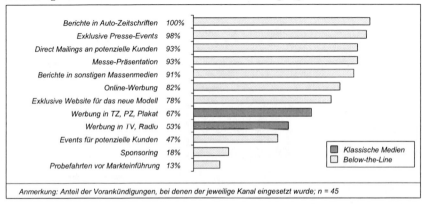

Anmerkung: Anteil der Vorankündigungen, bei denen der jeweilige Kanal eingesetzt wurde; n = 45

Quelle: Eigene Darstellung

Der Einsatz der genannten Kommunikationsinstrumente ist jeweils mit bestimmten Kosten verbunden. Auf eine Erhebung der absoluten Kosten der Vorankündigung musste jedoch aus zwei Gründen verzichtet werden: Erstens wird das genaue Budget der Vorankündigung in vielen Unternehmen nicht gesondert ausgewiesen, sondern ist in die Kosten der Markteinführung integriert.[438] Zweitens ist die Mehrzahl der befragten Hersteller grundsätzlich nicht bereit, Auskunft über exakte Budgets für Kommunikationsmaßnahmen zu geben. Um dennoch vergleichbare Angaben für die Kosten von Vorankündigungen in der Automobilindustrie erheben zu können, wurden

---

[435] Vgl. Smend 2004, S. 76.
[436] Vgl. Billen 2003, S. 270; Weiber/Meyer 2002, S. 343 ff. Eine Übersicht über die Chancen und Risiken von Communities bieten z.b. Schögel/Tomczak/Wentzel 2005.
[437] Vgl. Preukschat 1993, S. 144.
[438] Vgl. hierzu auch Möhrle 1995, S. 222.

die **relativen Kosten** abgefragt. Die relativen Kosten sind definiert als Anteil der Kosten einer Vorankündigung bezogen auf die gesamten Kosten der Kommunikation im Rahmen der Markteinführung. Im Verlauf der Erhebung hat sich gezeigt, dass in mehreren Fällen entsprechende Zahlen erst auf Rückfrage durch die Controlling-Abteilung des jeweiligen Unternehmens ermittelt werden konnten. Die durchschnittlichen Kosten je Vorankündigung betragen rund 23 bis 25 Prozent bezogen auf die Gesamtkosten der Markteinführung. Damit wird deutlich, dass mit dem Einsatz von Vorankündigungen ein relativ hoher finanzieller Aufwand verbunden ist und die **Annahme 3** unterstützt wird. Wie aus Abbildung 25 ersichtlich, konnten jedoch keine signifikanten Unterschiede zwischen den eingesetzten Budgets für neue Baureihen und für Nachfolgemodelle festgestellt werden.

Abbildung 25: Relative Kosten der Vorankündigung

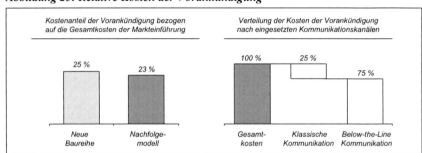

Quelle: Eigene Darstellung

Legt man die vereinfachte Differenzierung der Kommunikationskanäle in klassische Mediawerbung und Below-the-Line Maßnahmen zugrunde, wird der Fokus auf Below-the-Line-Maßnahmen durch die aufgewandten Budgets bestätigt: Im Durchschnitt wurden rund 25 Prozent der Kosten der Vorankündigungsmaßnahmen für klassische Kommunikationskanäle aufgewendet.

ZEITLICHE GESTALTUNG

Die Vorankündigungsdauer, also der Zeithorizont zwischen erstmaliger Vorankündigung und Markteinführung eines neuen Produktes, beträgt für die untersuchten Modelleinführungen durchschnittlich 6,5 Monate. Der Median liegt mit 6 Monaten deutlich über den Ergebnissen früherer Untersuchungen, die einen branchenübergreifenden Median von ca. 3 Monaten ermittelten.[439] Damit wird die **Annahme 4** bestätigt, nach der in der Automobilwirtschaft besonders langfristige Vorankündigungen eingesetzt werden, was mit dem vergleichsweise langfristigen Kaufentscheidungsprozess für Automobile begründet wird. Da die Vorankündigungsdauer von verschiedenen Variablen beeinflusst werden könnte, erscheinen die ermittelten Durchschnittswerte allein jedoch wenig aussagekräftig. Aus diesem Grund sollen die in den Hypothesen unterstellten Wirkungszusammenhänge im nächsten Abschnitt überprüft werden.

INHALTLICHE GESTALTUNG

In Abschnitt 2.2 wurde gezeigt, dass der Autokauf aus einer verhaltenswissenschaftlichen Perspektive als extensiv-limitierte Kaufentscheidung eingestuft werden kann und aus der informationsökonomischen Perspektive auf dem Kontinuum zwischen Such- und Erfahrungskauf einzuordnen ist. Beide Betrachtungsweisen haben verdeutlicht, dass eine Entscheidungsfindung des Nachfragers ohne Rückgriff auf umfangreiche Informationen praktisch nicht stattfinden kann. Vorangekündigte Modelle befinden sich hier gegenüber erhältlichen Produktalternativen im Nachteil, da eine objektive Beurteilung der Leistungsmerkmale nicht möglich ist. Jedoch ist es vorstellbar, die Nachteile der Nichtverfügbarkeit durch eine geeignete Dramaturgie der Kommunikation abzuschwächen. Basierend auf dieser Argumentation wird den Ergebnissen von PREUKSCHAT widersprochen, wonach Vorankündigungen in der Automobilbranche generell wenig detailliert sind.[440] Es wurden stattdessen die Annahmen formuliert, dass Vorankündigungen für Automobile mehrstufig erfolgen (Annahme 5) und dass der Detaillierungsgrad der enthaltenen Informationen bis zur Markteinführung zunimmt (Annahme 6).

Im Vordergrund der weiteren Analyse stand nun die Frage, wie die Vorankündigungen für die untersuchten Markteinführungen gestaltet wurden. Die Ergebnisse der Herstellerbefragung zeigen, dass die Vorankündigung für ein neues Modell meist im Rahmen einer Pressemitteilung des Herstellers gestartet wird, in der erste Details zur Markteinführung kommuniziert werden. Einige Zeit später werden die ersten offiziellen Bilder zum Abdruck freigegeben und das Modell z.B. auf einer Automobilmesse physisch präsentiert, bevor es schließlich bei den Handelspartnern erhältlich ist. Vereinfachend folgt die inhaltliche Gestaltung damit den drei Stufen (1)

---

[439] Vgl. Preukschat 1993, S. 145; Eliashberg/Robertson 1988, S. 286.
[440] Vgl. Preukschat 1993, S. 151.

verbale Vorankündigung, (2) visuelle Vorankündigung und (3) physische Vorankündigung des neuen Modells. Damit kann die **Annahme 5** als bestätigt angesehen werden. Die in Abbildung 26 dargestellten zeitlichen Abstände zwischen den drei Stufen untermauern darüber hinaus die Gültigkeit der **Annahme 6**, wonach der Detaillierungsgrad einer Vorankündigung bis zur Markteinführung zunimmt. Interessant dabei ist, dass die einzelnen Stufen sowohl für neue Baureihen als auch für Nachfolgemodelle bestätigt werden konnten, jedoch Unterschiede in der zeitlichen Gestaltung sichtbar werden.

Abbildung 26: Mehrstufiger Prozess von Produkt-Vorankündigungen

Dauer bis zur Markteinführung in Monaten (n = 45)

8,6   5,2   6,6   4,8   5,9   4,2

Verbale Produkt-Vorankündigung   Visuelle Produkt-Vorankündigung   Physische Produkt-Vorankündigung

☐ Neue Baureihe   ■ Nachfolgemodell

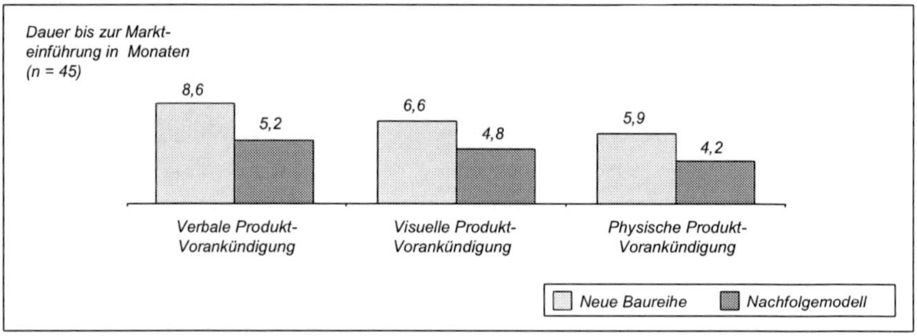

Quelle: Eigene Darstellung

Im Sinne einer weiteren Validierung der Einschätzung wurden die Marketingverantwortlichen auch direkt um die Bewertung von Annahme 5 und Annahme 6 gebeten.[441] Den in Abbildung 27 dargestellten Ergebnissen folgend unterstützt die Mehrzahl der Auskunftspersonen die Aussage, dass Vorankündigungen wiederholt zu erfolgen haben, um die Informationsflut zu durchbrechen und die Aufmerksamkeit der Zielgruppe zu gewinnen. Ebenfalls hohe Zustimmung findet die Aussage, dass der Detaillierungsgrad von Produkt-Vorankündigungen vom ersten Einsatz bis zur Markteinführung des Produktes zunehmen sollte. Es wird deutlich, dass offensichtlich Konsens besteht hinsichtlich zentraler Aspekte der inhaltlichen Gestaltung von Vorankündigungsmaßnahmen neuer Automobile.

---

[441] Die Befragungsteilnehmer wurden gebeten, einzelne Aussagen zur inhaltlichen Gestaltung von Vorankündigungen neuer PKW-Modelle auf Basis einer Likert-Skala mit Werten von 1 (stimme überhaupt nicht zu) bis 6 (stimme voll zu) einzuschätzen. Vgl. Fragebogen im Anhang, Abb. 4.

Abbildung 27: Detaillierungsgrad von Vorankündigungen

Aussage (n =45)			Relevanz (1-6)	Std.-Abw.
Um Interesse bei Kunden aufzubauen, sind wieder-holte Vorankündigungen notwendig	Neue Baureihe	0% 35% 65%	4,9	1,1
	Nachfolge-modell	0% 29% 71%	5,9	1,2
Die Detailliertheit von Vorankündigungen nimmt vom ersten Einsatz bis zur Markteinführung zu	Neue Baureihe	6% 6% 88%	5,1	1,1
	Nachfolge-modell	4% 11% 85%	5,4	1,0

☐ stimme nicht zu   ☐ indifferent   ▨ stimme zu

Quelle: Eigene Darstellung

Zusammenfassend lässt sich feststellen, dass die formulierten Annahmen A1 bis A6 zum Vorankündigungsverhalten von Automobilherstellern insgesamt bestätigt werden konnten. In den folgenden Ausführungen sollen die aufgestellten Hypothesen zur Vorankündigungsgestaltung quantitativ überprüft werden.

3.4.2 Prüfung der Hypothesen

Auf Basis theoretischer Überlegungen und bisheriger qualitativer Erkenntnisse wurden verschiedene Hypothesen formuliert, die das Verständnis der zeitlichen und inhaltlichen Gestaltung von Vorankündigungen für Automobile erweitern sollen (vgl. Abbildung 28). Es wurde vermutet, dass die Dauer einer Vorankündigung vom Innovationsgrad sowie vom Kaufpreis eines neuen Modells beeinflusst wird. Darüber hinaus wurde ein Zusammenhang zwischen dem Innovationsgrad und den eingesetzten Kommunikationsinstrumenten abgeleitet.

Abbildung 28: Hypothesenstruktur

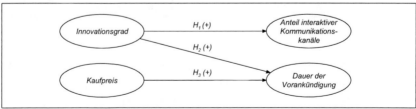

Quelle: Eigene Darstellung

Die Auswertung der von den Herstellern eingesetzten Kommunikationsinstrumente hat gezeigt, dass Below-the-Line-Maßnahmen den Kommunikationsmix von Vorankündigungen dominieren.[442] Entsprechend der Hypothese 1 müssten Automobilhersteller bei der Vorankündigung neuer Baureihen besonders häufig solche Kommunikationskanäle einsetzen, die eine Interaktion mit der Zielgruppe ermöglichen und somit die Bildung spezifischer Gedächtnisbilder erleichtern. Die Analyse der empirischen Daten hat ergeben, dass Unterschiede im Einsatz bestimmter Instrumente und in der Einschätzung ihrer Bedeutung bestehen (vgl. Abbildung 29). Konkret handelt es sich dabei um folgende Kommunikationsmaßnahmen, die häufiger bei der Vorankündigung neuer Baureihen als bei der Kommunikation für neue Modellgenerationen eingesetzt werden:

- Präsentation des neuen Modells auf Automessen
- Einrichtung einer exklusiven Webseite für das neue Modell
- Durchführung von Events für potenzielle Kunden
- Durchführung von Probefahrten vor der Markteinführung

Abbildung 29: Einsatz interaktiver Kommunikationskanäle im Kommunikationsmix der Vorankündigung

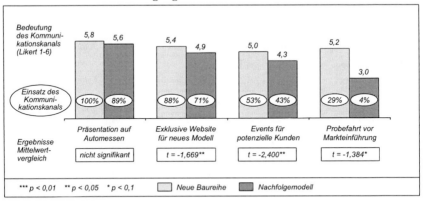

Quelle: Eigene Darstellung

Neben der Auskunft über den Einsatz der verschiedenen Kommunikationskanäle wurde auch die Bedeutung der einzelnen Kanäle für die jeweilige Vorankündigung von den Befragten auf einer Skala mit Werten von 1 (sehr gering) bis 6 (sehr hoch)

---

[442] Vgl. Abschnitt 3.4.1.

beurteilt. Darüber hinaus wurde eine Unterscheidung der Auswertung im Hinblick auf den Innovationsgrad des vorangekündigten Modells vorgenommen. Die Ergebnisse der statistischen Auswertung sollen im Folgenden vorgestellt und interpretiert werden.

Wie aus Abbildung 29 ersichtlich, weisen die Mittelwerte der Stichproben Unterschiede auf. Die statistische Signifikanz der Unterschiedshypothese soll mit Hilfe eines einseitigen t-Tests für unabhängige Stichproben analysiert werden.[443] Der t-Test analysiert, ob die Differenz der Mittelwerte von zwei Stichproben zufällig zustande gekommen ist, oder ob sie auch mit einer hohen Wahrscheinlichkeit in der Grundgesamtheit vorliegt, also im statistischen Sinne signifikant ist.[444] Voraussetzung für die Durchführung dieses t-Tests sind zwei unabhängige Zufallsstichproben, das heißt, dass die Werte der Variablen in der einen Gruppe nicht abhängig sind von den Werten in der anderen Gruppe. Es wird für jeden Mittelwertvergleich die Voraussetzung der Varianzhomogenität mittels Levene-Test[445] ($p < 0,10$) überprüft. Die Ergebnisse zeigen, dass bei der Vorankündigung neuer Baureihen vergleichsweise häufiger solche Kommunikationsinstrumente eingesetzt werden, die eine Interaktion mit potenziellen Nachfragern ermöglichen. Die **Hypothese 1** wird auf Basis des Mittelwertvergleichs als unterstützt angesehen.

H_1	*Je größer der Innovationsgrad eines angekündigten Modells, desto häufiger der Einsatz interaktiver Kommunikationskanäle im Kommunikationsmix*	*unterstützt*

In Hypothese 2 wurde postuliert, dass die zeitliche Gestaltung einer Vorankündigung wesentlich durch den Innovationsgrad des neuen Produktes determiniert wird. Die Analyse der gewonnen Daten ergab, dass die durchschnittliche Vorankündigungsdauer für Vorankündigungen in der Automobilbranche 6,5 Monate beträgt. Differenziert man diese Betrachtung nach dem Innovationsgrad des angekündigten Modells, so ergibt sich für neue Baureihen eine durchschnittliche Vorankündigungsdauer von 8,6 Monaten und eine Dauer von 5,2 Monaten für Nachfolgemodelle (vgl. Tabelle 10). Diesen Unterschied erklären die Hersteller damit, dass bei der Vorankündigung eines Nachfolgemodells der Absatz des aktuellen Modells nicht gefährdet werden soll. Im

---

[443] Vgl. Hammann/Erichson 2000, S. 194 f.

[444] Vgl. Robson 2002; S. 439 f.

[445] Mit dem „Levene-Test" kann statistisch geprüft werden, ob die Varianzen zweier oder mehrerer Gruppen gleich sind. Es wird die Nullhypothese, dass alle Varianzen gleich sind, gegen die Alternativhypothese geprüft, dass sich mindestens eine der geprüften Varianzen von den anderen unterscheidet. Vgl. Levene 1960; Brown/Forsythe 1974.

Vergleich dazu verfolgen Hersteller mit der Vorankündigung neuer Baureihen das Ziel, die Aufmerksamkeit potenzieller Kunden zu gewinnen und Interesse aufzubauen, ohne Kannibalisierungseffekte befürchten zu müssen. Als weiterer Grund wurde genannt, dass Nachfrager von Nachfolgemodellen bei ihrer Einschätzung auf das aktuell im Markt befindliche Modell zurückgreifen können, während diese Möglichkeit bei neuen Baureihen entfällt. Diese Einschätzung wird von den Befragungsteilnehmern geteilt. So erhält beispielsweise die Aussage, dass potenzielle Kunden auch ohne konkrete Preisangaben in der Vorankündigung eine ungefähre Preisvorstellung haben, hohe Zustimmung von Unternehmen, die Nachfolgemodelle eingeführt haben. Für neue Baureihen wird dieser Aussage nur geringe Zustimmung erteilt.[446]

Tabelle 10: Durchschnittliche Dauer der Vorankündigung in Monaten

	n	Mittelwert	Standard-abweichung	95%-Konfidenzintervall für den Mittelwert		Minimum	Maximum
				Untergrenze	Obergrenze		
Neue Baureihe	17	8,6	3,954	6,559	10,625	2,0	16,0
Nachfolgemodell	28	5,2	3,186	3,919	7,487	2,0	15,0
Gesamt	45	6,5	3,821	5,362	7,659	2,0	16,0

Quelle: Eigene Darstellung

Ausgehend von dem Befund, dass sich die numerischen Mittelwerte der beiden Gruppen unterscheiden, wird im nächsten Schritt die statistische Signifikanz mit Hilfe des t-Tests für unabhängige Stichproben untersucht. Die Irrtumswahrscheinlichkeit soll höchstens 5 Prozent betragen, dies entspricht einem Signifikanzniveau von $\alpha = 0,05$. Auch hier wird zunächst mit Hilfe des Levene-Tests überprüft, ob die Varianzen in den beiden Gruppen annähernd gleich sind und die Voraussetzungen für die Anwendung des t-Differenztests erfüllt sind.[447] Im vorliegenden Fall kann von Varianzgleichheit gesprochen werden, da das Signifikanzniveau größer ist als der geforderte Schwellenwert von 0,05 (vgl. Tabelle 11).

---

[446] Die Aussage „Kunden haben auch ohne konkrete Preisangaben eine ungefähre Preisvorstellung" erreichte auf einer Likert-Skala von 1 (stimme überhaupt nicht zu) bis 6 (stimme voll zu) einen Durchschnittswert von 4,3 für Vorankündigungen von Nachfolgemodellen und 3,6 für Vorankündigungen neuer Baureihen. Vgl. Herstellerbefragung April-Mai 2005, n = 45.

[447] Vgl. Backhaus et al. 2003, S. 69 f.

Tabelle 11: t-Test bei unabhängigen Stichproben

Levene-Test der Varianzgleichheit		t-Test für Mittelwertgleichheit				
F	Signifikanz	t	df	Signifikanz (2-seitig)	Mittlere Differenz	Standardfehler der Differenz
0,465	0,449	-3,118	43	0,003	-3,347	1,073

Quelle: Eigene Darstellung

Es soll die einseitige Hypothese getestet werden, dass die Dauer der Vorankündigung für neue Baureihen signifikant größer ist als die für Nachfolgemodelle. Der t-Wert der Teststatistik von -3,118 berechnet sich aus der Division von mittlerer Differenz und ihrer Streuung (Standardfehler der Differenz). Hinsichtlich des Mittelwertvergleichs ergibt sich ein Signifikanzniveau von p = 0,003, das heißt, die geforderte Irrtumwahrscheinlichkeit von 5 Prozent wird unterschritten.[448] Als Ergebnis kann somit festgehalten werden: Im Durchschnitt ist die Dauer der Vorankündigung für neue Baureihen signifikant höher als die Dauer der Vorankündigung für Nachfolgemodelle. Die **Hypothese 2** wird unterstützt.

H_2	*Je größer der Innovationsgrad eines angekündigten Modells, desto länger die Dauer der Produkt-Vorankündigung*	*unterstützt*

Im nächsten Schritt soll der in Hypothese 3 unterstellte Zusammenhang zwischen dem Kaufpreis neuer Modelle und der Dauer der Vorankündigung untersucht werden. Hierfür bietet sich das Verfahren der **Regressionsanalyse** an, bei dem die Stärke eines möglichen Zusammenhangs zwischen metrisch skalierten Variablen über den Grad der gemeinsamen Variation der Variablen bestimmt werden kann.[449] Liegen wie im vorliegenden Fall nur eine unabhängige Variable und eine abhängige Variable vor, handelt es sich um eine bivariate Regressionsanalyse.[450] Die unabhängige Variable „Kaufpreis" wurde über den vom Hersteller empfohlenen Listenpreis je Fahrzeug in der jeweiligen Produktkategorie näherungsweise operationalisiert. Die abhängige Variable „Dauer der Vorankündigung" beschreibt den Zeitraum zwischen der erstmaligen Vorankündigung und der Markteinführung.

---

[448] Der von SPSS ausgegebene Signifikanzwert ist ein zweiseitiger Wert, der gleichzeitig beide Wirkungsrichtungen testet. Der zweiseitige Test wird gewählt, da die tatsächliche Vorankündigungsdauer der Grundgesamtheit sowohl über als auch unter den ermittelten Werten der Stichprobe liegen kann. Vgl. Homburg/Krohmer 2003, S. 261.

[449] Für eine ausführliche Diskussion zum Einsatz der Regressionsanalyse vgl. z.B. Backhaus et al. 2003, S. 46 ff. oder Pepels 1995, S. 318 ff.

[450] Vgl. Homburg/Krohmer 2003, S. 254.

Das Grundprinzip der einfachen linearen Regressionsanalyse ist die Suche nach einer linearen Gleichung, die den Zusammenhang zwischen Kaufpreis und Dauer der Vorankündigung zum Ausdruck bringt. Die Güte des gewählten Regressionsansatzes wird über das **Bestimmtheitsmaß r^2** angegeben und ist als das Quadrat des Korrelationskoeffizienten (r) zwischen x und y definiert.[451] Das Bestimmtheitsmaß kann Werte zwischen 0 und 1 annehmen, wobei grundsätzlich gilt: Je größer r^2, desto stärker werden die empirischen Y-Werte durch die theoretischen y-Werte determiniert. Ein Wert von 1 signalisiert, dass die Streuung der abhängigen Variablen vollständig durch die unabhängige Variable erklärt wird, bei einem Wert von 0 sind die Variablen unkorreliert. Die Ergebnisse der Analyse sind in Abbildung 30 zusammengefasst.

Abbildung 30: Zusammenhang von Kaufpreis und Dauer der Vorankündigung

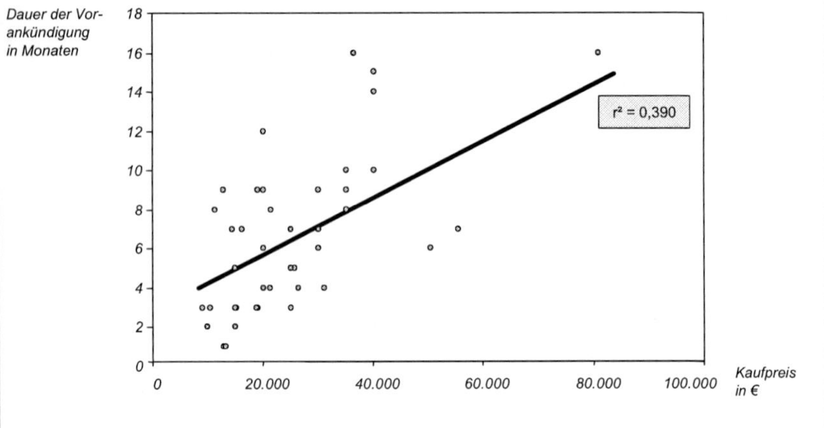

Siginifikanzniveau p < 0,01; t-Test auf Unkorreliertheit t = 5,236

Quelle: Eigene Darstellung

Für das Bestimmtheitsmaß wurde ein Wert von $r^2 = 0{,}390$ ermittelt. Das Ergebnis besagt, dass rund 39 Prozent der gesamten Streuung durch die Variable „Kaufpreis" erklärt werden kann. Um von dem in der Stichprobe ermittelten Korrelationskoeffizienten ($r = 0{,}624$) auf die Korrelation der Variablen in der Grundgesamtheit aller Modelleinführungen schließen zu können, kommt der **t-Test auf Unkorreliertheit** zur Anwendung.[452] Es wird durch die Nullhypothese überprüft, ob die beiden Variablen in der Grundgesamtheit unkorreliert sind (H_0: $r = 0$). Bei einem

[451] Vgl. Pepels 1995, S. 325 f.

[452] Zur Diskussion und Berechnung des t-Tests auf Unkorreliertheit vgl. z.B. Hammann/Erichson 2000, S. 196 f.

Signifikanzniveau von $\alpha = 0,05$ ist die Nullhypothese abzulehnen, wenn t einen Wert oberhalb von 1,645 einnimmt.[453] Für die vorliegende Stichprobe errechnet sich für die Prüfgröße ein Wert von t = 5,236.

Folglich kann im Rahmen der gewählten Sicherheitswahrscheinlichkeit davon ausgegangen werden, dass die tatsächliche Dauer der Vorankündigung vom Preis des Fahrzeugs abhängt. Für die untersuchten Modelleinführungen kann somit gezeigt werden, dass ein signifikanter Zusammenhang zwischen dem Kaufpreis und der Dauer der Vorankündigung besteht. Die **Hypothese 3** wird unterstützt.

H_3	*Je höher der Kaufpreis eines angekündigten Modells, desto länger die Dauer der Produkt-Vorankündigung*	*unterstützt*

3.5 Zusammenfassung

Das erste Teilziel dieser Arbeit bestand darin, die erste Forschungsfrage zu beantworten und ein grundlegendes Verständnis für den Einsatz von Vorankündigungen in der Unternehmenspraxis zu schaffen. Auf Basis theoretischer Überlegungen und qualitativer Erkenntnisse aus Fallbeispielen wurden Annahmen und Hypothesen zum Vorankündigungsverhalten von Automobilherstellern abgeleitet. Diese wurden anschließend einer empirischen Prüfung unterzogen. Datengrundlage für die Analyse waren die Ergebnisse einer schriftlichen Befragung von Automobilherstellern zu Modelleinführungen der Jahre 2003 bis 2005. Folgende zentrale Erkenntnisse wurden gewonnen:

- Der Einsatz von Vorankündigungen ist stärker verbreitet als die Ergebnisse früherer Studien zeigen: Bei 88 Prozent der untersuchten Modelleinführungen der Jahre 2003 bis 2005 wurde die Produktkommunikation bereits vor der Markteinführung gestartet.
- Als Zielgruppe von Vorankündigungen sehen Hersteller vor allem Konsumenten mit konkreter, zeitnaher Kaufabsicht. Es sollen vor allem diejenigen Konsumenten erreicht werden, die in den nächsten null bis sechs Monaten die Anschaffung eines neuen Automobils planen.

---

[453] Vgl. Homburg/Krohmer 2003, S. 264.

- Die zeitliche und inhaltliche Gestaltung von Produkt-Vorankündigungen für Automobile unterscheidet sich teilweise deutlich und orientiert sich vor allem am Innovationsgrad des neuen Modells. Die durchschnittliche Vorankündigungsdauer beträgt 8,6 Monate für neue Baureihen und 5,2 Monate für Nachfolgemodelle.

- Die Ankündigung neuer Baureihen ist jedoch nicht nur zeitlich länger, es werden auch vergleichsweise häufiger Kommunikationsinstrumente eingesetzt, die eine Interaktion mit den Interessenten ermöglichen. Ingesamt dominieren Below-the-Line Maßnahmen den Kommunikationsmix von Vorankündigungen, wobei auch der Einsatz klassischer Werbeformate vor der Markteinführung an Bedeutung gewinnt.

Für die weitere Arbeit helfen die empirischen Erkenntnisse über den Einsatz und die Gestaltung von Vorankündigungen in der Automobilindustrie, das Phänomen greifbarer und verständlicher zu machen. Die teilweise deutlichen Unterschiede, die im Vergleich zu früheren empirischen Arbeiten[454] festgestellt wurden, belegen eindrucksvoll die wachsende Bedeutung von Vorankündigungen als Kommunikations-instrument zur Markteinführung neuer Produkte.

Zielsetzung des folgenden Kapitels ist die Untersuchung der Wahrnehmung von Vorankündigungen und ihrem Einfluss auf den Kaufentscheidungsprozess von Konsumenten. Hierbei gilt es insbesondere zu klären, ob die Art und Weise, wie Vorankündigungen heute in der Automobilindustrie eingesetzt werden, zielführend im Sinne einer optimalen Ausschöpfung ihres Wirkungspotenzials ist.

---

[454] Vgl. insbesondere die Arbeiten von Eliashberg/Robertson 1988 und Preukschat 1993.

4 Hypothesen zur Wirkung kundenorientierter Produkt-Vorankündigungen

Nachdem gezeigt wurde, wie Produkt-Vorankündigungen in der Automobilindustrie realisiert werden, steht im Mittelpunkt dieses Kapitels die Erarbeitung von Hypothesen zur Wirkung von kundenorientierten Produkt-Vorankündigungen. Zur Beantwortung der zweiten Forschungsfrage gilt es herauszuarbeiten, welche Gestaltungsfaktoren die Wahrnehmung von Vorankündigungen und ihre Wirkung auf den Kaufentscheidungsprozess von Konsumenten beeinflussen. Hierzu werden zunächst die Voraussetzungen für die Wirkungsentfaltung analysiert und anschließend mögliche Wirkungen auf die Kaufentscheidung von Konsumenten aufgezeigt. Auf Basis der theoretischen Diskussion und Erkenntnissen aus den im Rahmen einer qualitativen Vorstudie durchgeführten Fokusgruppen werden schließlich mögliche Wirkungszusammenhänge zwischen den Merkmalen der Empfänger und der Wahrnehmung und Wirkung von Produkt-Vorankündigungen diskutiert und entsprechende Hypothesen formuliert.

4.1 Voraussetzungen für die Wirkung von Produkt-Vorankündigungen

Als Ergebnis der theoretischen Auseinandersetzung wurde in Abschnitt 2.2.4 ein Modell entwickelt, dass den Automobil-Kaufentscheidungsprozess unter Berücksichtigung von Produkt-Vorankündigungen abbildet. Dabei wurde deutlich, dass die Wahrnehmung der Vorankündigung sowie die Einschätzung ihrer Glaubwürdigkeit und Relevanz durch den Konsumenten als Voraussetzung für die Entfaltung des Wirkungspotenzials angesehen werden müssen. Diese Voraussetzungen sollen im Folgenden diskutiert werden. Vordergründig wird hierbei auf theoretische und empirische Forschungsbeiträge zur Thematik und auf Arbeiten aus angrenzenden Forschungsbereichen zurückgegriffen. Ergänzend werden in die weitere Diskussion und Hypothesenentwicklung auch die qualitativen Erkenntnisse aus Fokusgruppen einfließen, die im Rahmen der Arbeit durchgeführt wurden[455] (vgl. Abbildung 31).

---

[455] Vgl. Abschnitt 1.4. Die Fokusgruppen wurden am 19. und 26. Mai 2005 in den Räumlichkeiten und mit Unterstützung der Unternehmensberatung The Boston Consulting Group, Berlin, durchgeführt. Die Rekrutierung der Teilnehmer erfolgte durch das Marktforschungsinstitut Freyer Marktforschung, Berlin.

Abbildung 31: Forschungsmethodik – Fokusgruppen

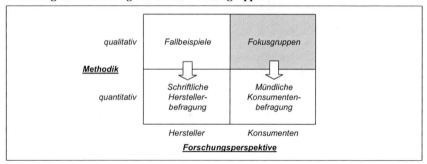

Quelle: Eigene Darstellung

Entscheidend für die Qualität von Ergebnissen aus Fokusgruppen ist die Teilnehmerstruktur der einzelnen Gruppen. In dieser Arbeit wurde eine homogene Gruppenzusammensetzung gewählt, um Bedingungen zu schaffen, die einerseits die aktive Mitarbeit aller Teilnehmer fördern und andererseits der Dominanz Einzelner entgegenwirken.[456] Konkret wurden für die Workshops Teilnehmer rekrutiert, die in den kommenden sechs Monaten einen Autokauf in den Fahrzeugsegmenten „untere Mittelklasse" (erster Workshop) sowie „Geländewagen" (zweiter Workshop) geplant hatten.[457] Als weitere Selektionskriterien wurden die Festigung der Kaufentscheidung sowie das Geschlecht der Probanden gewählt. So hatten sich rund 50 Prozent der Teilnehmer jedes Workshops bereits für ein bestimmtes Modell entschieden, während sich die anderen Teilnehmer noch in der Entscheidungsfindung befanden. Darüber hinaus wurde auf die Gleichverteilung von Männern und Frauen als Entscheider in den Gruppen geachtet. Die Workshops dauerten jeweils ca. zwei Stunden und wurden in Zusammenarbeit mit einer professionellen Moderatorin durchgeführt.

Das konzipierte Workshop-Skript orientierte sich an dem Ziel, das Verständnis von Vorankündigungen aus Kundenperspektive zu vertiefen und folgte einer „Trichterstruktur", wonach die Fragen vom Allgemeinen zum Besonderen gelenkt werden.[458] Die zentralen Fragen für die Diskussion wurden in die Bereiche „Wahrnehmung von Vorankündigungen" und „Wirkung von Vorankündigungen"

---

[456] Vgl. Sauermann 1999, S. 118.

[457] Mit der Auswahl dieser beiden Fahrzeugkategorien wurde sichergestellt, dass die Teilnehmer im Vorfeld der Fokusgruppen verschiedene aktuelle Vorankündigungen in der für sie relevanten Kategorie wahrnehmen konnten: Die neue Baureihe Mercedes-Benz B-Klasse im Segment „Untere Mittelklasse" sowie die Modelle Mercedes-Benz M-Klasse und Audi Q7 im Segment „Geländewagen". Vgl. Auto Motor und Sport 2004.

[458] Vgl. Kepper 1994, S. 173 f.

untergliedert.[459] Insgesamt hat sich die Gruppendiskussion als leistungsstarke Forschungsmethodik präsentiert, die ein tiefes Verständnis für die Kundenperspektive ermöglicht. Durch die ungezwungene und entspannte Gesprächssituation konnten vielfältige Meinungen und Argumentationen erfasst und bei Bedarf direkt hinterfragt werden. Durch die zu beobachtende Diskussion der Teilnehmer untereinander konnten zusätzliche Eindrücke z.b. über die Wichtigkeit bestimmter Merkmale von Vorankündigungen gewonnen werden. Die Erkenntnisse der Fokusgruppen haben insbesondere zur Generierung neuer sowie der kritischen Prüfung bestehender Hypothesen beigetragen und flossen in die Konzeption der empirischen Untersuchung ein.[460]

4.1.1 Wahrnehmung

Es ist hinlänglich bekannt, dass sich Konsumenten einem Überangebot an Informationen ausgesetzt sehen und *„[...] fast alle angebotenen Informationen die vorgesehenen Empfänger nicht erreichen und unwirksam bleiben."*[461] Für die klassische Werbung über Massenmedien gilt: Der Kontakt mit der Werbebotschaft wird fast immer abgebrochen, Konsumenten stehen derartigen Kommunikationsmaßnahmen allgemein skeptisch gegenüber.[462] Wie andere Kommunikationsformen auch, muss sich die Vorankündigung im Wettbewerb um die Aufmerksamkeit der Konsumenten behaupten. Bezogen auf eine bestimmte Produktkategorie konkurriert sie dabei nicht nur mit Werbebotschaften für bereits am Markt befindliche Produkte, sondern ggf. auch mit Vorankündigungen für konkurrierende Produkte von Wettbewerbern.[463] Die Hersteller stehen somit vor der Aufgabe, ihre Vorankündigungen derart zu gestalten, dass sie innerhalb der Informationsflut wahrgenommen und auch dann wirksam werden, wenn sie von den Zielgruppen nur bruchstückhaft wahrgenommen werden. Schließlich werden Reize nur dann bewusst wahrgenommen und effizient verarbeitet, wenn sie Aufmerksamkeit erzeugen.[464]

---

[459] Eine Aufstellung der zentralen Diskussionspunkte findet sich im Anhang, Tab. A4.
[460] Vgl. Sauermann 1999, S. 119; Berekoven/Eckert/Ellenrieder 2001, S.97.
[461] Kroeber-Riel/Esch 2000, S. 13.
[462] Vgl. VuMA Arbeitsgemeinschaft 2005, S. 23.
[463] Vgl. Lilly/Walters 2000, S. 1 ff.
[464] Vgl. Kroeber-Riel/Weinberg 1996, S. 269.

Die **Wahrnehmung** von Kommunikation ist ein aktiver Prozess und kann definiert werden als *„[...] Aufnahme und Selektion von Informationen, deren Organisation (Gliederung und Strukturierung) und Interpretation durch das Individuum."*[465] Wahrnehmung kann damit als System zur Informationsbewältigung verstanden werden, dass dazu dient, aus der Vielfalt der angebotenen Reize einen bestimmten Teil auszuwählen. Die resultierende Subjektivität der menschlichen Wahrnehmung begründen KOTLER/BLIEMEL mit den folgenden drei Wahrnehmungsprozessen:[466]

- selektive Beachtung,
- selektive Verzerrung sowie
- selektive Erinnerung.

Selektive Beachtung bedeutet, dass nur ein Bruchteil der dargebotenen Information durch den Konsumenten wahrgenommen wird. Im Wettbewerb um die Aufmerksamkeit der Konsumenten haben Vorankündigungen für Automobile gegenüber Kommunikationsmaßnahmen für andere Produkte den Vorteil, dass ein bedeutender Teil der Menschen in Deutschland ein gesteigertes Interesse an Autos zeigt und entsprechend gern Informationen über zukünftige Autos aufnimmt und weitergibt.[467] Die aus dem Interesse resultierende Verbreitung von Vorankündigungen über glaubwürdige Kanäle wie z.B. redaktionelle Berichterstattung oder interpersonelle Kommunikation erhöht die Chance auf Wahrnehmung durch die Konsumenten zusätzlich. Unter **selektiver Verzerrung** wird das Phänomen verstanden, dass Menschen bevorzugt solche Informationen wahrnehmen, die ihre Voreingenommenheit unterstützen und nicht in Frage stellen.[468] Ähnliches gilt für die **selektive Erinnerung**: Menschen speichern bevorzugt solche Informationen, die ihre bisherigen Einstellungen und Überzeugungen stützen.

Wenn die Wahrnehmung als erste Voraussetzung für die Wirkung von Produkt-Vorankündigungen gilt, muss zunächst geklärt werden, ob Konsumenten Vorankündigungen überhaupt bewusst registrieren und von anderen Kommunikationsmaßnahmen,

---

[465] Bänsch 2002, S. 71.

[466] Vgl. Kotler/Bliemel 1999, S. 328 f.

[467] Nach den Ergebnissen der bevölkerungsrepräsentativen Studie Allensbacher Markt- und Werbeträger-Analyse (AWA) zeigen 33,7 Mio. Deutsche ab 14 Jahren Interesse für Autos und Autotests. Vgl. Motor Presse Stuttgart 2005, S. 21.

[468] Zur Begründung dieses Verhaltens kann die Dissonanztheorie von Festinger herangezogen werden. Zur Einführung in die Dissonanztheorie vgl. Festinger 1957 und zum Stand der Diskussion vgl. z.B. Frey/Gaska 1993, S. 275 ff.

wie z.B. klassischer Werbung überhaupt differenzieren können. Einen entsprechenden Nachweis, dass Vorankündigungen bewusst von Konsumenten wahrgenommen werden, erbringt SCHIRM. Bei der Befragung von Konsumenten fielen die Wahrnehmungswerte von realen Produkt-Vorankündigungen für verschiedene Produkte signifikant höher aus als die von fiktiven Vorankündigungen.[469] In anderen Studien wurde dieses Ergebnis bestätigt und gezeigt, dass Konsumenten Vorankündigungen bei der Anschaffung neuer Produkte berücksichtigen.[470]

Durch die qualitativen Ergebnisse der Fokusgruppen erfahren diese Befunde weitere Unterstützung. Die Teilnehmer wurden zur Wahrnehmung von Informationen über noch nicht eingeführte PKW-Modelle befragt, um einen Eindruck darüber zu gewinnen, wie Konsumenten Vorankündigungen für Automobile konkret wahrnehmen und von klassischer Produktwerbung differenzieren. Folgende Erkenntnisse wurden gewonnen:[471]

- Die Mehrzahl der Teilnehmer erinnerte sich ungestützt an ein bis vier verschiedene Vorankündigungen für Automobile der letzten sechs Monate und deren Inhalte.
- Die Teilnehmer konnten zudem bewusst zwischen Kommunikation für noch nicht erhältliche und bereits am Markt eingeführte PKW-Modelle unterscheiden.
- Die Teilnehmer nahmen vor allem Vorankündigungen in der für sie relevanten Produktkategorie wahr (z.B. Geländewagen).
- Je näher der geplante Kaufzeitpunkt, desto intensiver hatten sich die Teilnehmer mit den wahrgenommenen Vorankündigungen auseinandergesetzt.

Interessant ist zudem die qualitativ gestützte Erkenntnis, dass Konsumenten offensichtlich auch solche Berichte über zukünftige Fahrzeuge als Vorankündigungen wahrnehmen, die nicht durch den Hersteller autorisiert wurden. Vor allem so genannte „Erlkönig-Bilder" von Modellstudien oder getarnten Testfahrzeugen stoßen bei Konsumenten auf großes Interesse und werden nicht von „offiziellen" Kommunikationsmaßnahmen des Herstellers differenziert.

---

[469] Untersucht wurden 5 reale und 2 fiktive Vorankündigungen in den Produktkategorien elektronischer Dolmetscher, Datenträger, Fotoapparate, Software, Personal Digital Assistent, Armbanduhren sowie Akkus. Vgl. Schirm 1995, S. 91 ff.

[470] Vgl. Schirm 1995, S. 94; Schnoor 2000, S. 192.

[471] Vgl. Fokusgruppen vom 19. und 26. Mai 2005.

Fazit: Es wurde deutlich, dass es Vorankündigungen zunächst gelingen muss, die Informationsflut zu durchbrechen, um von potenziellen Nachfragern überhaupt wahrgenommen zu werden und Einfluss auf die Kaufentscheidung zu entwickeln. Grundlegendes Ziel der Untersuchung ist es, die Wirkung von Vorankündigungen auf den Kaufentscheidungsprozess von Konsumenten zu verstehen. Wird die Wahrnehmung als Teilwirkung der Kommunikation verstanden,[472] muss daher ein Modell zur Überprüfung der Wirkung von Vorankündigungen die Variable „Wahrnehmung" zwingend berücksichtigen.

4.1.2 Einschätzung der Glaubwürdigkeit

Ob ein vorangekündigtes Produkt im nächsten Schritt tatsächlich als Kaufalternative eingeschätzt wird, hängt entscheidend davon ab, ob die Empfänger einer Vorankündigung glauben, dass sie eingehalten wird: *„Die Glaubwürdigkeit einer Produkt-Vorankündigung kann als Schätzung eines Empfängers dieser Botschaft aufgefasst werden, für wie wahrscheinlich er es hält, dass die Ankündigung erfüllt wird."*[473] Die Glaubwürdigkeit ist demnach subjektiv geprägt – dieselbe Vorankündigung kann von verschiedenen Personen unterschiedlich beurteilt werden.[474] SCHIRM schlägt zudem die semantische Abgrenzung des Begriffes Glaubwürdigkeit von den Konzepten Wahrheitsgehalt und Ehrlichkeit einer Vorankündigung vor.[475] Der **Wahrheitsgehalt** beschreibt, ob die Vorankündigung in jeder Hinsicht eingehalten wird und kann entsprechend erst nach der Markteinführung des Produktes abschließend durch den Konsumenten beurteilt werden. Mit dem Begriff **Ehrlichkeit** einer Vorankündigung ist gemeint, ob das ankündigende Unternehmen zum Zeitpunkt der Vorankündigung fest von der Einhaltung überzeugt ist. Da sich das Konzept Ehrlichkeit auf die Herstellerperspektive bezieht und eine Einschätzung des Wahrheitsgehalts erst nach Markteinführung erfolgen kann, wird für die weiteren Ausführungen lediglich der Begriff Glaubwürdigkeit verwendet.

Grundsätzlich bezieht sich die Einschätzung der Glaubwürdigkeit von Vorankündigungen für neue Produkte auf: (1) die Einhaltung des Markteinführungstermins und

---

[472] Vgl. Schnapka 2000, S. 338.

[473] Schirm 1995, S. 53. In der Psychologie wird dieses Konzept mit dem der Begriff „Vertrauen" umschrieben: „Trust is the expectation [...] of regular, honest, and cooperative behavior, based on commonly shared norms, on the part of other members of (the) community." Fukuyama 1995, S. 26. Für einen Überblick über die Verwendung des Begriffs Vertrauen in den Wirtschaftswissenschaften vgl. z.B. Albach 1980.

[474] Vgl. Heil/Robertson 1991, S. 405.

[475] Vgl. Schirm 1995, S. 51 ff.

(2) die Einhaltung der kommunizierten Produktmerkmale. Es ist zu vermuten, dass die Inhalte von Vorankündigungen von Konsumenten häufig nicht als glaubwürdig empfunden werden, da sich in der Praxis zahlreiche Beispiele für die Nichteinhaltung von Vorankündigungen in zeitlicher und technischer Hinsicht finden. Die Einführung von Microsofts Windows 2000 verzögerte sich um mehr als zwei Jahre,[476] der Spielfilm „Titanic" lief 1997 erst 6 Monate nach dem ursprünglich angekündigten Termin in den amerikanischen Kinos an[477] und die angekündigte Markteinführung des Smart ForMore, ein kleiner Geländewagen auf Basis der Smart-Plattform, wurde auf unbestimmte Zeit verschoben.[478] In einer Befragung von 217 Marketingmanagern der Hard- und Softwareindustrie stellte KOHLI fest, dass sich die Markteinführung vorangekündigter Produkte im Durchschnitt um rund 6 Wochen verzögerte.[479] Als Beispiel für die Nichteinhaltung angekündigter Produktmerkmale kann die Einführung der A-Klasse von Mercedes-Benz angeführt werden. Sie sorgte 1997 für weltweite Aufmerksamkeit, als sie aufgrund ungenügender Fahreigenschaften im so genannten „Elchtest" schwedischer Journalisten versagte und vor der Markteinführung überarbeitet werden musste.[480]

Wichtig bleibt festzuhalten, dass es keinen Grund gibt anzunehmen, dass die Unternehmen der genannten Beispiele zum Zeitpunkt der Vorankündigung nicht ehrlich von deren Einhaltung überzeugt waren. Wie in Abschnitt 2.2.2 deutlich wurde, können marktbeherrschende Unternehmen durch den bewussten Einsatz unehrlicher Vorankündigungen (Vaporware) z.B. Wettbewerber vom Markt verdrängen.[481] Ein empirischer Nachweis einer positiven Wirkung von unwahren kundenorientierten Vorankündigungen auf das Konsumentenverhalten wurde bislang jedoch nicht erbracht. Vielmehr ist davon auszugehen, dass sich Vaporware negativ auf die allgemeine Glaubwürdigkeit von Vorankündigungen auswirkt.

---

[476] Vgl. Haan 2003, S. 345.
[477] Vgl. Lemm 1998, S. 21.
[478] Vgl. Reinking 2005, S. 7.
[479] Vgl. Kohli 1992, S. 19.
[480] Elche sind in Schweden ein großes Verkehrsproblem. Mit Hilfe des so genannten „Elchtests" prüfen schwedische Autotester neue PKW-Modelle daher, ob sie einem jäh auftauchenden Hindernis ausweichen können. Die für objektive und reproduzierbare Ergebnisse notwendige Beschreibung des Tests erfolgte 1999 durch den Verband der Automobilindustrie (VDA) unter der Bezeichnung „VDA-Spurwechseltest" und wurde unter ISO 3888-2 von der International Organization for Standardization registriert. Vgl. Verband der Automobilindustrie e.V. 1999, S. 168.
[481] Vgl. Bayus/Jain/Rao 2001, S. 10 f.

Eine zentrale Studie zur Glaubwürdigkeit von Vorankündigungen wurde von ELIASHBERG/RAO/RYMON vorgelegt, die u.a. zeigen konnten, dass die Glaubwürdigkeit die Wartebereitschaft von Kunden auf ein angekündigtes Produkt beeinflusst.[482] Nur wenn Kunden einer Ankündigung Glauben schenken, sind sie bereit, auf die Markteinführung zu warten und bereits geplante Käufe zurückzustellen. In Abschnitt 2.2.1 wurde aufgezeigt, dass sich die bisherigen empirischen Untersuchungen zur Wirkung von kundenorientierten Vorankündigungen explizit auf diese Studie von ELIASHBERG/RAO/RYMON beziehen. Ob das Konstrukt „Glaubwürdigkeit" auch geeignet ist zur Erfassung der Wirkung von **Vorankündigungen für neue Automobile**, soll nun diskutiert werden.

Für verschiedene Produktbereiche wurde empirisch nachgewiesen, dass Konsumenten im Allgemeinen davon ausgehen, dass angekündigte Produkteigenschaften geliefert werden, aber bezüglich der terminlichen Einhaltung eine relativ hohe Unsicherheit besteht.[483] Da empirische Erkenntnisse für die Automobilindustrie nicht vorliegen, wurden die Befunde qualitativ in den Fokusgruppen diskutiert.[484] Es zeigte sich, dass die Teilnehmer grundsätzlich davon ausgehen, dass die angekündigten Leistungsmerkmale für neue PKW-Modelle erfüllt werden. Die Unsicherheit in Bezug auf den Zeitpunkt der Markteinführung konnte hingegen qualitativ nicht bestätigt werden, auch hier vertrauen die Teilnehmer offensichtlich den Angaben der Hersteller. Es wurde deutlich, dass Konsumenten offenbar wissen, dass mit der Entwicklung einer neuen Baureihe immense Investitionen verbunden sind und Hersteller ein intrinsisches Interesse an der termingerechten Markteinführung haben.

Die qualitativen Befunde werfen folgende Frage auf: Warum genießen Vorankündigungen für Automobile eine derart hohe Glaubwürdigkeit der Konsumenten? In bisherigen Studien wurden verschiedene Determinanten der Glaubwürdigkeit identifiziert und ihr Einfluss empirisch untersucht.[485] In der Diskussion dieser Faktoren wurde gezeigt, dass der **Stärke der Marke** des Absenders einer Produkt-Vorankündigung sicherlich die höchste Bedeutung bei der Beurteilung der Glaubwürdigkeit zukommt.[486] Ein positiver Zusammenhang zur Glaubwürdigkeit

---

[482]   Vgl. Eliashberg/Rao/Rymon 1995, S. 28.

[483]   Vgl. hier und im Folgenden Schnoor 2000, S. 192; Pohl 1994, S. 219.

[484]   Vgl. Fokusgruppen vom 19. und 26. Mai 2005.

[485]   Vgl. Abschnitt 2.1.3.

[486]   Vgl. Sattler/Schirm 1999, S. 80.

wurde auch für den **Etablierungsgrad** des Herstellers nachgewiesen.[487] In den Fokusgruppen wurde jedoch deutlich, dass Konsumenten oftmals keine oder nur sehr geringe Unterschiede in Bezug auf die Stärke der Marke und den Etablierungsgrad von Automobilherstellern wahrnehmen.[488] Automobilmarken werden als überdurchschnittlich starke Marken wahrgenommen, die eine hohe Bekanntheit und großes Vertrauen der Konsumenten genießen.[489] Aus den Ergebnissen der Herstellerbefragung wurde deutlich, dass für den Einsatz von Vorankündigungen oftmals signifikante Budgets bereitgestellt werden.[490] Hierdurch wird das Vertrauen in den Hersteller zusätzlich verstärkt, da Kunden auch von der Höhe des **wahrgenommenen Aufwandes** für die Vorankündigung auf ihre Glaubwürdigkeit schließen.[491]

Der von SCHIRM ermittelte negative Zusammenhang zwischen dem **Innovationsgrad** eines neuen Produktes und der Glaubwürdigkeit der Vorankündigung konnte in den Fokusgruppen nicht bestätigt werden. Autokäufer differenzieren zwar zwischen neuen Baureihen und Nachfolgemodellen, nehmen jedoch keine weitere Abstufung des Innovationsgrades innerhalb dieser beiden Merkmale vor. Im Gegensatz dazu fällt es Konsumenten deutlich leichter, den Innovationsgrad von Produkten in anderen Produktkategorien (wie z.B. Software, Unterhaltungselektronik) differenziert zu beurteilen.[492]

Fazit: Das Konstrukt Glaubwürdigkeit wurde in bisherigen Studien als Indikator für die Wirkung von Vorankündigungen eingesetzt. Zur Beantwortung der zweiten Forschungsfrage erscheint diese Vorgehensweise jedoch nicht geeignet. Wird die Vorankündigungswirkung als zeitliche und inhaltliche Umorientierung der Kaufentscheidung von Konsumenten verstanden, so stellt die Glaubwürdigkeit nur eine notwendige, aber keine hinreichende Bedingung für die Wirkungsentfaltung dar. Als hinreichende Kriterien sind in Übereinstimmung mit den Ausführungen in Abschnitt 2.2.4 die Aufnahme des vorangekündigten Produktes in das Evoked Set des Konsumenten und seine Bereitschaft zur Kaufrückstellung anzusehen. Darüber hinaus wurde deutlich, dass Konsumenten den Vorankündigungen von Automobilherstellern

---

[487] Vgl. Schnoor 2000, S. 248 ff.; Ernst/Schnoor 2000, S. 1340.
[488] Vgl. Fokusgruppen vom 19. und 26. Mai 2005.
[489] Vgl. Stern Markenprofile 2003, S. 33 f.
[490] Vgl. Abbildung 25 in Abschnitt 3.4.1.
[491] Dabei ist allerdings zu beachten, dass im Branchenvergleich überdurchschnittlich hohe Aufwendungen für eine Produkt-Vorankündigung auch den gegenteiligen Effekt hervorrufen und negativ auf die Glaubwürdigkeit der Vorankündigung wirken können. Vgl. Schnoor 2000, S. 193.
[492] Vgl. z.B. Schirm 1995, S. 111.

in Bezug auf die angekündigten Produktmerkmale und den Zeitpunkt der Markteinführung allgemein vertrauen, was eine differenzierte Beurteilung der Glaubwürdigkeit zumindest für den spezifischen Fall der Automobilindustrie verhindert oder zumindest stark einschränkt.

4.1.3 Einschätzung der Relevanz

Ob ein neues PKW-Modell aus Sicht eines Konsumenten relevant erscheint, hängt von verschiedenen Faktoren ab, die in Abschnitt 2.2.3 als soziodemographische, psychographische und externe Determinanten beschrieben wurden. Die Einschätzung der Relevanz eines Angebotes ist darüber hinaus in entscheidendem Maße abhängig von den Beurteilungsmöglichkeiten des Konsumenten in Bezug auf einzelne Leistungseigenschaften.[493] Konsumenten, die ein vorangekündigtes Automobil bei ihrer Kaufentscheidung berücksichtigen, gehen ein bestimmtes Risiko ein, da aufgrund der Nichtverfügbarkeit vorangekündigter Produkte wesentliche Leistungsmerkmale nicht abschließend beurteilt werden können.[494] Abweichungen zwischen den Erwartungen an das Leistungsangebot und den tatsächlichen Erfahrungen sind nicht auszuschließen. Ausgehend von diesen Informationslücken, die während des Kaufprozesses auftreten können, sollte im Mittelpunkt der Vorankündigungsmaßnahmen die Vermittlung von Informationen zu gewünschten Orientierungspunkten stehen, um potenzielle Nachfrager bei der Verminderung der Unsicherheit zu unterstützen.[495]

Es gilt also zunächst zu klären, welche Informationen Vorankündigungen enthalten sollten, damit ein vorangekündigtes Modell von potenziellen Käufern als relevante Kaufalternative eingeschätzt wird. Auch diese Frage wurde im Rahmen der Fokusgruppen erörtert. Nachdem die Teilnehmer der einzelnen Gruppen gemeinsam eine Aufstellung aller für den Autokauf relevanten Merkmale erarbeitet hatten, wurden sie gebeten, diejenigen Merkmale auszuwählen, die sie für eine Einschätzung der Relevanz eines neuen Automobils für unverzichtbar hielten. In allen Gruppen wurden übereinstimmend folgende drei Merkmale ausgewählt: Produkt-Vorankündigungen sollten demnach Informationen über (1) den Preis, (2) das Design und (3) die Ausstattung enthalten. Die folgenden Zitate stehen stellvertretend für die Aussagen der Teilnehmer:[496]

---

[493] Vgl. Weiber 1993, S. 53.
[494] Vgl. Abschnitt 2.2.3.2.
[495] Vgl. Billen 2003, S. 270.
[496] Vgl. Fokusgruppen vom 19. und 26. Mai 2005.

- **Preis:** *„Zuerst folgt der Blick auf den Kontostand. Ich muss sehen, ob ich mit dem neuen Auto noch in meinem Preisbereich bleibe."*
- **Design:** *„Das Design muss einfach stimmen. Wenn mir der Wagen von der Optik her gefällt, kommt er in die engere Auswahl."*
- **Ausstattung:** *„Gibt's den auch als Diesel? Hat er ABS, Klima, Wegfahrsperre und Rußfilter? Das sind meine ersten Fragen bei einem neuen Fahrzeug."*

Mit der Forderung nach detaillierten Informationen zur Beurteilung von vorangekündigten Produkten widersprechen diese qualitativen Befunde den Erkenntnissen von ERNST/SCHNOOR, wonach detaillierte Vorankündigungen unglaubwürdig wirken können. Ein möglicher Grund für diese Abweichung kann der von den Autoren gewählte Branchenfokus der Untersuchung auf Notebooks sein.[497]

Ein vorangekündigtes Modell kann dann als relevant eingeschätzt werden, wenn es von der Zielgruppe potenzieller Autokäufer als ernsthafte Kaufalternative in Betracht gezogen und in das mentale Set an Alternativen, das so genannte **Evoked Set**,[498] aufgenommen wird. Im Evoked Set sind nur diejenigen Marken enthalten, aus denen Konsumenten auswählen würden, wenn sie aktuell eine Kaufentscheidung treffen müssten. Oftmals wird in der Literatur im Zusammenhang mit dem Evoked Set lediglich von den **verfügbaren Produktalternativen** gesprochen, da die Erhältlichkeit als Voraussetzung für die Kaufentscheidung gesehen wird.[499] Wie jedoch von FARQUHAR/PRATKANIS gezeigt wurde, können Konsumenten auch vorangekündigte, also noch nicht verfügbare Produkte, durchaus als Kaufalternative ansehen.[500] Obwohl für den Kaufprozess von Automobilen hochgradig relevant, richtet sich die Kritik am Konzept des Evoked Set vor allem auf die Tatsache, dass Konsumenten offensichtlich nicht für jede Produktkategorie Evoked Sets im Rahmen der Kaufentscheidung bilden.[501] Die individuelle Wahrnehmung der verfügbaren und nicht-verfügbaren Produktalternativen ist in Abbildung 32 schematisch dargestellt. Der idealtypische Verlauf der Wahrnehmung und positiven Einschätzung eines vorangekündigten und damit noch nicht verfügbaren Produktes ist in der Darstellung grau hinterlegt.

---

[497] Vgl. Ernst/Schnoor 2000, S. 1345.
[498] Vgl. Howard/Sheth 1969, S. 212.
[499] Vgl. Turley/LeBlanc 1995, S. 31; Narayana/Markin 1975, S. 2.
[500] Vgl. Farquhar/Pratkanis 1987 und Farquhar/Pratkanis 1993.
[501] Es wurde z.B. für den Bereich Konsumgüter gezeigt, dass nur bei 7 von 28 untersuchten Produktkategorien ein signifikanter Anteil der Konsumenten Evoked Sets gebildet hatte. Vgl. Petrof/Daghfous 1996, S. 74 f.

Abbildung 32: Individuelle Wahrnehmung des Angebots einer Produktkategorie

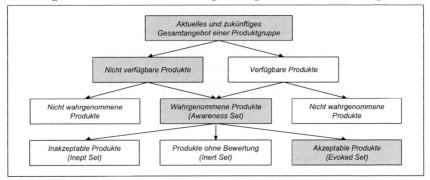

Quelle: In Anlehnung an Brockhoff 1999, S. 38.

Als Faktoren, welche die Größe des Evoked Set beeinflussen können, werden in der Literatur u.a. die Anzahl der bekannten Marken in der Kategorie, die individuell eingeschätzte Wichtigkeit der Produktkategorie sowie Markenloyalität, Ausbildung, Alter und Einkommen genannt.[502] Eine aktuelle Untersuchung hat gezeigt, dass die Mehrzahl der Konsumenten (63 Prozent) beim Kauf eines Neuwagens lediglich zwei verschiedene Marken vergleicht.[503] Mehr als drei verschiedene Markenalternativen berücksichtigen nur rund 20 Prozent der Konsumenten, während 17 Prozent hingegen nur eine bestimmte Marke im Blick haben. Diese Ergebnisse überraschen zunächst, da intuitiv eher von einer größeren Anzahl berücksichtigter Marken ausgegangen wird, jedoch werden im Evoked Set letztlich deutlich mehr Modelle berücksichtigt: „[...] a given brand offers many models, and a consumer could go through a complex decision process if he or she considered all the possible models."[504] Es scheint in diesem Zusammenhang wichtig festzuhalten, dass das Evoked Set des Konsumenten für eine bestimmte Produktkategorie Veränderungen unterliegt. Im Laufe der Zeit können Produkte, z.B. aufgrund neu verfügbarer Informationen oder gewonnener Produkterfahrungen, aus dem Evoked Set ausgeschlossen und neue Produkte aufgenommen werden.[505] Beim Autokauf resultiert die permanente Änderung im Wesentlichen aus der Einführung von neuen Baureihen und Nachfolgemodellen bestehender Baureihen.

---

[502] Vgl. Gruca 1989, S. 516 f.
[503] Vgl. hier und im Folgenden Lambert-Pandraud/Laurent/Lapersonne 2005, S. 101 ff.
[504] Lambert-Pandraud/Laurent/Lapersonne 2005, S. 101.
[505] Vgl. Turley/LeBlanc 1995, S. 31.

Fazit: Neben der Wahrnehmung und der Glaubwürdigkeit einer Vorankündigung ist auch die Einschätzung der Relevanz des Produktes von zentraler Bedeutung für die Wirkung einer Produkt-Vorankündigung. Relevanz kann entsprechend als Teilziel für den Einsatz von Vorankündigungen verstanden werden und ist dann gegeben, wenn Interessenten ein vorangekündigtes Modell als ernsthafte Kaufalternative einstufen und in ihr Evoked Set aufnehmen. Obwohl mit der Einschätzung der Relevanz bereits eine Art „Vorentscheidung" getroffen wird, ist es letztlich eine weitere Voraussetzung für die Beeinflussung der Kaufentscheidung auf Handlungsebene.

4.2 Die Wirkung von Produkt-Vorankündigungen

Mit dem Einsatz von kundenorientierten Vorankündigungen für Automobile sind aus der Perspektive der Automobilhersteller verschiedene Chancen und Risiken verbunden, die in Abschnitt 2.3 ausführlich diskutiert wurden. Neben der (1) Beschleunigung und (2) Vertiefung der Produktdiffusion wurden (3) die allgemeine Imageverbesserung des Anbieters sowie (4) die Gewinnung von Kundeninformation als Chancen von Vorankündigungen genannt.[506] Für den weiteren Verlauf der Untersuchung ist es wichtig, die positiven Wirkungen, die aus Herstellersicht mit Vorankündigungen erzielt werden können, auf die Ebene des einzelnen Konsumenten zu übertragen. Da die Aspekte Imageverbesserung und Gewinnung von Kunden-informationen eher als Sekundärziele der Hersteller zu verstehen sind, werden sie im Folgenden nicht weiter untersucht.

Die diffusionsbeschleunigende Wirkung von Vorankündigungen ergibt sich aus der frühzeitigeren Anregung von Adoptionsprozessen, die zeitlich vorgezogene Kauf-entscheidungen zur Folge haben können.[507] Das Konzept der Beschleunigung der Produktdiffusion bezieht sich damit auf Kunden, die das Produkt ceteris paribus auch ohne die Vorankündigung, jedoch dann zu einem späteren Zeitpunkt gekauft hätten. Unter der diffusionsvertiefenden Wirkung wurde in Abschnitt 2.3.1 die Gewinnung zusätzlicher Kunden verstanden, die ein neues Modell aufgrund der Vorankündigung erwerben. Übertragen auf die Ebene des einzelnen Konsumenten ist für die Erreichung beider Wirkungsziele zunächst einmal die **inhaltliche Umorientierung** der Kaufentscheidung zugunsten des vorangekündigten Modells notwendig. Damit einhergehend ist in vielen Fällen auch eine **zeitliche Umorientierung** der

---

[506] Vgl. Brockhoff 1999, S. 270.
[507] Vgl. Preukschat 1993, S. 52.

Kaufentscheidung, da bereits geplante Käufe ggf. bis zur Markteinführung des neuen Modells zurückgestellt werden müssen. Die folgenden Ausführungen sollen dazu dienen, den Einfluss von Vorankündigungen auf den Entscheidungsprozess durch Auslösung der inhaltlichen oder zeitlichen Umorientierung der Kaufentscheidung zu diskutieren.

4.2.1 Inhaltliche Umorientierung der Kaufentscheidung

Der Begriff Umorientierung impliziert zunächst, dass eine bereits getroffene Entscheidung revidiert wird. Die Änderung kann sich dabei entweder auf die ursprüngliche Entscheidung beziehen, zum aktuellen Zeitpunkt keinen Kauf vorzunehmen oder darauf, eine bereits getroffene Marken- und/oder Modellentscheidung aufzuheben. Im Zusammenhang mit dem Automobilkauf soll im Folgenden unter der inhaltlichen Umorientierung die **Präferenzänderung zu einem vorangekündigten Modell** verstanden werden.

Es stellt sich zunächst die Frage, ob solch ein Effekt grundsätzlich durch Kommunikationsmaßnahmen, wie z.B. Vorankündigungen ausgelöst werden kann. Interessante Befunde über die Kaufentscheidung von Neuwagen-Käufern bietet das Werbewirkungspanel des GRUNER + JAHR VERLAGES.[508] Eine zentrale Erkenntnis der Studie ist, dass nur wenige potenzielle Autokäufer von Beginn an auf eine bestimmte Marke und ein bestimmtes Modell festgelegt sind. Wie aus Abbildung 33 deutlich wird, gaben nur 14 Prozent der Befragten an, von vornherein auf ein bestimmtes Modell oder eine bestimmte Marke völlig festgelegt zu sein, für 44 Prozent steht die Entscheidung weitgehend fest und für 42 Prozent der Befragten ist die Entscheidung offen. Besonders interessant ist die Tatsache, dass von denjenigen Konsumenten, bei denen die Markenwahl in der ersten Befragungswelle weitgehend fest stand, sich rund 24 Prozent umorientierten und schließlich eine andere als die ursprünglich präferierte Marke wählten.[509] Ausgehend von den Ergebnissen der Studie können zwei wichtige Schlussfolgerungen für den Einsatz von Vorankündigungen gezogen werden:

- Mehr als die Hälfte der Konsumenten steht der Marken- und Modellwahl offen gegenüber und kann in ihrer Kaufentscheidung beeinflusst werden,

---

[508] Im Rahmen der Studie gaben 1.622 Personen in drei personenidentischen Befragungswellen Auskunft zu ihren individuellen Kaufabsichten und Markenpräferenzen, wodurch Rückschlüsse auf Entscheidungsabläufe gezogen wurden. Der Untersuchungszeitraum betrug 10 Monate. Vgl. Gruner + Jahr AG 2004, S. 101.

[509] Vgl. Gruner + Jahr AG 2004, S. 19.

- Marken- und Modellentscheidungen für PKW werden teilweise noch wenige Wochen vor der Kaufentscheidung korrigiert, z.B. aufgrund zusätzlich wahrgenommener Informationen.

Abbildung 33: Festlegung der Kaufentscheidung von Konsumenten

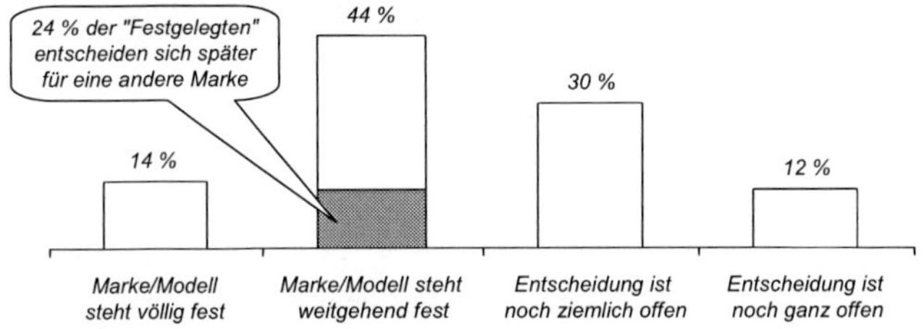

Basis: Personen mit PKW-Kaufplänen innerhalb der nächsten zwei Jahre, Zeitpunkt der Befragung ca. 6 Monate vor der endgültigen Kaufentscheidung, n = 1.622

Quelle: Gruner + Jahr AG 2004, S. 15.

Der relativ hohe Anteil von Konsumenten, die sich gegen ihre ursprüngliche Markenpräferenz entscheiden, verdeutlicht, dass von den Markenpräferenzen zu Beginn des Kaufentscheidungsprozesses nur bedingt auf eine Vorentscheidung hinsichtlich des tatsächlichen Kaufverhaltens geschlossen werden kann. Auf der anderen Seite kann die inhaltliche Umorientierung der Kaufentscheidung durch den Einsatz von Produkt-Vorankündigungen erreicht werden.

4.2.2 Zeitliche Umorientierung der Kaufentscheidung

Wenn durch Vorankündigungen die allgemeine Nachfrage für das neue Produkt angeregt wird, kann dies auch in der zeitlichen Umorientierung der Kaufentscheidung eines Konsumenten resultieren, also der Rückstellung oder dem Vorziehen einer geplanten Kaufentscheidung.

Potenzielle Kunden zu veranlassen, ihre Kaufentscheidung bis zur Markteinführung des angekündigten Produktes hinauszuzögern, also **Kaufrückstellung zu erzeugen**, stellt für die Herstellerunternehmen einen bedeutsamen strategischen Aspekt der Vorankündigung dar.[510] Konsumenten sollen aufgrund der Vorankündigung den

---

[510] Vgl. Brockhoff/Rao 1993, S. 212; Lilly/Walters 1997, S. 5; Büschken 2000, S. 4; Gerlach 2004, S. 184.

geplanten Kauf eines Wettbewerbsmodells zurückstellen und die Einführung des neuen Produktes abwarten. Bezogen auf die eigene Produktpalette stellt Kaufrückstellung für den Hersteller ein unerwünschtes Verhalten dar, da der mit einer solchen Kaufrückstellung verbundene positive Effekt für die Diffusion des neuen Modells durch einen Absatzrückgang des aktuellen Modells erkauft wird.[511] Aus Sicht des Konsumenten kann die Rückstellung eines geplanten Kaufes als Maßnahme zur Reduktion des wahrgenommenen Risikos verstanden werden, schließlich könnte sich das angekündigte Produkt als besseres Angebot herausstellen.[512] Da die abschließende Beurteilung eines neuen Modells allein aufgrund der Vorankündigung in den meisten Fällen nicht möglich ist, könnten Konsumenten mit dem Kauf eines aktuell verfügbaren Modells sowohl ein funktionelles als auch ein finanzielles Risiko wahrnehmen. Aus Sicht des Konsumenten ist es einerseits als Vorteil zu werten, dass die Kaufrückstellung noch keine abschließende Entscheidung für das vorangekündigte Modell impliziert, während andererseits in den meisten Fällen keine Nachteile aus einer kurzfristigen Rückstellung eines geplanten Autokaufs zu erwarten sind.

Theoretisch denkbar ist auch das **Vorziehen der Kaufentscheidung**. Tatsächlich wird das Vorziehen einer Kaufentscheidung nur in den wenigsten Fällen als Option wahrgenommen, da einer solchen Entscheidung oftmals externe Determinanten wie z.B. verfügbare Finanzmittel oder vereinbarte Vertragslaufzeiten entgegen wirken.

Wenn die zeitliche Umorientierung der Kaufentscheidung als eine zentrale Wirkung von Vorankündigungen gilt, ist es wichtig zu verstehen, unter welchen Bedingungen Konsumenten auf angekündigte Produkte warten. Entsprechend wurde in den Fokusgruppen die Frage thematisiert, aus welchen Motiven heraus Konsumenten geplante Kaufentscheidungen zugunsten vorangekündigter Modelle zurückstellen würden. Wie die in Abbildung 34 zitierten Aussagen verdeutlichen, erkennen Konsumenten Vor- und Nachteile, welche in die Entscheidungsfindung einfließen und sich auf drei verschiedene Arten von Motiven beziehen: Zu den **emotionalen Motiven** einer Entscheidung für die Berücksichtigung eines vorangekündigten Modells zählen z.B. der Wunsch nach Abwechslung, soziale Anerkennung oder Vorfreude. Gegen

---

[511] Einen Spezialfall der zeitlichen Umorientierung der Kaufentscheidung beschreibt das „Leapfrogging". Hierunter wird „[…] das bewusste und freiwillige Überspringen der gegenwärtig am Markt verfügbaren neuesten Technologie und die Verschiebung der Kaufentscheidung auf eine in der Zukunft erwartete Technologiegeneration […]" verstanden, die sich in der subjektiven Wahrnehmung des Konsumenten durch eine höhere Leistungsfähigkeit auszeichnet. Vgl. Pohl 1996, S. 12. Im Gegensatz zu anderen Branchen ist jedoch zu vermuten, dass das Phänomen des Leapfrogging aufgrund der langen Produktlebenszyklen bei Automobilen eher eine ungeordnete Rolle spielt.

[512] Für die Diskussion des wahrgenommenen Risikos beim Autokauf vgl. Abschnitt 2.3.3.2.

eine Kaufrückstellung sprechen z.B. Motive wie Ungeduld. Während für einige Konsumenten bereits die Vorfreude auf das neue Modell einen Mehrwert darstellt, sind andere Konsumenten eher jetzt-orientiert und wollen nicht auf neue Modelle warten. Die **rationalen Motive** ergeben sich aus sachlichen Überlegungen zum bevorstehenden Automobilkauf. Im Vordergrund stehen vernunftbetonte Argumente, die in der Entscheidung über eine zeitliche Umorientierung der Kaufentscheidung gegeneinander abgewogen werden. Insbesondere das Thema Kosten dominierte die Diskussionen der rationalen Motive. Kosten können sich beispielsweise auf den Kaufpreis des neuen Modells oder auf den erwarteten Verkaufspreis des aktuellen Fahrzeugs beziehen. Die **funktionalen Motive** beziehen sich schließlich auf die technischen Eigenschaften eines angekündigten Modells. Konsumenten vergleichen hier die in der Vorankündigung kommunizierten Informationen mit den Informationen zu bereits erhältlichen Produktalternativen. Welches Design hat das neue Modell? Welche Motorenvarianten werden angeboten? Wie groß ist der Kofferraum? Antworten auf derartige Fragen fließen in die Kaufentscheidung ein. Allerdings wurde in den Fokusgruppen deutlich, dass die Informationstiefe von Vorankündigungen oftmals als unzureichend für eine abschließende Bewertung angesehen wird, da von den Herstellern viele Detailinformationen bewusst zurückgehalten werden.[513]

Abbildung 34: Vor- und Nachteile der Kaufrückstellung aus Kundenperspektive

Motive	Kaufrückstellung mit Vorteilen ...	... aber auch mit Nachteilen verbunden
Emotional	„Wenn man wartet, hat man das neue Modell als erster und noch vor allen anderen" „Vorfreude ist doch die schönste Freude"	„Kaum hat man sich entschieden zu warten, wird schon wieder das nächste neue Modell angekündigt. Ich glaube, es lohnt sich nicht, den Kauf immer weiter aufzuschieben"
Rational	„Warten kann Ruhe in die Kaufentscheidung bringen. Und man kann alle Alternativen noch mal kritisch betrachten" „Wenn die neuen Modelle rauskommen, sind die alten eh nichts mehr wert"	„Wenn ich auf ein Auto warten muss, hat mein jetziges Auto schon wieder viel mehr Kilometer runter und ist weniger wert" „Bei neuen Modellen hat man wenig Spielraum beim Preis"
Funktional	„Man wartet ein paar Monate länger und bekommt dafür die neuesten Motoren und die beste Technik"	„Oft haben neue Modelle noch ihre Kinder-krankheiten. Da will ich nicht der Erste sein" „Außerdem fehlen bei angekündigten Modellen noch viele Informationen, z.B. über technische Einzelheiten"

Quelle: Fokusgruppen vom 19. und 26. Mai 2005.

---

[513] Die Herstellerbefragung ergab, dass Vorankündigungen in der Automobilindustrie in den meisten Fällen mehrstufig erfolgen, und dass der Detaillierungsgrad bis zur Markteinführung kontinuierlich zunimmt. Dies gilt für neue Baureihen (88 %) wie auch für neue Modellgenerationen (85 %). Vgl. Abschnitt 3.4.1.

Fazit: Konsumenten sind grundsätzlich bereit, vorangekündigte Produkte in die Modellwahl einzubeziehen und geplante Käufe ggf. aufgrund von Produkt-Vorankündigungen zurückzustellen. Wie aus dem in dieser Arbeit entwickelten idealtypischen Kaufentscheidungsprozess unter Berücksichtigung kundenorientierter Produkt-Vorankündigungen deutlich wurde,[514] müssen für eine solche Kaufrückstellung verschiedene Voraussetzungen erfüllt sein. Der Nachfrager muss die Vorankündigung wahrnehmen, sie als glaubwürdig und relevant einschätzen. Mit der Wahrnehmung wird ein erstes Teilziel der Vorankündigungswirkung erreicht. Nach der Aufnahme des angekündigten Produktes in sein Evoked Set wird der Nachfrager schließlich über Möglichkeit zur Rückstellung seines geplanten Kaufes entscheiden. Damit kann das Konstrukt **Kaufrückstellung als „Vorentscheidung"** für das angekündigte Produkt gewertet und als geeignete Größe zur näherungsweisen Erfassung der Wirkung von Vorankündigungen für neue Automobile angesehen werden. Die Kaufrückstellung beinhaltet dabei nicht nur die zeitliche, sondern auch die inhaltliche Umorientierung der Kaufentscheidung, da das angekündigte Modell anderen verfügbaren Produktalternativen zumindest zeitweise (für die Dauer der Kaufrückstellung) vorgezogen wird.

4.3 Einfluss der Merkmale des Empfängers auf die Wahrnehmung und Wirkung von Produkt-Vorankündigungen

In Abschnitt 2.3.3 wurden die wesentlichen Determinanten der Wirkung kundenorientierter Vorankündigungen auf Basis der aktuellen Forschungsliteratur diskutiert. Die empirisch untersuchten Einflussfaktoren lassen sich grundsätzlich in die drei Bereiche (1) Merkmale des Senders, (2) Merkmale des Produktes sowie (3) Merkmale der Vorankündigung einteilen. Es wurde aufgezeigt, dass auch die Merkmale des Konsumenten von großer Bedeutung für die Wahrnehmung und Wirkung von Vorankündigungen sind. Obgleich sich diese oftmals der Steuerung durch das Marketing entziehen, können Unternehmen die Wirkung ihrer Vorankündigungsmaßnahmen durch die zielgenaue Konsumentenansprache erhöhen.

Auf Basis der aktuellen Forschungsliteratur und plausibilitätsgeleiteter Überlegungen wurden verschiedene Merkmale von Konsumenten identifiziert, die einen Einfluss auf die Wirkung von Vorankündigungen haben. In einem weiteren Schritt wurden diese

---

[514] Vgl. Abschnitt 2.2.4.

Merkmale im Rahmen der Gruppendiskussionen mit Konsumenten, die den Kauf eines Neuwagens planen, auf ihre Relevanz hin qualitativ bewertet. Als relevante Determinanten der Konsumenten als Empfänger von Vorankündigungen wurden identifiziert:

- **Geplanter Kaufzeitpunkt**: In welcher Phase des Kaufentscheidungsprozesses befindet sich der Konsument? In wie vielen Monaten ist der nächste Autokauf geplant?
- **Wechselneigung**: Wie stark ist die Bereitschaft zum Markenwechsel und/oder Modellwechsel ausgeprägt?
- **Meinungsführerschaft**: Wie stark beeinflusst der Konsument Personen in seinem sozialen Umfeld in der Meinungsbildung und Kaufentscheidungsfindung?

In den folgenden Ausführungen sollen mögliche Wirkungszusammenhänge entwickelt werden, die den Einfluss der Konsumentenmerkmale auf die Wahrnehmung von Vorankündigungen und ihren Einfluss auf das Kaufentscheidungsverhalten von Konsumenten abbilden.

4.3.1 Geplanter Kaufzeitpunkt

In Abschnitt 2.3 wurde herausgearbeitet, dass sich der Kaufentscheidungsprozess für Automobile über verschiedene Phasen erstreckt, die sich über den Zeitraum bis zum tatsächlichen Kaufzeitpunkt voneinander abgrenzen lassen. Es wurde weiter gezeigt, dass sich die Art und Intensität der Informationsaufnahme in diesen Phasen ändert: Von der unstrukturierten, eher passiven Aufnahme von Informationen in der Vorlaufphase bis zur gezielten und strukturierten Informationssuche in der akuten Phase wenige Monate vor dem Kaufabschluss.[515] Es ist daher anzunehmen, dass auch die Wahrnehmung von Vorankündigungen und anderen Kommunikationsmaßnahmen durch die Phase im Kaufentscheidungsprozess beeinflusst wird, in der sich der Konsument gerade befindet. Zur weiteren Fundierung dieser Überlegung sollen die Ergebnisse der bereits zitierten Studie des GRUNER + JAHR VERLAGES herangezogen werden, bei der Personen, die innerhalb der nächsten zwei Jahre einen Autokauf planen, u.a. zur Intensität der Informationssuche und der voraussichtlichen Kaufentscheidung befragt wurden.[516] Wie in Abbildung 35 zu sehen ist, steigt mit der

---

[515] Vgl. Motor Presse Stuttgart 2005, S. 294 f.
[516] Vgl. hier und im Folgenden Gruner + Jahr AG 2004, S. 13 ff.

Annäherung an den Kaufzeitpunkt auch die Intensität der Beschäftigung mit dem Autokauf im Sinne von Informationssuche und Bewertung verschiedener Produktalternativen. Während zwölf Monate vor dem Autokauf nur 21 Prozent der Befragten angeben, sich intensiv mit dem Autokauf auseinanderzusetzen, sind es drei Monate vorher bereits 53 Prozent. Damit wird deutlich, dass bisherige Untersuchungen zur Wirkung kundenorientierter Vorankündigungen, deren empirische Daten auf Experimenten mit Studenten basieren,[517] den **zeitlichen Aspekt realer Kaufentscheidungen vernachlässigen.** Nun kann argumentiert werden, dass sich die Automobil-Kaufentscheidung vom Kauf der meisten anderen Produkte unterscheidet und die Berücksichtigung des zeitlichen Aspekts nur für die vorliegende Untersuchung der Wirkung von Vorankündigungen für Automobile relevant ist. Wie gezeigt wurde, werden Vorankündigungen zumeist für Produkte eingesetzt, denen ein unterschiedlich langer Entscheidungsprozess vorangeht, die aber nur in seltenen Fällen spontan gekauft werden. Daher ist zu erwarten, dass auch Untersuchungen für andere Produkte an Realitätsnähe gewinnen, wenn der geplante Kaufzeitpunkt berücksichtigt wird.

Abbildung 35: Festigung der Kaufentscheidung im Zeitverlauf

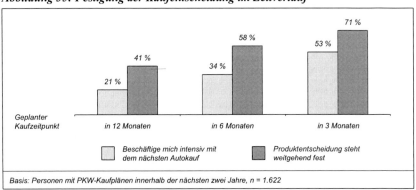

Quelle: Eigene Darstellung in Anlehnung an Gruner + Jahr AG 2004, S. 13 ff.

In Übereinstimmung mit der Theorie der selektiven Wahrnehmung werden bestimmte Informationen eher wahrgenommen, wenn sie mit einem akuten Bedürfnis in Beziehung stehen.[518] Vereinfacht kann gesagt werden, dass die emotionale oder motivationale Bedeutung von bestimmten Reizen die Wahrnehmung und Verarbeitung dieser Reize wesentlich steuert. Relevante Reize werden bevorzugt wahrgenommen,

---

[517] Vgl. z.B. Schirm 1995; Schnoor 2000.
[518] Vgl. Kotler/Bliemel 1999, S. 328.

während irrelevante Reize, die kein Bedürfnis ansprechen, benachteiligt und eher ausgeblendet werden. Für die Wahrnehmung von Vorankündigungen wird diesen Überlegungen entsprechend folgende Hypothese formuliert:

H1:   Je näher der geplante Kaufzeitpunkt, desto häufiger werden Produkt-Vorankündigungen in der relevanten Kategorie wahrgenommen

Neben dem dargestellten Zusammenhang zwischen der zeitlichen Nähe der Kaufentscheidung und der intensiven Beschäftigung mit dem Autokauf wird in Abbildung 35 auch auf die Verfestigung der Produktentscheidung hingewiesen. Wie zu sehen ist, sind sich Konsumenten im Laufe der Zeit immer deutlicher über ihre Wünsche, Bedürfnisse und die erhältlichen Produktalternativen im Klaren. Die Entscheidung für oder gegen ein bestimmtes Modell verfestigt sich. Stand die Kaufentscheidung für 41 Prozent der Befragten bereits 12 Monate vor dem Kauf fest, erhöht sich der Anteil weiter auf 58 Prozent (6 Monate vor dem Kauf) und schließlich auf 71 Prozent (3 Monate vor dem Kauf).[519] Aus Sicht der Hersteller gilt damit, dass die Effizienz der Marktbearbeitung wesentlich davon abhängt, zu welchem Zeitpunkt ein potenzieller Interessent angesprochen wird.[520] Übertragen auf den Einsatz von Vorankündigungen ist davon auszugehen, dass ihr Potenzial, zu einem bestimmten Grad Einfluss auf die Kaufentscheidung möglicher Nachfrager auszuüben, mit zunehmender Nähe des geplanten Kaufzeitpunktes abgeschwächt wird.

H2:   Je näher der geplante Kaufzeitpunkt, desto geringer der Einfluss einer Produkt-Vorankündigung auf den Kaufentscheidungsprozess

Unterstellt man einen positiven Wirkungszusammenhang zwischen der Variable Wahrnehmung von Vorankündigungen und dem Einfluss auf die Kaufentscheidung, so scheinen die Hypothesen H1 und H2 auf den ersten Blick gegenläufig. Bringt man beide in einen gemeinsamen Sinnzusammenhang, wird erkenntlich, dass eine Art Idealzeitpunkt im Kaufentscheidungsprozess zu existieren scheint, in der die Ansprache des Konsumenten besonders vielversprechend ist. Der geplante Kaufzeitpunkt sollte einerseits nah genug sein, damit die Vorankündigung wahrgenommen wird, andererseits noch entfernt genug, um Einfluss auf die Entscheidungsfindung ausüben zu können.[521]

---

[519] Vgl. Gruner + Jahr AG 2004, S. 13.
[520] Vgl. Diez 2001, S. 66.
[521] Vgl. Motor Presse Stuttgart 2005, S. 294.

4.3.2 Graduelle Meinungsführerschaft

Konsumenten greifen im Vorfeld des Autokaufs auf unterschiedliche Informationsquellen zurück, wobei der persönlichen Kommunikation ein besonders hoher Stellenwert beigemessen wird. Während die Erstinformation zumeist durch massenmediale Kanäle erfolgt, dienen interpersonale Kanäle eher zur Beurteilung des Angebotes und zur Einstellungsbildung, die letztendlich in der Entscheidung für oder gegen ein bestimmtes Modell mündet.[522] Entscheidenden Einfluss auf das Kaufentscheidungsverhalten eines Konsumenten haben dabei jene Personen in seinem sozialen Umfeld, die er zum Thema Auto um Rat bittet. Da diese Personen im Rahmen der persönlichen Kommunikation in der Regel keine materiellen Vorteile aus der Empfehlung eines bestimmten Produktes ziehen, werden ihre Empfehlungen und Kommentare im Vergleich zu unternehmensgesteuerten Werbemaßnahmen als besonders glaubwürdig eingestuft. Als **Meinungsführer** gelten Personen in der sozialen Bezugsgruppe eines Konsumenten, die im Rahmen persönlicher Kommunikation besondere Aktivitäten entfalten und dadurch hohen Einfluss auf Meinungs- und Entscheidungsbildung besitzen.[523] Die Bedeutung dieser so genannten Meinungsführer wird in aktuellen Studien zum Autokauf empirisch belegt.[524] Auch im Rahmen der Fokusgruppen wiesen die Äußerungen der Teilnehmer auf den Einfluss der Meinungsführer hin:[525]

- *„Über neue Modelle informiere ich mich überwiegend bei Bekannten und Freunden. Ein Freund hat z.B. eine Kfz-Werkstatt. Den frage ich vor jedem Autokauf."*
- *„Tipps und Erfahrungswerte von anderen Leuten sind mir sehr wichtig. Und natürlich sind Freunde und Bekannte wichtiger als der Händler, weil ich ihnen vertrauen kann."*
- *„Es ist für mich nicht wichtig, was meine Freunde über mich denken, wenn ich ein bestimmtes Auto fahre. Mich interessiert vor allem, welche Erfahrungen meine Freunde mit einer bestimmten Marke oder einem Modell bereits gemacht haben."*

---

[522] Vgl. Leigh/Rethans 1983, S. 668.

[523] Mit dem wachsenden Einfluss der Medien fungieren nicht mehr nur reale, aus Sozialkontakten bekannte Personen als Meinungsführer, sondern auch solche Personen, die nur aus den Medien bekannt sind, wie z.B. Politiker, Moderatoren oder Schauspieler. In diesem Zusammenhang wird auch von „virtuellen Meinungsführern" gesprochen. Vgl. Kroeber-Riel/Weinberg 1996, S. 507.

[524] Vgl. Deutsche Automobil Treuhand GmbH 2005, S. 17.

[525] Vgl. Fokusgruppen vom 19. und 26. Mai 2005.

Mit Hilfe der Meinungsführer lässt sich Werbewirkung auch bei Personen erzielen, die selbst keinen Kontakt mit der Werbebotschaft hatten. Vor allem bei der Einführung neuer Produkte kann der Diffusionsprozess wesentlich beschleunigt werden, wenn es gelingt, zunächst die Meinungsführer als Konsumpioniere zu beeinflussen. Aus diesem Grund erscheint es sinnvoll, in den folgenden Ausführungen zu prüfen, inwieweit das Meinungsführerkonzept für die Gestaltung von Vorankündigungen herangezogen werden kann.

Seinen Ursprung hat das Konzept der Meinungsführerschaft in der Arbeit von LAZARSFELD/BERELSON/GAUDET, die in ihrer Studie „The People's Choice" die Entwicklung von Einstellungen und Meinungen im Zusammenhang mit dem Wahlverhalten der US-Bürger zur Präsidentschaftswahl 1940 untersuchten und einen hohen Einfluss persönlicher Beziehungen nachweisen konnten.[526] Als Meinungsführer bezeichnen die Autoren Personen, die einen hohen Einfluss auf Meinungs- und Entscheidungsbildung anderer ausüben. Aufbauend auf diesen Erkenntnissen entwickelten KATZ/LAZARSFELD das Konzept der zweistufigen Kommunikation (two-step-flow of communication), wonach der Meinungsführer eine Mittlerrolle zwischen den Massenmedien und den sozialen Gruppen, denen er angehört, einnimmt.[527] Das Konzept der Meinungsführerschaft sagt also zweierlei aus:[528]

(1)   Durch ihr besonderes Interesse an bestimmten Themen werden Meinungsführer im ersten Schritt mehr als die Nicht-Meinungsführer von den Massenmedien beeinflusst und geben ihre Informationen an andere weiter (Relaisfunktion der Meinungsführer).

(2)   Allerdings sind Meinungsführer nicht neutrale Vermittler von Informationen, sondern sie filtern und modifizieren die Botschaften der Massenmedien nach ihrem eigenen Ermessen (Verstärkerfunktion der Meinungsführer).

Das ursprüngliche Konzept der Meinungsführerschaft wurde jedoch wegen seiner stark vereinfachten Unterscheidung in Meinungsführer und Nicht-Meinungsführer häufig kritisiert.[529] Es wurde argumentiert, dass Meinungsführerschaft keine Eigenschaft ist, die ein Individuum generell besitzt oder nicht. Vielmehr kann sich

---

[526] Vgl. Lazarsfeld/Berelson/Gaudet 1944. In deutscher Übersetzung erschienen 1969.

[527] Vgl. Katz/Lazarsfeld 1955, S. 21. Kritisch angemerkt wurde später, dass Meinungsführer als Quelle für ihre Informationen nicht nur die Massenmedien angeben, sondern auch Gespräche mit anderen Personen, was eher für einen mehrstufigen als für einen zweistufigen Kommunikationsfluss spricht.

[528] Vgl. Katz/Lazarsfeld 1962, S. 97 ff.

[529] Vgl. Rogers/Cartano 1962, S. 435.

diese im Laufe der Zeit abschwächen oder verändern, d.h. sich bei neuen Interessen des Meinungsführers auf andere Themengebiete verlagern. Meinungsführerschaft ist somit als **graduelle Größe** zu verstehen, die unterschiedliche Ausprägungsgrade annehmen kann.[530] ROGERS/CARTANO argumentieren, dass sich das Konzept der Meinungsführerschaft auch auf das Kaufentscheidungsverhalten von Konsumenten übertragen lässt und bezeichnen Meinungsführer als „[...] *individuals who exert an unequal amount of influence on the decision of others.*"[531] In ihrer wegweisenden Untersuchung zeigen KING/SUMMERS, dass sich die Meinungsführerschaft einer Person nicht auf einen Produktbereich beschränken muss. Meinungsführung über mehrere Produktkategorien hinweg ist durchaus eine übliche Erscheinung, und nur 31 Prozent der befragten Konsumenten waren in keinem Bereich Meinungsführer.[532] Da Meinungsführung stark mit dem Interesse für eine bestimmte Produktkategorie korreliert, ist Meinungsführung über mehrere Produktkategorien hinweg vor allem dann wahrscheinlich, wenn durch die Produkte ähnliche Interessen des Konsumenten involviert werden.[533] Meinungsführung in völlig unterschiedlichen Produktkategorien ist eher unwahrscheinlich, wie z.B. die empirische Untersuchung von GOLDSMITH/DE WITT belegt.[534] Für einen relativ hohen Anteil von Meinungsführern im Bereich Autos spricht die Argumentation der Autoren FEICK/PRICE: „*Opinion leaders are more likely in categories in which pleasure or satisfaction is derived from product usage or association with the product provides a form of self-expression.*"[535]

Generell ist es bis jetzt noch nicht gelungen, der Meinungsführerschaft produktübergreifende allgemeingültige Eigenschaften zuzuschreiben, die eine genaue soziodemografische Beschreibung dieser Zielgruppe ermöglichen. Ein Überblick über die Ergebnisse bisheriger Arbeiten, die sich mit der Identifizierung charakteristischer Merkmale von Meinungsführern beschäftigt haben, findet sich bei KOEPPLER.[536] Der Vergleich bisheriger Ergebnisse fällt jedoch schwer, da der Begriff Meinungsführerschaft nicht einheitlich operationalisiert wurde, unterschiedliche Produktbereiche untersucht oder gleiche Produktbereiche unterschiedlich voneinander

---

[530] Vgl. Rogers 1962, S. 226.

[531] Rogers/Cartano 1962, S. 435.

[532] In der Studie wurden 976 Konsumenten zu 6 verschiedenen Produktkategorien befragt. Dabei waren 46 % der Personen, die sich als Meinungsführer einschätzten zugleich Meinungsführer auf zwei oder mehr Produktmärkten, 28 % auf drei oder mehr Produktmärkten und 13 % der Befragten waren Meinungsführer auf vier oder mehr Produktmärkten. Vgl. King/Summers 1970, S. 48.

[533] Vgl. King/Summers 1970, S. 49.

[534] Vgl. Goldsmith/De Witt 2003, S. 30.

[535] Feick/Price 1987, S. 95.

[536] Vgl. Koeppler 1984.

abgegrenzt wurden.[537] Dennoch gibt es einige Eigenschaften, die auf einen großen Teil der Meinungsführer zutreffen. Dabei kann zwischen allgemeinen Merkmalen, die sich vorwiegend auf soziodemographische Kriterien beziehen, und produktspezifischen Merkmalen unterschieden werden. Die zentralen Merkmale von Meinungsführern im Vergleich zu Nicht-Meinungsführern sind in Tabelle 12 zusammenfassend dargestellt.

Tabelle 12: *Merkmale von Meinungsführern im Vergleich zu Nicht-Meinungsführern*

Allgemeine Merkmale	Produktspezifische Merkmale
• *geringeres Alter* • *höheres Einkommen* • *höherer beruflicher und sozialer Status* • *höheres Bildungsniveau* • *stärkeres Maß an sozialer Aktivität*	• *breiteres und tieferes Produktwissen in einem bestimmten Bereich* • *stärkeres Interesse an neuen Produkten in einer Kategorie und an Werbung für diese Produkte* • *größere Bereitschaft, Innovationen auszuprobieren*

Quelle: Eigene Darstellung auf Basis Koschnick 1995, S. 674.

Aus dem gesteigerten Interesse an bestimmten Themen, aber auch, um sich in ihrem sozialen Umfeld als Meinungsführer behaupten zu können, nutzen Meinungsführer Medien stärker als der Durchschnitt und suchen auch aktiv nach Informationen.[538] Entsprechend kommen SAUNDERS/DAVIS/MONSEES in ihrer Untersuchung zum Informationsverhalten von Meinungsführern zu dem Schluss, dass sich Meinungsführer von Nicht-Meinungsführern dahingehend unterscheiden, dass sie informationsaktiver sind[539] und entsprechend eher über Produktneuheiten informiert sind.[540] Grundsätzlich sind Meinungsführer aber auch offen für Ratschläge von anderen Menschen, was insgesamt zu einem überdurchschnittlichen Informationstand dieser Gruppe in einem oder mehreren Produkt- oder Themenbereichen führt. Übertragen auf die vorliegende Untersuchung ist daher anzunehmen, dass Meinungsführer eher als Nicht-Meinungsführer von zukünftigen PKW-Modellen erfahren und häufiger Produkt-Vorankündigungen wahrnehmen. In Analogie zur Unterscheidung der Meinungsführerschaft nach bestimmten Produkt- und Themenbereichen wird unterstellt, dass sich Meinungsführung seltener global auf das Thema Automobil, sondern vielmehr auf bestimmte Fahrzeugkategorien bezieht. Beispielsweise wird eine

---

[537] Vgl. Brüne 1989, S. 61.
[538] Vgl. Koschnick 1995, S. 669 ff.
[539] Vgl. Saunders/Davis/Monsees 1974, S. 222.
[540] Vgl. Beba 1992, S. 764.

Person, die über eine hohe graduelle Meinungsführung im Bereich exklusiver Sportwagen verfügt, vergleichsweise weniger über familien-freundliche Kombi-Modelle der Mittelklasse wissen. Auf Basis der vorangestellten Überlegungen soll folgende Hypothese formuliert werden:

H3: Je höher die graduelle Meinungsführerschaft, desto häufiger werden Produkt-Vorankündigungen in der relevanten Fahrzeugkategorie wahrgenommen

Kennzeichnend für Meinungsführer ist zudem die Tatsache, dass sie u.a. aufgrund ihres Informationsstandes bereit sind, Innovationen frühzeitig anzunehmen. Da sich Nachfrager in ihrer Bereitschaft, Innovationen zu übernehmen unterscheiden, können hieraus Schlüsse für die Planung und Realisierung von Produkt-Vorankündigungen gezogen werden.[541] Zur Klassifizierung potenzieller Nachfrager hinsichtlich ihres Adoptionsverhaltens schlägt ROGERS die Einteilung in fünf homogene Gruppen vor: (1) Innovators, (2) Early Adopters, (3) Early Majority, (4) Late Majority und (5) Laggards.[542] Wird eine Normalverteilung innerhalb der Zielgruppe in ihrer Gesamtheit angenommen, so ergibt sich die in Abbildung 36 dargestellte glockenförmige Verteilungsfunktion, welche die kumulierte Anzahl der Adopter im Zeitverlauf zeigt.[543]

Abbildung 36: Klassisches Diffusionsmodell von Rogers

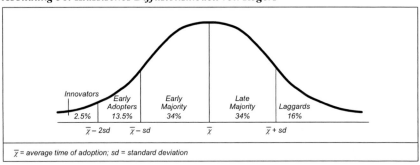

Quelle: Rogers 1962, S. 247.

---

[541] Vgl. z.B. Olshavsky/Spreng 1996

[542] Für eine ausführliche Beschreibung einzelnen der Adopter-Kategorien vgl. Rogers 2003, S. 282 ff.

[543] Da das Modell von Rogers einen starken Bezug auf die Verbreitung innovativer Konsumgüter aufweist, zeigen Mahajan/Muller/Srivastava auf Basis des Diffusionsmodells von Bass, dass die relative Größe der einzelnen Kundentypen abhängig ist von der Art der Innovation. Untersucht wurde das Adaptionsverhalten von Kunden in 11 verschiedenen Produktkategorien langlebiger Gebrauchsgüter wie z.B. TV-Geräte, Kühlschränke oder Bügeleisen. Vgl. Mahajan/Muller/Srivastava 1990, S. 44 und den dort angegebenen Verweisen zu Bass 1969. Eine Übertragung der Erkenntnisse auf die Automobilindustrie liegt nach Kenntnis des Autors in der Literatur nicht vor.

Den Ergebnissen von ROGERS folgend sind vor allem Innovators und Early Adopters, die neue Produkte zügig nach Markteinführung adaptieren, als wichtige Zielgruppe für Produktwerbung und insbesondere auch für Vorankündigungen zu sehen. Aufgrund der vorgestellten Merkmale sowie den Einstellungen und Verhaltensweisen können Meinungsführer weitgehend mit den **Innovatoren** gleichgesetzt werden.[544] Innovatoren werden beschrieben als Konsumenten, die stark an Neuheiten interessiert sind und daher oftmals als frühzeitige Käufer auftreten.[545] KROEBER-RIEL/WEINBERG bezeichnen Innovatoren als „Brückenköpfe" bei der Ausbreitung eines neuen Produktes und sehen sie als strategisch wichtige Kontaktstellen für das Marketing, da sie als Käufer und als Diffusionsagenten in Frage kommen.[546] VAHAJAN/MULLER argumentieren entsprechend: *„[...] despite the small size of the Innovator group, it is always optimal for a firm to allocate relatively more of its marketing efforts and resources to the Innovators than the Majority."*[547] Nach Einschätzung anderer Autoren unterscheiden sich Meinungsführer von Innovatoren dahingehend, dass Meinungsführer neue Produkte später kaufen und eher als frühe Adopter auftreten.[548] Zur Auflösung dieses Widerspruchs schlägt BÄNSCH die Mehrstufigkeit der Meinungsführerschaft vor. Innovatoren sollten demnach als Meinungsführer 1. Grades und frühe Adopter als Meinungsführer 2. Grades verstanden werden.[549] Trotz dieser Diskussion besteht in der Forschung Konsens darüber, dass den Meinungsführern eine Schlüsselstellung bei der Einführung und Diffusion neuer Produkte zukommt. Durch die gezielte Ansprache im Rahmen von Vorankündigungen kann nicht nur die Relais- und Verstärkerfunktion der Meinungsführer genutzt werden, um die Informationsdiffusion zu beschleunigen.[550] In ihrer Eigenschaft als Konsumenten mit hoher Bereitschaft, Innovationen frühzeitig zu adoptieren, können sie auch entscheidend zur Beschleunigung der Produktdiffusion beitragen.

Es wurde diskutiert, dass das Konstrukt Meinungsführerschaft als graduelle Größe anzusehen ist, die sich auf bestimmte Produktbereiche bezieht und als Ergebnis von

---

[544] Vgl. Kroeber-Riel/Weinberg 1996, S. 639. Die Gleichsetzung von Innovatoren und Meinungsführern wird von anderen Autoren unterstützt. Vgl. z.B. Rosenstiel/Ewald 1979, S. 122.

[545] Vgl. Trommsdorff 1975, S. 243.

[546] Kroeber-Riel/Weinberg 1996, S. 639.

[547] Mahajan/Muller 1998. Die Autoren fassen für ihr Verständnis von Innovatoren die in der Literatur gebräuchlichen Segmente „Innovators" und „Early Adopters" zusammen, während ihre Bezeichnung Majority die Gruppen „Early Majority" und „Late Majority" beinhaltet.

[548] Vgl. Scheuing 1970, S. 192.

[549] Vgl. Bänsch 2002, S. 112.

[550] Die Bedeutung der interpersonellen Kommunikation bei der Kaufentscheidung für höherwertige Gebrauchsgüter wurde in verschiedenen Studien nachgewiesen. Vgl. z.B. Meffert 1979, S. 50 ff.

interessegeleiteten Informationsaktivitäten mehr oder weniger stark ausgeprägt sein kann. Als Voraussetzung für die Ausbildung hoher gradueller Meinungsführung wurde das grundsätzlich hohe Interesse des Konsumenten an einem bestimmten Produktbereich sowie ein ausgeprägtes Wissen in diesem Produktbereich genannt. Damit wird klar, dass niemand zum Meinungsführer wird, der lediglich kurzfristig Wissen in einem bestimmten Bereich erworben hat. Vielmehr wird grundsätzlich von einer gewissen Stabilität der Meinungsführung eines Konsumenten ausgegangen, da die notwendige Sachkompetenz nur mittel- bis langfristig aufgebaut werden kann.[551] Es erscheint jedoch plausibel, dass die gesteigerte Informationssuchaktivität im Rahmen der Automobil-Kaufentscheidung eine Verstärkung der graduellen Meinungsführerschaft hervorrufen kann. Es wird daher ein Zusammenhang zwischen dem geplanten Kaufzeitpunkt und der Meinungsführerschaft vermutet:

H4:   Je näher der geplante Kaufzeitpunkt, desto höher die graduelle
          Meinungsführung eines Konsumenten

4.3.3 Individuelle Wechselneigung

Gesättigte Märkte wie der deutsche Automobilmarkt zeichnen sich u.a. dadurch aus, dass es für die Akteure weniger um die Hinzugewinnung neuer Abnehmerkreise, als um die Umverteilung vorhandener Bedarfskreise geht.[552] Für Automobilhersteller bieten sich in solch hoch kompetitiven Märkten grundsätzlich zwei Möglichkeiten, um den Absatz zu steigern. Sie können entweder Kunden von Wettbewerbsmarken von der Vorteilhaftigkeit des eigenen Angebots überzeugen und zum Markenwechsel anregen oder die Loyalität der bestehenden Kunden erhöhen: *„Increasing Customer Loyalty to one's brand may be especially important in the automobile industry as the introduction of new makes and models leads to increased competition. Makes of automobiles with high loyalty are probably less susceptible to competition from similar makes."*[553]

Die **Kundenloyalität** kann vereinfacht als Wiederkauf von Produkten eines Anbieters über einen bestimmten Zeitraum bezeichnet werden und ist durch ein

---

[551] Vgl. Brüne 1989, S. 117.

[552] Dieses gegenseitige Abwerben von Kunden verschlingt einen „nicht unbeträchtlichen Teil" des Marketingbudgets der einzelnen Anbieter. Vgl. Dichtl/Peter 1996, S. 15.

[553] McCarthy et al. 1992, S. 1390. Für einen Überblick zu bisherigen wissenschaftlichen Auseinandersetzung zum Thema Markenloyalität vgl. Lin/Wu/Wang 2000.

Vertrauensverhältnis, eine positive Einstellung und die Akzeptanz des Kunden bezüglich der Leistungsfähigkeit des Anbieters charakterisiert.[554] Die Bedeutung der Kundenloyalität liegt für Automobilhersteller neben dem Wiederholungskauf auch in der Generierung von Folgeumsätzen z.b. durch Finanzierungsdienstleistungen, Service- und Reparaturleistungen.[555] Grundsätzlich bestehen sowohl zwischen den verschiedenen Herstellermarken als auch zwischen den einzelnen Fahrzeugklassen z.T. deutliche Unterschiede hinsichtlich der Wiederkaufrate, wobei die Kundenloyalität in der Oberklasse stärker ausgeprägt ist, als in der Unterklasse.[556] In einer empirischen Untersuchung zeigt DITTMAR am Beispiel des Herstellers Toyota, dass sich der erwirtschaftete Deckungsbeitrag je Haltezyklus mit jedem Wiederholungskauf deutlich erhöht.[557] Kunden, die zum zweiten Mal einen Toyota kaufen, haben demnach einen um 8,2 Prozent höheren Wert als ein Erstkunde. Mit Kunden, die bereits zum vierten Mal ein Modell des Herstellers kaufen, wird sogar ein Deckungsbeitrag erzielt, der 19,7 Prozent höher ist als der Deckungsbeitrag von Erstkunden. Eine hohe Kundenloyalität kann dem Hersteller darüber hinaus die Partizipation am sozialen Aufstieg des Konsumenten ermöglichen, sofern die Produktpalette dies durch unterschiedlich positionierte Modellreihen zulässt.[558]

Als gesicherte Erkenntnis gilt, dass sich **Kundenzufriedenheit**[559] positiv auf die Kundenloyalität auswirkt.[560] Ist ein Kunde mit einem Produkt zufrieden, wird er es unter bestimmten Bedingungen wieder kaufen. Die Auswertung aktueller Daten zum Automobil-Kaufverhalten in Deutschland zeigt jedoch ein anderes Bild. Obwohl Konsumenten mehrheitlich sehr zufrieden sind mit ihrem aktuellen Modell, so hat die Kundenloyalität der deutschen Autokäufer in den Jahren 1998 bis 2003 um 18 Prozent abgenommen und wird voraussichtlich weiter sinken.[561] In der Literatur wird entsprechend argumentiert, dass Kundenzufriedenheit nicht zwangsläufig in höheren

---

[554] Vgl. Trommsdorff 2004, S. 146.

[555] Experten gehen von einem durchschnittlichen Umsatzpotenzial von ca. 300.000 € pro Haushalt über den gesamten Kundenlebenszyklus aus. Vgl. Dannenberg 2003, S. 89.

[556] Vgl. Bauer/Huber/Betz 1998, S. 126.

[557] Vgl. hier und im Folgenden Dittmar 2000, S. 114. Die Autoren Reichheld/Sasser argumentieren, dass loyale Kunden in den meisten Produktbereichen im Zeitverlauf profitabler werden. Sie führen dies darauf zurück, dass die Kosten für die Kundenakquisition nur einmalig anfallen, und sich zusätzliche Gewinne aus höherer Kauffrequenz, steigenden Rechnungsbeträgen und Preisaufschlägen sowie durch geringere Betriebskosten und Weiterempfehlungen realisieren lassen. Vgl. Reichheld/Sasser 1991, S. 111.

[558] Vgl. Bauer/Herrmann/Huber 1996, S. 119.

[559] Kundenzufriedenheit wird hier verstanden als Ergebnis eines Vergleichsprozesses zwischen den Kundenerwartungen vor dem Kauf und subjektiv wahrgenommenen Leistungen. Vgl. Tomczak/Dittrich 1997, S. 26.

[560] Vgl. Tomczak/Dittrich 1997, S. 26; Homburg/Krohmer 2003, S. 105; Herrmann/Huber 1997.

[561] Vgl. Dannenberg 2003, S. 91. Der Begriff Kundenloyalität wurde hier wie vorgeschlagen vereinfachend als Wiederkauf der gleichen Marke definiert.

Wiederkäufen resultiert.[562] Die relativ begrenzte prognostische Relevanz der Kundenzufriedenheit für die Kundenloyalität wurde insbesondere im Hinblick auf die Automobilbranche in verschiedenen Untersuchungen bestätigt. Nach den Ergebnissen von REICHHELD waren z.b. 85 bis 90 Prozent der befragten Konsumenten zufrieden mit der gewählten Marke, aber nur 40 Prozent kauften die gleiche Marke beim nächsten Kauf wieder.[563] Für die Entscheidung eines Konsumenten, die Marke zu wechseln, müssen daher neben der Unzufriedenheit mit dem Produkt weitere Gründe in Betracht kommen.

Eine wichtige Ursache für den Markenwechsel stellt das Streben der Kunden nach Abwechslung dar, das so genannte **Variety Seeking**.[564] Mit dem Konstrukt Variety Seeking wird versucht zu erklären, dass Konsumenten nicht nur aufgrund wahrgenommener Leistungsdefizite von einem Anbieter abwandern, sondern auch, weil sie ein Bedürfnis nach Abwechslung verspüren und in dem Markenwechsel selbst einen Nutzen sehen.[565] An dieser Entwicklung tragen die Automobilhersteller zumindest eine Teilschuld: Durch die Fragmentierung des Angebots und immer kürzer werdende Produktlebenszyklen wird der Wunsch der Konsumenten nach Abwechslung gefördert, die Konsumenten werden förmlich zum Modellwechsel animiert, der häufig mit dem Wechsel der Marke einhergeht.[566] Verstärkend wirkt zudem die hohe Markttransparenz, die den Kunden immer bessere Vergleichsmöglichkeiten bietet. Schließlich wird ein Markenwechsel vor allem dann in Betracht gezogen, wenn die wahrgenommene Produktqualität der eigenen Marke sinkt oder die von Wettbewerbern steigt.[567] Für die sinkende Kundenloyalität mitverantwortlich ist nach Ansicht von Experten auch das zunehmende **Preisbewusstsein** der Verbraucher: Nach den Ergebnissen einer repräsentativen Umfrage der Unternehmensberatung DELOITTE CONSULTING sind rund 50 Prozent der Autokäufer bereit, bei einem Preisunterschied von 3.000 Euro statt ihrer bevorzugten Marke ein günstigeres Konkurrenzangebot zu

---

[562] Vgl. z.B. Jones/Sasser 1995.

[563] Vgl. Reichheld 1993. Zu vergleichbaren Ergebnissen kommen z.B. die Untersuchungen von Dr. Lademann & Partner GmbH 2001, S. 28 und Dichtl/Peter 1996, S. 20.

[564] Vgl. Tscheulin 1994, S. 54.

[565] Den negativen Einfluss des Variety Seeking auf die Kundenbindung von Autokäufern bestätigen Dichtl/Peter in einer empirischen Untersuchung (n = 943) zur Kundenzufriedenheit in der Automobilindustrie. Vgl. Dichtl/Peter 1996, S. 27. Von anderen Autoren wird die Ansicht vertreten, dass bei langlebigen Konsumgütern nicht nur der Kauf eines neuen Produktes, sondern auch der rasche (markentreue) Ersatzkauf einen Reiz im Sinne des Variety Seeking darstellen kann. Vgl. Bayus 1991, S. 44 und Bayus/Gupta 1992, S. 260.

[566] Vgl. Diller 1996, S. 84; Mattes et al. 2004, S. 20.

[567] Vgl. Dannenberg 2003, S. 92.

wählen.[568] Wechselnde Interessen oder veränderte **Lebensumstände**, wie z.B. die Gründung einer Familie zählen ebenfalls zu den Gründen, die einen Modell- und/oder Markenwechsel bedingen können.[569]

Es kann festgestellt werden: Wenn ein Konsument die Entscheidung trifft, ein bestimmtes Modell erneut zu erwerben, muss das nicht notwendigerweise aus Zufriedenheit geschehen, sondern kann auch aus den beschriebenen anderen Gründen herrühren. Daher wird in Übereinstimmung mit UNGER mit der Erfassung der **Wechselneigung** eines Konsumenten beim nächsten Autokauf eine Negativ-abgrenzung zum Loyalitätsbegriff vorgeschlagen.[570] Mit dem Begriff Wechselneigung wird beschrieben, inwieweit ein Konsument beim geplanten Autokauf voraussichtlich von seiner Entscheidung beim vorherigen Autokauf abweichen wird. Die Wechselabsicht kann dabei aus den verschiedensten Motivationen und Anlässen resultieren und sich u.a. auf die Marke, die Fahrzeugkategorie oder den Händler beziehen, bei dem das aktuelle Modell erworben wurde.

Interpretiert man die empirischen Ergebnisse von GRONHAUG/TROYE zur Kundenloyalität von Autokäufern im Sinne dieser Argumentation, so besteht ein signifikanter positiver Zusammenhang zwischen der Wechselneigung und der Größe des Evoked Set.[571] Die Autoren argumentieren, dass markenloyale Kunden nur wenige konkrete Attribute zur Beurteilung von alternativen Produkten nutzen und die Beurteilung dieser Attribute zu einer vergleichsweise geringen Anzahl der ernsthaft in Frage kommenden Produktalternativen führt. Auch DIEZ legt dar, dass die positiven Erfahrungen eines Konsumenten mit seinem aktuellen Automobil einen negativen Einfluss auf die Informationssuchaktivität beim Folgekauf nach sich ziehen.[572]

Im Umkehrschluss ist daher anzunehmen, dass sich Konsumenten mit hoher individueller Wechselbereitschaft umfangreicher über erhältliche Alternativen in der

---

[568] Vgl. Deloitte Consulting 2004, S. 31. Die herausragende Bedeutung des Preises wird u.a. in einer länderübergreifenden Studie von Taylor Nelson Sofres bestätigt. Hier gaben rund 70 % aller Neuwagenkäufer an, dass Preisverhandlungen im Mittelpunkt des Kaufprozesses standen. Vgl. Taylor Nelson Sofres Automotive 2000, S. 7.

[569] Vgl. Abschnitt 2.2.3.1.

[570] Vgl. Unger 1998, S. 186.

[571] Vgl. Gronhaug/Troye 1980, S. 143 ff. Die Autoren befragten 96 Autokäufer zeitlich unmittelbar nach dem Kauf zur Anzahl der ernsthaft in Betracht gezogenen Produktalternativen. Vgl. zum Einfluss der Markenloyalität auf die Größe des Evoked Sets auch die Beiträge von Ostlund 1973 und Gruca 1989.

[572] Vgl. Diez 2001, S. 41. Zum Einfluss bisheriger Erfahrungen von Konsumenten auf den Kaufentscheidungs-prozess vgl. auch Srinivasan 1987, S. 321.

relevanten Fahrzeugklasse informieren, da ihre Anforderungen vom aktuellen Produkt oder Hersteller offensichtlich nicht erfüllt werden. Ein höheres Maß an Informations-suchaktivität wiederum erhöht die Wahrscheinlichkeit, dass Vorankündigungen bewusst wahrgenommen werden. Entsprechend wird folgende Hypothese aufgestellt:

H5:   Je größer die Wechselneigung, desto häufiger werden Vorankündigungen in der relevanten Kategorie wahrgenommen

Betrachtet man den Zusammenhang zwischen der Wechselneigung des Konsumenten und dem Einfluss einer Vorankündigung auf seine Kaufentscheidung, so wird deutlich, dass der Innovationsgrad des angekündigten Modells diese Beziehung offensichtlich beeinflusst.[573] Die Wirkung der Vorankündigung für eine **neue Modellgeneration** ist vermutlich am größten bei zufriedenen Kunden des Vorgängermodells, die keine oder nur eine geringe Wechselneigung verspüren.[574] Wird die aktuelle Baureihe durch die nächste Modellgeneration ersetzt, kann davon ausgegangen werden, dass die den Platz des vorherigen Modells im Evoked Set Kunden einnimmt. Wird hingegen eine **neue Baureihe** eingeführt, können potenzielle Käufer nicht auf bisherige Erfahrungen zurückgreifen.[575] Die Wirkung von Vorankündigungen für neue Baureihen ist daher vermutlich am größten bei Konsumenten mit hoher Wechselneigung. Der Definition von BARON/KENNY folgend ist der Innovationsgrad des vorangekündigten Automobils damit als **Moderatorvariable** zu verstehen, da er den Zusammenhang zwischen der unabhängigen und der abhängigen Variablen moderiert, d.h. die Richtung oder Intensität der Beziehung beeinflusst.[576] In Abhängigkeit der Ausprägung der Moderatorvariable wird also die Stärke der Wirkungsbeziehung zwischen der Wechselneigung und der Wirkung von Vorankündigungen beeinflusst, die hier als Einfluss auf die Kaufentscheidung definiert ist. Die sich ergebenden vier Konstellationen finden sich in Abbildung 37 zusammenfassend dargestellt.

---

[573] Wie die Fallbeispiele gezeigt haben, muss bei der Zielgruppendefinition zwischen neuen Baureihen und Nachfolgemodellen unterschieden werden. Die Vorankündigung für eine neue Modellgeneration richtet sich schwerpunktmäßig an bestehende Kunden des Herstellers und darüber hinaus an potenzielle Nachfrager, die aktuell ein Modell einer anderen Marke fahren. Für die Vorankündigung einer neuen Baureihe hingegen gilt, dass bisherige Fahrer der Marke nur dann angesprochen werden sollen, wenn das neue Modell im Vergleich zum aktuellen Fahrzeug des Konsumenten höherwertiger positioniert ist. Vgl. Abschnitt 3.1.3.

[574] Aktuelle empirische Untersuchungen haben gezeigt, dass etwa ein Drittel der Kaufinteressenten an ihrer Marke und dem Händler festhalten. Vgl. z.B. Dr. Lademann & Partner GmbH 2001, S. 28.

[575] Den Einfluss bisheriger Produkterfahrungen von Konsumenten auf die Wahrnehmung und Bewertung der Produktkommunikation untersuchen z.B. Alba/Hutchinson 1987 und Raju/Lonial/Mangold 1995.

[576] Vgl. Baron/Kenny 1986, S. 1174. Zur Definition von Moderatorvariablen vgl. auch die Arbeiten von Saunders 1956 und Zedeck 1971.

Abbildung 37: Einfluss der Wechselneigung auf die Kaufentscheidung unter Berücksichtigung des Innovationsgrades

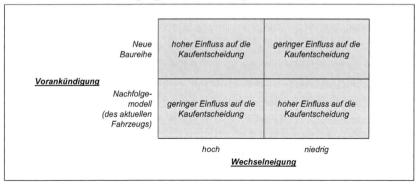

Quelle: Eigene Darstellung

Aus Kundenperspektive scheint es für den Zusammenhang von Wechselneigung und dem Einfluss der Vorankündigung auf die Kaufentscheidung also entscheidend, ob das vorangekündigte Modell das Nachfolgemodell des aktuellen Fahrzeugs ist oder ob es sich um eine neue Baureihe handelt. Entsprechend der dargelegten Überlegungen sollen folgende Hypothesen im Rahmen der empirischen Untersuchung überprüft werden:

H6a: Bei der Einführung einer neuen Baureihe gilt: Je größer die Wechselneigung eines Konsumenten, desto größer der Einfluss einer Produkt-Vorankündigung auf die Kaufentscheidung

H6b: Bei der Einführung des Nachfolgemodells des aktuellen Fahrzeugs des Konsumenten gilt: Je niedriger die Wechselneigung, desto größer der Einfluss einer Produkt-Vorankündigung auf die Kaufentscheidung

Die Untersuchung des Zusammenhangs zwischen Wechselneigung und der Wahrnehmung und Wirkung von Vorankündigungen unter Abhängigkeit des Innovationsgrades stellt eine zusätzliche Herausforderung für die empirische Erhebung dar. Schließlich müssen die Reaktionen auf die Vorankündigung einer neuen Baureihe und auf die Vorankündigung eines Nachfolgemodells erfasst werden.

4.4 Der Zusammenhang zwischen Wahrnehmung und Wirkung von Produkt-Vorankündigungen

Damit Vorankündigungen einen Einfluss auf die Kaufentscheidung von Konsumenten ausüben können, müssen sie zunächst wahrgenommen werden. Aus der Konsumentenforschung ist bekannt, dass die Wirkung von Kommunikationsmaßnahmen u.a. auch davon abhängt, wie oft Konsumenten die vermittelte Botschaft wahrnehmen.[577] Aktuelle Untersuchungen können entsprechend zeigen, dass ein positiver Zusammenhang besteht zwischen der Häufigkeit der Wiederholung einer Werbebotschaft und der wahrgenommenen Qualität des beworbenen Produktes[578] sowie der Glaubwürdigkeit des Unternehmens.[579] Die zugrunde liegende Annahme potenzieller Nachfrager ist, dass ein Unternehmen nur dann hohe Budgets in Kommunikation investiert, wenn es langfristig von der Qualität des beworbenen Produktes überzeugt ist. Übertragen auf das Phänomen Vorankündigung wird vermutet, dass ein Zusammenhang zwischen den beiden exogenen Variablen „Wahrnehmung von Produkt-Vorankündigungen" und „Wirkung von Produkt-Vorankündigungen" besteht:

H7:   Je häufiger Produkt-Vorankündigungen wahrgenommen werden, desto größer ist ihr Einfluss auf das Kaufentscheidungsverhalten von Konsumenten

Der Vorteil dieser Form der Erhebung liegt darin, dass die Wahrnehmung von Vorankündigungen im Gegensatz zu früheren Studien nicht als einmaliges Ereignis in die Auswertung eingeht,[580] sondern die allgemeine Wahrnehmung von realen Produkt-Vorankündigungen erfasst wird. Hierdurch wird zum einen eine höhere Realitätsnähe der Untersuchung erreicht. Zum anderen kann erstmalig analysiert werden, wie häufig Vorankündigungen wahrgenommen werden von Konsumenten, die sich konkret mit der Kaufentscheidung eines Neuwagens beschäftigen.

---

[577] Vgl. Nelson 1974; Kotler/Bliemel 1999, S. 1006 ff.
[578] Vgl. Moorthy/Hawkins 2005, S. 359.
[579] Vgl. Kirmani 1997, S. 82 ff.
[580] Vgl. Kohli 1999, S. 55.

4.5 Zusammenfassung

In diesem Kapitel wurde zunächst die Wahrnehmung als wichtigste Voraussetzung für die Wirkung von Vorankündigungen auf den Kaufentscheidungsprozess von Konsumenten identifiziert. Daran anschließend wurden die in Abschnitt 2.3 beschriebenen Wirkungen von Vorankündigungen aus Herstellersicht auf die Ebene des einzelnen Konsumenten übertragen. Resultierend aus den theoretischen Überlegungen wurde die Bereitschaft von Konsumenten zur Rückstellung geplanter Käufe als geeignete Variable zur Erfassung der Wirkung von Vorankündigungen bestimmt, da sie neben einer zeitlichen Umorientierung auch die inhaltliche Umorientierung der Kaufentscheidung zugunsten des vorangekündigten Produktes berücksichtigt. Als Merkmale von Konsumenten, die einen Einfluss auf die Wahrnehmung und Wirkung von Vorankündigungen haben, wurden die beiden Variablen „geplanter Kaufzeitpunkt" und „graduelle Meinungsführung" sowie die Variable „Wechselneigung" als Negativabgrenzung zum Loyalitätsbegriff identifiziert.

Die erarbeiteten Hypothesen zur Wahrnehmung von Vorankündigungen und ihrer Wirkung auf den Kaufentscheidungsprozess von Konsumenten, die die Anschaffung eines Automobils planen, sollen an dieser Stelle mit Hilfe eines Pfaddiagramms zusammengefasst werden. Die vermuteten Beziehungen zwischen den latenten Variablen[581] sind in Abbildung 38 als Pfade mit ihrer jeweiligen Wirkungsrichtung gekennzeichnet. Es werden direkte Einflüsse zwischen den Merkmalen des Konsumenten und der „Wahrnehmung von Produkt-Vorankündigungen" (H1, H3, H5) sowie der „Wirkung von Produkt-Vorankündigungen" vermutet (H2, H6). Der moderierende Einfluss des Innovationsgrades des vorangekündigten Produktes auf den Zusammenhang von „Wechselneigung" und „Wirkung von Produkt-Vorankündigungen" wird in den Hypothesen H6a und H6b berücksichtigt. Darüber hinaus umfasst das Pfaddiagramm auch die gerichteten Beziehungen zwischen den Variablen „geplanter Kaufzeitpunkt" und „graduelle Meinungsführung" (H4) sowie zwischen den beiden exogenen Variablen „Wahrnehmung von Produkt-Vorankündigungen" und „Wirkung von Produkt-Vorankündigungen" (H7).

---

[581] Als „latente Variablen" werden Variablen bezeichnet, die nicht direkt beobachtet und gemessen werden können. Vgl. Homburg/Krohmer 2003, S. 281.

Abbildung 38: Hypothesen zu Wirkungsbeziehungen der latenten Variablen

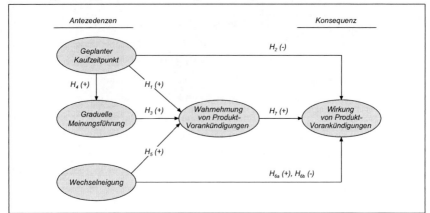

Quelle: Eigene Darstellung

Die Ausführungen im folgenden Kapitel widmen sich der empirischen Prüfung der entwickelten Hypothesen. Hierzu werden zunächst die Methodik und das Vorgehen für die empirische Untersuchung erarbeitet und geeignete Messmodelle zur Erfassung der Variablen entwickelt. Im Anschluss daran werden die Ergebnisse der Erhebung mittels gängiger statistischer Verfahren auf ihre Signifikanz geprüft und im Zusammenhang mit den aufgestellten Hypothesen diskutiert.

5 Empirische Untersuchung der Wirkung kundenorientierter Produkt-Vorankündigungen

Für die empirische Prüfung der theoretisch abgeleiteten Wirkungszusammenhänge zwischen den Merkmalen von Konsumenten und der Wahrnehmung und Wirkung von Vorankündigungen sollen Primärdaten erhoben werden. Hierzu wird zunächst auf die Grundlagen der empirischen Untersuchung eingegangen. Anschließend wird das Vorgehen der Datenanalyse dargestellt, wobei die geeignete Spezifizierung der Messmodelle und die Gütebeurteilung der Konstruktmessung im Vordergrund stehen. Im dritten Abschnitt des Kapitels wird die Operationalisierung der betrachteten latenten endogenen und exogenen Variablen erörtert. Es ist dabei ein Messinstrumentarium abzuleiten und empirisch zu überprüfen, welches den spezifischen Anforderungen der Ermittlung der Vorankündigungswirkung Rechnung trägt. Im letzten Abschnitt werden die Art und Stärke der Einflüsse mit Hilfe einer Kovarianzstrukturanalyse untersucht und die Resultate diskutiert.

5.1 Grundlegende methodische Aspekte der empirischen Untersuchung

In der Forschungsliteratur herrscht Einigkeit über die Bedeutung einer theoretisch korrekten Form der Operationalisierung latenter Variablen.[582] Aus diesem Grund werden im Folgenden zunächst die Unterschiede zwischen formativen und reflektiven Messmodellen vorgestellt und die Auswirkungen einer geeigneten Spezifizierung auf die empirische Erhebung diskutiert. Daran anschließend wird die Frage beantwortet, inwiefern ein varianz- oder ein kovarianzbasiertes Verfahren zur Schätzung der unterstellten Wirkungszusammenhänge zwischen den Konstrukten geeignet ist und anhand welcher Kriterien die Güte der Schätzung zu beurteilen ist.

5.1.1 Reflektive vs. formative Messmodelle

Um eine Überprüfung der in Kapitel 4 theoretisch herausgearbeiteten Hypothesen vornehmen zu können, müssen die relevanten Variablen mittels geeigneter Messmodelle erfasst werden. Dabei basiert das gewählte Vorgehen auf der grundlegenden Annahme, dass sich die empirischen Ausprägungen der zu

---

[582] Vgl. Diamantopoulos/Winklhofer 2001, S. 278; Bollen/Lennox 1991, S. 305.

untersuchenden Determinanten meist nicht über eine einzelne beobachtbare Variable zuverlässig erheben lässt. In der Literatur herrscht Einigkeit darüber, dass die Messung latenter Variablen stets über mehrere beobachtbare Indikatoren erfolgen sollte,[583] weshalb sie auch als „Konstrukte" bezeichnet werden.[584] Die Messung eines solchen Konstruktes setzt seine Konzeptualisierung und Operationalisierung auf Basis ausführlicher theoretischer Überlegungen voraus. Unter **Konzeptualisierung** eines Konstruktes wird die Erarbeitung der Konstruktdimensionen verstanden, wohingegen die **Operationalisierung** die Entwicklung des darauf aufbauenden Messmodells bezeichnet.[585] Im Rahmen der Arbeit sollen möglichst viele erprobte Messmodelle aus früheren Studien eingesetzt werden, da hierdurch die Reliabilität der Messung steigt und eine Vergleichbarkeit der ermittelten Daten möglich ist.

Um die Relation von Indikatoren zu den latenten Variablen zu beschreiben, wird zwischen formativen und reflektiven Indikatoren unterschieden.[586] Bei einem **reflektiven Messmodell** wird das Konstrukt als Verursachungsquelle der ihm zugeordneten Indikatoren verstanden, eine Änderung des Konstruktes bewirkt eine Änderung aller reflektiven Indikatoren.[587] Würde es sich bei den Indikatoren um fehlerfreie Messungen der latenten Variable handeln, besäßen alle Indikatoren untereinander einen Korrelationskoeffizienten von eins. Kennzeichnend für reflektive Messmodelle ist zudem, dass die einzelnen Indikatoren untereinander möglichst stark korreliert sein sollten, da sie grundsätzlich austauschbare Messungen der latenten Variable darstellen.[588] Entsprechend hat die Eliminierung eines Indikators nur geringen Einfluss auf die Validität des gesamten Faktors. Im Gegensatz dazu stehen die Indikatoren bei den so genannten **formativen Messmodellen** in einer umgekehrten Beziehung zum jeweiligen Konstrukt. Hier bedingen die Indikatoren die latente Variable, die Änderung eines einzelnen Indikators ruft die Änderung des Konstruktes hervor.[589] Im Unterschied zu reflektiven Messmodellen müssen Indikatoren einer formativen Konstruktspezifikation nicht miteinander korreliert sein, wobei die Eliminierung eines Indikators hier großen Einfluss auf die Validität des gesamten

---

[583] Vgl. Churchill 1979, S. 66; Peter 1981, S. 134.

[584] Vgl. Homburg/Giering 1996, S. 6. Die Begrifflichkeiten „Konstrukt" und „Faktor" werden in Übereinstimmung mit der Literatur in den weiteren Ausführungen synonym verwendet.

[585] Vgl. hierzu insbesondere die Arbeiten von Bollen/Lennox 1991; Homburg/Giering 1996; MacCallum/Browne 1993; Edwards/Bagozzi 2000.

[586] Vgl. Fassott/Eggert 2005, S. 31 ff.

[587] Vgl. Homburg/Giering 1996, S. 6.

[588] Vgl. Bollen/Lennox 1991, S. 308.

[589] Vgl. MacCallum/Browne 1993, S. 533.

Messmodells haben kann. JARVIS/MACKENZIE/PODSAKOFF haben einen Kriterienkatalog vorgelegt, der eine Entscheidung zugunsten formativer oder reflektiver Indikatoren ermöglicht.[590] Nach Ansicht anderer Autoren ist die Frage nach der kausalen Beziehung zwischen Indikator und Konstrukt bereits als ausreichendes Unterscheidungsmerkmal anzusehen, da sich die übrigen Eigenschaften hieraus ableiten lassen.[591] Die wesentlichen Unterschiede zwischen reflektiven und formativen Messmodellen sind in Abbildung 39 noch einmal zusammenfassend dargestellt.

Abbildung 39: Vergleich reflektiver und formativer Messmodelle

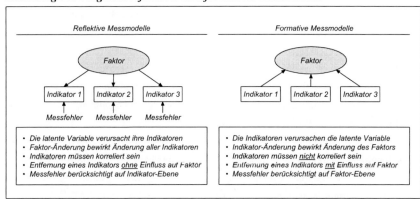

Quelle: In Anlehnung an Jarvis/Mackenzie/Podsakoff 2003, S. 201.

In Übereinstimmung mit der vorherrschenden Meinung in der aktuellen Literatur wird in der weiteren Arbeit besonderes Augenmerk auf eine korrekte Spezifikation der Messmodelle gelegt, da die Ergebnisse der Schätzung im Falle einer Fehlspezifikation grundsätzlich in Frage zu stellen sind.[592] So zeigen LAW/WONG für den Bereich der Arbeitszufriedenheit, dass sich bei falscher Spezifikation auch falsche Schätzungen für die Strukturbeziehungen ergeben.[593] Übereinstimmend können JARVIS/MACKENZIE/ PODSAKOFF mit Hilfe einer Simulationsstudie nachweisen, dass es bei Fehlspezifikationen zu einer substanziellen Verzerrung bei den Parameterwerten kommt.[594]

---

[590] Vgl. Jarvis/Mackenzie/Podsakoff 2003, S. 203.

[591] Vgl. Herrmann/Huber/Kressmann 2005, S. 13 f.

[592] Vgl. Edwards/Bagozzi 2000; Diamantopoulos/Winklhofer 2001. Auf Basis einer Analyse aller Beiträge, die in der Marketing Zeitschrift für Forschung und Praxis erschienen sind und Strukturgleichungsmodelle mit latenten Variablen verwenden, kommen Eggert/Fassott zu dem Schluss, dass rund 80 Prozent der eingesetzten Messmodelle falsch spezifiziert sind, was zu einer Verletzung der gängigen Gütekriterien und letztlich anderen Aussagen führen kann. Vgl. Eggert/Fassott 2003, S. 9 ff.

[593] Vgl. Law/Wong 1999, S. 156.

[594] Vgl. Jarvis/Mackenzie/Podsakoff 2003, S. 216.

Dass sich der Bedeutungsgehalt von Konstrukten ändert, die z.b. fälschlicherweise als reflektiv statt formativ spezifiziert sind, beschreibt auch ROSSITER in zwei konzeptionellen Arbeiten.[595] Das Autorengespann ALBERS/HILDEBRANDT hingegen argumentiert auf Basis ihrer Auswertung, dass es *„[...] weniger darauf ankommt, ob man nun die Konstrukte reflektiv oder formativ in den Strukturgleichungs-Modellen angenommen hat, sondern wie es zur Berücksichtigung bestimmter Indikatoren in die finale Auswertung gekommen ist.“*[596] Die Autoren kommen zu dem Schluss, dass sich letztendlich nicht prüfen lässt, ob der gewählte Ansatz zur Operationalisierung eines Konstruktes richtig oder falsch ist. Vielmehr restringiert die Spezifizierung als formatives oder reflektives Konstrukt das Untersuchungsergebnis, und man arbeitet möglicherweise mit einem unpassenden Modell.[597]

Zusammenfassend kann festgehalten werden, dass die falsche Spezifizierung der Indikatoren nicht unbedingt in einem falschen, allerdings in einem stark eingeschränkten Modell resultieren kann. In Übereinstimmung mit den vorgestellten Merkmalen von JARVIS/MACKENZIE/PODSAKOFF[598] werden die Indikatoren der Messmodelle für die empirische Prüfung der Hypothesen im Rahmen der vorliegenden Arbeit **reflektiv spezifiziert**. Soweit möglich, soll dabei auf bewährte existierende Modelle zurückgegriffen werden. Die Entwicklung neuer Messmodelle erfolgt nachvollziehbar auf Basis theoretischer Überlegungen und qualitativer Erkenntnisse.

5.1.2 Methoden und Programme der statistischen Auswertung

Zur Schätzung von Wirkungszusammenhängen in Strukturgleichungsmodellen stehen mit der **Kovarianzstrukturanalyse**[599] und dem **Partial Least Squares (PLS)-Verfahren** grundsätzlich zwei unterschiedliche Ansätze zur Verfügung. Da sich beide Verfahren vor allem im Hinblick auf die Schätzmethodik und die anwendbaren Messmodelle für latente Variablen unterscheiden, ist zu klären, welche Methodik im vorliegenden Fall zur Schätzung des Strukturgleichungsmodells am besten geeignet ist. Es ist anzumerken, dass die Wahl eines geeigneten Schätzverfahrens den Empfehlungen der Literatur folgen sollte, bei gleicher Datenlage allerdings

---

[595] Vgl. Rossiter 2002; Rossiter 2005.

[596] Albers/Hildebrandt 2006, S. 27.

[597] Vgl. Albers/Hildebrandt 2006, S. 14.

[598] Vgl. Jarvis/Mackenzie/Podsakoff 2003, S. 201.

[599] Für die Kovarianzstrukturanalyse wird synonym auch der unpräzisere, aber weiter verbreitete Begriff Kausalanalyse gebraucht. Vgl. ausführlich Homburg/Baumgartner 1995a; Homburg/Pflesser 2000b.

vergleichsweise geringe Unterschiede zwischen den Schätzwerten zu erwarten sind, die über kovarianzbasierte oder varianzbasierte Verfahren ermittelt wurden.[600]

Kovarianzbasierte Verfahren schätzen die Modellparameter, indem sie die empirische Kovarianzmatrix der Indikatoren bestmöglich reproduzieren. Das PLS-Verfahren, das ursprünglich von WOLD entwickelt wurde, zielt als varianzbasiertes Verfahren hingegen durch Minimierung der Varianz der Fehlerterme im Messmodell und im Strukturmodell auf die bestmögliche Reproduktion der empirisch gewonnenen Datenstruktur ab.[601] Als wichtigstes Kriterium für die Entscheidung für einen der beiden Ansätze gilt die Art der Messmodelle der latenten exogenen Variablen eines Kausalmodells.[602] Da jedoch alle latenten Variablen des vorliegenden Modells reflektiv spezifiziert sind, kämen theoretisch beide Ansätze in Betracht. Eine relativ hohe Fallzahl der Untersuchung ermöglicht den Einsatz beider Ansätze.[603] Für valide Schätzungen von Kovarianzstrukturmodellen wird im Schrifttum ein Stichproben-umfang von 200 und mehr vollständigen Fällen empfohlen, abhängig von der Anzahl zu schätzender Modellparameter und der dadurch determinierten Anzahl benötigter Freiheitsgrade.[604] Die Analyse von Strukturgleichungsmodellen mit dem PLS-Ansatz stellt dagegen weniger strenge Anforderungen an die Daten und kann für kleinere Stichproben eingesetzt werden, was allerdings mit Parameterschätzern von geringerer statistischer Qualität bezahlt werden muss.

Als weiteres Kriterium für die Entscheidung für eine bestimmte Methodik kann auch die Forschermotivation herangezogen werden.[605] Steht wie im vorliegenden Fall die empirische Validierung von theoretisch erarbeiteten Hypothesen im Vordergrund des Interesses, so ist grundsätzlich ein kovarianzbasiertes Schätzverfahren zu favorisieren.[606] Der Einsatz einer varianzbasierten Methodik bietet sich hingegen eher für Modelle an, in denen die Wirkungsbeziehungen zwischen den Konstrukten nicht klar spezifiziert sind. Gegen den Einsatz des PLS-Verfahrens sprechen darüber hinaus die relativ geringe Anzahl von Indikatoren je Konstrukt, die sich negativ auf die

---

[600] Vgl. Albers/Hildebrandt 2006, S. 26.

[601] Vgl. Wold 1980, S. 47 ff. Zum Ablauf des PLS-Algorithmus vgl. Chin/Newsted 1999, S. 315 ff.

[602] Für einen ausführlichen Vergleich der beiden Schätzmethoden Kovarianzstrukturanalyse und Partial Least Square-Verfahren vgl. Ringle 2004, S. 32 sowie auch Fornell/Bookstein 1982.

[603] Vgl. Chin/Newsted 1999, S. 314. Entscheidungsregeln für die benötigte Anzahl von Fällen zur Schätzung von PLS-Modellen existieren nicht; allerdings werden in einigen Untersuchungen bereits 20 beobachtete Fälle als ausreichend für eine zufrieden stellende Schätzung gesehen. Vgl. Chin/Newsted 1999, S. 335.

[604] Vgl. Bagozzi/Yi 1994, S. 19.

[605] Vgl. Chin/Newsted 1999, S. 337.

[606] Vgl. Gefen/Straub/Boudreau 2000, S. 26 f.

Qualität der Schätzerergebnisse auswirken kann sowie das Fehlen von Indizes zur Prüfung der Güte für die Gesamtheit eines Modells.[607] Als nachteilig ist auch zu werten, dass der PLS-Ansatz vor allem im deutschsprachigen Raum eingesetzt wird und bislang nur geringe Verbreitung in der betriebswirtschaftlichen Forschung gefunden hat.[608]

Aufgrund der dargestellten Überlegungen soll für die empirische Überprüfung der Hypothesen im Rahmen der Arbeit das Verfahren der **Kovarianzstrukturanalyse** eingesetzt werden. Weit verbreitete statistische Software-Programme für die kovarianzbasierte Parameterschätzung von Strukturgleichungsmodellen sind u.a. LISREL, EQS und AMOS.[609] In dieser Studie wird auf das Programmpaket AMOS (Analysis of Moment Structures) in der Version 5.01 zurückgegriffen, da es durch seine bedienungsfreundliche Anwenderoberfläche überzeugt und zunehmende Verbreitung findet.[610] Die methodische Vorgehensweise richtet sich nach den Empfehlungen von BACKHAUS ET AL.[611]

5.1.3 Gütebeurteilung der Konstruktmessung

Im Rahmen der empirischen Erhebung werden Beziehungen zwischen verschiedenen theoretischen Konstrukten untersucht. Unter einem theoretischen Konstrukt versteht man „*[...] an abstract entity which represents the ‚true', nonobservable state or nature of a phenomenon.*"[612] Um die Konstrukte als nicht direkt messbare Größen trotzdem empirisch erfassen zu können, werden Beziehungen zwischen beobachtbaren Variablen, die als Indikatoren bezeichnet werden, und dem Konstrukt spezifiziert.[613] In einem ersten Schritt gilt es zu beurteilen, ob die theoretisch erarbeiteten Konstrukte die Realität in ausreichendem Maße reflektieren. Zu diesem Zweck finden sich in der

---

[607] Die traditionellen parametrisch ausgerichteten Signifikanztests zur Modellbeurteilung eignen sich nicht für die PLS-Methode, da die Parameterschätzung nicht simultan erfolgt, wie bei kovarianzbasierten Verfahren. Vgl. Tenenhaus et al. 2004. Chin stellt in seiner Untersuchung verschiedene Kriterien zur Beurteilung von Teilmodellen nach dem PLS-Ansatz vor, die mit Hilfe der Software PLS Graph berechnet werden können. Vgl. Chin 1998, S. 316 ff. Für weitere Verfahren zur Beurteilung vgl. Gefen/Straub/Boudreau 2000, S. 42 ff. und Fornell/Cha 1994, S. 68 ff.

[608] Vgl. Herrmann/Huber/Kressmann 2005, S. 2.

[609] Einen Vergleich der Programme LISREL (Linear Structural Relationships) und EQS (Equation Based Structural Program) liefern z.B. Balderjahn/Scholderer 1998. Zu einer positiven Bewertung der Software AMOS kommt Hox in seinem Vergleich der drei gängigsten Programme AMOS, LISREL und EQS. Vgl. Hox 1995.

[610] Vgl. Arbuckle/Wothke 1999 sowie Arbuckle 2003.

[611] Vgl. Backhaus et al. 2003, S. 334 ff.

[612] Bagozzi/Fornell 1982, S. 24.

[613] Vgl. Homburg/Giering 1996, S. 6.

Literatur zahlreiche Gütekriterien, die jeweils in Abhängigkeit z.B. von der Stichprobengröße, dem Erhebungsverfahren oder der Komplexität des Modells zu verschiedenen Schlüssen führen können.[614] Die im Rahmen der Arbeit eingesetzten Gütemaße sollen nun kurz beschrieben werden.

GÜTEKRITERIEN DER ERSTEN GENERATION

Gemäß dem in der Literatur empfohlenen Vorgehen sollen die Konstrukte im ersten Schritt mit den Gütekriterien der ersten Generation geprüft werden. Hierzu zählen:

- die exploratorische Faktorenanalyse,
- das Cronbachsche Alpha und
- die Item-to-Total-Korrelationen.[615]

Ziel der **exploratorischen Faktorenanalyse** ist es, die vorliegenden Indikatoren auf die ihnen zugrunde liegende Faktorenstruktur hin zu untersuchen. Da die Indikatoren nur in einem hypothetischen Zusammenhang mit den reflektiven Konstrukten stehen, soll mit diesem Schritt überprüft werden, ob die Indikatoren die entsprechenden Konstrukte auch geeignet erfassen.[616] Dabei können solche Indikatoren eliminiert werden, die keine ausreichend hohe Ladung auf den Faktor aufweisen.[617] In der Literatur wird für die Faktorladungen ein Mindestwert von 0,4 gefordert.[618] Darüber hinaus wird der Empfehlung von HOMBURG/GIERING gefolgt, wonach ein Faktor mindestens 50 Prozent der Varianz der ihm zugeordneten Indikatoren erklären sollte.[619] Zu den am häufigsten angewandten Gütekriterien der ersten Generation zählt das **Cronbachsche Alpha**, das die Reliabilität von verschiedenen Indikatoren erfasst, die einen Faktor bilden.[620] Das Cronbachsche Alpha kann Werte zwischen null und eins einnehmen, wobei hohe Werte auf eine hohe Reliabilität hindeuten. Häufig wird in der Literatur ein Mindestwert von 0,7 für das Cronbachsche Alpha gefordert.[621] Dieser Mindestwert soll auch für die vorliegende Untersuchung gelten, wobei darauf hinzuweisen ist, dass neuartige, bisher wenig erforschte Untersuchungsgegenstände

---

[614] Vgl. Hayduk 1996, S. 201.

[615] Vgl. Homburg/Giering 1996, S. 8.

[616] Zur Vorgehensweise im Rahmen der exploratorischen Faktorenanalyse vgl. die ausführliche Darstellung bei Hüttner/Schwarting 2000, S. 383 ff. oder Backhaus et al. 2003, S. 259 ff.

[617] Vgl. Malhotra 1993, S. 619.

[618] Vgl. Homburg/Giering 1996, S. 8.

[619] Vgl. Homburg/Giering 1996, S. 12.

[620] Vgl. z.B. Peterson 1994; Voss/Stem/Fotopoulos 2000.

[621] Vgl. Nunnally 1978, S. 245. Allerdings werden in einigen Untersuchungen auch Werte von 0,4 als akzeptabel erachtet, speziell bei Faktoren, die nur durch zwei bis drei Indikatoren erklärt werden. Vgl. z.B. Peter 1997.

auch niedrigere Werte rechtfertigen können. Als drittes Gütekriterium wird die **Item-to-Total-Korrelation** herangezogen. Diese ist definiert als Korrelation eines Indikators mit der Summe aller Indikatoren, die demselben Faktor zugeordnet sind.[622] Aus diesem Grund wird die Item-to-Total-Korrelation als Eliminationskriterium für Indikatoren verwendet. Weist ein bestimmtes Konstrukt einen zu niedrigen Wert für Cronbachs Alpha auf, kann dieser durch den Ausschluss derjenigen Indikatorvariable mit der niedrigsten Item-to-Total-Korrelation erhöht werden.[623] Trotz der breiten Anwendung der Gütekriterien der ersten Generation weisen sie einige gravierende Nachteile auf. Beispielsweise unterstellt das Cronbachsche Alpha, dass alle Indikatoren eines Faktors die gleiche Reliabilität aufweisen, wodurch die Höhe des Koeffizienten positiv von der Anzahl der Indikatoren abhängt.[624] Weiter wird kritisiert, dass die Methoden der ersten Generation im Wesentlichen auf wenig transparenten Faustregeln beruhen und nicht mittels inferenzstatistischer Methoden überprüft werden können.[625]

GÜTEKRITERIEN DER ZWEITEN GENERATION

Die Kriterien der zweiten Generation basieren auf der **konfirmatorischen Faktorenanalyse**, welche einen Spezialfall der Kovarianzstrukturanalyse darstellt. Im Gegensatz zur exploratorischen Faktorenanalyse werden bei der konfirmatorischen Faktorenanalyse a priori Hypothesen über die Faktorenstruktur, die den Indikator-variablen zugrunde liegt, aufgestellt. Diese Struktur wird dann auf Basis der empirischen Daten überprüft. Zur Beurteilung der Reliabilität und Validität des Messmodells werden globale und lokale Gütemaße herangezogen.[626] Diese Gütemaße unterstützen die Beurteilung eines spezifizierten Modells und helfen bei der Entscheidung, ob ein spezifiziertes Modell für die Abbildung der empirischen Daten geeignet ist bzw. in Teilen modifiziert werden muss oder ob das Modell abgelehnt werden sollte.

Zur Beurteilung der Konsistenz des Gesamtmodells mit der empirischen Datenstruktur wurden folgende globale Anpassungsmaße im Rahmen der Analyse verwendet:

---

[622] Vgl. Nunnally 1978, S. 274.

[623] Vgl. Churchill 1979, S. 68.

[624] Vgl. Homburg/Giering 1996, S. 8.

[625] Vgl. Gerbing/Anderson 1988, S. 189.

[626] Globale Gütemaße bewerten, wie die in den Hypothesen definierten Beziehungen durch die empirischen Daten reflektiert werden. Lokale Gütemaße bewerten hingegen die Qualität von einzelnen Teilstrukturen, d.h. von Indikatoren und Faktoren im Messmodell. Vgl. Sharma 1996, S. 157 ff.

- der Goodness-of-Fit-Index (GFI),
- der Adjusted-Goodness-of-Fit-Index (AGFI),
- der Root Mean Square Residual (RMR).
- der Root Mean Squared Error of Approximation (RMSEA) sowie
- der Comparative Fit Index (CFI).

Der **Goodness-of-Fit-Index (GFI)** und der **Adjusted-Goodness-of-Fit-Index (AGFI)** sind deskriptive Anpassungsmaße, die den Unterschied zwischen modellierter und empirischer Kovarianzmatrix beurteilen. Beide Werte geben die relative Menge an Varianz und Kovarianz in der Stichprobe an, wobei der AGFI gemeinhin als aussagekräftiger beurteilt wird, da er im Gegensatz zum GFI die Freiheitsgrade des Modells honoriert.[627] GFI und AGFI können Werte zwischen null und eins annehmen, wobei in der Literatur Werte über 0,9 als ausreichend angesehen werden.[628] Der **Root Mean Square Residual (RMR)** misst das Gegenteil von GFI/AGFI, nämlich die durchschnittliche Restvarianz, also die nicht erklärte Varianz und Kovarianz in der Stichprobe. Der RMR sollte Werte von kleiner als 0,1 aufweisen.[629]

Zu den globalen Gütemaßen zählt auch der **Root Mean Squared Error of Approximation (RMSEA),** mit dem die Güte der Approximation des Modells an die erhobenen Daten geprüft wird. Der einschlägigen Literatur zufolge deuten Werte des RMSEA unter 0,05 auf eine gute Modellanpassung und Werte bis 0,08 auf eine akzeptable Modellanpassung hin.[630] Als letztes globales Gütemaß wird zur Bewertung der Konstruktmessung der **Comparative Fit Index (CFI)** herangezogen. Ähnlich wie der AGFI berücksichtigt auch der CFI die Freiheitsgrade des Modells. Allerdings wird beim CFI anders als bei den bisher dargestellten Gütemaßen die Güte eines spezifizierten Modells in Relation zu einem Basismodell beurteilt.[631] Für dieses Basismodell wird üblicherweise angenommen, dass alle Indikatorvariablen im Modell unabhängig sind und somit keine wesentlichen Informationen im Modell enthalten sind.[632] Für den CFI werden ebenfalls Mindestwerte von 0,9 angestrebt.[633]

---

[627] Die Freiheitsgrade (Degrees of Freedom, df) eines Gleichungsystems bezeichnen die Differenz zwischen der Anzahl der Gleichungen und der Anzahl der unbekannten Parameter. Vgl. Backhaus et al. 2003, S. 360.

[628] Vgl. Homburg/Baumgartner 1995b, S. 170.

[629] Vgl. Fritz 1992, S. 126

[630] Vgl. Browne/Cudeck 1993, S. 144.

[631] Vgl. Bentler/Bonett 1980; Bentler 1990.

[632] Vgl. Homburg/Pflesser 2000a, S. 427.

[633] Vgl. Homburg/Baumgartner 1995a, S. 168 ff.

Zur Beurteilung der Teilstrukturen des Modells (Indikatoren und Faktoren) wurden folgende Gütemaße im Rahmen der Arbeit herangezogen:

- die Indikatorreliabilität,
- die Faktorreliabilität sowie
- der t-Wert der Faktorladung eines Indikators

Die **Indikatorreliabilität** ist definiert als quadrierte Korrelation zwischen einem Faktor und einer zugehörigen Indikatorvariable. Sie gibt an, welcher Anteil der Varianz durch den zugrunde liegenden Faktor erklärt wird und berechnet sich als Quadrat der jeweiligen Faktorladungen.[634] Die Indikatorreliabilität ist normiert auf den Bereich von null bis eins, wobei hohe Werte auf eine hohe Reliabilität hindeuten. Für die Untersuchung wird ein Mindestwert von 0,4 gefordert, so dass mindestens 40 Prozent der Varianz einer Messvariable durch den dahinter stehenden Faktor erklärt werden sollen.[635] Im Rahmen der Überprüfung der Konvergenzvalidität der Faktoren wird die **Faktorreliabilität** herangezogen. Dabei wird untersucht, wie gut der jeweilige Faktor durch die Gesamtheit der Indikatoren gemessen wird. Die Faktorreliabilität kann ebenfalls Werte zwischen null und eins annehmen, wobei hohe Werte auf eine gute Modellanpassung schließen lassen. In Anlehnung an BAGOZZI/YI und HOMBURG/BAUMGARTNER werden im Rahmen der Untersuchung für die Faktorreliabilität Mindestwerte von 0,6 angestrebt.[636] Im Anschluss daran wird für alle im Kausalmodell geschätzten Parameter analysiert, ob sie signifikant von null verschieden sind. Mit diesem Test wird die Nullhypothese überprüft, ob die empirische der modelltheoretischen Kovarianzmatrix entspricht und das Modell ggf. abgelehnt werden muss.[637] Auf der Indikatorenebene sollte zudem getestet werden, ob die Faktorladung eines Indikators signifikant von null verschieden ist.[638] Dies ist der Fall, wenn der **t-Wert der Faktorladung** eines Indikators mindestens 1,65 bzw. 2,33 beträgt (einseitiger Test bei einem Signifikanzniveau von 5 Prozent bzw. 1 Prozent).[639] Die in der Arbeit verwendeten Gütekriterien der ersten und zweiten Generation sind in Tabelle 13 mit den jeweiligen Akzeptanzniveaus zusammenfassend dargestellt.

---

[634] Vgl. Fornell/Larcker 1981, S. 45.

[635] Vgl. Homburg/Baumgartner 1995a, S. 170.

[636] Vgl. Bagozzi/Yi 1988; Homburg/Baumgartner 1995a, S. 170.

[637] Vgl. Backhaus et al. 2003, S. 403.

[638] Als „Faktorladungen" werden die einfachen Regressionen der einzelnen Indikatoren auf die latente Variable bezeichnet. Vgl. Heck 1998, S. 178.

[639] Vgl. Homburg/Giering 1996, S. 11.

Tabelle 13: Verwendete Gütekriterien zur Beurteilung der Messmodelle

Kriterien der ersten Generation	Anspruchs-niveau	Quelle
Cronbachsches Alpha	> 0,7	Nunnally 1978
Item-to-Total Korrelation	> 0,4*	Homburg 1995
Erklärte Varianz	> 0,5	Homburg/Giering 1996

* Eliminierung des Indikators mit der niedrigsten Item-to-Total Korrelation, sofern Cronbachsches Alpha < 0,7

Kriterien der zweiten Generation	Anspruchs-niveau	Quelle
GFI (Goodness of Fit Index)	> 0,9	Homburg/Baumgartner 1995b
AGFI (Adjusted Goodness of Fit Index)	> 0,9	Homburg/Baumgartner 1995b
RMR (Root Mean Square Residual)	< 0,1	Fritz 1992
RMSEA (Root Mean Squared Error of Approximation)	< 0,08	Browne/Cudeck 1993
CFI (Comparative Fit Index)	> 0,9	Bentler 1990
Indikatorreliabilität	> 0,4	Homburg 2000a
Faktorreliabilität	> 0,6	Bagozzi/Yi 1988
t-Wert der Faktorladung	> 1,645	Homburg/Giering 1996

Quelle: Eigene Darstellung

Im Rahmen dieser Betrachtung muss erwähnt werden, dass die Werte, die zur Ablehnung des Modells oder von Teilen des Modells empfohlen werden, nur Richtwerte sind, die sich in der Forschungspraxis entwickelt haben. Definitive Werte, die zur Ablehnung eines Modells führen, lassen sich nicht allgemein gültig formulieren. Nach HOMBURG/BAUMGARTNER ist es nicht erforderlich, dass die vorgestellten Gütemaße ausnahmslos akzeptable Werte erreichen.[640] Ein Hinwegsetzen über die Richtgrößen ist dann vertretbar, wenn zwingende sachlogische Argumente die Ablehnung des Gesamtmodells verhindern.

5.2 Durchführung der empirischen Untersuchung

Im Mittelpunkt des folgenden Abschnitts stehen die Auswahl einer geeigneten Forschungsmethodik für die empirische Erhebung, die Festlegung der Stichprobe sowie die Beschreibung des Vorgehens bei der empirischen Datenerhebung.

5.2.1 Auswahl der Forschungsmethodik

Die Beantwortung der zweiten Forschungsfrage dieser Arbeit erfolgt ebenfalls mit Hilfe einer empirischen Untersuchung. Dabei wird angestrebt, für die Gütebeurteilung

---

[640] Vgl. Homburg/Baumgartner 1998, S. 363.

der verwendeten Messinstrumente u.a. auf die konfirmatorische Faktorenanalyse bzw. auf Reliabilitäts- und Validitätskriterien der zweiten Generation zurückzugreifen.[641] Da hierfür eine relativ große Stichprobe erforderlich ist,[642] bietet sich als Erhebungsverfahren die standardisierte Befragung von Konsumenten an.[643] Die Auswahl einer für die Primärerhebung geeigneten Forschungsmethodik orientiert sich an folgenden Kriterien: Realitätsnähe der Befragungssituation, geringe Komplexität, geringer Zeitaufwand für die Probanden sowie Wirtschaftlichkeit der Durchführung.

Grundsätzlich kommen für die vorliegende empirische Untersuchung die schriftliche Befragung, die telefonische Befragung sowie die mündliche Befragung als Erhebungsinstrumente in Betracht.[644] Eine **schriftliche Befragung** potenzieller Kunden im Autohaus, wie sie z.B. UNGER[645] durchführte, ist für die vorliegende Untersuchung nicht geeignet, da Antwortverzerrungen zu befürchten sind. Diese Verzerrungen ergeben sich zum einen aus der quasi-zufälligen Auswahl der Befragten. Zum anderen wurde in der theoretischen Diskussion festgestellt, dass der Besuch im Autohaus eher in späteren Phasen des Kaufprozesses stattfindet.[646] Konsumenten, die sich noch am Anfang der Kaufentscheidung befinden, wären durch dieses Verfahren systematisch unterrepräsentiert. Die Möglichkeit der postalischen Befragung entfällt aufgrund des fehlenden Zugriffs auf die Kundendatenbanken von Händlern oder Herstellern. Die **telefonische Befragung** muss ebenfalls aufgrund des fehlenden Datenzugriffs für eine forschungsökonomisch sinnvolle Probandenauswahl abgelehnt werden. Darüber hinaus scheint aufgrund des inflationären Einsatzes von Telefonbefragungen die Vermutung angebracht, dass die Befragten derartige Anrufe oft als Störung empfinden, und dass etwaige Zweifel an der Seriosität des Forschungsanliegens nicht eindeutig ausgeräumt werden können.[647]

Als Methodik für die empirische Primärerhebung wurde daher die **standardisierte mündliche Konsumentenbefragung** ausgewählt (vgl. Abbildung 40). Der wesentliche Vorteil gegenüber anderen Verfahren ist vor allem in der sehr guten Vergleichbarkeit der Antworten zu sehen, die sich aus dem hohen Ausmaß an

---

[641] Vgl. Abschnitt 5.1.3.
[642] Vgl. Homburg/Baumgartner 1995b, S. 1093.
[643] Die Befragung gilt als das am häufigsten eingesetzte Erhebungsverfahren in der Primärforschung, um originäre neue Daten zu einem bestimmten Themenbereich zu erheben. Vgl. Pepels 1995, S. 181.
[644] Für einen Vergleich der Methoden vgl. z.B. Pepels 1995, S. 185 ff.
[645] Vgl. Unger 1998, S. 197.
[646] Vgl. Abschnitt 2.2.1.
[647] Vgl. Pepels 1995, S. 202.

Kontrolle über Form und Ablauf des Interviews ergibt.[648] Gleichzeitig wird der Einfluss des Interviewers durch die vorgegebenen Fragen und Antwortmöglichkeiten begrenzt. Als vorteilhaft ist auch die im Vergleich zu anderen Befragungsmethoden geringere Verweigerungsquote zu bewerten, wodurch die Gefahr der Antwortverzerrung (Non-Response Bias) verringert wird.[649] Im Vergleich mit bisherigen Studien zur Wirkung von Produkt-Vorankündigungen, die meist auf Experimenten mit Studenten basieren,[650] wird zum einen die „Laborsituation" vermieden, die immer nur Teilaspekte der Wahrnehmung und Wirkung erfassen kann. Zum anderen ergibt sich durch die Befragung von Konsumenten, die tatsächlich einen Autokauf planen, eine höhere Realitätsnähe der Ergebnisse. Als nachteilig ist der hohe Zeit- und Personalaufwand bei der Erhebung großer Stichproben zu sehen, der allerdings durch die gesteigerte Aussagekraft der Ergebnisse kompensiert wird.

Abbildung 40: Forschungsmethodik – Mündliche Konsumentenbefragung

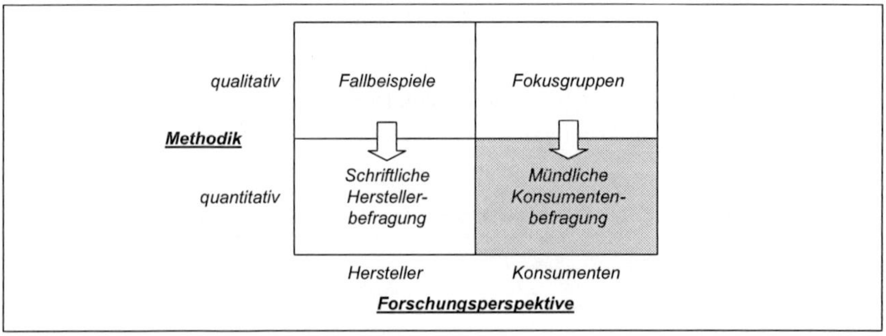

Quelle: Eigene Darstellung

5.2.2 Konzeption und Pretest des Fragebogens

Bei der Gestaltung des Fragebogens musste sorgsam abgewogen werden zwischen dem Erkenntnisinteresse der Untersuchung einerseits und einer möglichst geringen Anzahl von komplexen Fragen andererseits, um eine schnelle Ermüdung und Nicht-Kooperation der Befragungsteilnehmer zu verhindern.[651] Um das Antwortverhalten nicht zu beeinflussen, wurde darauf geachtet, dass die zentralen Hypothesen für die

---

[648] Zu den Vor- und Nachteilen der mündlichen Befragung vgl. Weis/Steinmetz 2000, S. 83 ff.; Bortz/Döring 2002, S. 237.

[649] Beispielsweise kann die Anzahl vollständig ausgefüllter Fragebögen im Vergleich zur schriftlichen Befragung deutlich gesteigert werden. Vgl. Aaker/Kumar/Day 2004, S. 235.

[650] Vgl. z.B. Schirm 1995; Schnoor 2000.

[651] Vgl. Nunnally/Bernstein 1994; Cortina 1993, S. 103.

Befragungsteilnehmer nicht erkennbar wurden.[652] Der konzipierte Fragebogen enthält vier Themenfelder.[653] Wie in Abbildung 41 zu sehen, erfolgt im ersten Schritt die Auswahl der definierten Zielgruppe. Fortgeführt wird die Befragung nur dann, wenn (1) die soziodemografischen Angaben der Auskunftsperson die Vorgaben des Quotenplans erfüllen, und wenn (2) die Person in den nächsten 24 Monaten die Anschaffung eines Neuwagens plant und maßgeblich an der Automobil-Kaufentscheidung beteiligt ist. Für die Analyse ist es dabei nicht relevant, ob die Kaufentscheidung nach Ansicht des Befragten bereits feststeht oder noch keine Wahl getroffen ist. Der zweite Teil des Fragebogens dient der Erfassung der Wahrnehmung und Wirkung von Vorankündigungen. Um den moderierenden Effekt des Innovationsgrades analysieren zu können, werden den Teilnehmern zwei Szenarien präsentiert. Im ersten Szenario wird die Bereitschaft zur Kaufrückstellung bei der Vorankündigung einer neuen Baureihe erfasst, während sich das zweite Szenario auf die fiktive Vorankündigung des Nachfolgemodells des aktuellen Fahrzeugs des Befragungsteilnehmers bezieht. Im dritten Teil werden die in Abschnitt 4.4 herausgearbeiteten Merkmale des Konsumenten erfasst, und der vierte Teil widmet sich der Erfassung ergänzender Daten, die zur Triangulation der Ergebnisse eingesetzt werden sollen.

Abbildung 41: Aufbau der Konsumentenbefragung

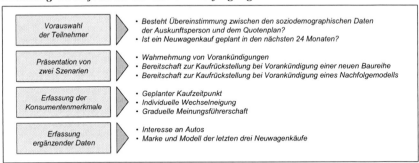

Quelle: Eigene Darstellung

Besonderer Wert wurde auf die präzise und verständliche Formulierung der Fragen gelegt, um eine schnelle Beantwortung zu gewährleisten, die möglichst keine Rückfragen seitens der Befragten erfordert. Zu diesem Zweck wurde im Vorfeld der Untersuchung ein **Pretest** mit 42 Konsumenten der Stichprobe durchgeführt.[654] Befragt wurden Besucher der Internationalen Automobilausstellung (IAA) in Frankfurt 2005, der traditionell am stärksten besuchten Automobilmesse im deutschsprachigen Raum.[655] Da auf der Messe zahlreiche neue PKW-Modelle angekündigt wurden, war es wichtig, die Probanden vor ihrem Messebesuch zu befragen, um die Verfälschung der Ergebnisse durch neue Eindrücke möglichst auszuschließen. Wesentliches Ziel des Pretests war es zu prüfen, ob Konsumenten die Fragen im Sinne der Fragestellung verstehen und inwieweit die Varianzen der Antworten mit den erwarteten Ergebnissen übereinstimmen.[656] Hierzu wurden die Befragungsteilnehmer gebeten, bei Beantwortung der Fragen „laut zu denken", um zusätzliche Anmerkungen, Kommentare und etwaige Verständnisfragen zu erfassen und zu klären. Änderungen des Fragebogens ergaben sich lediglich im Hinblick auf einzelne Formulierungen, die für die Durchführung der Hauptstudie entsprechend angepasst wurden.

5.2.3 Stichprobe

Ziel der empirischen Erhebung ist es, eine umfangreiche Stichprobe zu gewinnen, um die Wirkung von Vorankündigungen auf den Kaufentscheidungsprozess von Konsumenten zu erfassen und die erarbeiteten Hypothesen quantitativ überprüfen zu können. Der Erhebung vorangestellt werden Überlegungen bezüglich der Grundgesamtheit, der Auswahl eines geeigneten Selektionsverfahrens zur Stichprobengewinnung und der Festlegung der Stichprobengröße.[657]

Da sich die formulierten Hypothesen explizit auf Vorankündigungen für neue Automobile beziehen, umfasst die Grundgesamtheit all diejenigen Autofahrer, die in

---

[654] In der Literatur wird bereits eine Anzahl von 15 Befragten für den Pretest eines wenig komplexen Fragebogens als ausreichend angesehen. Vgl. z.B. Aaker/Kumar/Day 2004, S. 328.

[655] Nach einem Vergleich der Besucherzahlen der Automessen Internationale Automobilausstellung in Frankfurt/Main 2003, Genfer Automobilsalon 2005, Essen Motor Show 2004 und Mitteleuropäischer Automobilsalon AMI in Leipzig 2005. Vgl. Motor Presse Stuttgart 2005, S. 31. Das Forum „Automesse" wurde ausgewählt, da hier mit einem überdurchschnittlichen hohen Anteil auskunftswilliger Konsumenten gerechnet werden kann, die in nächster Zukunft den Kauf eines Autos beabsichtigen.

[656] Zu Zielen und Gestaltung von Pretests vgl. Aaker/Kumar/Day 2004, S. 328 ff.

[657] Vgl. Aaker/Kumar/Day 2004, S. 380.

den nächsten 24 Monaten die Anschaffung eines Neuwagens planen.[658] Der Stichprobenumfang orientiert sich an der erforderlichen Präzision der Ergebnisse und an forschungsökonomischen Gesichtspunkten. Allgemein gilt: Je größer der Umfang einer Stichprobe, desto besser kann die Grundgesamtheit widergespiegelt werden.[659] Mit zunehmender Stichprobengröße sinkt die Wahrscheinlichkeit für große Abweichungen, es wird eher statistische Signifikanz erreicht.[660] Grundsätzlich kommen als Auswahlprinzipien die Zufallsauswahl und die nicht-zufällige Auswahl in Frage.[661] Die Stichprobe der vorliegenden Untersuchung wurde in Anlehnung an bisherige Studien zur Automobil-Kaufentscheidung von Konsumenten über das **Quotenverfahren** als nicht-zufälliges Auswahlverfahren bestimmt.[662] Mit dem Quotenverfahren wird versucht, die Verteilung bestimmter Merkmale in der Grundgesamtheit in der Zusammensetzung der Stichprobe zu reflektieren.[663] Die Verteilung der Merkmale Alter und Geschlecht in der Grundgesamtheit aller potenziellen Autokäufer wurde über eine elektronische Zählung in der Allensbacher Markt- und Werbeträger-Analyse (AWA) des Jahres 2005 ermittelt.[664] Das Quotenverfahren kann dahingehend kritisiert werden, dass innerhalb des Quotenplans die Auswahl der Befragungspersonen letztlich den Interviewern obliegt.[665] Hierdurch könnten Verzerrungen entstehen, weil die Auswahl subjektiv beeinflusst wird. Die Eingrenzung solcher Effekte wird u.a. durch die eingehende Schulung der Interviewer erreicht.

5.2.4 Datenerhebung und Datenbasis

Die standardisierte mündliche Konsumentenbefragung wurde im Zeitraum vom 1. bis 3. November 2005 von drei erfahrenen Mitarbeitern des Marktforschungsinstituts ITEMS MARKTFORSCHUNG an hoch frequentierten Einkaufsstraßen in Berlin durchgeführt. Dabei wurde folgendes Vorgehen gewählt: Jeweils die erste geeignete Person, die den Standpunkt des Interviewers erreichte, wurde um die Teilnahme an der

---

[658] Im Bundesdurchschnitt planen rund 3,0 Mio. Personen in den nächsten 2 Jahren die Anschaffung (Kauf, Finanzierung, Leasing) eines Neuwagens, was einem Anteil von rund 6,6 % bezogen auf alle Autofahrer in Deutschland entspricht. Vgl. Institut für Demoskopie Allensbach 2005.

[659] Vgl. Pepels 1995, S. 163.

[660] Vgl. Homburg/Krohmer 2003, S. 269.

[661] Zu den Vor- und Nachteilen der Auswahlprinzipien für die Stichprobengewinnung vgl. z.B. Hammann/Erichson 2000, S. 131 ff.

[662] Vgl. z.B. Gruner + Jahr AG 2004, S. 101.

[663] Vgl. Aaker/Kumar/Day 2004, S. 389 f.

[664] Die Zählung wurde im Auftrag des Autors im August 2005 von der Abteilung Media Service des Gruner + Jahr Verlages, Hamburg, durchgeführt.

[665] Vgl. Hammann/Erichson 2000, S. 135 f.

Befragung gebeten. Die Auswahl erfolgte im ersten Schritt über den definierten Quotenplan nach Alter und Geschlecht. Um sicherzustellen, dass sich die Teilnehmer in einer konkreten Kaufentscheidungssituation befinden, wurde im zweiten Schritt erfragt, ob und wann die Anschaffung eines Neuwagens geplant ist. Nur bei positiver Antwort wurde die Befragung fortgeführt. Nach Beendigung des Interviews wurde dem Probanden als kleines Dankeschön eine Tafel Schokolade überreicht und die nächste Person um die Beantwortung der Fragen gebeten. Dass sich der überwiegende Teil der angesprochenen Personen zur Teilnahme bereit erklärte, ist vor allem mit dem grundsätzlich hohen Interesse an Autothemen und der professionellen Befragungstechnik der Interviewer zu erklären.[666] Es ist hinreichend bekannt, dass die Interviewer selbst einen Einfluss auf die Qualität der Befragungsergebnisse ausüben.[667] Aus diesem Grund wurden die Interviewer am Tag vor dem Beginn der Befragung durch den Autor ausführlich in den Umgang mit dem Fragebogen eingewiesen, einige Probeinterviews wurden durchgeführt und Erfahrungen ausgetauscht. Während der Erhebung selbst wurde auf die strikte Einhaltung der Auswahlmethodik geachtet und eine sehr gute Umsetzung der Anweisungen zur Durchführung der Interviews beobachtet. Insgesamt wurden 240 Personen befragt, nach einer Vollständigkeits-überprüfung wurden 233 Datensätze für die Analyse herangezogen. Die Zusammen-setzung der Stichprobe kann Tabelle 14 entnommen werden.

Tabelle 14: Zusammensetzung der Stichprobe der Konsumentenbefragung

	Stichprobe (n = 233)	Anteil in der Stichprobe	Anteil in der Grundgesamtheit*
Geschlecht			
• männlich	150	62,6 %	64,4 %
• weiblich	83	37,4 %	35,6 %
Altersgruppen			
• 18-29 Jahre	35	15,0 %	11,1 %
• 30-39 Jahre	47	20,2 %	19,5 %
• 40-49 Jahre	62	26,6 %	25,4 %
• 50-59 Jahre	43	18,5 %	20,4 %
• 60-69 Jahre	46	19,7 %	23,6 %

Strukturdaten aus Allensbacher Markt- und Werbeträger-Analyse (AWA) 2005.

Quelle: Eigene Darstellung

---

[666] Vgl. Motor Presse Stuttgart 2005, S. 21.
[667] Vgl. Pepels 1995, S. 197 ff.

Der Anteil der Altersgruppe 18 bis 29 Jahre ist im Vergleich zur Grundgesamtheit aller Personen, die in den nächsten zwei Jahren einen Autokauf planen, leicht überrepräsentiert, während die Altersgruppe 60 bis 69 Jahre in der Stichprobe leicht unterrepräsentiert ist. Aufgrund der vergleichsweise geringen Fallzahl und der geografischen Einschränkung der Untersuchung ist die vorliegende Stichprobe nicht repräsentativ für die Gesamtbevölkerung der Bundesrepublik Deutschland.[668] Entsprechend sind aufgrund der empirischen Befunde keine repräsentativen Aussagen über die deutsche Bevölkerung intendiert.[669] Insgesamt betrachtet bietet die Stichprobe jedoch eine sehr gute Grundlage für die Beantwortung der formulierten Untersuchungsfragen.

5.3 Operationalisierung der verwendeten Konstrukte

Zur Prüfung des Strukturgleichungsmodells ist es notwendig, die relevanten Merkmale von Konsumenten sowie die Wahrnehmung und Wirkung von Vorankündigungen empirisch zu erfassen. Mit Ausnahme des geplanten Kaufzeitpunkts handelt es sich bei den identifizierten Determinanten um latente Variablen, deren empirischen Ausprägungen nur über beobachtbare Indikatorvariablen gemessen werden können. Auf der Grundlage bisheriger Untersuchungen und theoretischer Überlegungen sollen im Folgenden geeignete Messmodelle für die empirische Erhebung entwickelt werden. Ferner soll anhand der beschriebenen Gütemaße geprüft werden, ob die Indikatoren die hypothetischen Konstrukte ausreichend reflektieren und tatsächlich als Messgrößen herangezogen werden können.

5.3.1 Operationalisierung der Merkmale des Konsumenten

In Abschnitt 4.4 wurden neben dem geplanten Kaufzeitpunkt auch der Grad an Meinungsführerschaft und die Wechselneigung von Konsumenten als relevante Kriterien identifiziert, die einen Einfluss auf die Wahrnehmung und Wirkung von Vorankündigungen ausüben können.

---

[668] Unter der Repräsentativität einer Stichprobe wird hier vereinfacht die Verallgemeinbarkeit der Ergebnisse auf die Grundgesamtheit verstanden. Vgl. Homburg/Krohmer 2003, S. 226.

[669] Es muss jedoch betont werden, dass die Erhebung repräsentativer Daten ein generelles Problem wissenschaftlicher empirischer Untersuchungen darstellt. Vgl. Stier 1996, S. 159.

GEPLANTER KAUFZEITPUNKT

Sowohl aus den qualitativen Ergebnissen der Fokusgruppen als auch aus aktuellen empirischen Untersuchungen kann geschlossen werden, dass Konsumenten offensichtlich eine recht klare Vorstellung über den Zeitpunkt ihres nächsten Autokaufs besitzen.[670] Dies liegt zum einen daran, dass mit dem Erwerb eines Autos oftmals vertraglich fixierte Zeitpunkte verbunden sind, welche die individuelle Kaufentscheidung beeinflussen können, wie z.b. im Falle auslaufender Leasing- oder Finanzierungsverträge. Daneben wird der geplante Kaufzeitpunkt auch von verschiedenen weiteren Kriterien beeinflusst, die in Abschnitt 2.3.3 ausführlich als soziodemographische und psychographische Determinanten beschrieben wurden. Im Gegensatz zu den bislang diskutierten latenten Variablen kann die Operationalisierung des geplanten Kaufzeitpunkts daher durch Selbstauskunft der Befragungsteilnehmer erfolgen. Zur weiteren Vereinfachung wurden für die Befragung Zeiträume von jeweils drei Monaten Abstand als Antwortmöglichkeiten vorgegeben.

MEINUNGSFÜHRERSCHAFT

Die Erfassung der graduellen Meinungsführerschaft kann bei größeren Stichproben nur näherungsweise erfolgen, denn sie erfordert im Idealfall die totale Transparenz der Kommunikations- und Beeinflussungsstrukturen der Grundgesamtheit. In bisherigen Untersuchungen wurden im Wesentlichen vier verschiedene Wege zur Erfassung der Meinungsführerschaft von Konsumenten eingesetzt:[671]

- die Beobachtung,
- die soziometrische Methodik,
- Auskünfte von Schlüsselinformanten sowie
- die Selbsteinschätzung von Konsumenten.

Bei der Beobachtung werden die Interaktions- und Kommunikationsstrukturen innerhalb einer Gruppe identifiziert und aufgezeichnet. Diese Methodik zeichnet sich aus durch eine hohe Validität, wird aber aufgrund des hohen Zeitaufwands vor allem für kleinere Gruppen empfohlen. Im Rahmen der soziometrischen Methodik werden die Mitglieder einer Gruppe befragt, wen sie zu bestimmten Themen um Rat bitten. Als Meinungsführer werden dabei die am häufigsten genannten Personen identifiziert. Alternativ dazu können auch Schlüsselinformanten zur Bestimmung der

---

[670] Vgl. Fokusgruppen vom 19. und 26. Mai 2005; Institut für Demoskopie Allensbach 2005.
[671] Vgl. hier und im Folgenden Rogers 2003, S. 308 ff.

Meinungsführer befragt werden, die sich durch besondere Kenntnis der Netzwerke innerhalb einer Gruppe auszeichnen. Am weitesten verbreitet ist die Methodik der **Selbsteinschätzung**, bei der die Auskunftspersonen direkt oder indirekt gefragt werden, in welchem Ausmaß sie sich selbst als Meinungsführer einschätzen. Die Erfassung der graduellen Meinungsführerschaft auf Basis von Selbsteinschätzungen ist möglich, da Kommunikationsprozesse von den Teilnehmern bewusst erlebt werden und sich Konsumenten meist über ihren Einfluss auf andere im Klaren sind. Für den Einsatz der Methodik sprechen des Weiteren ihre relativ einfache Erhebung mittels Befragungen und die Möglichkeit, auf bewährte Indikatoren zurückzugreifen.[672] Ein erster derartiger Ansatz wurde bereits 1944 von LAZARSFELD/BERELSON/GAUDET in einer Untersuchung zum Entscheidungsverhalten von Wählern beim Präsidentschafts- wahlkampf vorgestellt und später von KATZ/LAZARSFELD aufgegriffen. In beiden Untersuchungen wurde der Einfluss auf andere sowie die tatsächliche Ratgeberfunktion auf Basis einer Selbsteinschätzung der Teilnehmer beurteilt und im Ergebnis zwischen Meinungsführern (Opinion Leaders) und Nachfolgern (Followers) unterschieden.[673]

ROGERS/CARTANO kritisierten die Erfassung der Meinungsführerschaft über lediglich zwei Fragen als unzureichend und entwickelten ein Messverfahren, dass auf der Selbsteinschätzung von Konsumenten durch die Beantwortung von 6 Fragen beruht.[674] In den darauf folgenden Jahren wurden weitere Ansätze zur Messung der Meinungsführerschaft entwickelt, die jeweils auf den vorhergehenden Ansätzen basieren und sich auf diese beziehen.[675] Das sicherlich am weitesten verbreitete Verfahren zur Erfassung von Meinungsführung ist die Skala von KING/SUMMERS,[676] die später durch CHILDERS im Rahmen einer Studie zur Verbreitung des Kabelfernsehens weiter verbessert wurde.[677] CHILDERS ermittelte für seine modifizierte Skala einen Reliabilitätswert von 0,79 für Cronbachs Alpha.[678] Darüber hinaus stellte er fest, dass die Frage 5 aufgrund ihrer negativen Formulierung zu Missverständnissen

---

[672] Kritisch angemerkt werden kann, dass mit der Selbsteinschätzung nur eine Momentaufnahme der individuell wahrgenommenen Meinungsführung erfasst wird. Genauere Methoden versprechen jedoch nur einen geringen Zugewinn an Validität bei erheblich vergrößertem Untersuchungsaufwand und müssen aus Gründen der Forschungsökonomik ausgeschlossen werden. Vgl. Kroeber-Riel/Weinberg 1996, S. 511.

[673] Vgl. Lazarsfeld/Berelson/Gaudet 1944 und Katz/Lazarsfeld 1955.

[674] Vgl. Rogers/Cartano 1962, S. 436.

[675] In chronologischer Reihenfolge: Rogers/Cartano 1962; Troldahl/van Dam 1965; King/Summers 1970; Levy 1978; Childers 1986; Flynn/Goldsmith/Eastman 1994.

[676] Vgl. Flynn/Goldsmith/Eastman 1996, S. 138.

[677] Vgl. Childers 1986, S. 186.

[678] Vgl. Childers 1986, S. 187.

während der Befragung führen oder Reaktanzverhalten bei den Befragungsteilnehmern hervorrufen kann. Durch den Ausschluss der Frage fünf konnte CHILDERS die interne Konsistenz der Messung auf einen Wert von Alpha 0,83 steigern. Die konkreten Fragen der Skala sind in Abbildung 42 dargestellt.

Abbildung 42: Operationalisierung der Meinungsführerschaft nach Childers

Fragen zur Erfassung der Meinungsführerschaft

1. In general do you talk with your friends and neighbors about _____?
   very often   5   4   3   2   1   never

2. When you talk with your friends and neighbors about _____, do you:
   give a great deal of information   5   4   3   2   1   give very little information

3. During the past six months, how many people have you told about a new _____?
   told a number of people   5   4   3   2   1   told no one

4. Compared with your circle of friends, how likely are you to be asked a new _____?
   very likely to be asked   5   4   3   2   1   not at all likely to be asked

5. In a discussion of new _____ would you be most likely to:
   listen to your friends ideas   5   4   3   2   1   convince your friends of your ideas

6. In a discussion of new _____, which of the following happens most?
   you tell your friends about _____   5   4   3   2   1   your friends tell you about _____

7. Overall in all of your discussions with friends and neighbors are you:
   often used as a source of advice   5   4   3   2   1   not used as a source of advice

Quelle: Childers 1986, S. 186; Flynn/Goldsmith/Eastman 1994, S. 57.

Bei der Auswahl einer Methodik zur Operationalisierung des Konstrukts ist vor allem darauf zu achten, dass die Skala einsetzbar ist für die Messung von Meinungsführerschaft im Zusammenhang mit dem Kauf von **Automobilen**. In seiner Dissertation erfasste BRÜNE die Meinungsführung u.a. für PKW. Er verwendete dabei die Skala von KING/SUMMERS, die er ins Deutsche übersetzte und leicht modifizierte.[679] Aufgrund der hohen internen Konsistenz der Skala und der

---

[679] Brünes Ergebnisse zeigen einen vergleichsweise hohen Reliabilitätswert von 0,88 für Cronbachs Alpha. Vgl. Brüne 1989, S. 178.

Vergleichsmöglichkeit durch die untersuchte Produktkategorie wäre es nahe liegend, auf die Skala von BRÜNE zurückzugreifen. Allerdings wurde hier die Weiterentwicklung der Skala nicht berücksichtigt, da die Arbeit den relevanten Veröffentlichungen zeitlich vorgelagert war. Zur Operationalisierung der **graduellen Meinungsführung** wird daher die Skala von CHILDERS eingesetzt. Die deutsche Übersetzung der Fragen wurde mit Hilfe des Pretests auf Konsistenz und Verständlichkeit hin überprüft. Da sich die Frage 5 wiederholt als problematisch für die interne Konsistenz des Konstruktes herausgestellt hat, wurde der Empfehlung gefolgt, diese auszuschließen.[680] Die Auswertung der Daten zeigte zudem, dass zwei Indikatorvariablen für das Konstrukt Meinungsführerschaft nicht auf den gleichen Faktor laden. Daher wurden diese Indikatoren im Hinblick auf die Unidimensionalität des Konstrukts eliminiert und von der weiteren Untersuchung ausgeschlossen. Das reflektive Messmodell umfasst somit vier stark korrelierende Indikatoren und erfüllt sämtliche Gütemaße. Der Wert von 0,90 für Cronbachs Alpha liegt leicht über den Ergebnissen von CHILDERS und BRÜNE. Die detaillierten Ergebnisse der Analyse des Konstrukts sind in Tabelle 15 aufgeführt.

Tabelle 15: Informationen zum Konstrukt „Graduelle Meinungsführerschaft"

Indikatoren	Item-to-Total Korrelation	Indikator- reliabilität	t-Wert der Faktorladung
Ganz allgemein gesehen, wie oft sprechen Sie mit Ihren Freunden und Bekannten über Autos?	eliminiert		
Wieviel Information geben Sie Ihrer Meinung nach Ihren Freunden und Bekannten, wenn Sie sich über Autos unterhalten?	0,71	0,57	13,08
Mit wievielen Menschen haben Sie in den letzten 6 Wochen über Autos gesprochen?	eliminiert		
Verglichen mit Ihren Freunden und Bekannten, wie wahrscheinlich ist es, dass Sie zum Thema Auto um Rat gefragt werden?	0,81	0,75	16,04
Wenn Sie mit Freunden und Bekannten über Autos sprechen, hören Sie eher die meiste Zeit zu oder erzählen Sie die meiste Zeit?	0,79	0,73	15,63
Haben Sie den Eindruck, dass Sie von Freunden und Bekannten als gute Quelle für Ratschläge bezüglich Autos betrachtet werden?	0,78	0,70	15,26
Cronbachsches Alpha	0,90	GFI	1,00
Faktorreliabilität	0,80	AGFI	1,00
Erklärte Varianz	76,5%	RMR	0,01

Quelle: Eigene Darstellung

---

[680] Vgl. Childers 1986, S. 187.

INDIVIDUELLE WECHSELNEIGUNG

In Abschnitt 4.4.3 wurde das Konstrukt „Wechselneigung" als Negativabgrenzung zum Loyalitätsbegriff vorgestellt. Die Operationalisierung des Konstrukts kann daher über Abweichungen vom bisherigen Kaufverhalten eines Konsumenten erfolgen, die sich u.a. im Wechsel der Marke, Wechsel der Fahrzeugklasse und dem Wechsel des Händlers manifestieren können. Im Hinblick auf den Marken- und Fahrzeugklassen-wechsel lassen sich in Anlehnung an die Ausführungen von UNGER folgende Konstellationen unterscheiden:[681]

- Die Kaufentscheidung ist mit einem Markenwechsel verbunden. Der Konsument bleibt in der *gleichen* Fahrzeugklasse.
- Die Kaufentscheidung ist mit einem Markenwechsel verbunden. Der Konsument wechselt in eine *andere* Fahrzeugklasse.
- Die Kaufentscheidung ist *nicht* mit einem Markenwechsel verbunden. Der Konsument wechselt jedoch in eine *andere* Fahrzeugklasse desselben Herstellers.

Obwohl für alle drei Situationen eine Vielzahl der bereits diskutierten Motive für den Wechsel in Betracht kommen können, weisen z.B. die qualitativen Ergebnisse der Fokusgruppen auf typische Motivstrukturen hin. Der Markenwechsel innerhalb der gleichen Fahrzeugklasse resultiert meist aus Unzufriedenheit mit dem aktuellen Modell oder aus dem Wunsch nach Abwechslung (Variety Seeking). Für den zweiten und dritten Fall scheinen hingegen eher Gründe wie die Änderung sozialer und finanzieller Verhältnisse ausschlaggebend zu sein. Ein Wechsel der Fahrzeugklasse kann hin zu einer niedrigeren (down-grading) oder zu einer höheren Klasse (up-grading) erfolgen.

Relevant für die Automobil-Kaufentscheidung ist auch die Wahl des Vertriebskanals. Die Vertragshändler der Automobilhersteller sind mit einem Anteil von rund 82 Prozent aller Neuwagenverkäufe noch immer der dominierende Vertriebsweg in Europa.[682] Wird das Wechselverhalten von Konsumenten um die Perspektive des Händlerwechsels erweitert, ergeben sich drei weitere Kombinationen:

- Die Kaufentscheidung ist mit einem Markenwechsel verbunden. Der Konsument bleibt in der *gleichen* Fahrzeugklasse und *wechselt* den Händler.

---

[681] Vgl. hier und im Folgenden Unger 1998, S. 187 ff.
[682] Vgl. Dr. Lademann & Partner GmbH 2001, S. 29.

- Die Kaufentscheidung ist mit einem Markenwechsel verbunden. Der Konsument wechselt in eine *andere* Fahrzeugklasse und *wechselt* den Händler.
- Die Kaufentscheidung ist *nicht* mit einem Markenwechsel verbunden. Der Konsument wechselt in eine *andere* Fahrzeugklasse desselben Herstellers, aber *wechselt* den Händler.

Da sich die Mehrzahl der PKW-Händler in Deutschland trotz Inkrafttreten der neuen Gruppenfreistellungsverordnung (GVO) im Oktober 2002 noch immer auf den Vertrieb einer einzigen Automarke beschränkt,[683] ist der Markenwechsel für den Konsumenten in den meisten Fällen mit dem Wechsel des Händlers verbunden. Der theoretisch denkbare Fall, dass wieder ein Modell der gleichen Marke gekauft werden soll und dennoch ein Händlerwechsel beabsichtigt wird, ist hingegen relativ selten zu beobachten. Neuwagenkäufer beurteilen ihren Händlerbetrieb überwiegend positiv und kaufen Fahrzeuge der gleichen Marke meist beim gleichen Händler.[684] Es ist daher anzunehmen, dass ein spontaner Wechsel des Händlers aus Motiven wie Variety Seeking nicht stattfindet. Vielmehr ist die Entscheidung für oder gegen die Kontaktaufnahme mit einem anderen Händler als rational gesteuerter Entscheidungsprozess zu verstehen.[685]

In der Forschung werden verschiedene Möglichkeiten zur Analyse der **Wechselneigung** diskutiert. Liegen Paneldaten vor, so kann z.B. aus dem tatsächlichen Wechselverhalten mittels Markoff-Modellen auf die Kundenbindung geschlossen werden.[686] Wahlexperimente mittels Conjoint Analysen können eingesetzt werden, um den Einfluss bestimmter Stimuli (z.B. Preis, Ausstattung) auf das Wahlverhalten von Konsumenten zu bestimmen.[687] Eine geeignete Möglichkeit, die Wechselneigung mit relativ geringem Aufwand zu erfassen, stellt zudem die direkte Befragung dar. Hier bietet sich das reflektive Messmodell von UNGER an, dass die stark korrelierenden Indikatoren Markenwechselneigung, Produktklassenwechselneigung und Händlerwechselneigung beinhaltet.[688] Aus der Kombination dieser drei

---

[683] Noch immer beschränken sich rund zwei Drittel der befragten Händler auf den Vertrieb einer Marke. Die geringe Anzahl von Händlerbetrieben mit mehreren Marken fokussiert sich zudem meist auf Marken eines Unternehmens, z.B. VW/Audi. Vgl. Europäisches Verbraucherzentrum 2005, S. 1.

[684] Vgl. Deutsche Automobil Treuhand GmbH 2005, S. 22.

[685] Vgl. Unger 1998, S. 188. Neben der Unzufriedenheit über das wahrgenommene Preis-Leistungsverhältnis ist theoretisch auch die Geschäftsaufgabe des Händlers oder der Umzug des Konsumenten als Ursache für den Händlerwechsel denkbar.

[686] Zu Definition und Einsatzgebieten von Markoff-Modell vgl. Kaas 2001, Sp. 1031.

[687] Vgl. Hahn 1997, S. 47.

[688] Vgl. Unger 1998, S. 290.

Merkmale wird ersichtlich, wie loyal ein Konsument gegenüber seinem bisherigen Modell und gegenüber der Marke einzustufen ist - das Konstrukt kann als die hinter dem Verhalten stehende Erklärung angesehen werden.[689] Die Antworten werden über eine Likert-Skala erfasst.[690] Grundsätzlich hat der Einsatz erprobter Konstrukte den Vorteil, dass die Reliabilität der Messung steigt und eine Vergleichbarkeit der ermittelten Daten möglich ist. Wie aus Tabelle 16 ersichtlich, werden die definierten Gütemaße in der Untersuchung durchgängig erfüllt. Die Faktorreliabilität des Konstruktes liegt mit 0,75 zwar geringfügig unter dem von UNGER ermittelten Wert von 0,79,[691] jedoch deutlich über dem geforderten Anspruchsniveau von 0,60.[692]

Tabelle 16: Informationen zum Konstrukt „Wechselneigung"

Indikatoren	Item-to-Total Korrelation	Indikator-reliabilität	t-Wert der Faktorladung
Wie hoch ist die Wahrscheinlichkeit, dass Ihr nächstes Fahrzeug wieder derselben Fahrzeugklasse angehört wie ihr derzeitiges?	0,61	0,63	13,27
Wie hoch ist die Wahrscheinlichkeit, dass Sie Ihr nächstes Fahrzeug bei dem selben Autohändler kaufen?	0,80	0,91	16,64
Wie hoch ist die Wahrscheinlichkeit, dass Sie bei ihrem nächsten Auto wieder die gleiche Marke kaufen werden?	0,71	0,44	10,68

Cronbachsches Alpha	0,84	GFI	—*
Faktorreliabilität	0,75	AGFI	—*
Erklärte Varianz	76,0%	RMR	—*
Bei drei Indikatoren hat ein konfirmatorisches Modell keine Freiheitsgrade, die Berechnung ist daher nicht sinnvoll.			

Quelle: Eigene Darstellung

Die **Triangulation**[693] der erhobenen Daten zur Wechselneigung erfolgte über die Analyse des historischen Kaufverhaltens der Konsumenten, indem zusätzlich zur aktuellen Marken- und Modellwahl auch die letzten zwei zurückliegenden Käufe erfasst wurden. Ein häufiger Wechsel der Marke und der Fahrzeugklasse in der Vergangenheit wird als Indikator für eine relativ hohe Wechselneigung in der Zukunft gewertet, während Konstanz im Kaufverhalten eher geringe Wechselneigung für künftige Käufe signalisiert. Konkret nimmt der so erfasste Näherungswert für die Wechselneigung Werte zwischen 2 (bei der Nennung einer Marke und einer Fahrzeugklasse) und 6 (bei Nennung von drei verschiedenen Marken und drei

---

[689] Vgl. Fornell/Bookstein 1982, S. 440 ff.

[690] Likert-Skalen erfassen die Urteile der Probanden über verschiedene Grade der Zustimmung zu oder Ablehnung von verbalen Äußerungen des Interviewers. Vgl. Pepels 1995, S. 291 f.

[691] Vgl. Unger 1998, S. 225.

[692] Vgl. Homburg/Baumgartner 1995a, S. 170.

[693] Unter dem Begriff Triangulation wird in den Sozialwissenschaften die Kombination verschiedener Methoden bei der Untersuchung desselben Phänomens verstanden. Hierdurch wird das Ziel verfolgt, die Validität der empirischen Erkenntnisse zu erhöhen. Vgl. Denzin 1978, S. 291; Flick 1995, S. 432.

Fahrzeugklassen) ein, wobei hohe Werte eine hohe Wechselneigung und geringe Werte eine geringe Wechselneigung indizieren.[694] Die Analyse ergab, dass eine starke Korrelation zwischen der ermittelten und der historischen Wechselneigung besteht.

5.3.2 Operationalisierung der Wahrnehmung von Vorankündigungen

Es wurde bereits deutlich, dass der kognitiv kontrollierte Prozess der Entscheidungsbildung nicht direkt beobachtet werden kann. Mit Hilfe eines Modells wurde versucht zu zeigen, wie Automobil-Kaufentscheidungen unter Berücksichtigung von Produkt-Vorankündigungen ablaufen. Dabei wurde die Wahrnehmung als Grundvoraussetzung für die Wirkungsentfaltung und damit als erstes Wirkungsziel einer Produkt-Vorankündigung identifiziert.[695] Aus Mangel an erprobten Konstrukten zur Erfassung der Wahrnehmung von Vorankündigungen wurde ein neues Messmodell entwickelt. Die Indikatoren wurden zunächst aus theoretischen Überlegungen heraus gebildet und auf Basis der Ergebnisse in den Fokusgruppen weiterentwickelt. Konkret sollten sich die Probanden in Form einer Selbsteinschätzung zu folgenden Punkten äußern:

- das allgemeine Wissen über künftige Modelleinführungen
- die Wahrnehmung von Informationen über künftige Modelleinführungen in den Medien, z.B. in Form von Presseberichten oder klassischen Kommunikationsmaßnahmen
- die Wahrnehmung von Informationen über künftige Modelleinführungen über personelle Kommunikationskanäle, wie z.B. in Gesprächen mit Freunden
- die Berücksichtigung künftiger Modelle bei der Kaufentscheidung

Der Vorteil dieser Form der Erhebung liegt darin, dass die Wahrnehmung von Vorankündigungen im Gegensatz zu früheren Studien nicht als einmaliges Ereignis in die Auswertung eingeht,[696] sondern die allgemeine Wahrnehmung von realen Produkt-Vorankündigungen erfasst wird. Hierdurch wird zum einen eine höhere Realitätsnähe der Untersuchung erreicht. Zum anderen kann erstmalig analysiert werden, wie häufig Vorankündigungen wahrgenommen werden von Konsumenten, die sich konkret mit der Kaufentscheidung eines Neuwagens beschäftigen. Die Eignung der Indikatoren zur

---

[694] Um Verzerrungen zu vermeiden, wurden von der Analyse sämtliche Fälle ausgeschlossen, in denen weniger als drei vorgehende Kaufentscheidungen genannt wurden.

[695] Vgl. Abbildung 11 in Abschnitt 2.2.4.

[696] Vgl. Kohli 1999, S. 55.

Bildung des Konstruktes wurde im Pretest mit 42 Probanden der Stichprobe getestet. Dabei wurden die gängigen Gütemaße vollständig erfüllt, lediglich einige Formulierungen wurden im Sinne der besseren Verständlichkeit für den Fragebogen der Hauptuntersuchung angepasst. Wie aus Tabelle 17 ersichtlich ist, liegen die Gütemaße zur Konstruktbeurteilung auch in der Hauptstudie über den geforderten Anspruchsniveaus.

Tabelle 17: **Informationen zum Konstrukt „Wahrnehmung von Produkt-Vorankündigungen"**

Indikatoren	Item-to-Total Korrelation	Indikator-reliabilität	t-Wert der Faktorladung
Ich weiß, welche Modelle in der für mich interessanten Fahrzeugklasse in den nächsten 12 Monaten eingeführt werden	0,79	0,71	15,41
Ich nehme oft Berichte über neue Modelle wahr, die erst in Zukunft eingeführt werden	0,82	0,78	16,69
Ich spreche häufig mit Freunden und Bekannten über Autos, die es noch nicht zu kaufen gibt	0,84	0,80	17,08
Bei meiner Kaufentscheidung berücksichtige ich auch Modelle, die erst in den nächsten Monaten eingeführt werden	0,69	0,53	12,52

Cronbachsches Alpha	0,90	GFI		1,00
Faktorreliabilität	0,80	AGFI		0,98
Erklärte Varianz	77,6%	RMR		0,01

Quelle: Eigene Darstellung

5.3.3 Operationalisierung der Wirkung von Vorankündigungen

Die Wirkung von Vorankündigungen ließe sich am einfachsten ex-post über das tatsächliche Kaufverhalten von Konsumenten erfassen, die eine bestimmte Vorankündigung wahrgenommen haben. Hierzu würde sich eine Panel-Befragung anbieten, bei der ausgewählte Konsumenten über den Zeitraum des Kaufentscheidungsprozesses wiederholt befragt werden.[697] Da die Erfahrung zeigt, dass derartige Befragungen sowohl extrem zeit- als auch kostenintensiv sind, muss dieses Vorgehen aus forschungsökonomischen Gründen abgelehnt werden. Eine weitere Möglichkeit wäre die Befragung von Konsumenten, die ein neues Modell bereits vor der Markteinführung verbindlich bestellt haben, da hier der Einfluss der Kommunikation ausschließlich auf die Vorankündigung zurückgeführt werden kann.[698] Allerdings steht bei diesem Vorgehen eine Verzerrung der Ergebnisse zu befürchten, da die Vorbestellung eines angekündigten Modells nur für besonders risikofreudige

---

[697] Für eine Diskussion der Vor- und Nachteile der Panelforschung vgl. Bortz/Döring 2002, S. 450 f.
[698] Vgl. Fallbeispiele BMW 1er und Audi A3, Abschnitt 3.1.

Konsumenten (bei neuen Baureihen) oder besonders markenloyale Konsumenten (bei Nachfolgemodellen) in Betracht kommt.[699] Würden andererseits auch Kunden inkludiert, die das angekündigte Modell kurz nach der Markteinführung erworben haben, besteht die Verzerrungsgefahr darin, dass sich die Wirkung der Vorankündigung mit der Wirkung der Kommunikation nach Markteinführung überlagert.

Die Wirkung von Produkt-Vorankündigungen soll daher darüber erfasst werden, inwieweit es ihr gelingt, eine zeitliche und inhaltliche Umorientierung der ursprünglich geplanten Kaufentscheidung eines Konsumenten hervorzurufen.[700] In Anlehnung an den in Abschnitt 2.2.4 entwickelten Kaufentscheidungsprozess unter Berücksichtigung von Produkt-Vorankündigungen bietet sich hierfür die Erfassung der Bereitschaft der Konsumenten zur **Kaufrückstellung** an. Die Bereitschaft zur Kaufrückstellung kann ähnlich dem Konzept der Kaufabsicht als „Vor-Entscheidung" von Konsumenten begriffen werden, die durch das Zusammenwirken von emotionalen und kognitiven Wirkungen entsteht und wesentlich dafür verantwortlich ist, ob ein Produkt letztlich gekauft wird oder nicht.[701] Eine hohe Realitätsnähe der Ergebnisse wird dadurch sichergestellt, dass ausschließlich Konsumenten befragt werden sollen, die sich konkret mit dem Kauf eines Neuwagens beschäftigten und in maximal 24 Monaten die Anschaffung eines Autos planen. Das Konstrukt Kaufrückstellung setzt sich aus folgenden stark korrelierenden Indikatoren zusammen, die im Rahmen der Fokusgruppen identifiziert wurden:

- die grundsätzliche Bereitschaft zur Kaufrückstellung
- die Wahrscheinlichkeit zur Kaufrückstellung
- die Bereitschaft zur Kaufrückstellung in Monaten

Wesentlicher Bestandteil der empirischen Erhebung ist die Differenzierung der Vorankündigungen hinsichtlich des **Innovationsgrades** des angekündigten Modells. Zu diesem Zweck wurden die drei Indikatoren des Konstrukts jeweils zweifach erhoben. Im ersten Szenario wurde den befragten Personen eine fiktive Produkt-Vorankündigung für eine neue Baureihe präsentiert, die ihre Anforderungen an einen Neuwagen hinsichtlich den relevanten Faktoren Preis, Design und Ausstattung

---

[699] Vgl. Fokusgruppen vom 19. und 26. Mai 2005.
[700] Vgl. Abschnitt 4.2.
[701] Vgl. Kroeber-Riel/Weinberg 1996, S. 588.

erfüllt.[702] Das zweite Szenario bezog sich auf die fiktive Vorankündigung des Nachfolgemodells des aktuellen Fahrzeugs des Befragten.[703] Im Anschluss an das jeweilige Szenario wurden die befragten Personen gebeten, ihre Bereitschaft zur Kaufrückstellung einzuschätzen.

Da nur solche Konsumenten befragt werden, die sich zum Zeitpunkt der Erhebung mit der Kaufentscheidung auseinandersetzen, wird durch dieses Vorgehen eine hohe Realitätsnähe erreicht. Eine vorläufige Eignungsprüfung beider Messmodelle erfolgte im Pretest, was jedoch zu keinen Änderungen bezüglich der gewählten Indikatoren führte. Wie aus Tabelle 18 ersichtlich, werden alle Gütemaße der Konstruktprüfung sehr gut erfüllt, was auf eine hohe inhaltliche Validität der Erhebung schließen lässt.

Tabelle 18: *Informationen zum Konstrukt „Einfluss auf die Kaufentscheidung: Neue Baureihen"*

Indikatoren	Item-to-Total Korrelation	Indikator-reliabilität	t-Wert der Faktorladung
Könnten Sie sich vorstellen, Ihren geplanten Kauf zurückzustellen und auf die Markteinführung der neuen Baureihe zu warten?	0,84	0,83	17,26
Wie wahrscheinlich ist es, dass Sie Ihren geplanten Kauf zurückstellen würden?	0,83	0,81	17,02
Um wieviele Monate würden Sie den Kauf maximal zurückstellen?	0,76	0,64	14,35

Cronbachsches Alpha	0,90	GFI	—*
Faktorreliabilität	0,75	AGFI	—*
Erklärte Varianz	83,9%	RMR	—*
* Bei drei Indikatoren hat ein konfirmatorisches Modell keine Freiheitsgrade, die Berechnung ist daher nicht sinnvoll.			

Quelle: Eigene Darstellung

Die gleichen Indikatoren wurden auch zur Messung des Einflusses von Vorankündigungen für Nachfolgemodelle eingesetzt. Auch hier ergaben die in Tabelle 19 dargestellten Befunde für die Beurteilung der Konstruktmessung, dass sämtliche Gütekriterien erfüllt wurden und das Konstrukt zur Schätzung der vermuteten Wirkungsbeziehungen eingesetzt werden kann.

---

[702] Vgl. Abschnitt 4.1.3.

[703] Auf die Beurteilung von Produkt-Vorankündigungen für Nachfolgemodelle von Wettbewerbern des aktuellen Fahrzeugs des Konsumenten musste aus Komplexitätsgründen verzichtet werden.

Tabelle 19: **Informationen zum Konstrukt „Einfluss auf die Kaufentscheidung: Nachfolgemodelle"**

Indikatoren	Item-to-Total Korrelation	Indikator-reliabilität	p-Wert der Faktorladung
Könnten Sie sich vorstellen, Ihren geplanten Kauf zurückzustellen und auf die Markteinführung des Nachfolgemodells [Ihres aktuellen Autos] zu warten?	0,87	0,84	17,94
Wie wahrscheinlich ist es, dass Sie Ihren geplanten Kauf zurückstellen würden?	0,89	0,83	18,70
Um wieviele Monate würden Sie den Kauf maximal zurückstellen?	0,83	0,75	16,35

Cronbachsches Alpha	0,93	GFI	—*
Faktorreliabilität	0,75	AGFI	—*
Erklärte Varianz	88,3%	RMR	—*

* Bei drei Indikatoren hat ein konfirmatorisches Modell keine Freiheitsgrade, die Berechnung ist daher nicht sinnvoll.

Quelle: Eigene Darstellung

5.4 Auswertung der Ergebnisse

Das in Kapitel 4 entwickelte Strukturmodell beruht auf der Annahme, dass bestimmte Merkmale von Konsumenten einen Einfluss auf die Wahrnehmung und Wirkung von Produkt-Vorankündigungen ausüben. Die folgenden Ausführungen beschreiben das Vorgehen der Datenanalyse und der Überprüfung der entwickelten Hypothesen. Neben der Analyse der Stärke der vermuteten Beziehungen des Kausalmodells interessiert vor allem, ob die Vorzeichen der empirischen mit den theoretischen Beziehungen übereinstimmen. Der vermutete Einfluss des Innovationsgrades des vorangekündigten Modells wird durch die zweifache Erfassung der exogenen Variable "Wirkung von Produkt-Vorankündigungen" berücksichtigt. Entsprechend wird zunächst der Einfluss der Merkmale von Konsumenten auf die Wahrnehmung und Wirkung von Vorankündigungen für neue Baureihen diskutiert. Im Anschluss daran werden die Ergebnisse für das Strukturmodell der Vorankündigung von Nachfolgemodellen vorgestellt und bewertet.

5.4.1 Der Einfluss der Merkmale von Konsumenten auf die Wahrnehmung und Wirkung von Vorankündigungen für neue Baureihen

Vor der eigentlichen Beurteilung der Schätzergebnisse wurde eine Plausibilitätsprüfung vorgenommen, um widersinnige Ergebnisse, wie z.B. standardisierte Koeffizienten mit Werten größer als eins oder extrem hohe Korrelationen zu identifizieren. Im nächsten Schritt wurde das Kausalmodell für die Vorankündigung einer neuen Baureihe einer globalen Gütebeurteilung unterzogen, um zu überprüfen, inwieweit das entwickelte Modell einen akzeptablen Fit mit dem empirischen Datensatz darstellt. Auf Basis dieser Befunde lassen sich sowohl Aussagen über die Qualität der Messungen als auch über die Existenz von substanziellen Einflüssen zwischen den als exogen spezifizierten Konstrukten und den als endogen aufgefassten Konstrukten treffen. Insgesamt zeigt sich, dass die globalen Maße zur Beurteilung der Modellgüte durchgängig gute Werte aufweisen, was auf eine hohe Anpassungsgüte des Modells hindeutet. Der GFI beträgt 0,94, erklärt also 94 Prozent der gesamten Ausgangsvarianz. Auch die Werte für den AGFI (0,91) und CFI (0,98) weisen mit Werten über dem geforderten Schwellenwert von 0,90 auf einen guten Modellfit hin. Die Gütemaße RMR und RMSEA sind mit Werten von jeweils 0,05 ebenfalls als sehr gut zu bezeichnen und erfüllen das jeweils geforderte Anspruchsniveau.[704]

Die Überprüfung der Hypothesen H1 bis H7 erfolgt mit Hilfe der Kovarianzstrukturanalyse. Wie bereits diskutiert, erlaubt es dieser methodische Ansatz explizit zwischen beobachteten und theoretischen Variablen zu trennen. Messfehleranteile können separiert und die vermuteten kausalen Zusammenhänge können getestet werden. In dem zugrunde liegenden Kausalmodell werden die Wahrnehmung von Produkt-Vorankündigungen und ihr Einfluss auf das Kaufentscheidungsverhalten von Konsumenten als endogene Variablen berücksichtigt. Die in den vorigen Abschnitten hergeleiteten Merkmale von Konsumenten bilden die exogenen Variablen. Neben den gerichteten Abhängigkeitsbeziehungen zwischen den drei exogenen und den zwei endogenen Variablen (H1, H2, H4, H5, H6a) umfasst das Strukturmodell auch die gerichteten Beziehungen zwischen den Variablen Kaufzeitpunkt und graduelle Meinungsführerschaft (H3) sowie zwischen den endogenen Variablen (H7).

In Abbildung 43 sind die empirischen Ergebnisse aus dieser Schätzung zusammenfassend skizziert. Die Pfeile verdeutlichen die Hypothesen, deren Stärke messtechnisch durch die dargestellten standardisierten Regressionskoeffizienten ausgedrückt wird. Stimmen die Vorzeichen dieser Koeffizienten nicht mit der Richtung der jeweiligen Hypothese überein, muss die aufgestellte Hypothese falsifiziert werden.

---

[704] Vgl. Tabelle 1 in Abschnitt 5.1.3.

Abbildung 43: Ergebnisse der Hypothesenprüfung, Vorankündigung neue Baureihe

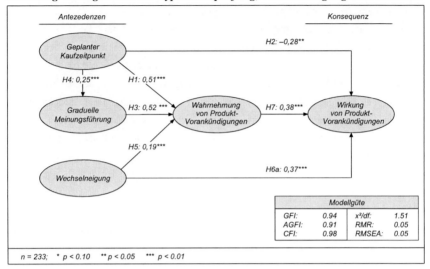

Quelle: Eigene Darstellung

Die Analyse der geschätzten Pfadkoeffizienten in Abbildung 43 zeigt, dass sämtliche Untersuchungshypothesen bestätigt werden können. Alle Beziehungen weisen das unterstellte Vorzeichen auf und sind überwiegend auf dem 1%-Niveau signifikant. Lediglich die Hypothese H2 ist auf dem 5%-Niveau signifikant, was jedoch ebenfalls als ausreichend anzusehen ist. Nach der erfolgreichen empirischen Validierung sollen die aus der Schätzung gewonnenen Pfadkoeffizienten des Kausalmodells im Folgenden inhaltlich interpretiert werden.

Die Hypothese H1, die einen positiven Effekt des individuellen Kaufzeitpunktes auf die Wahrnehmung von Vorankündigungen postuliert, wird klar bestätigt. Je weiter der Kaufentscheidungsprozess fortschreitet, desto intensiver informieren sich Nachfrager über die erhältlichen Produktalternativen und nehmen auch entsprechend häufiger Vorankündigungen für neue Modelle wahr. Auffallend ist hier die relative Stärke dieses Effekts im Vergleich zu den übrigen standardisierten Effekten auf die Wahrnehmung, die auf eine hohe Relevanz dieses Faktors schließen lässt. Die Ergebnisse der Kausalanalyse unterstützen ebenfalls die Hypothese H2, wonach die Wirkung von Vorankündigungen davon abhängig ist, in welcher Phase des Kaufentscheidungsprozess sich der Konsument zum Zeitpunkt der Wahrnehmung der Vorankündigung befindet. Da sich die Kaufentscheidung im Laufe der Zeit verfestigt, fällt der Einfluss einer Vorankündigung auf die Kaufentscheidung umso geringer aus, je näher der geplante Kaufzeitpunkt rückt. Dieses Verhalten lässt sich damit begründen, dass es durch die Aufnahme der externen Informationen aus der Vorankündigung zu Widersprüchen mit der bereits getroffenen Entscheidung kommen kann, wenn sich das vorangekündigte Modell als attraktivere Option darstellt.[705] Mit zunehmender Nähe zum Kaufzeitpunkt werden durch die ausgeprägte Informationssuche zwar häufiger Vorankündigungen wahrgenommen,[706] eine Beeinflussung der Kaufentscheidung wird jedoch erschwert, da Konsumenten versuchen, den beschriebenen kognitiven Konflikten aus dem Weg zu gehen, indem sie die Auseinandersetzung mit den Inhalten der Vorankündigung vermeiden.

Ein relativ starker Effekt ergibt sich zwischen gradueller Meinungsführerschaft und der Wahrnehmung von Produkt-Vorankündigungen (H3). Menschen, die in ihrem sozialen Umfeld als Meinungsführer für Autos agieren, sind überdurchschnittlich stark an Informationen über neue Autos interessiert, nutzen eine Vielzahl von Informationsquellen und nehmen entsprechend häufiger Vorankündigungen wahr. Darüber hinaus untermauern die Ergebnisse auch die These, dass sich die graduelle Meinungsführerschaft mit zunehmender Nähe des Kaufzeitpunkts verstärken kann (H4). Diese Erkenntnis erscheint unmittelbar einsichtig: Während des Kaufprozesses wird die Informationsaufnahme verstärkt, das Wissen um vorhandene Produktalternativen weitet sich aus. Folglich können sich Meinungsführer fundierter in Diskussionen zum Thema einbringen und Personen ihres sozialen Umfelds stärker in der Meinungs- und Entscheidungsbildung beeinflussen.

Schließlich ist die Wahrnehmung von Vorankündigungen auch abhängig von der Wechselneigung eines Konsumenten (H5). Je stärker die Absicht ausgeprägt ist, das aktuelle Fahrzeug zu wechseln, desto häufiger werden Vorankündigungen in der relevanten Fahrzeugkategorie wahrgenommen. Der Wechsel des Fahrzeugs resultiert in einer gesteigerten Informationssuchaktivität, das vorhandene Angebot wird gewissenhafter sondiert, Kaufalternativen werden verglichen. Entsprechend werden auch Informationen über zukünftige Produkte häufiger wahrgenommen. Besondere Aufmerksamkeit verdient die Beziehung zwischen der Wechselneigung eines Konsumenten und dem Einfluss der Vorankündigung auf seinen Kaufentscheidungsprozess, der in Hypothese H6a unterstellt wurde. Der

---

[705] Zum Konzept der kognitiven Dissonanz und Strategien von Konsumenten, mit kognitiven Konflikten fertig zu werden vgl. Atkinson et al. 1993, 734 ff.
[706] Vgl. Motor Presse Stuttgart 2005, S. 294 f.

Innovationsgrad eines vorangekündigten Modells moderiert diese Beziehung hypothesengerecht. Die Ergebnisse zeigen deutlich, dass Vorankündigungen für **neue Baureihen** insbesondere dann Wirkung erzielen, wenn Konsumenten den Wechsel ihres aktuellen Fahrzeugs planen. Beabsichtigen Konsumenten hingegen keinen Modellwechsel, z.b. aus Zufriedenheit mit ihrem aktuellen Modell, sind sie nicht bereit, auf eine vorangekündigte neue Baureihe zu warten und ggf. geplante Käufe zurückzustellen.

Schließlich konnte auch der in früheren Studien oft unterstellte oder qualitativ argumentierte positive Zusammenhang zwischen Wahrnehmung und Wirkung von Vorankündigungen empirisch nachgewiesen werden.[707] Der Effekt ist relativ stark und hochsignifikant. Diese Erkenntnis ist von Bedeutung für die Planung und Umsetzung von Vorankündigungen, da sie den in der Herstellerbefragung identifizierten Ansatz der wiederholten Vorankündigung im Sinne einer Vorankündigungskampagne empirisch unterstützt.

5.4.2 Der Einfluss der Merkmale von Konsumenten auf die Wahrnehmung und Wirkung von Vorankündigungen für Nachfolgemodelle

Wie die in Abbildung 44 dargestellten geschätzten Pfadkoeffizienten zeigen, werden die Untersuchungshypothesen auch für die Vorankündigung von Nachfolgemodellen bestätigt. Alle Beziehungen weisen das unterstellte Vorzeichen auf und sind entweder auf dem 1%-Niveau (H1, H2 bis H6b) oder auf dem 5%-Niveau signifikant (H2, H7). Die globalen Maße zur Beurteilung der Modellgüte weisen analog zum Kausalmodell für die Vorankündigung neuer Baureihen ebenfalls durchgängig gute Werte auf. Die Werte für GFI (0,94), AGFI (0,91) und CFI (0,98) erfüllen das geforderte Akzeptanzniveau von 0,90 und weisen auf einen guten Modellfit hin. Die Gütemaße RMR und RMSEA sind mit Werten von 0,05 bzw. 0,04 ebenfalls als sehr gut zu bezeichnen.

Die inhaltliche Diskussion der Wirkungszusammenhänge bei Vorankündigungen für Nachfolgemodelle deckt sich im Wesentlichen mit den vorangegangenen Ausführungen. Der wichtigste **Unterschied beider Kausalmodelle** bezieht sich auf den Einfluss der Wechselneigung auf die Wirkung von Vorankündigungen. Die Dependenzanalyse hat gezeigt, dass Vorankündigungen für neue Baureihen vor allem

---

[707] Vgl. Eliashberg/Rao/Rymon 1995, S. 21; Schirm 1995, S. 138; Schnoor 2000, S. 146 ff.

bei denjenigen Konsumenten Wirkung erzielen, die einen Wechsel von ihrem aktuellen Fahrzeug beabsichtigen. Bei der Vorankündigung eines Nachfolgemodells stellt sich dieser Zusammenhang anders dar. Wie in Hypothese H6b postuliert, konnte hier ein negativer Zusammenhang von Wechselneigung und Wirkung der Vorankündigung bestätigt werden. Je geringer die Wechselneigung eines Konsumenten, desto größer die Wirkung der Vorankündigung für das Nachfolgemodell seines aktuellen Fahrzeugs. Zufriedene Kunden nehmen weniger häufig Vorankündigungen wahr und reagieren auf Vorankündigungen nur dann, wenn es sich dabei um das Nachfolgemodell handelt.[708]

Abbildung 44: Ergebnisse der Hypothesenprüfung, Vorankündigung
Nachfolgemodell

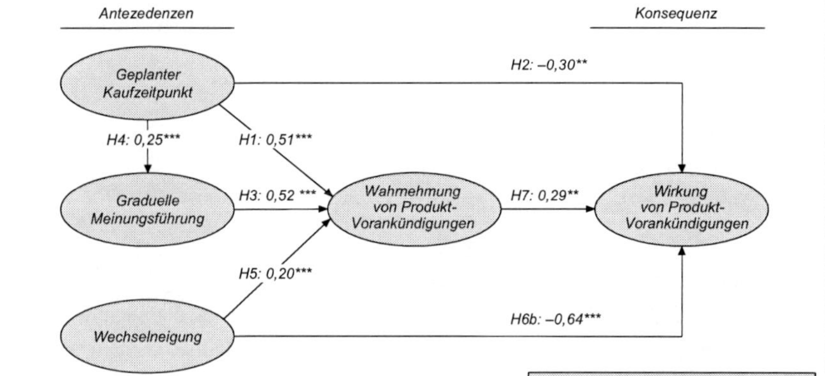

Antezedenzen   Konsequenz

Geplanter
Kaufzeitpunkt

H2: −0,30**

H4: 0,25***   H1: 0,51***

Graduelle
Meinungsführung

H3: 0,52 ***

Wahrnehmung
von Produkt-
Vorankündigungen

H7: 0,29**

Wirkung
von Produkt-
Vorankündigungen

H5: 0,20***

Wechselneigung

H6b: −0,64***

Modellgüte			
GFI:	0.94	x²/df:	1.46
AGFI:	0.91	RMR:	0.05
CFI:	0.98	RMSEA:	0.04

n = 233;   * p < 0.10   ** p < 0.05   *** p < 0.01

Quelle: Eigene Darstellung

Dieses Ergebnis deckt sich mit Erkenntnissen der Studien von PUNJ/STAELIN, die das Informationssuchverhalten von Konsumenten beim Autokauf analysierten. Sie stellten fest, dass ein signifikant negativer Zusammenhang besteht zwischen „nutzbarem" Produktwissen und der Bereitschaft, sich mit Informationen über neue Modelle auseinanderzusetzen.[709] SRINIVASAN/RATCHFORD zeigen aufbauend auf diesen Erkenntnissen, dass sich positive Produkterfahrungen negativ auf die Größe des

---

[708] Vgl. Fokusgruppen vom 19. und 26. Mai 2005.
[709] Vgl. Punj/Staelin 1983, S. 377.

Evoked Set in dieser Produktkategorie und auf die Wahrnehmung dargestellter Produktvorteile von Alternativen auswirken können.[710] Kunden, die bereits das Vorgängermodell einer vorangekündigten neuen Modellgeneration besitzen, haben sich eine bestimmte Meinung gebildet und übertragen diese auf das neue Modell. Sind sie zufrieden mit ihrem Modell, besteht aus ihrer Perspektive nur selten Veranlassung, Informationen über neue Modelle einzuholen.

5.5 Zusammenfassung

Grundsätzlich bestätigt die Betrachtung der Gesamteffekte die Grundidee der Untersuchung, dass Merkmale des Konsumenten für den Erfolg von Produkt-Vorankündigungen von Bedeutung sind. Die Wahrnehmung von Vorankündigungen und die Stärke ihres Einflusses auf den Kaufentscheidungsprozess werden beeinflusst durch:

- den geplanten Kaufzeitpunkt,
- die graduelle Meinungsführerschaft sowie
- die Wechselneigung des Empfängers der Vorankündigung.

Der Zusammenhang zwischen Wechselneigung und Bereitschaft zur Kaufrückstellung wird beeinflusst durch den Innovationsgrad eines neuen Modells, der entsprechend als Moderatorvariable zu verstehen ist. Insgesamt kann festgehalten werden, dass das erarbeitete Kausalmodell neben der hohen empirischen Validität auch durch die inhaltliche Interpretation der Einzelhypothesen bestätigt werden konnte. Für die Planung und Realisierung von Produkt-Vorankündigungen ergibt sich aus dieser Studie die Konsequenz, dass eine zielgruppengenaue Ansprache der Konsumenten starken Einfluss auf die Wahrnehmung von Vorankündigungen und ihren Einfluss auf das Kaufentscheidungsverhalten von potenziellen Nachfragern haben kann. Im nächsten Schritt ist zu untersuchen, welche Implikationen sich aus den gewonnenen Erkenntnissen im Hinblick auf die Gestaltung von Vorankündigungen für neue Automobile ergeben.

---

[710] Vgl. Srinivasan/Ratchford 1991, S. 239.

6 Implikationen für den Einsatz von Produkt-Vorankündigungen in der Automobilindustrie

Im ersten Teil der Arbeit wurde das Vorankündigungsverhalten von Automobilherstellern empirisch untersucht. Die Wahrnehmung von kundenorientierten Produkt-Vorankündigungen und ihr Einfluss auf den Kaufentscheidungsprozess wurden im zweiten Teil theoretisch entwickelt und auf Basis einer Konsumentenbefragung empirisch überprüft. Entsprechend dem Ziel der Arbeit, praktisch nützliche Erkenntnisse für Unternehmen zu gewinnen, sind in diesem Kapitel Implikationen für die Entwicklung und Realisierung von Vorankündigungen in der Automobilindustrie herauszuarbeiten, die sich aus der Synthese von Hersteller- und Konsumentenperspektive ergeben.

Zur Beantwortung der ersten Forschungsfrage war es notwendig, ein Verständnis für die Gestaltung und Realisierung von Produkt-Vorankündigungen aus der Herstellerperspektive zu entwickeln. Für die Beantwortung der zweiten Forschungsfrage wurden Faktoren identifiziert, welche die Wahrnehmung von Vorankündigungen und ihre Wirkung auf die Kaufentscheidung von Konsumenten beeinflussen. Aus der Synthese der gewonnenen empirischen Erkenntnisse aus beiden Perspektiven lassen sich konkrete Handlungsempfehlungen für den Einsatz von Vorankündigungen ableiten, die zur Steigerung der Effektivität und Effizienz der Kommunikation im Rahmen der Markteinführung neuer Produkte beitragen können.[711] Unter Effektivität werden dabei strategische Implikationen subsumiert, welche z.B. die Festlegung der inhaltlichen und zeitlichen Gestaltung von Vorankündigungen beinhalten. Effizienz hingegen richtet sich auf die Art und Weise, wie die Maßnahmen der Vorankündigung realisiert werden. Konkret beziehen sich die identifizierten Implikationen der Untersuchungsergebnisse für Automobilhersteller in Anlehnung an die Ausführungen in Abschnitt 3.2 auf folgende vier Themenbereiche:

- zielgruppengenaue Ansprache potenzieller Nachfrager
- Einbeziehung der relevanten Informationsquellen von Konsumenten beim Automobilkauf
- Berücksichtigung des geplanten Kaufzeitpunkts bei der Konsumentenansprache
- Ausrichtung der inhaltlichen Gestaltung von Vorankündigungen

---

[711] Effektivität bedeutet, die richtigen Dinge zu tun („doing the right things"), während man unter dem Begriff Effizienz versteht, die Dinge richtig zu tun („doing the things right"). Vgl. Ebel 2001, S. 50.

6.1 Zielgruppengenaue Ansprache potenzieller Nachfrager

Aus den Ergebnissen der empirischen Untersuchung wurde deutlich, dass Hersteller bei der Markteinführung einer **neuen Baureihe** ihre Vorankündigungsmaßnahmen vor allem auf Kunden mit hoher Wechselneigung fokussieren sollten. Je größer die Wechselneigung, desto häufiger nehmen Konsumenten Vorankündigungen für neue Modelle in der für sie relevanten Produktkategorie wahr und desto stärker ist der Einfluss der Vorankündigung auf die Kaufentscheidung. Aus Herstellersicht stellt sich folgerichtig die Frage, wie Konsumenten mit hoher Wechselneigung identifiziert werden können. Da eine Erfassung über die in der Arbeit verwendete Operationalisierung des Konstrukts „Wechselneigung" aus Komplexitätsgründen wenig praktikabel erscheint, wurde alternativ die näherungsweise Erfassung der Wechselneigung über das historische Kaufverhalten der Konsumenten vorgeschlagen. Der Vergleich beider Ansätze zeigte, dass ein häufiger Wechsel von Marke und Fahrzeugklasse in der Vergangenheit als Indikator für eine relativ hohe Wechsel-neigung in der Zukunft gewertet werden kann, während Konstanz im bisherigen Kaufverhalten eher auf eine geringe Wechselneigung schließen lässt.[712] Bereits heute erfassen Automobilhersteller zahlreiche Daten von potenziellen Nachfragern, z.B. wenn diese Informationen zu bestimmten Modellen anfordern oder wenn sie sich für den Zugang zu den Webseiten der Hersteller registrieren müssen.[713] Konkret könnten zusätzlich zur aktuellen Marken- und Modellwahl auch die letzten zwei zurückliegenden Käufe erfasst werden, um Schlüsse auf die Wechselneigung ziehen zu können.

Im Gegensatz dazu verspricht die Vorankündigung für **Nachfolgemodelle** vor allem dann Erfolg, wenn sie sich an bestehende Kunden der Baureihe mit geringer Wechselneigung richtet.[714] Es erscheint unmittelbar einsichtig, dass Kunden, die mit einem bestimmten Modell zufrieden sind, grundsätzlich auch den Kauf des Nachfolgemodells in Betracht ziehen. Automobilhersteller können zur Ermittlung der Wechselneigung bestehender Kunden auch auf ihre zentrale Kundendatenbank oder die Datenbanken der Vertragshändler zugreifen und neben dem historischen

---

[712] Betrachtet werden die letzten drei Neuwagenkäufe. Der Näherungswert für die Wechselneigung kann dabei Werte zwischen 2 (bei der Nennung einer Marke und einer Fahrzeugklasse) und 6 (bei Nennung von drei Marken und drei verschiedenen Fahrzeugklassen) einnehmen. Hohe Werte indizieren eine hohe, niedrige Werte eine geringe zukünftige Wechselneigung. Vgl. die Ausführungen in Abschnitt 4.3.3.

[713] Vgl. Fallbeispiele BMW 1er und Audi A3, Abschnitt 3.1.

[714] Vgl. Abschnitt 5.4.2.

Kaufverhalten weitere Indikatoren, wie z.B. Anzahl Werkstattbesuche, Anzahl der Garantieleistungen etc. in die Auswertung einbeziehen.

Eine weitere Möglichkeit, den Verbreitungskreis und den Wirkungsgrad einer Vorankündigung zu erhöhen, bietet die Ansprache von Kunden mit hoher gradueller **Meinungsführerschaft**. Die empirischen Befunde dieser Arbeit belegen, dass Meinungsführer aufgrund ihres allgemeinen Interesses an Autos eher Vorankündigungen wahrnehmen als Nicht-Meinungsführer. Da sie als Ratgeber zum Thema Auto innerhalb ihres sozialen Umfelds fungieren, können sie darüber hinaus auch die Kaufentscheidung anderer Konsumenten beeinflussen.[715] Auch hier stellt sich aus Sicht der Praxis die Frage, wie Meinungsführer innerhalb der Zielgruppe erreicht werden können. Den Ergebnissen der bereits zitierten Decatur Studie von KATZ/LAZARSFELD zufolge zeichnen sich Meinungsführer u.a. dadurch aus, dass sie Medien intensiver nutzen und stärker durch sie beeinflusst werden als Nicht-Meinungsführer.[716] FEICK/PRICE zeigen u.a., dass Meinungsführer besonders gut über die redaktionelle Presseberichterstattung erreicht werden können.[717] Die Platzierung von Informationen über kommende Modelle im redaktionellen Teil der Medien kann gelingen, wenn aufmerksamkeitsstarke Ereignisse kreiert werden oder Journalisten exklusive Hintergrundinformationen zu Verfügung gestellt werden. Als konkretes Beispiel kann hier die europaweite Testfahrt-Aktion für den BMW 1er genannt werden. Eine weitere Möglichkeit für die gezielte Information der Presse nutzt ein süddeutscher Automobilhersteller: Ausgewählte Journalisten werden halbjährlichen zu einem „Round Table Gespräch" mit dem Entwicklungsvorstand eingeladen, bei dem kommende Modelle exklusiv vorab präsentiert werden.

6.2 Einbeziehung der relevanten Informationsquellen von Konsumenten beim Autokauf

Es wurde diskutiert, dass Konsumenten bei der Automobil-Kaufentscheidung in Ergänzung zu den über Medien bereitgestellten Informationen auch auf Informationen aus der persönlichen Kommunikation zurückgreifen.[718] Entsprechend zeigten die Ergebnisse der Herstellerbefragung, dass Automobilhersteller im Rahmen von

---

[715] Vgl. Levy 1978; Hamilton 1971.
[716] Vgl. Katz/Lazarsfeld 1955.
[717] Vgl. Feick/Price 1987, S. 307.
[718] Vgl. die Ausführungen in Abschnitt 2.2.1.

Produkt-Vorankündigungen meist mehrere verschiedene Kommunikationskanäle einsetzen, um potenzielle Kunden zu erreichen.[719] Der empirisch belegte Zusammenhang zwischen der Wahrnehmung von Vorankündigungen und ihrem Einfluss auf die Kaufentscheidung von Konsumenten lässt folgende Schlussfolgerungen für die Vorankündigungsgestaltung zu: Automobilhersteller können die Wirkung ihrer Vorankündigungsmaßnahmen zum einen durch die Intensivierung der bisherigen Kommunikationsanstrengungen und zum anderen durch die Integration zusätzlicher Kommunikationskanäle erhöhen, die für Konsumenten als Informationsquellen im Kaufentscheidungsprozess relevant sind. Obwohl die Rolle des Kommunikationskanals in dieser Arbeit nicht empirisch untersucht wurde, können aus den qualitativen Ergebnissen einige Implikationen für den Einsatz von Vorankündigungen abgeleitet werden.

Aus den Ergebnissen der Herstellerbefragung wurde deutlich, dass interaktive Kommunikationskanäle vor allem für neue Baureihen eingesetzt werden, um den Aufbau spezifischer Gedächtnisbilder, die zur Präferenzbildung notwendig sind, zu erleichtern. Da die Nichtverfügbarkeit eines vorangekündigten Produktes eine abschließende Einschätzung des Kunden verhindert, kann die Wirkung von Vorankündigungen durch Integration interaktiver Kanäle, wie z.B. das Anbieten von **Probefahrten vor der Markteinführung** erhöht werden. Empirische Studien zum Autokauf stützen die Befunde aus den Fokusgruppen, wonach der Nutzen von Probefahrten von Konsumenten stark positiv bewertet wird, während die fehlende Möglichkeit zur Probefahrt einen stark negativen Teilnutzen aufweist.[720] Dabei erwartet der Verbraucher nicht, alle Fahrzeugvarianten testen zu können. Es reichen gängige Modelle, um die Kaufentscheidung zu beeinflussen und die Wirkung der Vorankündigungsmaßnahmen zu erhöhen. Bislang wird diese Möglichkeit nur sehr selektiv genutzt. Eine Ausnahme stellt dabei die diskutierte Modelleinführung des BMW 1er dar.[721]

Entgegen den Aussagen bisheriger Untersuchungen, nach denen Hersteller neue Produkte nur relativ wenig über Massenmedien ankündigen, wurde bei über 50 Prozent der untersuchten Modelleinführungen die Vorankündigung auch über die reichweitenstarken **klassischen Kommunikationskanäle** TV und Radio

---

[719] Vgl. Abschnitt 3.4.1.
[720] Vgl. Dr. Lademann & Partner GmbH 2001, S. 3.
[721] Vgl. BMW AG 2004a, S. 1.

kommuniziert.[722] Der Einsatz dieser Kanäle ist geeignet, relativ schnell hohe Wahrnehmungswerte für die Vorankündigung zu erzielen. Der Vergleich der relativen Kosten zeigte jedoch auch, dass nur rund 25 Prozent der Budgets für die Vorankündigung in klassische Kanäle investiert wurde. Mit dem nachgewiesenen Zusammenhang zwischen der Wahrnehmung von Vorankündigungen und ihrem Einfluss auf die Automobil-Kaufentscheidung wird deutlich, dass die Wirkung der Vorankündigung durch den verstärkten Einsatz klassischer Kommunikationsmittel erhöht werden kann.

Eine hohe Bedeutung kommt auch der frühzeitigen und umfassenden **Information der Handelspartner** zu, die möglichst vor dem Start der kundenorientierten Vorankündigung erfolgen sollte.[723] Kunden suchen im Verlauf der Kaufentscheidung das Gespräch mit Verkäufern, um sich ausführlich über erhältliche und über künftige Modelle zu informieren.[724] Neuwagenverkäufer sind entsprechend als „Markenbotschafter" zu verstehen, die im direkten Kontakt mit dem Kunden stehen und entscheidenden Einfluss auf die Kaufentscheidung ausüben können.[725] Sind sie nicht sprachfähig gegenüber den Nachfragen potenzieller Kunden, kann dies zu widersprüchlicher Kommunikation in Richtung der Konsumenten kommen und sich letztlich nachteilig für den Hersteller auswirken.[726] Als positives Beispiel kann in diesem Zusammenhang die Markteinführung des BMW 1er zitiert werden, wo Geschäftsführer und Verkäufer der Autohäuser im Rahmen der so genannten „Strategy Days" bereits drei Monate vor dem Start der kundenorientierten Vorankündigung ausführlich über das neue Modell informiert wurden.[727] Voraussetzung für die frühe Integration ist das oftmals geforderte partnerschaftliche Verhältnis zwischen Hersteller und Händler.[728] Dabei ist zu beachten, dass eine Informationsdiffusion auf andere Anspruchsgruppen nicht vollständig ausgeschlossen werden kann.

Von zentraler Bedeutung ist zudem die engstmögliche Verzahnung der Werbemittel, die vor und nach der Markteinführung eingesetzt werden. In der aktuellen Literatur zum Konsumentenverhalten wird die Wichtigkeit der Verzahnung aller

---

[722] Vgl. Ergebnisse der Herstellerbefragung in Abschnitt 3.4.1.

[723] Vgl. Scharffenberg 2000, S. 153.

[724] Vgl. Leigh/Rethans 1983, S. 668.

[725] Vgl. Block 1999, S. 140.

[726] Vgl. Tomczak et al. 2005, S. 29 f.

[727] Vgl. Fallbeispiel BMW 1er, Abschnitt 3.1.1.

[728] Vgl. Mattes et al. 2004, S. 34.

Kommunikationsmaßnahmen im Sinne einer integrierten Kommunikation betont.[729] Unter **integrierter Kommunikation** wird dabei die inhaltliche und formale Abstimmung aller Maßnahmen der Marktkommunikation verstanden, um die erzeugten Eindrücke zu verstärken.[730] Unabgestimmte Kommunikationsmaßnahmen und häufige Kampagnenwechsel bergen die Gefahr der Kannibalisierung der Kommunikation, und der Aufbau spezifischer Gedächtnisbilder wird erschwert. Dementsprechend sollte auch die Vorankündigung nicht als isolierte Kommunikationsmaßnahme betrachtet werden, sondern als Teil eines sequentiellen Prozesses, der inhaltlich mit der Kommunikation nach der Markteinführung abgestimmt ist. Da sich Vorankündigungen in der Regel über verschiedene Phasen des Produktentwicklungsprozesses erstrecken, ist darüber hinaus auch eine enge inhaltliche Abstimmung der geplanten Vorankündigungsmaßnahmen mit anderen Unternehmensbereichen, wie z.B. Forschung und Entwicklung, Produktion oder Vertrieb notwendig. Im Konsumgüterbereich ist vor allem die Marketingabteilung eng in den Produktentwicklungsprozess involviert, während bei Herstellern von Industriegütern der Vertrieb meist vor dem Marketing eingebunden wird.[731] Mangelnde Koordination birgt die Gefahr, dass widersprüchliche Entscheidungen getroffen werden, die in einem uneinheitlichen Marketing-Mix resultieren.[732] Unternehmen könnten aus diesem Grund interdisziplinär besetzte „Launch-Teams" installieren, welche die Maßnahmen zur Markteinführung neuer Modelle gemeinsam erarbeiten, abstimmen und deren Umsetzung kontrollieren.[733]

6.3 Berücksichtigung des geplanten Kaufzeitpunkts bei der Konsumentenansprache

Für die Wirkung einer Produkt-Vorankündigung ist es entscheidend, in welcher Phase des Kaufentscheidungsprozesses sich ein potenzieller Kunde befindet, wenn er die Vorankündigung wahrnimmt.[734] Im Gegensatz zu bisherigen Studien wurde der geplante Kaufzeitpunkt in dieser Untersuchung daher explizit berücksichtigt. Die vermuteten Zusammenhänge zwischen dem geplanten Kaufzeitpunkt und der

---

[729] Vgl. z.B. Tomczak/Reinecke 1999, S. 308.
[730] Vgl. Kroeber-Riel/Esch 2000, S. 101.
[731] Vgl. Crawford 1994, S. 289.
[732] Vgl. Kuß/Tomczak 2002, S. 232.
[733] Vgl. Interview mit Martin Schneider, Produktmanager BMW 1er-Reihe, Region Deutschland, am 25. November 2004.
[734] Vgl. Abschnitt 2.2.1.

Wahrnehmung (H1) sowie zwischen dem geplanten Kaufzeitpunkt und der Wirkung von Vorankündigungen (H2) wurden bestätigt. Je näher der geplante Kaufzeitpunkt, desto häufiger nehmen Konsumenten Vorankündigungen in der für sie relevanten Kategorie wahr und desto geringer ist der Einfluss der Vorankündigung auf die Kaufentscheidung. Auf den ersten Blick scheinen sich diese beiden Aussagen zu widersprechen: Rückt der Kaufzeitpunkt näher, nehmen Konsumenten zwar eher Vorankündigungen wahr, jedoch lässt ihr Einfluss auf die Kaufentscheidung nach. Wie in Abbildung 45 dargestellt, scheint es eine bestimmte Zeitspanne im Kaufentscheidungsprozess zu geben, in der die Wirkung einer Vorankündigung am größten ist („Window of Opportunity"). Die qualitativen Erkenntnisse aus den Experten-Interviews und den Fokusgruppen haben entsprechend gezeigt, dass die Beeinflussung von Konsumenten besonders viel versprechend ist, wenn der Kauf in 3 bis 12 Monaten geplant ist und sich die Konsumenten entweder in der „akuten Phase" oder am Anfang der „intensiven Phase" im Kaufentscheidungsprozess befinden.[735]

Abbildung 45: Geplanter Kaufzeitpunkt mit Einfluss auf Wahrnehmung und Wirkung von Vorankündigungen

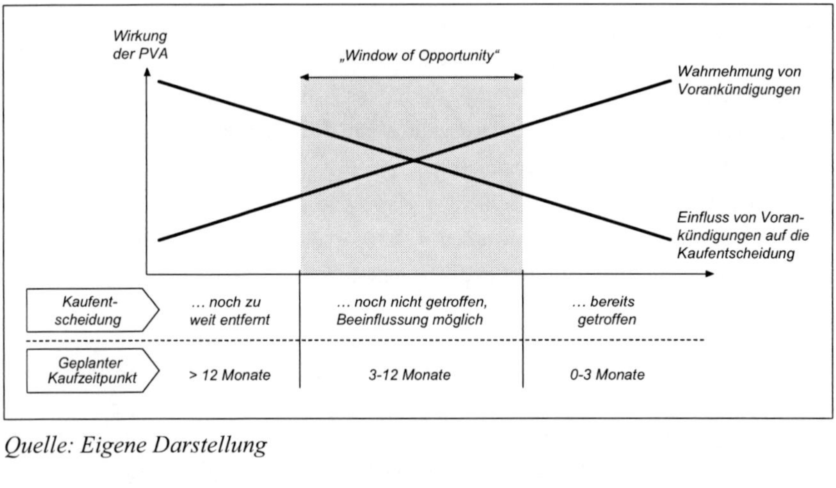

Quelle: Eigene Darstellung

Ein wichtiges Ergebnis der Herstellerbefragung ist, dass die Vorankündigungsdauer, also der Zeitraum zwischen erstmaliger Ankündigung und dem Zeitpunkt der Markteinführung, vom Innovationsgrad des angekündigten Modells abhängt. Im Vergleich zur Vorankündigung neuer Baureihen mit einer durchschnittlichen Dauer

---

[735] Vgl. die Ausführungen in Abschnitt 4.4.

von 8,6 Monaten werden Nachfolgemodelle mit 5,2 Monaten eher kurzfristig angekündigt.[736] Die Hersteller begründeten dieses Vorgehen vor allem mit der Befürchtung, den Absatz des Vorgängermodells durch eine zu frühe Bekanntgabe des Nachfolgers negativ zu beeinflussen. Die Gefahr einer Kannibalisierung des Absatzvolumens entsteht durch zufriedene Kunden, die geplante Käufe des vorherigen Modells zurückstellen, um auf die neue Baureihe zu warten. Die exakte Berechnung dieses Risikos war nicht Ziel dieser Arbeit. Eine vereinfachte Analyse auf Basis der gewonnenen Daten der Konsumentenbefragung zeigt jedoch, dass selbst loyale Konsumenten, die über keinerlei Wechselneigung verfügen, geplante Käufe im Durchschnitt nur um maximal 3 bis 4 Monate zurückstellen würden. Vergleicht man diese Aussage mit der ermittelten Vorankündigungsdauer für Nachfolgemodelle von 5,2 Monaten, so scheint sich aus einer längeren Vorankündigung kein zusätzliches Kannibalisierungsrisiko zu ergeben. Gleichzeitig erhöht sich die Chance, die Kaufentscheidung der Empfänger im Sinne des Unternehmens zu beeinflussen.

Aus den dargestellten Ergebnissen der Arbeit ergeben sich folgende konkrete Handlungsempfehlungen:

- Automobilhersteller sollten personalisierte Kommunikationsmaßnahmen der Vorankündigung (z.B. Einladung zu Events, Direktmarketing) auf diejenigen Interessenten der Zielgruppe fokussieren, die in den nächsten 3 bis 12 Monaten die Anschaffung eines Neuwagens planen.
- Produkt-Vorankündigungen sollten entsprechend mindestens 3 Monate vor der Markteinführung gestartet werden. Dabei sollte die zeitliche Gestaltung unabhängig vom Innovationsgrad des neuen Modells erfolgen.

6.4 Ansätze zur inhaltlichen Gestaltung von Vorankündigungen

Aus den Ergebnissen der Herstellerbefragung wurde deutlich, dass Vorankündigungen für Automobile meist mehrstufig und mit zunehmendem Detaillierungsgrad erfolgen: Der verbalen Vorankündigung folgen zeitlich jeweils nachgelagert die visuelle Vorankündigung und schließlich die physische Vorankündigung des neuen Modells.[737] Ergänzend dazu wurde herausgearbeitet, dass Konsumenten vorangekündigte Modelle nur dann als ernsthafte Kaufalternative betrachten, wenn bestimmte Merkmale

---

[736] Vgl. Tabelle 10 in Abschnitt 3.4.2.
[737] Vgl. Abbildung 26 in Abschnitt 3.4.1.

kommuniziert werden, die für die Einschätzung der Relevanz eines neuen Automobils unverzichtbar sind. Demnach sollten Hersteller zur Steigerung der Wirkung ihrer Vorankündigungen die inhaltliche Gestaltung derart ausrichten, dass sie Informationen über (1) den Preis, (2) das Design und (3) mögliche Ausstattungsvarianten des künftigen Modells enthalten. Darüber hinaus wurden im Rahmen der Fokusgruppen Vorschläge erarbeitet, die geeignet scheinen, die Aufmerksamkeit von Konsumenten zu gewinnen und zunächst die Wahrnehmung der Vorankündigung sicherzustellen. Im zweiten Schritt verfügen die Vorschläge über Elemente, die das wahrgenommene Risiko potenzieller Interessenten senken, das sich aus der Nichterhältlichkeit von angekündigten Modellen ergibt. In Tabelle 20 sind die Vorschläge mit einer kurzen Beschreibung aufgeführt und wurden, soweit möglich, mit aktuellen Beispielen aus der Unternehmenspraxis untermauert.

Tabelle 20:   Positive Anreize können Wirkung von Produkt-Vorankündigungen verstärken

Anreiz	Beschreibung	Praxisbeispiele
Rabatte	• Monetäre Rabatte: Preisvorteil gegenüber Einführungspreis • Natural-Rabatte: Zusatzausstattung • Indirekte Rabatte: Kombination der Vorbestellung mit Extras, z.B. Sicherheitstraining oder Urlaubsreisen	Opel Astra: „Frühbucher-Rabatt"
Rückgabe-Garantie	• Rückgaberecht bei Nichtgefallen nach der Markteinführung • Umfangreiche Garantien für die Fahrzeuge des ersten Jahres	n/a
Limited Edition	• Auflage einer Sonderedition mit besonderer Ausstattung • Die Fahrzeuge sind nur vor Markteinführung erhältlich	Opel Zafira
Probefahrten vor Markteinführung	• Durchführung von Probefahrten vor Markteinführung für ausgewählte potenzielle oder bestehende Kunden • „Normale" Kunden testen das Modell vor Markteinführung	BMW 1er, MB B-Klasse
Einbindung der Kunden in die Modellentwicklung	• Hersteller erlaubt Kunden den Blick hinter die Kulissen und begleitet die Entstehung durch Direct Marketing • Darstellung des neuen Modells im Internet • Detaillierte Angabe über technische Details	Audi Q7, MB CLS

Quelle: Eigene Darstellung

Im folgenden Kapitel werden die zentralen Forschungsergebnisse der Arbeit nochmals kurz zusammengefasst und kritisch gewürdigt.

7 Schlussbetrachtung

Im Rahmen der Arbeit wurde der Einsatz von Produkt-Vorankündigungen in der Automobilindustrie und ihre Wirkung auf die Kaufentscheidung von Konsumenten theoretisch und empirisch untersucht. In diesem Kapitel werden zunächst die zentralen Forschungsergebnisse der Arbeit zusammengefasst und kritisch gewürdigt. Darüber hinaus wird herausgearbeitet, welche Implikationen sich für die Forschung aus konzeptionellen, empirischen und methodischen Gesichtspunkten ergeben. Abschließend werden Restriktionen der Arbeit aufgezeigt und Ansätze für die weitere Forschung diskutiert.

7.1 Zusammenfassung und kritische Würdigung der Ergebnisse

Ausgangspunkt der vorliegenden Arbeit war zum einen die hohe praktische Relevanz des Themas in der Unternehmenspraxis. Produkt-Vorankündigungen stellen eine geeignete Möglichkeit dar, bestehende und potenzielle Kunden über die Absicht der zukünftigen Markteinführung eines Produktes zu informieren und somit die Produktdiffusion zu beschleunigen und zu vertiefen. Allerdings ist die zeitliche und inhaltliche Gestaltung von Vorankündigungen von großer Heterogenität geprägt, und es besteht Unklarheit über die Faktoren, welche die Wirkung von Vorankündigungen beeinflussen. Der zweite Ausgangspunkt war die unzureichende wissenschaftliche Durchdringung des Themas. Die Literaturanalyse hat gezeigt, dass ein Mangel besteht an empirischen Erkenntnissen zur Wahrnehmung kundenorientierter Produkt-Vorankündigungen und ihrer Wirkung auf die Kaufentscheidung von Konsumenten. Dieser Mangel hat wiederum zur Folge, dass klare Handlungsempfehlungen für den Einsatz kundenorientierter Vorankündigungen bislang fehlten.

Ziel der vorliegenden Arbeit war die theoretisch fundierte empirische Untersuchung zum Einfluss von PVA auf die Kaufentscheidung von Konsumenten, um neue Erkenntnisse für den Einsatz und die Gestaltung kundenorientierter PVA zu generieren. Aus einer Herstellerperspektive heraus wurde zunächst analysiert, wie kundenorientierte Produkt-Vorankündigungen in der Unternehmenspraxis umgesetzt werden und welche Ziele sie mit dem Einsatz (erste Forschungsfrage). Der Schwerpunkt der Arbeit liegt jedoch in der empirischen Untersuchung der

Wahrnehmung von Produkt-Vorankündigungen und ihrer Wirkung auf den Kaufentscheidungsprozess potenzieller Nachfrager (zweite Forschungsfrage).

Die zentrale Leistung des theoretischen Teils der Arbeit besteht einerseits darin, dass die bisherige wissenschaftliche Diskussion zum Thema Produkt-Vorankündigungen in strukturierter Form zusammengefasst und andererseits Zusammenhänge zu den besser erforschten Nachbardisziplinen aufgezeigt wurden. Auf Basis aktueller Erkenntnisse zur Kaufentscheidungsforschung aus informationsökonomischer und verhaltenswissenschaftlicher Perspektive wurde ein theoretischer Bezugsrahmen entwickelt, der die Kaufentscheidung für neue Automobile unter Berücksichtigung von Produkt-Vorankündigungen abbildet.[738] Dieser Bezugsrahmen erwies sich angesichts der zu Beginn der Arbeit konstatierten unzureichenden und uneinheitlichen Erkenntnisse zur Wirkung kundenorientierter Produkt-Vorankündigungen als notwendig.

Zur Beantwortung der ersten Forschungsfrage bestand ein wichtiges Ziel dieser Arbeit zunächst darin, ein grundlegendes Verständnis für den Einsatz von Vorankündigungen in der Automobilindustrie zu schaffen. Bereits aus der Diskussion der Fallbeispiele zur Markteinführung von BMW 1er und Audi A3 wurde deutlich, dass neben einigen branchentypischen Gemeinsamkeiten offensichtlich auch einige Unterschiede in der Gestaltung von Vorankündigungen für neue Automobile bestehen. Diese Unterschiede resultieren primär aus dem Innovationsgrad der untersuchten Modelle und manifestieren sich in verschiedenen Elementen der Vorankündigungsgestaltung, die sich in Übereinstimmung mit CALANTONE/SCHATZEL in vier Kategorien unterteilen lassen.[739] Hierzu zählen (1) die Bestimmung der relevanten Zielgruppen, (2) die Wahl geeigneter Kommunikationsmedien sowie (3) die zeitliche und (4) die inhaltliche Gestaltung der Vorankündigung. Auf Basis der theoretischen Diskussion wurden Annahmen und Hypothesen formuliert, die mit Hilfe der Befunde aus den Fallbeispielen und Experten-Interviews ergänzt und erweitert wurden. Die effektive Stichprobe, die zur empirischen Überprüfung der Annahmen und Hypothesen gewonnen wurde, umfasste Informationen über 51 Modelleinführungen von 16 Automobilherstellern aus den Jahren 2003 bis 2005 und spiegelt die Grundgesamtheit aller Modelleinführungen ausreichend wider.[740]

---

[738] Vgl. die Ausführungen in Abschnitt 2.2.4 und Abbildung 11.

[739] Vgl. Calantone/Schatzel 2000, S. 27.

[740] Vgl. die Übersicht in Tabelle 9 in Abschnitt 3.3.4.

Die Analyse zeigte, dass rund 88 Prozent der untersuchten Markteinführungen neuer Automobile kommunikativ durch Vorankündigungsmaßnahmen begleitet wurden. Dieser Wert ist deutlich höher als die Werte, die in bisherigen Studien für die Automobilindustrie und andere Branchen ermittelt wurden und bestätigt die hohe Relevanz der Thematik.[741] Aus Sicht der Hersteller sollen bevorzugt diejenigen Konsumenten der Zielgruppe angesprochen werden, deren geplante Kaufentscheidung nicht weiter als 6 Monate entfernt ist. Begründet wurde dieses Vorgehen damit, dass die Wirkung einer Vorankündigung auf die Kaufentscheidung umso größer sei, je näher der geplante Kaufzeitpunkt des Konsumenten zum Zeitpunkt der Wahrnehmung der Vorankündigung ist. Hypothesengerecht wird die zeitliche und inhaltliche Gestaltung der Maßnahmen wesentlich durch den Innovationsgrad eines neuen Modells beeinflusst: Die durchschnittliche Dauer der Vorankündigung für eine neue Baureihe ist mit 8,6 Monaten deutlich länger als für Nachfolgemodelle, wo die Vorankündigungsdauer rund 5,2 Monate beträgt. Den Unterschied begründeten die Hersteller damit, dass bei einer zu frühen Vorankündigung eines Nachfolgemodells mit einem Absatzrückgang des aktuellen Modells zu rechnen sei, während dieser Effekt bei neuen Baureihen nicht zu befürchten ist. Dieser Aussage widersprechen allerdings die Ergebnisse der Konsumentenbefragung: Es konnte gezeigt werden, dass selbst sehr loyale Kunden geplante Käufe nur 3 bis 4 Monate zurückstellen würden, und dass aus dem früheren Start der Vorankündigungen für ein Nachfolgemodell kein zusätzliches Kannibalisierungsrisiko resultiert. Bei neuen Baureihen wird eine längere Vorankündigungsdauer als vorteilhaft eingeschätzt, um Markenname, Fahrzeug-konzept und Positionierung des neuen Modells zu etablieren und um die Aufmerksamkeit potenzieller Kunden zu gewinnen.

Auch die Annahmen und Hypothesen zur inhaltlichen Gestaltung von Produkt-Vorankündigungen konnten empirisch bestätigt werden. Vorankündigungen für Automobile erfolgen mehrstufig, der Detaillierungsgrad der enthaltenen Informationen nimmt bis zur Markteinführung zu. Vereinfachend folgt die inhaltliche Gestaltung den drei Stufen (1) verbale Vorankündigung, (2) visuelle Vorankündigung und (3) physische Vorankündigung des Modells. Die Analyse zeigte weiter, dass Hersteller bei der Vorankündigung neuer Baureihen besonders häufig Kommunikationskanäle einsetzen, die eine Interaktion mit der Zielgruppe ermöglichen und somit die Bildung spezifischer Gedächtnisbilder erleichtern.

---

[741] Vgl. Eliashberg/Robertson 1988, S. 285; Preukschat 1993, S. 139.

Ingesamt ist es mit der vorliegenden Analyse gelungen, den Einsatz von Produkt-Vorankündigungen im Rahmen der Markteinführung neuer Automobile zu beleuchten und die Ursachen für die heterogene Gestaltung aufzuzeigen. Die Ergebnisse der Annahmen- und Hypothesenprüfung finden sich in Tabelle 21 zusammengefasst.

Tabelle 21: Zentrale Erkenntnisse der Herstellerbefragung

Merkmal	Annahmen und Hypothesen	Ergebnis
Bestimmung der Zielgruppe	A1: Automobilhersteller setzen Vorankündigungen vor allem zur Information von bestehenden und potenziellen Kunden ein	bestätigt
Auswahl der Kommunikationskanäle	A2: Automobilhersteller setzen im Rahmen von Produkt-Vorankündigungen vor allem Below-the-Line Maßnahmen ein	bestätigt
	A3: Automobilhersteller investieren einen wesentlichen Teil der Marketingausgaben zur Produkteinführung in die Durchführung von Produkt-Vorankündigungen	bestätigt
	H1: Je höher der Innovationsgrad, desto häufiger werden Kanäle eingesetzt, die eine Interaktion mit potenziellen Kunden ermöglichen	bestätigt
Zeitliche Gestaltung	A4: Automobilhersteller kündigen neue Modelle im Vergleich zu anderen Branchen relativ langfristig an	bestätigt
	H2: Je größer der Innovationsgrad eines angekündigten Modells, desto länger die Dauer der Vorankündigung	bestätigt
	H3: Je höher der Kaufpreis eines angekündigten Modells, desto länger die Dauer der Vorankündigung	bestätigt
Inhaltliche Gestaltung	A5: Automobilhersteller kündigen neue Automobile in mehrstufigen Vorankündigungs-Kampagnen an	bestätigt
	A6: Der Detaillierungsgrad von Vorankündigungen für Automobile nimmt bis zum Zeitpunkt der Markteinführung zu	bestätigt
Anmerkung: A1-A6 = Annahmen; H1-H3 = Hypothesen		

Quelle: Eigene Darstellung

Die Frage nach den Determinanten der Wahrnehmung und der Wirkung von Produkt-Vorankündigungen eines Anbieters nimmt aufgrund der hohen praktischen Bedeutung einen besonderen Stellenwert in der vorliegenden Arbeit ein. Für die Entwicklung erster Hypothesen leistete die existierende Theorie einen wesentlichen Beitrag, indem sie dazu verhalf, die induktiv erworbenen Erkenntnisse auf eine gesicherte Basis zu stellen. In einem iterativen Prozess wurden die generierten Hypothesen in Fokusgruppen und Experten-Interviews diskutiert und ggf. ergänzt oder erweitert. Als Faktoren, welche die Wirkung von kundenorientierten Vorankündigungen beeinflussen können, wurden in bisherigen Forschungsarbeiten die Merkmale des vorankündigenden Unternehmens, die Merkmale des Produktes und die Gestaltungs-merkmale der Vorankündigung erkannt. Darüber hinaus wurde theoretisch hergeleitet, dass auch die Merkmale von Konsumenten einen Einfluss auf die Wahrnehmung und

Wirkung von Vorankündigungen haben. Als relevante Merkmale wurden der geplante Kaufzeitpunkt, die graduelle Meinungsführerschaft sowie die Wechselneigung, die als Negativabgrenzung zum Loyalitätsbegriff definiert ist, identifiziert.

Im Mittelpunkt der weiteren Forschungsbemühungen stand die Entwicklung eines forschungsmethodischen Ansatzes zur Erfassung der Wirkung von Vorankündigungen, der die Nachteile bisheriger Ansätze kompensiert[742] und zur empirischen Prüfung der vermuteten Wirkungszusammenhänge geeignet ist. Es wurde gezeigt, dass die Erfassung der Wirkung von Produkt-Vorankündigungen über die „Bereitschaft zur Kaufrückstellung" der tatsächlichen Kaufhandlung am nächsten kommt. Die Stichprobe, die zur Untersuchung der Fragestellungen herangezogen wurde, umfasst 233 Personen und wurde in Anlehnung an bisherige Studien zur Automobil-Kaufentscheidung von Konsumenten über das Quotenverfahren als nicht-zufälliges Auswahlverfahren bestimmt.[743] Dabei wurden ausschließlich Konsumenten befragt, die sich konkret mit dem Kauf eines Neuwagens beschäftigten und in maximal 24 Monaten die Anschaffung eines Autos geplant hatten. Es wurde eine erste fiktive Vorankündigung für eine neue Baureihe präsentiert, die den Anforderungen des Befragten im Hinblick auf Marke, Design und Ausstattung zusagt. Die zweite fiktive Vorankündigung bezog sich auf das Nachfolgemodell des aktuellen Fahrzeugs des Konsumenten. Durch dieses Vorgehen wurde eine hohe Realitätsnähe der Ergebnisse sichergestellt. Die latenten Variablen des Messmodells wurden über bereits erprobte und neu erarbeitete Konstrukte mit jeweils fünfstufiger Antwortmöglichkeit operationalisiert.

Im Einzelnen konnten folgende Beziehungen nachgewiesen werden:

- Besondere Bedeutung für die Wahrnehmung der Vorankündigung eines Herstellers hat der geplante Kaufzeitpunkt eines Konsumenten. Je näher der Zeitpunkt der Kaufentscheidung, desto intensiver informieren sich Nachfrager über die erhältlichen Produktalternativen und nehmen auch entsprechend häufiger Vorankündigungen für neue Modelle wahr.

- Auch die Wirkung einer Vorankündigung wird dadurch beeinflusst, in welcher Phase des Kaufentscheidungsprozesses sich der Konsument zum Zeitpunkt der

---

[742] Vgl. Abschnitt 2.1.2.
[743] Vgl. z.B. Gruner + Jahr AG 2004.

Wahrnehmung der Vorankündigung befindet. Mit zunehmender Nähe zum Kaufzeitpunkt werden durch die ausgeprägte Informationssuche zwar häufiger Vorankündigungen wahrgenommen, die Beeinflussung der Kaufentscheidung wird jedoch erschwert, da sich die Entscheidung zunehmend verfestigt.

- Ein relativ starker Effekt ergibt sich zwischen gradueller Meinungsführerschaft und Wahrnehmung von Vorankündigungen. Menschen, die in ihrem sozialen Umfeld als Meinungsführer für Autos agieren, sind überdurchschnittlich stark an Informationen über neue Autos interessiert und nehmen entsprechend häufiger Vorankündigungen wahr.

- Die Wahrnehmung von Vorankündigungen ist auch davon abhängig, wie groß die Wechselneigung eines Konsumenten ausgeprägt ist. Hohe Wechselabsicht resultiert in einer gesteigerten Informationssuchaktivität, das vorhandene Angebot wird ausführlicher sondiert. Entsprechend werden auch Informationen über zukünftige Produkte häufiger wahrgenommen.

- Der Einfluss zwischen Wechselneigung und Wirkung der Vorankündigung wird durch den Innovationsgrad des vorangekündigten Automobils moderiert. Vorankündigungen für neue Baureihen erzielen vor allem bei denjenigen Konsumenten Wirkung, die einen Wechsel von ihrem aktuellen Fahrzeug beabsichtigen. Bei der Vorankündigung für Nachfolgemodelle konnte hingegen ein negativer Zusammenhang von Wechselneigung und Wirkung der Vorankündigung bestätigt werden. Hier gilt: Je geringer die Wechselneigung eines Konsumenten, desto größer die Wirkung der Vorankündigung für das Nachfolgemodell seines aktuellen Fahrzeugs.

- Schließlich konnte ein stark positiver und hochsignifikanter Zusammenhang zwischen Wahrnehmung und Wirkung von Vorankündigungen empirisch nachgewiesen werden. Je häufiger die befragten Probanden Vorankündigungen wahrnehmen, desto eher sind sie im Durchschnitt bereit, vorangekündigte Modelle in ihrer Kaufentscheidung zu berücksichtigen und geplante Käufe zugunsten vorangekündigter Modelle zurückzustellen.

Das zweite Teilergebnis dieser Arbeit besteht in einem Erklärungsmodell zur Wahrnehmung und Wirkung von Vorankündigungen in der Automobilindustrie, das auf den zuvor erarbeiteten Hypothesen aufbaut. Die Ergebnisse der empirischen Prüfung sind zusammenfassend in Tabelle 22 dargestellt.

Tabelle 22: Zentrale Erkenntnisse der Konsumentenbefragung

Hypothesen	Ergebnis
H1: Je näher der geplante Kaufzeitpunkt, desto häufiger werden Produkt-Vorankündigungen in der relevanten Kategorie wahrgenommen	bestätigt
H2: Je näher der geplante Kaufzeitpunkt, desto geringer der Einfluss einer Produkt-Vorankündigung auf den Kaufentscheidungsprozess	bestätigt
H3: Je höher die graduelle Meinungsführerschaft, desto häufiger werden Produkt-Vorankündigungen in der relevanten Fahrzeugkategorie wahrgenommen	bestätigt
H4: Je näher der geplante Kaufzeitpunkt, desto höher die graduelle Meinungsführung eines Konsumenten	bestätigt
H5: Je größer die Wechselneigung, desto häufiger werden Vorankündigungen in der relevanten Kategorie wahrgenommen	bestätigt
H6a: Bei der Einführung einer neuen <u>Baureihe</u> gilt: Je größer die Wechselneigung desto größer der Einfluss einer Produkt-Vorankündigung auf die Kaufentscheidung H6b: Bei der Einführung des <u>Nachfolgemodells</u> des aktuellen Fahrzeugs des Konsumenten gilt: Je niedriger die Wechselneigung desto größer der Einfluss einer Produkt-Vorankündigung auf die Kaufentscheidung	bestätigt
H7: Je häufiger Produkt-Vorankündigungen wahrgenommen werden, desto größer ist ihr Einfluss auf die Kaufentscheidung	bestätigt

Quelle: Eigene Darstellung

7.2 Implikationen für die weitere Forschung

Der Beitrag der vorliegenden Untersuchung für die Forschung soll im Folgenden unter konzeptionellen, empirischen und methodischen Gesichtspunkten bewertet werden. Daran anschließend werden Ansätze für die weitere Forschung formuliert.

Ein erster **konzeptioneller Beitrag** der vorliegenden Arbeit zur aktuellen Forschung besteht in der Systematisierung der bisherigen empirischen Forschungsarbeiten zum Thema Produkt-Vorankündigungen. Ein zweiter konzeptioneller Beitrag kann in der Zusammenführung des verhaltenswissenschaftlichen und informationsökonomischen Ansatzes zur Erarbeitung eines Bezugsrahmens gesehen werden, der den Kaufentscheidungsprozess von Konsumenten unter Berücksichtigung kundenorientierter Vorankündigungen darstellt. Die detaillierte Diskussion der einzelnen Stufen der Automobil-Kaufentscheidung ermöglichte die Ableitung einer kausalen Wirkungskette von Produkt-Vorankündigungen.

Ein **erster empirischer Beitrag** der Arbeit zur aktuellen Forschung besteht in der Bestandsaufnahme der Unternehmenspraxis. Der Forschung helfen diese Ergebnisse über Einsatz und Gestaltung von Vorankündigungen in der Automobilindustrie, das Phänomen greifbarer und verständlicher zu machen. Im Vergleich mit früheren Untersuchungen, wie z.B. von PREUKSCHAT und ELIASHBERG/ROBERTSON, belegen die neuen Ergebnisse eindrucksvoll die wachsende Bedeutung von Vorankündigungen als Kommunikationsinstrument zur Markteinführung neuer Produkte. Der zentrale **zweite empirische Beitrag** der vorliegenden Untersuchung liegt jedoch in dem Nachweis des positiven Einflusses der Konsumentenmerkmale auf die Wahrnehmung und Wirkung von Vorankündigungen. In der bisherigen Forschung wurden die „Merkmale des angekündigten Produktes", die „Merkmale des ankündigenden Unternehmens" sowie die „Merkmale der Vorankündigung" und ihr Einfluss auf die Glaubwürdigkeit einer Vorankündigung (als Näherungswert für ihre Wirkung) empirisch untersucht.[744] Aus der theoretischen Diskussion und der empirischen Untersuchung wurde jedoch deutlich, dass für die Vorankündigung neuer Automobile der Kommunikationserfolg vor allem auch durch die Merkmale der Empfänger determiniert wird. Darüber hinaus besteht ein **dritter empirischer Beitrag** in dem Nachweis, dass die häufige Wahrnehmung von Vorankündigungen den Einfluss der Vorankündigung auf die Kaufentscheidung erhöhen kann. Dieser Zusammenhang wird in der Literatur zwar unterstellt, ein empirischer Nachweis wurde jedoch bislang nicht erbracht. Diese Erkenntnis erlaubt auch die Interpretation des Vorankündigungs-verhaltens von Automobilherstellern, die neue Produkte nicht nur singulär ankündigen, sondern entgegen bisherigen Aussagen in der Literatur wiederholt in Vorankündigungskampagnen und auch über Massenmedien ankündigen.[745]

Schließlich soll die vorliegende Untersuchung auch in **methodischer Hinsicht** Impulse für die Erforschung der Wirkung von Vorankündigungen geben. Im Rahmen der Untersuchung hat sich der komplementäre Einsatz qualitativer und quantitativer Methoden bewährt.[746] Aus Sicht des Autors war es nur durch den kombinierten Einsatz der Methoden möglich, das Phänomen Produkt-Vorankündigung zu durchdringen und realistische Gestaltungsempfehlungen für den Einsatz herauszuarbeiten. Der Methodenmix hat den Vorteil, die Stärken beider Zugänge auszunutzen und ihre Schwächen auszugleichen, um einen ganzheitlichen Eindruck zu gewinnen.[747] Im

---

[744] Vgl. Abschnitt 2.1.3.
[745] Vgl. Preukschat 1993, S. 143; Schnoor 2000, S. 288.
[746] Vgl. hierzu die Ausführungen in Abschnitt 1.4.
[747] Vgl. Müller 2000, S. 153.

Gegensatz zu bisherigen empirischen Studien zur Wirkung von Vorankündigungen, deren Ergebnisse meist auf Experimenten mit Studenten beruhen, ist die Datengrundlage der vorliegenden Untersuchung eine großzahlige Stichprobe einer standardisierten mündlichen Konsumentenbefragung. Aus methodischer Sicht von Bedeutung ist zudem die Durchführung von Fokusgruppen als qualitative Methodik, die ein tiefes Verständnis für die Kundenperspektive ermöglicht. Durch die ungezwungene Gesprächssituation konnten vielfältige Meinungen und Argumentationen erfasst und hinterfragt werden. Die Erkenntnisse der Fokusgruppen haben insbesondere zur Generierung neuer sowie zur kritischen Prüfung bestehender Hypothesen beigetragen und flossen in die Konzeption der nachfolgenden empirischen Untersuchung ein.[748] Insgesamt hat sich der Methodenmix als schlagkräftiger Ansatz präsentiert, der wesentlich zur Klärung der Forschungsfragen beigetragen hat und als Orientierungspunkt für zukünftige Untersuchungen im Bereich der Kommunikationswirkungsforschung angesehen werden kann.

Ein **zweiter methodischer Beitrag** ist die systematische Entwicklung von Messinstrumenten für die latenten Variablen des Strukturmodells. Wurde die Wirkung von Vorankündigungen in früheren Arbeiten nur näherungsweise über das Konstrukt Glaubwürdigkeit erfasst, konnte eine genauere Abbildung über die Entwicklung der Konstrukte „Wahrnehmung von Vorankündigungen" und „Bereitschaft zur Kaufrückstellung" erreicht werden.[749] In Ermangelung aktueller realer Vorankündigungen zum Zeitpunkt der Untersuchung bezog sich die Analyse auf fiktive Vorankündigungen für eine neue Baureihe und eine neue Modellgeneration. Um eine realitätsnahe Beurteilungssituation der Vorankündigung sicherzustellen, wurden nur Personen befragt, die über eine konkrete Kaufabsicht innerhalb der nächsten 24 Monate verfügen. Somit wurde auch den Forderungen der aktuellen Literatur entsprochen, wonach die Wirkungsmessung von Vorankündigungen nur bei Kunden mit tatsächlichem Kaufinteresse erfolgen sollte.[750] Da die Validität und Reliabilität der neu konzipierten Messmodelle in der Untersuchung durchgehend belegt werden konnte, besteht die Möglichkeit der Anwendung dieser Skalen in zukünftigen Studien.

Als **dritter methodischer Beitrag** ist die Integration der Perspektive von Sender und Empfänger von Vorankündigungen innerhalb der Arbeit zu nennen. Die Untersuchung

---

[748] Vgl. Sauermann 1999, S. 119; Berekoven/Eckert/Ellenrieder 2001, S. 97.
[749] Vgl. Abschnitt 5.3.
[750] Vgl. Schnoor 2000, S. 288.

von Produkt-Vorankündigungen aus Hersteller- und Konsumentenperspektive ermöglichte einen umfassenden Einblick und ein tiefes Verständnis für den Einsatz des Instrumentes in der Automobilindustrie. Die Integration beider Perspektiven erwies sich als geeignete Methode, um das theoretische Neuland der Fragestellung überhaupt zugänglich zu machen und realitätsnahe Handlungsempfehlungen für die Unternehmenspraxis ableiten zu können.

Abschließend sollen einige Ansätze für die zukünftige Forschung auf dem Gebiet der Produkt-Vorankündigungen aufgezeigt werden, die sich u.a. aus den Restriktionen des Untersuchungsdesigns der vorliegenden Arbeit ergeben.

- Die vorliegende Arbeit bezieht sich ausschließlich auf Vorankündigungen von Automobilherstellern im deutschen Markt. Dem fundierten Verständnis steht der Fokus auf eine Branche gegenüber, so dass sich Einschränkungen bezüglich der Generalisierbarkeit der Erkenntnisse ergeben. Von Interesse für die weitere Forschungstätigkeit wäre daher die Ausdehnung auf einen internationalen Kontext. So wäre es z.B. interessant, den Einsatz und die Wirkung von Vorankündigungen in den USA, als wichtigstem Automobilmarkt der Welt zu untersuchen.

- Eine Möglichkeit für weiterführende Forschungsarbeiten bietet auch die Ausdehnung der Thematik auf andere Wirtschaftssektoren, in denen der Einsatz von Produkt-Vorankündigungen zur Markteinführung neuer Produkte sinnvoll erscheint. Neben der Untersuchung der Wirkung von Vorankündigungen z.B. auf Konsumgütermärkten wäre auch eine branchenübergreifende Untersuchung überaus sinnvoll.

- Ein weiterer Ansatzpunkt für künftige Arbeiten ergibt sich aus der offen gebliebenen Frage nach der absoluten Wirkung von Vorankündigungen. Es muss darauf hingewiesen werden, dass in den Analysen der vorliegenden Arbeit Zusammenhänge zwischen der Ausprägung von Merkmalsdimensionen und der eingeschätzten Wirkung von Vorankündigungen betrachtet wurden. Die absoluten Werte der Wirkung wurden dagegen nicht untersucht. Künftige Forschungsarbeiten könnten mit Hilfe von Panel-Befragungen die Wahrnehmung und Beurteilung realer Vorankündigungen ex-ante erfassen und ihre Wirkung auf das Kaufentscheidungsverhalten von Konsumenten ex-post im Sinne tatsächlich induzierter Kaufhandlungen ermitteln.

- Zusätzliche vertiefende Erkenntnisse sind auch durch die Integration aller Einflussfaktoren der Wirkung von Vorankündigungsmaßnahmen in einem Modell zu erwarten. Es wurde gezeigt, dass Wahrnehmung und Wirkung von Vorankündigungen für neue Automobile vor allem von der Gestaltung der Vorankündigung selbst und den Merkmalen der Empfänger abhängen. Für die Übertragung der Erkenntnisse auf andere Branchen ist es wichtig, auch die Merkmale des angekündigten Produktes und die Merkmale des ankündigenden Unternehmens entsprechend zu berücksichtigen.

- Eine wichtige Erkenntnis der Arbeit ist der empirisch belegte Zusammenhang zwischen der Wechselneigung eines Konsumenten und der Wirkung der Vorankündigung auf seine Kaufentscheidung. Für die Vorankündigung von Nachfolgemodellen wurde gezeigt, dass eine niedrige Wechselneigung, die vor allem aus der Zufriedenheit des Kunden resultiert, einen positiven Einfluss auf die Wirkung der Vorankündigung hat. Bestätigt werden damit allerdings auch die Befürchtungen der Hersteller, dass mit einem relativ frühen Start der Vorankündigung für Nachfolgemodelle der Absatz des aktuell im Markt befindlichen Modells gefährdet werden kann. Einen Ansatz zur Berechnung dieses Risikos zu entwickeln, um letztlich die optimale Vorankündigungsdauer für neue Baureihen und Nachfolgemodelle herleiten zu können, wäre ebenfalls eine interessante Fragestellung für die weitere Forschung.

Anknüpfend an den Forschungsbeitrag dieser Arbeit wurden eine Reihe möglicher zukünftiger Stossrichtungen identifiziert, die eine Intensivierung der Forschungs-bemühungen im Bereich Produkt-Vorankündigungen wünschenswert erscheinen lassen. Angesichts der hohen Bedeutung von Vorankündigungen im Rahmen der Markteinführung neuer Produkte und dem aufgezeigten Potenzial zur Beeinflussung der Kaufentscheidung von Konsumenten ist zu erwarten, dass kundenorientierte Produkt-Vorankündigungen künftig eine noch stärkere Beachtung in der betriebs-wirtschaftlichen Forschung finden, als dies bislang der Fall war.

Anhang: Verzeichnis der Abbildungen und Tabellen

Abbildung A1: Leitfaden für Experten-Interviews.................................... 225

Abbildung A2: Anschreiben zur Herstellerbefragung mit angehängtem
Fragebogen... 226

Abbildung A3: Anschreiben der Nachfass-Kommunikation bei der
Herstellerbefragung... 227

Abbildung A4: Fragebogen der Herstellerbefragung.................................. 228

Abbildung A5: Fragebogen der Konsumentenbefragung............................. 230

Tabelle A1:   Umfassende empirische Arbeiten zu Produkt-
Vorankündigungen... 222

Tabelle A2:   Empirische Arbeiten zur Wirkung von Produkt-
Vorankündigungen auf den Kapitalmarkt........................... 223

Tabelle A3:   Empirische Arbeiten zur Wirkung von Produkt-
Vorankündigungen auf Wettbewerbsunternehmen............... 224

Tabelle A4:   Zentrale Erkenntnisziele der Fokusgruppen........................... 224

Tabelle A5:   Verzeichnis der Interviewpartner..................................... 225

Tabelle A1:   Umfassende empirische Arbeiten zu Produkt-
                  Vorankündigungen

Fokus	Autor	Methodik	Kernaussagen
Analyse zum Vorankündigungs-verhalten von Unternehmen	Eliashberg/ Robertson (1988)	Schriftliche Befragung von 75 Führungskräften aus 9 verschiedenen Branchen in den USA (z.B. Pharma, Finanzwesen, Bekleidung, Telekommunikation)	51% der befragten Unternehmen setzten Vorankündigungen ein; Signifikante Zusammenhänge zw. PVA und den Konstrukten - Marktdominanz - Unternehmensgröße - Attraktives Wettbewerbsumfeld - Wechselkosten der Kunden
	Preukschat (1993)	Schriftliche Befragung von 96 deutschen Unternehmen aus den Branchen Unterhaltungselektronik, Haushaltgeräte, Fotogeräte und PKW	59% der befragten Unternehmen setzten Vorankündigungen ein; Signifikante Zusammenhänge zw. PVA und den Konstrukten - Produktwert für den Konsumenten - Marktdynamik der Branche - Marktstellung des Unternehmens - Kompatibilität zu bestehenden Prod.
	Möhrle (1995)	10 Fallstudien aus 8 Branchen in Deutschland	Umfassende theoretische Auseinandersetzung mit Produkt-vorankündigungen, die hier als "Prämarketing" bezeichnet werden
	Calantone/Schatzel (2000)	Schriftliche Befragung von 265 Führungskräften aus 4 Branchen in den USA	Vorankündigung wird als Instrument der strategischen Marketing Kommu-nikation betrachtet; Hauptgrund für Einsatz von Vorankündigungen ist das Ziel, eine Führungsrolle in der Branche zu besetzen
Untersuchung des PVA-Prozesses in der Computer-industrie	Rabino/Moore (1989)	6 Tiefen-Interviews mit Führungs-kräften in den USA (3 Markt-forschungsunternehmen, 2 Herstellerunternehmen)	PVA sind als eigenständige Phase im Produkteinführungsprozess zu sehen; PVA-Gestaltung ist abhängig von: - produktspezifischen Merkmalen - Zielgruppe der Vorankündigung
Faktoren, die den Zeitpunkt einer Vorankündigung beeinflussen	Lilly/Walters (1997)	Entwicklung eines konzeptionellen Modells, Schriftliche Befragung von US-amerikanischen 50 Managern in 40 Unternehmen aus diversen Branchen	Timing von PVA ist abhängig von: - Risiko von Wettbewerbsreaktionen - Kannibalisierungsrisiko - Verfügbarkeit Komplementärgüter - Produktinnovativität/ -komplexität - Höhe der Wechselkosten - Länge des Kaufprozesses - Produktloyalität - Zeitpunkt "Feature Freezing"
	Kohli (1999)	Telefonische Umfrage unter 217 Marketing Managern in der Computer Hardware- und Softwareindustrie	Die Dauer einer PVA kann den Erfolg einer Markteinführung wesentlich beeinflussen. Dabei ist das Timing abhängig von: - Produkt-Faktoren: Kaufzyklus, Lernanforderungen, Wechselkosten - Design-Faktoren - Branchen-Faktoren: Wettberbs-intensität

Tabelle A2: **Empirische Arbeiten zur Wirkung von Produkt-Vorankündigungen auf den Kapitalmarkt**

Fokus	Autor	Methodik	Kernaussagen
Auswirkung von Vorankündigungen auf den Börsenwert	Chaney/Devinney/ Winer (1991)	1.101 Ankündigungen von 231 Firmen im Wall Street Journal Zeitraum: 1975-1984 Börsenplätze: AMEX und NYSE Ereignisfenster: (-1, +1)	Pro Ankündigung ergibt sich durchschnittlich eine Überrendite in Höhe von 0,25% (ca. 26,7 Mio. US$ 1972); dieses Ergebnis ist in 5 Jahren signifikant
	Chaney/Devinney (1992)	1.481 Ankündigungen von 263 Firmen im Wall Street Journal Zeitraum: 1975-1988 Börsenplätze: AMEX und NYSE Ereignisfenster: (-1, +1)	Pro Ankündigung ergibt sich durchschnittlich eine Überrendite in Höhe von 0,6% (ca. 72 Mio. US$ 1978); dieses Ergebnis ist in 6 Jahren signifikant
	Eddy et al. (1993)	Analyse von 166 Ankündigungen von 16 PC Hardware-Herstellern in diversen US-Printmedien Zeitraum: 1976-1982 Ereignisfenster: (-41, +35)	Systematischer signifikanter Anstieg des Einflusses von ca. 12 Tagen vor der Ankündigung bis auf ein paar Tage danach
	Kelm/Narayanan/ Pinches (1995)	501 Ankündigungen im Wall Street Journal; 23 Industrien Zeitraum: 1977-1989 Ereignisfenster: (-1, 0)	Pro Ankündigung ergibt sich eine durchschnittliche Überrendite von 0,96%; Unterscheidung zwischen Produktvorankündigung (+0,88%) und Einführungswerbung (+1,02%)
Auswirkung verspäteter Produkteinführungen auf den Börsenwert	Hendricks/Singhal (1997)	101 Ankündigungen zu verspäteten Produkteinführungen in 800 US-Wirtschaftspublikationen Zeitraum: 1984-1991 Börsen: AMEX, NYSE, NASDAQ Ereignisfenster: (-5, +5)	Unternehmen verlieren bei verspäteter Produkteinführung durchschnittlich 5,3% ihres Börsenwertes am Tag der Ankündigung (ca. 119 Mio. US$ in 1991)
Auswirkung von Vorankündigungen auf den Börsenwert des Unternehmens und den seiner Wettbewerber	Akhigbe (2002)	124 Vorankündigungen von 124 Firmen im Wall Street Journal; 1.569 direkte Wettbewerber Zeitraum: 1970-1993 Börsenplätze: AMEX und NYSE Ereignisfenster: (-5, +5)	Pro Vorankündigung ergibt sich durchschnittlich eine Überrendite von 0,82%, die direkten Wettbewerber verlieren durchschnittlich 0,30% ihres Börsenwertes am Tag der Ankündigung
	Chen et al. (2002)	384 Vorankündigungen von 101 Firmen in div. Wirtschaftsmedien Zeitraum: 1991-1995 Börsenplätze: AMEX und NYSE Ereignisfenster: (-1, 0)	Pro Vorankündigung ergibt sich durchschnittlich eine Überrendite in Höhe von 0,59%, während Wettbewerber im gleichen Segment 0,15% an Wert verlieren

Tabelle A3: Empirische Arbeiten zur Wirkung von Produkt-Vorankündigungen auf Wettbewerbsunternehmen

Fokus	Autor	Methodik	Kernaussagen
Vorankündigungen zur Durchsetzung von Kompatibiltätsstandards	Heß (1991)	Theoretische Arbeit mit 2 Fallstudien aus der Computerindustrie in den USA	Die Vorankündigung kann zur Vorbereitung der Durchsetzung von Kompatibilitätsstandards bei Wettbewerbsunternehmen dienen
Reaktion von Unternehmen auf Vorankündigungen von Wettbewerbern	Robertson/ Eliashberg (1991)	Schriftliche Befragung von 532 US-amerikanischen Unternehmen diverser Branchen	Ein Drittel der befragten Unternehmen hat Signale von Wettbewerbern empfangen, ca. 14% an, direkt auf die Signale reagiert zu haben
	Heil/Walters (1993)	Schriftliche Befragung von 106 US-amerikanischen Unternehmen diverser Branchen	Neuprodukteinführungen werden als Signal verstanden, auf das Wettbewerber umso stärker reagieren, je größer die befürchteten wirtschaftlichen Konsequenzen und je aggressiver die Markteinführung
	Robertson/ Eliashberg/Rymon (1995)	Schriftliche Befragung von 346 Marketing Managern aus diversen Branchen in GB und USA	Wettbewerber begegnen Vorankündigungen mit: - Produkteinführungen - eigenen Vorankündigungen - sonstige Marketinginstrumente
Unwahre Vorankündigungen (Vaporware)	Eliashberg/ Robertson/Rymon (1996)	Befragung von 575 Marketing Managern aus diversen Branchen in (USA)	Die Wahrscheinlichkeit, das Unternehmen unwahre Vorankündigungen ("Bluffing") einsetzen ist abhängig von: - Markteintrittsbarrieren Branche - Marktstellung des Unternehmens - Informationstiefe
	Bayus/Jain/Rao (2001)	Analyse von 123 eingeführten Softwareprodukten 1985-1995 (USA); Spieltheoretisches Modell	Marktbeherrschende Unternehmen mit geringen Entwicklungskosten können durch unwahre Vorankündigungen Wettbewerber vom Markt verdrängen

Tabelle A4: Zentrale Erkenntnisziele der Fokusgruppen

Wahrnehmung von Vorankündigungen	1. Unter welchen Bedingungen werden vorangekündigte PKW-Modelle als Kaufalternative betrachtet?
	2. Über welche Kanäle werden Informationen über neue Modelle wahrgenommen? Welchen Einfluss haben diese Kanäle auf die Kaufentscheidung?
	3. Welche aktuellen Vorankündigungen wurden von den Teilnehmern wahrgenommen?
Wirkung von Vorankündigungen	4. Welche Wirkungen können Produkt-Vorankündigungen erzielen? Wovon hängt die Wirkung ab?
	5. Aus welchen Motiven stellen Kunden geplante Käufe zugunsten vorangekündigter Modelle zurück? Welche Vor- und Nachteile werden dabei wahrgenommen?
	6. Wie kann die Wirkung kundenorientierter Vorankündigungen erhöht werden?

Tabelle A5:   Verzeichnis der Interviewpartner

Unternehmen	Ansprechpartner	Position	Termin
Adam Opel GmbH	Peter Sommer	Marketingdirektor	17.05.2005
Audi AG	Hans-Christian Schwingen	Leiter Marketing Kommunikation	06.12.2004
BMW AG	Martin Schneider	Produktmanager BMW 1er-Reihe	25.11.2004
BMW AG	Patrick Wittstock	Kommunikationsmanager Kleine Baureihe	25.11.2004
Daimler-Chrysler AG	Lothar Korn	Leiter Global Advertising Mercedes-Benz PKW	30.03.2005
Dr. Ing. h.c. F. Porsche AG	Dr. Kjell Gruner	Ehemaliger Leiter Marketingplanung und Strategie	07.04.2005
Toyota Deutschland GmbH	Bernhard Grünewald	Product Marketing Manager Toyota	25.03.2005
The Boston Consulting Group GmbH	Dr. Antonella Mei-Pochtler	Senior Vice President, Branding Topic Leader	11.11.2004

Abbildung A1: Leitfaden für Experten-Interviews

Leitfaden

[A] Planung von Produkt-Vorankündigungen

- Was sind die größten Herausforderungen bei der Markteinführung neuer Modelle?
- Welche Unterschiede gibt es zwischen der Vorankündigung einer neuen Modellreihe und der Vorankündigung einer neuen Modellgeneration? (z.B. hinsichtlich Zielgruppe, Wahl der Kommunikationskanäle und Timing der Maßnahmen)
- Welche konkreten Ziele werden mit Produkt-Vorankündigungen verfolgt?
- Welche Risiken sind mit dem Einsatz von Produkt-Vorankündigungen verbunden?

[B] Durchführung von Produkt-Vorankündigungen

- Mit welchen Maßnahmen und Kommunikationsinhalten können neue Modelle bereits vor Markteinführung als Kaufalternative positioniert werden?
- Wie können Produkt-Vorankündigungen die Kaufbereitschaft potenzieller Konsumenten bereits vor der Markteinführung beeinflussen?
- Von welchen Gestaltungsmerkmalen hängt der Erfolg von Produkt-Vorankündigungen ab?
- Wenn alle Hersteller Vorankündigungen einsetzen, wie können dann Effektivität und Effizienz der Maßnahmen gesteigert werden? Wie kann sich ihr Unternehmen durch Vorankündigungen differenzieren?

[C] Sonstiges

- Wie werden die Maßnahmen der Produkt-Vorankündigung mit der Kommunikation nach der Markteinführung abgestimmt?
- Gibt es Themen im Pre-Launch Marketing, die ihrer Ansicht nach stärker wissenschaftlich untersucht werden sollten?

Abbildung A2: Anschreiben zur Herstellerbefragung mit angehängtem
      Fragebogen

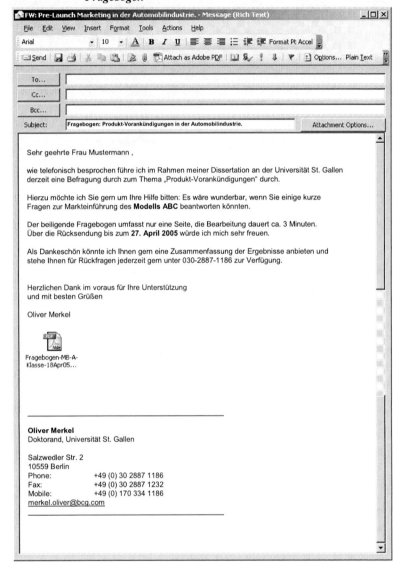

Abbildung A3: Anschreiben der Nachfass-Kommunikation bei der Herstellerbefragung

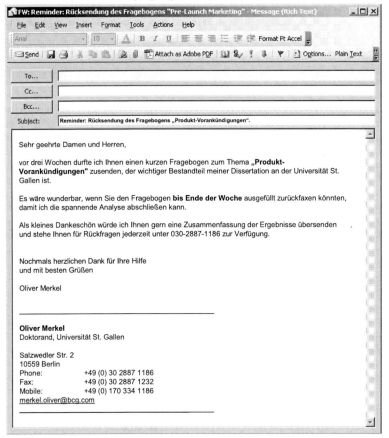

Abbildung A4: Fragebogen der Herstellerbefragung

Startfrage

Wird (wurde) das neue Modell Modellname bereits vor der Markteinführung angekündigt/beworben?

☐ ja   Bitte fortfahren

☐ nein   Bitte Grund angeben und zurückfaxen _____

1. Zeitliche Gestaltung

Bitte nennen Sie einige zeitliche Eckpunkte der Produkt-Vorankündigung:

- Zeitpunkt der Markteinführung in Deutschland   _____ / _____ (Monat/Jahr)
- Wann erfolgte die <u>erste</u> offizielle Ankündigung des neuen Modells?   _____ / _____ (Monat/Jahr)
- Wann wurden die ersten autorisierten Bilder des neuen Modells veröffentlicht?   _____ / _____ (Monat/Jahr)
- Wann wurde das Modell der Presse zum ersten Mal physisch vorgestellt (z.B. Messe)?   _____ / _____ (Monat/Jahr)

2. Zielgruppen

Welche Bedeutung haben die folgenden Kundensegmente als Zielgruppe der Produkt-Vorankündigung?

	sehr gering	*Bedeutung*	sehr hoch
Kunden mit PKW-Kaufabsicht < 3 Monate	① ② ③	④ ⑤	⑥
Kunden mit PKW-Kaufabsicht in 3 bis 6 Monaten	① ② ③	④ ⑤	⑥
Kunden mit PKW-Kaufabsicht in 6 bis 18 Monaten	① ② ③	④ ⑤	⑥
Kunden ohne konkrete Kaufabsicht	① ② ③	④ ⑤	⑥

3. Gestaltung

Bitte bewerten Sie folgende Aussagen zur inhaltlichen Gestaltung der Vorankündigung neuer PKW-Modelle gegenüber potenziellen Kunden

	stimme gar nicht zu	*Zustimmung*	stimme voll zu
Um Interesse bei Kunden aufzubauen, sind wiederholte Vorankündigungen notwendig	① ② ③	④ ⑤	⑥
Die Detailliertheit von Vorankündigungen nimmt vom ersten Einsatz bis zur Markteinführung zu	① ② ③	④ ⑤	⑥
Die Kaufbereitschaft erhöht sich, wenn Kunden neue Modelle vor Markteinführung testen können	① ② ③	④ ⑤	⑥
Die Kaufbereitschaft ist umso größer, je eher Kunden von neuen Modellen erfahren	① ② ③	④ ⑤	⑥
Die Kaufbereitschaft erhöht sich, wenn konkrete Preise vor Markteinführung kommuniziert werden	① ② ③	④ ⑤	⑥
Konsumenten haben auch ohne konkrete Preisangaben eine ungefähre Preisvorstellung	① ② ③	④ ⑤	⑥
Die Vorankündigung war/ist abgestimmt mit der Kommunikation nach Markteinführung	① ② ③	④ ⑤	⑥

4. Kommunikationskanäle

Welche Bedeutung haben die einzelnen Kanäle im Kommunikationsmix der Vorankündigung, also der Kommunikation vor der Markteinführung?

Below-the-Line-Maßnahmen	Eingesetzt?	sehr gering	Bedeutung	sehr hoch
• Messe-Präsentation	ja nein	① ② ③ ④ ⑤ ⑥
• Direct Mailings an potenzielle Kunden	ja nein	① ② ③ ④ ⑤ ⑥
• Exklusive Website für das neue Modell	ja nein	① ② ③ ④ ⑤ ⑥
• Probefahrten für potenzielle Kunden	ja nein	① ② ③ ④ ⑤ ⑥
• Sponsoring	ja nein	① ② ③ ④ ⑤ ⑥
• Events für potenzielle Kunden	ja nein	① ② ③ ④ ⑤ ⑥
• andere: _____	ja nein	① ② ③ ④ ⑤ ⑥

Klassische Kommunikation	Eingesetzt?	sehr gering	Bedeutung	sehr hoch
• Werbung in TV, Radio	ja nein	① ② ③ ④ ⑤ ⑥
• Werbung in TZ, PZ, Plakat	ja nein	① ② ③ ④ ⑤ ⑥
• Online-Werbung	ja nein	① ② ③ ④ ⑤ ⑥
• andere: _____	ja nein	① ② ③ ④ ⑤ ⑥

PR-Maßnahmen	Eingesetzt?	sehr gering	Bedeutung	sehr hoch
• Berichte in Auto-Zeitschriften	ja nein	① ② ③ ④ ⑤ ⑥
• Berichte in sonstigen Massenmedien	ja nein	① ② ③ ④ ⑤ ⑥
• Exklusive Presse-Events	ja nein	① ② ③ ④ ⑤ ⑥
• andere: _____	ja nein	① ② ③ ④ ⑤ ⑥

5. Kosten

• Bitte schätzen Sie den Kostenanteil der Vorankündigung bezogen auf die gesamten Kommunikationskosten zur Markteinführung des neuen Modells: ca. _____ %

• Bitte schätzen Sie den Kostenanteil für die klassische Kommunikation bezogen auf die Kosten der Vorankündigung: ca. _____ %

6. Ergebnisse

• Mit dem Einsatz von Vorankündigungen werden konkrete, messbare Ziele verfolgt

    stimme gar nicht zu   *Zustimmung*   stimme voll zu

    ① ② ③ ④ ⑤ ⑥

• Bei Markteinführung einer neuen Baureihe :
  - Geplanter Bekanntheitsgrad zum Zeitpunkt der Einführung? ca. _____ %
  - Geplanter durchschnittlicher Jahresabsatz in Deutschland? ca. _____ Fahrzeuge

• Die Ergebnisse der Vorankündigungs-Maßnahmen werden
  - qualitativ erfasst (z.B. Presse-Tonalität) ja nein
  - quantitativ erfasst (z.B. Awareness, Click Rates) ja nein

Herzlichen Dank für Ihre Unterstützung!
Bitte senden Sie den Fragebogen zurück an: **Fax 0049-30-2887-1232**

Abbildung A5: Fragebogen der Konsumentenbefragung

Interviewer: *Datum:*

Einleitung

Wir führen im Auftrag der Universität St. Gallen eine Befragung von Autofahrern durch. Es geht um die Markteinführung eines neuen Modells. Die Beantwortung der Fragen dauert nicht länger als 5 Minuten. Als Dankeschön erhalten Sie kleines Geschenk.

1. Planen Sie in den nächsten anderthalb Jahren den Kauf/Leasing/   ⬚ ja *Fortfahren*   ⬚ nein *Abbruch* Finanzierung eines Neuwagens?

2. In wie vielen Monaten wollen Sie ein neues Auto kaufen?   ⬚ 0-3   ⬚ 3-6   ⬚ 6-9   ⬚ 9-12   ⬚ 12-15   ⬚ 15-18   ⬚ 18-21   ⬚ 21-24

Wahrnehmung von Vorankündigungen

Automobilhersteller versuchen oft, ihre neuen Modelle bereits vor der Markteinführung bekannt zu machen. Bitte schätzen Sie ein, inwieweit folgende Aussagen für Sie zutreffen:

① = *trifft voll zu*   ② = *trifft weitgehend zu*   ③ = *mittel*   ④ = *trifft eher nicht zu*   ⑤ = *trifft überhaupt nicht zu*

3. Ich weiß, welche Modelle in der für mich interessanten Fahrzeugklasse in den nächsten 12 Monaten eingeführt werden   ① ② ③ ④ ⑤

4. Ich nehme oft Berichte über neue Modelle wahr, die erst in Zukunft eingeführt werden   ① ② ③ ④ ⑤

5. Ich spreche häufig mit Freunden und Bekannten über Autos, die es noch nicht zu kaufen gibt.   ① ② ③ ④ ⑤

6. Bei meiner Kaufentscheidung berücksichtige ich auch Modelle, die erst in den nächsten Monaten eingeführt werden   ① ② ③ ④ ⑤

Wirkung von Vorankündigungen

Stellen Sie sich bitte folgendes vor: Ein bekannter Hersteller kündigt die Einführung einer neuen Baureihe in der für Sie interessanten Fahrzeugklasse an.

Wir nehmen an, das neue Modell verfügt über alle Anforderungen, die Sie an ein Auto dieser Klasse stellen. (Das Modell gefällt Ihnen in Design, Preis und Ausstattung.)

7. Könnten Sie sich vorstellen, Ihren geplanten Kauf zurückzustellen und auf die Markteinführung der neuen Baureihe zu warten?   *kann ich mir sehr gut vorstellen*   ① ② ③ ④ ⑤   *kann ich mir gar nicht vorstellen*

8. Wie wahrscheinlich ist es, dass Sie Ihren geplanten Kauf zurückstellen würden?   *sehr wahr-scheinlich*   ① ② ③ ④ ⑤   *sehr unwahr-scheinlich*

9. Um wieviele Monate würden Sie den Kauf maximal zurückstellen?   ⬚ 0   ⬚ 1-2   ⬚ 3-4   ⬚ 5-6   ⬚ >6

Bitte stellen Sie sich nun vor, dass der Hersteller Ihres jetzigen Fahrzeugs die Einführung eines Nachfolgemodells ankündigt.

10. Könnten Sie sich vorstellen, Ihren geplanten Kauf zurückzustellen und auf die Markteinführung des Nachfolgemodells zu warten?   *kann ich mir sehr gut vorstellen*   ① ② ③ ④ ⑤   *kann ich mir gar nicht vorstellen*

11. Wie wahrscheinlich ist es, dass Sie Ihren geplanten Kauf zurückstellen würden?   *sehr wahr-scheinlich*   ① ② ③ ④ ⑤   *sehr unwahr-scheinlich*

12. Um wieviele Monate würden Sie den Kauf maximal zurückstellen?   ⬚ 0   ⬚ 1-2   ⬚ 3-4   ⬚ 5-6   ⬚ >6

Wechselneigung

Bitte schätzen Sie die Wahrscheinlichkeit der folgenden Situationen ein.
①= *sehr hoch*　②= *hoch*　③= *mittel*　④= *gering*　⑤= *sehr gering*

13. Wie hoch ist die Wahrscheinlichkeit, dass Ihr nächstes Fahrzeug wieder derselben <u>Fahrzeugklasse</u> angehört, wie Ihr derzeitiges?　① ② ③ ④ ⑤

14. Wie hoch ist die Wahrscheinlichkeit, dass Sie bei Ihrem nächsten Auto wieder die gleiche <u>Marke</u> wie die derzeige kaufen werden?　① ② ③ ④ ⑤

15. Wie hoch ist die Wahrscheinlichkeit, dass Sie Ihr nächstes Auto bei dem selben <u>Autohändler</u> wie Ihr derzeitiges kaufen?　① ② ③ ④ ⑤

Meinungsführerschaft

16. Ganz allgemein gesehen, wie oft sprechen Sie mit Ihren Freunden und Bekannten über Autos?
sehr oft ... *niemals*
① ② ③ ④ ⑤

17. Wieviel Information geben Sie Ihrer Meinung nach Ihren Freunden und Bekannten, wenn Sie sich über Autos unterhalten?
sehr viel ... *sehr wenig*
① ② ③ ④ ⑤

18. Mit wievielen Menschen haben Sie in den letzten 6 Wochen über Autos gesprochen?
sehr vielen ... *keinem*
① ② ③ ④ ⑤

19. Verglichen mit Ihren Freunden und Bekannten, wie wahrscheinlich ist es, dass Sie zum Thema Auto um Rat gefragt werden?
sehr wahr-scheinlich ... *sehr unwahr-scheinlich*
① ② ③ ④ ⑤

20. Wenn Sie mit Freunden und Bekannten über Autos sprechen, hören Sie eher die meiste Zeit zu oder erzählen Sie die meiste Zeit?
erzähle die meiste Zeit ... *höre die meiste Zeit zu*
① ② ③ ④ ⑤

21. Haben Sie den Eindruck, dass Sie von Freunden und Bekannten als gute Quelle für Ratschläge bezüglich Autos betrachtet werden?
gute Quelle für Ratschläge ... *keine gute Quelle für Ratschläge*
① ② ③ ④ ⑤

Ergänzende Fragen

Bitte schätzen Sie ein, inwieweit folgende Aussagen für Sie zutreffen:
①= *trifft voll zu*　②= *trifft weitgehend zu*　③= *mittel*　④= *trifft eher nicht zu*　⑤= *trifft überhaupt nicht zu*

22. Ein Auto ist nichts weiter als ein Fortbewegungsmittel　① ② ③ ④ ⑤

23. Ich achte nur selten auf Autowerbung in Zeitschriften und im Fernsehen　① ② ③ ④ ⑤

24. Es langweilt mich, wenn andere Menschen von ihren Autos erzählen　① ② ③ ④ ⑤

25. Welches Auto fahren Sie zur Zeit?

　　Marke: _____　Modell: _____　Baujahr: _____

Welche zwei Modelle haben Sie vor Ihrem aktuellen Fahrzeug gekauft?

26. Marke: _____　Modell: _____

27. Marke: _____　Modell: _____

28. Wie alt sind Sie?　_____

29. Geschlecht (bitte notieren)　☐ m　☐ w

Herzlichen Dank für Ihre Hilfe.

Literaturverzeichnis

Aaker, David A./Kumar, V./Day, George S. (2004): Marketing Research, 8. Aufl., New York u.a.

Akerlof, George A. (1970): The Market for 'Lemons': Quality Uncertainty and the Market Mechanism, in: Quarterly Journal of Economics, Vol. 84, No. 3, S. 488-500.

Akhigbe, Aigbe (2002): New Product Innovations, Information Signaling and Industry Competition, in: Applied Financial Economics, Vol. 15, S. 371-378.

Alba, Joseph W./Hutchinson, J. Wesley (1987): Dimensions of Consumer Expertise, in: Journal of Consumer Research, Vol. 13, March, S. 411-454.

Albach, Horst (1980): Vertrauen in der ökonomischen Theorie, in: Zeitschrift für die gesamte Staatswissenschaft, 136. Jg., S. 2-11.

Albers, Sönke/Hildebrandt, Lutz (2006): Methodische Probleme bei der Erfolgsfaktorenforschung: Messfehler, formative versus reflektive Indikatoren und die Wahl des Strukturgleichungs-Modells, Zeitschrift für betriebswirtschaftliche Forschung, zur Veröffentlichung angenommener Artikel.

Alsop, Stewart (1994): All the Industry Seems to Be Buzzing About Vaporware, in: Info World vom 7.2.1994, S. 102.

Anirudh, Dhebar (1994): Durable Goods Monopolists, Rational Consumers, and Improving Products, in: Marketing Science, Vol. 13, No. 1, S. 100-120.

Antil, John H. (1984): Conceptualization and Operationalization of Involvement, in: Advances in Consumer Research, Vol. 11, S. 203-209.

Arbuckle, James L. (2003): Amos 5.0 Update to the Amos User's Guide, Chicago.

Arbuckle, James L./Wothke, Werner (1999): Amos 4.0 User's Guide, Chicago.

Assael, Henry (1998): Consumer Behaviour and Marketing Action, 6. Aufl., Cincinnati.

Atkinson, Rita L. et al. (1993): Introduction to Psychology, 11. Aufl., Fort Worth.

Audi AG (2004): Dynamik, Design und Exklusivität: Der neue Audi A3, Pressemitteilung vom 3.2.2004.

Auto Motor und Sport (2004): Autojahr 2005, Stuttgart.

Backhaus, Klaus et al. (2003): Multivariate Analysemethoden: Eine anwendungsorientierte Einführung, 10., neu bearb. und erw. Aufl., Berlin u.a.

Bagozzi, Richard P./Fornell, Claes (1982): Theoretical Concepts, Measurements, and Meaning, in: Fornell, C. (Hrsg.), A Second Generation of Multivariate Statistics, Band 2, New York, S. 24-38.

Bagozzi, Richard P./Yi, Youjae (1988): On the Evaluation of Structural Equation Models, in: Journal of the Academy of Marketing Science, Vol. 16, No. 1, S. 74-97.

Bagozzi, Richard P./Yi, Youjae (1994): Advanced Topics in Structural Equation Models, in: Bagozzi, R. P. (Hrsg.), Advanced Methods of Marketing Research, Cambridge, S. 1-51.

Balderjahn, Ingo (1993): Marktreaktionen von Konsumenten: Ein theoretisch-methodisches Konzept zur Analyse der Wirkung marketingpolitischer Instrumente, Berlin.

Balderjahn, Ingo (2003): Validität: Konzept und Methoden, in: Wirtschaftswissenschaftliches Studium, 32. Jg., Heft 3, S. 130-135.

Balderjahn, Ingo/Scholderer, Joachim (1998): Marktforschung: LISREL oder EQS? Ein Softwarevergleich für den Anwender, in: Marktforschung und Management, 42. Jg., Heft 1, S. 33-37.

Bänsch, Axel (1996): Verkaufspsychologie und Verkaufstechnik, 6., überarb. und erw. Aufl., München, Wien.

Bänsch, Axel (2002): Käuferverhalten, 9. Aufl., München.

Baron, Reuben M./Kenny, David A. (1986): The Moderator-Mediator Variable Distinction in Social Psychological Research: Conceptual, Strategic, and Statistical Considerations, in: Journal of Personality and Social Psychology, Vol. 51, No. 6, S. 1173-1182.

Bass, Frank M. (1969): A New Product Growth Model for Consumer Durables, in: Management Science, Vol. 15, No. 1, S. 215-227.

Bauer, Hans H./Herrmann, Andreas/Huber, Frank (1996): Die Bestimmungsgrößen der Markentreue beim PKW-Kauf: Ergebnisse einer empirischen Untersuchung, in: Bauer, H. H./Dichtl, E./Herrmann, A. (Hrsg.), Automobilmarktforschung: Nutzenorientierung von PKW-Herstellern, München, S. 119-132.

Bauer, Hans H./Huber, Frank/Betz, Jürgen (1998): Erfolgsgrößen im Automobilhandel: Ergebnisse einer kausalanalytischen Studie, in: Zeitschrift für Betriebswirtschaft, 68. Jg., Heft 9, S. 979-1008.

Bauer, Raymond A. (1960): Consumer Behavior as Risk Taking, in: Hancock, R. S. (Hrsg.), Dynamic Marketing for a Changing World, Chicago, S. 389-400.

Bayus, Barry L. (1991): The Consumer Durable Replacement Buyer, in: Journal of Marketing, Vol. 55, January, S. 42-51.

Bayus, Barry L./Gupta, Sachin (1992): An Empirical Analysis of Consumer Durable Replacement Intentions, in: International Journal of Research in Marketing, Vol. 9, No. 3, S. 257-267.

Bayus, Barry L./Jain, Sanjay/Rao, Ambar G. (2001): Truth or Consequences: An Analysis of Vaporware and New Product Announcements, in: Journal of Marketing Research, Vol. 38, No. 1, S. 3-13.

Beard, Charles/Easingwood, Chris (1996): New Product Launch: Marketing Action and Launch Tactics for High-Technology Products, in: Industrial Marketing Management, Vol. 25, No. 2, S. 87-103.

Beba, Werner (1992): Meinungsführerschaft, in: Diller, H. (Hrsg.), Vahlens großes Marketinglexikon, München, S. 763-766.

Bebié, André (1978): Käuferverhalten & Marketing-Entscheidung: Konsumgüter-Marketing aus der Sicht der Behavioral Sciences, Wiesbaden.

Bekmeier-Feuerhahn, Sigrid (1998): Marktorientierte Markenbewertung: Eine konsumenten- und unternehmensbezogene Betrachtung, Wiesbaden.

Belch, Michael A. /Willis, Laura A. (2001): Family Decision at the Turn of the Century: Has the Changing Structure of Households Impacted the Family Decision-Making Process?, in: Journal of Consumer Behaviour, Vol. 2, No. 2, S. 111-124.

Bentler, Peter M. (1990): Comparative Fit Indexes in Structural Models, in: Psychological Bulletin, Vol. 107, No. 2, S. 238-246.

Bentler, Peter M./Bonett, Douglas G. (1980): Significance Tests and Goodness of Fit in the Analysis of Covariance Structures, in: Psychological Bulletin, Vol. 88, No. 3, S. 588-606.

Berekoven, Ludwig/Eckert, Werner/Ellenrieder, Peter (2001): Marktforschung: Methodische Grundlagen und praktische Anwendung, 9., überarb. Aufl., Wiesbaden.

Bergmann, Gustav/Pradel, Marcus (1999): Marktforschung als Beitrag für ein lernendes Unternehmen, in: Pepels, W. (Hrsg.), Moderne Marktforschungspraxis: Handbuch für mittelständische Unternehmen, Neuwied, Kriftel, S. 749-769.

Berner, Robert/Kiley, David (2005): Global Brand: Business Week/Interbrand Rank the Companies that Best Built their Images - and Made them Stick, in: Business Week vom 1.8.2005, S. 86-94.

Berry, Leonard L./Parasuraman, A. (1991): Marketing Services: Competing Through Quality, New York.

Best Practices LLC (2004): Launching Pharmaceutical Megabrands: Best Practices in Marketing Blockbusters, Chapel Hill (NC).

Bettman, James R./Johnson, Eric/Payne, John W. (1991): Consumer Decision Making, in: Robertson, T. S./Kassarjian, H. H. (Hrsg.), Handbook of Consumer Behavior, Englewood Cliffs (NJ), S. 50-84.

Biel, Alexander L. (1993): Converting Image into Equity, in: Aaker, D. A./Biel, A. L. (Hrsg.), Brand Equity & Advertising: Advertising's Role in Building Strong Brands, Hillsdale, S. 67-82.

Billen, Peter (2003): Unsicherheit des Nachfragers bei Wiederholungskäufen: Ein informationsökonomischer und verhaltenswissenschaftlicher Ansatz, Diss., Wiesbaden.

Bloch, Peter H. (1981): An Exploration Into the Calling of Consumers' Involvement with a Product Class, in: Advances in Consumer Research, Vol. 8, S. 61-65.

Block, Andreas (1999): Direct Marketing zur Unterstützung des Kaufentscheidungsprozesses bei der Neuprodukteinführung: Gezeigt anhand der Automobilindustrie, Diss., Bamberg.

BMW AG (2001): Ende der Spekulationen: 1er und 6er erweitern BMW Modellprogramm, Pressemitteilung vom 27.2.2001.

BMW AG (2004a): BMW 1er Tour: Probe fahren noch vor Markteinführung, Pressemitteilung vom 15.7.2004.

BMW AG (2004b): Freude am Fahren jetzt auch in der Kompaktklasse: Der neue BMW 1er startet, Pressemitteilung vom 22.3.2004.

BMW AG (2005): Umsatz der BMW Group steigt 2005 auf neuen Höchstwert, Pressemitteilung vom 25.1.2006.

Bollen, Kenneth A./Lennox, Richard (1991): Conventional Wisdom on Measurement: A Structural Equation Perspective, in: Psychological Bulletin, Vol. 110, No. 2, S. 305-314.

Boone, Derrick S./Lemon, Katherine N./Staelin, Richard (2001): The Impact of Firm Introductory Strategies on Consumers' Perceptions of Future Product Introductions and Purchase Decisions, in: Journal of Product Innovation Management, Vol. 18, No. 2, S. 96-109.

Bortz, Jürgen/Döring, Nicola (2002): Forschungsmethoden und Evaluation: für Human- und Sozialwissenschaftler, 3., überarb. Aufl., Berlin u.a.

Bösenberg, Dirk (1987): Unternehmen und Wertewandel: Die Auswirkungen auf die Produktanforderungen, in: Roosentiel, L. v./Einsiedler, H. E./Streich, R. K. (Hrsg.), Wertewandel als Herausforderung für die Unternehmenspolitik, Stuttgart, S. 63-72.

Bower, Gordon H./Black, John B./Turner, Terrence J. (1979): Scripts for Memory in Text, in: Cognitive Psychology, Vol. 11, S. 177-220.

Brannen, Julia (1992): Combining Qualitative and Quantitative Approaches: An Overview, in: Brannen, J. (Hrsg.), Mixing Methods: Qualitative and Quantitative Research, Aldershot, S. 3-37.

Brockhoff, Klaus (1999): Produktpolitik, 4., neubearb. und erw. Aufl., Stuttgart.

Brockhoff, Klaus K./Rao, Vithala R. (1993): Toward a Demand Forecasting Model for Preannounced New Technological Products, in: Journal of Engineering and Technology Management, Vol. 10, No. 3, S. 211-228.

Brown, Morton B./Forsythe, Alan B. (1974): Robust Tests for the Equality of Variances, in: Journal of the American Statistical Association, Vol. 69, S. 364-367.

Browne, Michael. W./Cudeck, Robert (1993): Alternative Ways of Assessing Model Fit, in: Bollen, K./Long, J. (Hrsg.), Testing Structural Equation Models, Newbury Park, S. 136-162.

Brüne, Gerd (1989): Meinungsführerschaft im Konsumgütermarketing. Theoretischer Erklärungsansatz und empirische Überprüfung, Diss., Heidelberg.

Bruns, Jürgen (1999): Befragung als Instrument der primärforscherischen Datengewinnung, in: Pepels, W. (Hrsg.), Moderne Marktforschungspraxis: Handbuch für mittelständische Unternehmen, Neuwied, Kriftel, S. 129-147.

Bryman, Alan (1992): Quantitative and Qualitative Research: Further Reflections on Their Integration, in: Brannen, J. (Hrsg.), Mixing Methods: Qualitative and Quantitative Research, Aldershot, S. 57-78.

Bühl, Achim/Zöfel, Peter (2004): SPSS Version 12: Einführung in die moderne Datenanalyse unter Windows, 9., überarb. Aufl., München u.a.

Büschken, Joachim (1994): Multipersonale Kaufentscheidungen: Empirische Analyse zur Operationalisierung von Einflußbeziehungen im Buying Center, Diss., Wiesbaden.

Büschken, Joachim (2000): Leapfrogging and Profit Maximizing New Product Preannouncement Timing, Diskussionsbeiträge der Katholischen Universität Eichstätt, Wirtschaftswissenschaftliche Fakultät Ingolstadt, Nr. 143, Ingolstadt.

Calantone, Roger J./Schatzel, Kim E. (2000): Strategic Foretelling: Communication-Based Antecedents of a Firm's Propensity to Preannounce, in: Journal of Marketing, Vol. 64, January, S. 17-30.

Chaney, Paul K./Devinney, Timothy M. (1992): New Product Innovation and Stock Price Performance, in: Journal of Business, Finance and Accounting, Vol. 19, No. 5, S. 677-685.

Chaney, Paul K./Devinney, Timothy, M. (1995): Who Are the Innovators and What Do They Gain?, Working Paper, Owen Graduate School of Management, Vanderbilt University, Nashville.

Chaney, Paul K./Devinney, Timothy M./Winer, Russell S. (1991): The Impact of New Product Introductions on the Market Value, in: The Journal of Business, Vol. 64, No. 4, S. 573-610.

Chen, Sheng-Syan et al. (2002): How Does Strategic Competition Affect Firm Values? A Study of New Product Announcements, in: Financial Management, Vol. 31, No. 2, S. 67-84.

Childers, Terry L. (1986): Assessment of the Psychometric Properties of an Opinion Leadership Scale: Revision and Refinement, in: Journal of Marketing Research, Vol. 23, May, S. 184-188.

Chin, Wynne W. (1998): Issues and Opinion on Structural Equation Modeling, in: MIS Quarterly, Vol. 22, No. 1, S. 7-16.

Chin, Wynne W./Newsted, Peter R. (1999): Structural Equation Modeling Analysis with Small Samples Using Partial Least Squares, in: Hoyle, R. H. (Hrsg.), Strategies for Small Sample Research, Thousand Oaks, S. 307-341.

Chrzanowska, Joanna (2002): Interviewing Groups and Individuals in Qualitative Market Research, London.

Churchill, Gilbert A. Jr. (1979): A Paradigm for Developing Better Measures of Marketing Constructs, in: Journal of Marketing Research, Vol. 16, No. 1, S. 64-73.

Coppetti, Caspar F. (2004): Building Brands through Event Sponsorships: Providing On-Site Audiences with a Vivid Brand Experience, Diss., St. Gallen.

Copulsky, William (1976): Cannibalism in the Marketplace, in: Journal of Marketing, Vol. 40, October, S. 103-105.

Cortina, Jose M. (1993): What Is Coefficient Alpha? An Examination of Theory and Applications, in: Journal of Applied Psychology, Vol. 78, No. 1, S. 98-104.

Crawford, Charles Merle (1994): New Products Management, 4. Aufl., Burr Ridge (IL).

Dahlhoff, Hans-Dieter (1980): Kaufentscheidungsprozesse von Familien: Empirische Untersuchung zur Beteiligung von Mann und Frau an der Kaufentscheidung, Frankfurt/Main u.a.

Dannenberg, Jan (2003): Die Automobilindustrie und Markentreue, in: Gottschalk, B./Kalmbach, R. (Hrsg.), Markenmanagement in der Automobilindustrie: Die Erfolgsstrategien internationaler Top-Manager, Wiesbaden, S. 87-100.

Darby, Michael R./Karni, Edi (1973): Free Competition and the Optimal Account of Fraud, in: Journal of Law and Economics, Vol. 16, S. 67-88.

Davis, Harry L./Rigaux, Benny P. (1974): Perception of Marital Roles in Decision Processes, in: Journal of Consumer Research, Vol. 1, June, S. 51-62.

Deloitte Consulting (2004): Deloitte Automotive Market Watch: Wie loyal sind deutsche Autokäufer? Ergebnisse einer repräsentativen Bevölkerungsumfrage zu Kaufbereitschaften, Markenloyalität und Preissensibilitäten, Frankfurt/Main.

Denzin, Norman K. (1978): The Research Act: A Theoretical Introduction to Sociological Methods, 2. Aufl., New York.

Deutsche Automobil Treuhand GmbH (2005): DAT-Report 2005, Ostfildern.

Diamantopoulos, Adamantios/Winklhofer, Heidi M. (2001): Index Construction with Formative Indicators: An Alternative to Scale Development, in: Journal of Marketing Research, Vol. 38, S. 269-277.

Dichtl, Erwin/Peter, Sibylle Isabelle (1996): Kundenzufriedenheit und Kundenbindung in der Automobilindustrie: Ergebnisse einer empirischen Untersuchung, in: Bauer, H. H./Dichtl, E./Herrmann, A. (Hrsg.), Automobilmarktforschung: Nutzenorientierung von PKW-Herstellern, München, S. 15-31.

Diez, Willi (2001): Automobilmarketing: Erfolgreiche Strategien, praxisorientierte Konzepte, effektive Instrumente, 4., völlig überarb. Aufl., Landsberg/Lech.

Diller, Herrmann (1996): Kundenbindung als Marketingziel, in: Marketing Zeitschrift für Forschung und Praxis, 18. Jg., Heft 2, S. 81-94.

Dittmar, Matthias (2000): Profitabilität durch das Management von Kundentreue: Theoretische Diskussion, Methodik und empirische Ergebnisse am Beispiel der Automobilindustrie, Diss., Wiesbaden.

Dr. Lademann & Partner GmbH (2001): Verbraucherpräferenzen gegenüber bestehenden und potenziellen Vertriebs- und Servicesystemen in der Automobilwirtschaft, Hamburg.

Ebel, Bernd (2001): Qualitätsmanagement: Konzepte des Qualitätsmanagements, Organisation und Führung, Ressourcenmanagement und Wertschöpfung., Herne, Berlin.

Ebel, Bernhard/Hofer, Markus B./Al-Sibai, Jumana (2004): Herausforderungen für die Automobilindustrie, in: Ebel, B./Hofer, M. B./Al-Sibai, J. (Hrsg.), Automotive Management: Strategie und Marketing in der Automobilwirtschaft, S. 3-12.

Eckstein, Peter P. (2004): Angewandte Statistik mit SPSS: Praktische Einführung für Wirtschaftswissenschaftler, 4. Aufl., Wiesbaden.

Edwards, Jeffrey R./Bagozzi, Richard P. (2000): On the Nature and Direction of Relationships Between Constructs and Measures, in: Psychological Methods, Vol. 5, No. 2, S. 155-174.

Eggert, Andreas/Fassott, Georg (2003): Zur Verwendung formativer und reflektiver Indikatoren in Strukturgleichungsmodellen, in: Kaiserslauterer Schriftenreihe Marketing, Nr. 20, S. 1-24.

Eisenhardt, Kathleen M. (1989): Building Theories from Case Study Research, in: Academy of Management Review, Vol. 14, No. 4, S. 532-550.

Eliashberg, Jehoshua/Rao, Vithala R./Rymon, Talia (1995): A Market Demand Model for a Preannounced Product, Working Paper, Marketing Science Institute, Cambridge.

Eliashberg, Jehoshua/Robertson, Thomas S. (1988): New Product Preannouncing Behavior: A Market Signaling Study, in: Journal of Marketing Research, Vol. 25, No. 3, S. 282-292.

Eliashberg, Jehoshua/Robertson, Thomas S./Rymon, Talia (1996): Market Signaling and Competitive Bluffing: An Empirical Study, Working Paper, Marketing Science Institute, Cambridge.

Elsen, Markus (2004): Road Movie im Web, in: Werben und Verkaufen vom 6.2.2004, S. 36.

Engel, James F./Blackwell, Roger D./Miniard, Paul W. (1968): Consumer Behavior, New York.

Ernst, Holger/Schnoor, Anje (2000): Einflussfaktoren auf die Glaubwürdigkeit kundenorientierter Produkt-Vorankündigungen: Ein signaltheoretischer Ansatz, in: Zeitschrift für Betriebswirtschaft, 70. Jg., Heft 12, S. 1331-1350.

Esch, Franz Rudolph/Andresen, Thomas (1994): Messung des Markenwertes, in: Tomczak, T./Reinecke, S. (Hrsg.), Marktforschung, St. Gallen, S. 212-230.

Europäisches Verbraucherzentrum (2005): Autohersteller behindern deutsche Kfz-Händler, http://www.evz.de/UNIQ113154728831598/doc1087A.html, Zugriff am 27.6.2005.

Farquhar, Peter H./Pratkanis, Anthony R. (1987): Phantom Choices: The Effects of Unavailable Alternatives on Decision Making, Working Paper, Graduate School of Industrial Administration, Carnegie-Mellon University, Pittsburgh (PA).

Farquhar, Peter H./Pratkanis, Anthony R. (1993): Decision Structuring with Phantom Alternatives, in: Management Science, Vol. 39, No. 10, S. 1214-1226.

Farrell, Joseph/Saloner, Garth (1986): Installed Base and Compatibility: Innovation, Product Preannouncements, and Predation, in: Amercian Economic Review, Vol. 76, No. 5, S. 940-955.

Fassott, Georg/Eggert, Andreas (2005): Zur Verwendung formativer und reflektiver Indikatoren in Strukturgleichungsmodellen: Bestandsaufnahme und Anwendungsempfehlungen, in: Bliemel, F. et al. (Hrsg.), Handbuch PLS-Pfadmodellierung: Methoden, Anwendung, Praxisbeispiele, Stuttgart, S. 31-47.

Feick, Lawrence F./Price, Linda L. (1987): The Market Maven: A Diffuser of Marketplace Information, in: Journal of Marketing, Vol. 51, No. 1, S. 83-97.

Festinger, Leon (1957): A Theory of Cognitive Dissonance, Stanford.

Fishbein, Martin/Ajzen, Icek (1975): Belief, Attitude, Intention and Behaviour: An Introduction to Theory and Research, Reading (MA).

Flick, Uwe (1995): Triangulation, in: Flick, U. et al. (Hrsg.), Handbuch qualitative Sozialforschung: Grundlagen, Konzepte, Methoden und Anwendungen, 2. Aufl., Weinheim, S. 432-434.

Flynn, Leisa Reinecke/Goldsmith, Ronald E./Eastman, Jacqueline K. (1994): The King and Summers Opinion Leadership Scale: Revision and Refinement, in: Journal of Business Research, Vol. 31, No. 1, S. 55-64.

Flynn, Leisa Reinecke/Goldsmith, Ronald E./Eastman, Jacqueline K. (1996): Opinion Leaders and Opinion Seekers: Two New Measurement Scales, in: Journal of the Academy of Marketing Science, Vol. 24, No. 2, S. 137-147.

Fornell, Claes/Bookstein, Fred L. (1982): Two Structural Equation Models: LISREL and PLS Applied to Consumer Exit-Voice Theory, in: Journal of Marketing Research, Vol. 19, No. 4, S. 440-452.

Fornell, Claes/Cha, Jaesung (1994): Partial Least Squares, in: Bagozzi, R. P. (Hrsg.), Advanced Methods of Marketing Research, Cambridge, S. 52-78.

Fornell, Claes/Larcker, David F. (1981): Structural Equation Models with Unobservable Variables and Measurement Error: Algebra and Statistics, in: Journal of Marketing Research, Vol. 18, No. 3, S. 382-388.

Freter, Hermann (1983): Marktsegmentierung, Stuttgart u.a.

Frey, Dieter/Gaska, Anne (1993): Die Theorie der kognitiven Dissonanz, in: Frey, D./Irle, M. (Hrsg.), Kognitive Theorien der Sozialpsychologie, 2., vollst. überarb. Aufl., Bern, S. 275-325.

Frink, Lyle (2005): Maturing Skoda Adds Models, Terratory, in: Automotive News Europe vom 17.10.2005, S. 8.

Fritz, Wolfgang (1992): Marktorientierte Unternehmensführung und Unternehmenserfolg: Grundlagen und Ergebnisse einer empirischen Untersuchung, Stuttgart.

Fukuyama, Francis (1995): Trust: The Social Virtues and the Creation of Prosperity, New York.

Gefen, David/Straub, Detmar W./Boudreau, Marie-Claude (2000): Structural Equation Modeling and Regression: Guidelines for Research Practice, in: Communications of the Association for Information Systems, Vol. 4, No. 7, S. 1-78.

Geise, Wolfgang: (1984): Einstellung und Marktverhalten: Analyse der theoretisch-empirischen Bedeutung des Einstellungskonzepts im Marketing und Entwicklung eines alternativen Forschungsprogramms aus alltagstheoretischer Perspektive, Frankfurt/Main.

Gerbing, David W./Anderson, James C. (1988): An Updated Paradigm for Scale Development Incorporating Unidimensionality and its Assessment, in: Journal of Marketing Research, Vol. 25, No. 2, S. 186-192.

Gerlach, Heiko A. (2004): Announcement, Entry, and Preemption When Consumers Have Switching Costs, in: The Rand Journal of Economics, Vol. 35, No. 1, S. 184-202.

Goldsmith, Ronald E. /De Witt, Thomas S. (2003): The Predictive Validity of an Opinion Leadership Scale, in: Journal of Marketing Theory and Practice, Vol. 11, No. 1, S. 28-35.

Göschel, Burkhard (2002): Automobilsalon Genf 2002, Manuskript zur Rede vom 4.3.2002.

Gronhaug, Kjell/Troye, Sigurd V. (1980): Exploring the Content of Evoked Set in Car Buying, in: Bagozzi, R. P. et al. (Hrsg.), Marketing in the 90's: Changes and Challenges, Chicago, S. 143-147.

Gruca, Thomas S. (1989): Determinants of Choice Set Size: An Alternative Method of Measuring Evoked Sets, in: Advances in Consumer Research, Vol. 16, S. 515-521.

Gruner + Jahr AG (2004): Das PKW Werbewirkungspanel: Informationsverhalten und Entscheidungsprozess vor PKW-Käufen, Werbewirkung und PKW-Kauf, Hamburg.

Haan, Marco A. (2003): Vaporware as a Means of Entry Deterrence, in: The Journal of Industrial Economics, Vol. 51, No. 3, S. 345-358.

Hahn, Christian (1997): Conjoint und Discrete-Choice Analyse als Verfahren zur Abbildung von Präferenzstrukturen und Produktauswahlentscheidungen: Ein theoretischer und computergestützter empirischer Vergleich, Diss., Münster.

Hamilton, Herbert (1971): Dimensions of Self-Designated Opinion Leadership and Their Correlates, in: Public Opinion Quarterly, Vol. 35, No. 2, S. 266-274.

Hammann, Peter/Erichson, Bernd (2000): Marktforschung, 4., überarb. und erw. Aufl., Stuttgart.

Hansen, Ursula/Jeschke, Kurt (1992): Nachkaufmarketing - Ein neuer Trend im Konsumgütermarketing?, in: Marketing Zeitschrift für Forschung und Praxis, 14. Jg., Heft 2, S. 88-97.

Hauser, John R./Shugan, Steven M. (1983): Defensive Marketing Strategies, in: Marketing Science, Vol. 2, No. 4, S. 319-360.

Hayduk, Leslie A. (1996): LISREL: Issues, Debates, and Strategies, Baltimore.

Heck, Ronald H. (1998): Factor Analysis: Exploratory and Confirmatory Approaches, in: Marcoulides, G. A. (Hrsg.), Modern Methods for Business Research, Mahwah (NJ), S. 177-215.

Heil, Oliver P./Langvardt, Arlen W. (1994): The Interface between Competitive Market Signaling and Antitrust Law, in: Journal of Marketing, Vol. 58, July, S. 81-96.

Heil, Oliver P./Robertson, Thomas S. (1991): Toward a Theory of Competitive Market Signaling: A Research Agenda, in: Strategic Management Journal, Vol. 12, No. 6, S. 403-418.

Heil, Oliver P./Walters, Rockney G. (1993): Explaining Competitive Reactions to New Products: An Empirical Signaling Study, in: Journal of Product Innovation Management, Vol. 10, No. 1, S. 53-65.

Hendricks, Kevin B./Singhal, Vinod R. (1997): Delays in New Product Introductions and the Market Value of the Firm: The Consequences of Being Late to the Market, in: Management Science, Vol. 43, No. 4, S. 422-436.

Herbig, Paul/O'Hara, Brad (1998): Preannouncements: Their Role in Reputation Management, in: Corporate Communications, Vol. 3, No. 1, S. 18-22.

Herrmann, Andreas/Huber, Frank (1997): Kundenloyalität als Erfolgsdeterminante im Marketing: Ergebnisse einer kausalanalytischen Studie im Automobilsektor, in: Journal für Betriebswirtschaft, 47. Jg., Heft 1, S. 4-25.

Herrmann, Andreas/Huber, Frank/Kressmann, Frank (2005): Partial Least Squares: Ein Leitfaden zur Spezifikation, Schätzung und Beurteilung varianzbasierter Strukturgleichungsmodelle, Working Paper, Universität St. Gallen, St. Gallen.

Herrmann, Andreas/Huber, Frank/Wricke, Martin (1999): Die Herausbildung von Zufriedenheitsurteilen bei Alternativenbetrachtung, in: Marketing Zeitschrift für Forschung und Praxis, 51. Jg., Heft 7-8, S. 677-690.

Heß, Gerhard (1991): Marktsignale und Wettbewerbsstrategien: Theoretische Fundierung und Fälle aus der Unternehmenspraxis, Diss., Stuttgart.

Hildebrandt, Lutz (2000): Hypothesenbildung und empirische Überprüfung, in: Herrmann, A./Homburg, C. (Hrsg.), Marktforschung, 2., aktual. Aufl., Wiesbaden, S. 33-57.

Hohensee, Matthias (2005): Furcht und Respekt, in: Wirtschaftswoche vom 3.11.2005, S. 96.

Homburg, Christian/Baumgartner, Hans (1995a): Beurteilung von Kausalmodellen: Bestandsaufnahme und Anwendungsempfehlungen, in: Marketing Zeitschrift für Forschung und Praxis, 17. Jg., Heft 3, S. 162-176.

Homburg, Christian/Baumgartner, Hans (1995b): Die Kausalanalyse als Instrument der Marketingforschung: Eine Bestandsaufnahme, in: Zeitschrift für Betriebswirtschaft, 65. Jg., Heft 10, S. 1091-1108.

Homburg, Christian/Baumgartner, Hans (1998): Beurteilung von Kausalmodellen: Bestandsaufnahme und Anwendungsempfehlungen, in: Hildebrandt, L./Homburg, C. (Hrsg.), Die Kausalanalyse: ein Instrument der empirischen betriebswirtschaftlichen Forschung, Stuttgart, S. 343-369.

Homburg, Christian/Giering, Annette (1996): Konzeptualisierung und Operationalisierung komplexer Konstrukte: Ein Leitfaden für die

Marketingforschung, in: Marketing Zeitschrift für Forschung und Praxis, 19. Jg., Heft 1, S. 5-23.

Homburg, Christian/Krohmer, Harley (2003): Marketingmanagement: Strategie, Instrumente, Umsetzung, Unternehmensführung, Wiesbaden.

Homburg, Christian/Pflesser, Christian (2000a): Konfirmatorische Faktorenanalyse, in: Herrmann, A./Homburg, C. (Hrsg.), Marktforschung: Methoden, Anwendungen, Praxisbeispiele, 2., aktual. Aufl., Wiesbaden, S. 413-437.

Homburg, Christian/Pflesser, Christian (2000b): Strukturgleichungsmodelle mit latenten Variablen: Kausalanalyse, in: Herrmann, A./Homburg, C. (Hrsg.), Marktforschung: Methoden, Anwendungen, Praxisbeispiele, 2., aktual. Aufl., Wiesbaden, S. 633-659.

Howard, John A. (1963): Marketing Management: Analysis and Planning, Homewood.

Howard, John A./Sheth, Jagdish N. (1969): The Theory of Buying Behavior, New York.

Hox, Joop J. (1995): Amos, EQS, and LISREL for Windows: A Comparative Review, in: Structural Equation Modeling, Vol. 1, No. 2, S. 79-91.

Hoxmeier, John A. (2000): Software Preannouncements and Their Impact on Customers' Perceptions and Vendor Reputation, in: Journal of Management Information Systems, Vol. 17, No. 1, S. 115-139.

Hultink, Erik Jan/Langerak, Fred (2002): Launch Decisions and Competitive Reactions: An Exploratory Market Signaling Study, in: Journal of Product Innovation Management, Vol. 19, No. 3, S. 199-212.

Hüttner, Manfred/Schwarting, Ulf (2000): Exploratorische Faktorenanalyse, in: Herrmann, A./Homburg, C. (Hrsg.), Marktforschung: Methoden, Anwendungen, Praxisbeispiele, 2., aktual. Aufl., Wiesbaden, S. 381-412.

Institut für Demoskopie Allensbach (2005): Allensbacher Markt- und Werbeträgeranalyse 2005, Allensbach.

Janssen, Jürgen/Laatz, Wilfried (2005): Statistische Datenanalyse mit SPSS für Windows: Eine anwendungsorientierte Einführung in das Basissystem und das Modul Exakte Tests, 5., neu bearb. Aufl., Berlin.

Jarvis, Cheryl Burke/Mackenzie, Scott B./Podsakoff, Philip M. (2003): A Critical Review of Construct Indicators and Measurement Model Misspecification in Marketing and Consumer Research, in: Journal of Consumer Research, Vol. 30, September, S. 199-218.

Jarvis, Lance P./Wilcox, James B. (1973): Evoked Set Size: Some Theoretical Foundations and Empirical Evidence, in: Greer, T. V. (Hrsg.), Increasing Marketing Productivity and Conceptual and Methodological Foundations of Marketing: Combined Proceedings, Chicago, S. 236-240.

Johnson, Eric J. (2004): Rediscovering Risk, in: Journal of Public Policy and Marketing, Vol. 23, No. 1, S. 2-6.

Jones, Thomas O. /Sasser, W. Earl Jr. (1995): Why Satisfied Customers Defect, in: Harvard Business Review, Vol. 73, No. 6, S. 88-99.

Kaas, Klaus Peter (1991): Marktinformation: Screening und Signaling unter Partnern und Rivalen, in: Zeitschrift für Betriebswirtschaft, 61. Jg., Heft 3, S. 357-370.

Kaas, Klaus Peter (1995): Informationsökonomik, in: Tietz, B./Köhler, R./Zentes, J. (Hrsg.), Handwörterbuch des Marketing, 2. Aufl., Stuttgart, Sp. 971-981.

Kaas, Klaus Peter/Busch, Anina (1996): Inspektions-, Erfahrungs- und Vertrauenseigenschaften von Produkten, in: Marketing Zeitschrift für Forschung und Praxis, 19. Jg., Heft 4, S. 243-252.

Kaas, Klaus-Peter (2001): Markoff-Modelle, in: Diller, H. (Hrsg.), Vahlens Großes Marketinglexikon, 2. Aufl., München, S. Sp. 1032-1033.

Kalmbach, Ralf (2003): Von der Technik zum Kunden, in: Gottschalk, B./Kalmbach, R. (Hrsg.), Markenmanagement in der Automobilindustrie: Die Erfolgsstrategien internationaler Top-Manager, Wiesbaden, S. 35-59.

Kantona, George (1960): Das Verhalten der Verbraucher und Unternehmer, Tübingen.

Katz, Elihu/Lazarsfeld, Paul F. (1955): Personal Influence: The Part Played by People in the Flow of Communications, Glencoe.

Katz, Elihu/Lazarsfeld, Paul F. (1962): Persönlicher Einfluß und Meinungsbildung, Wien.

Kelm, Kathryn M./Narayanan, V.K./Pinches, George E. (1995): Shareholder Value Creation During R&D Innovation and Commercialization Stages, in: Academy of Management Journal, Vol. 38, No. 3, S. 770-786.

Kepper, Gaby (1994): Qualitative Marktforschung: Methoden, Einsatzmöglichkeiten und Beurteilungskriterien, Diss., Wiesbaden.

Kepper, Gaby (2000): Methoden der qualitativen Marktforschung, in: Herrmann, A./Homburg, C. (Hrsg.), Marktforschung: Methoden, Anwendungen, Praxisbeispiele, 2., aktual. Aufl., Wiesbaden, S. 161-202.

King, Charles W./Summers, John O. (1970): Overlap of Opinion Leadership Across Consumer Product Categories, in: Journal of Marketing Research, Vol. 7, February, S. 43-50.

Kirmani, Amna (1990): The Effect of Perceived Advertising Costs on Brand Perceptions, in: Journal of Consumer Research, Vol. 17, September, S. 160-171.

Kirmani, Amna (1997): Advertising Repetition as a Signal of Quality: If It's Advertised So Much, Something Must Be Wrong, in: Journal of Advertising, Vol. 26, No. 3, S. 77-86.

Kleinaltenkamp, Michael (2000): Customer Integration im Electronic Business, in: Weiber, R. (Hrsg.), Handbuch Electronic Business, Wiesbaden, S. 335-357.

Koeppler, Karlfritz (1984): Opinion Leaders: Merkmale und Wirkung, Schriftenreihe der Verlagsgruppe Bauer, Band 18, Hamburg.

Kohli, Chiranjeev (1999): Signaling New Product Introductions: A Framework Explaining the Timing of Preannouncements, in: Journal of Business Research, Vol. 46, No. 1, S. 45-56.

Kölling, Martin et al. (2006): Sony patzt mit Schlüsselprodukt, in: Financial Times Deutschland vom 16.3.2006, S. 3.

Koschnick, Wolfgang J. (1995): Standard-Lexikon für Mediaplanung und Mediaforschung in Deutschland, 2., überarb. und erw. Aufl., München u.a.

Kotler, Philip et al. (2003): Grundlagen des Marketing, 3., überarb. Aufl., München.

Kotler, Philip/Bliemel, Friedhelm (1999): Marketing-Management: Analyse, Planung, Umsetzung und Steuerung, 9., überarb. und aktual. Aufl., Stuttgart.

Kraftfahrt-Bundesamt (2005): Statistische Mitteilungen, Reihe 1: Fahrzeugzulassungen, Neuzulassungen - Besitzumschreibungen - Löschungen - Bestand, Dezember 2004, Flensburg.

Kranz, Marcel (2002): Markenbewertung: Bestandsaufnahme und kritische Würdigung, in: Meffert, H./Burmann, C./Koers, M. (Hrsg.), Markenmanagement: Grundfragen der identitätsorientierten Markenführung, Wiesbaden, S. 429-458.

Kriegbaum, Catharina (2001): Markencontrolling: Bewertung und Steuerung von Marken als immaterielle Vermögenswerte im Rahmen eines nternehmenswertorientierten Controlling, München.

Kroeber-Riel, Werner/Esch, Franz Rudolph (2000): Strategie und Technik der Werbung: Verhaltenswissenschaftliche Ansätze, 5., völlig neu bearb. und erw. Aufl., Stuttgart u.a.

Kroeber-Riel, Werner/Weinberg, Peter (1996): Konsumentenverhalten, 6., völlig überarb. Aufl., München.

Kromrey, Helmut (1995): Empirische Sozialforschung: Modelle und Methoden der Datenerhebung und Datenauswertung, 7., rev. Aufl., Opladen.

Kuhlmann, Eberhard (1978): Effizienz und Risiko der Konsumentenentscheidung, Stuttgart.

Kuß, Alfred/Tomczak, Torsten (2002): Marketingplanung: Einführung in die marktorientierte Unternehmens- und Geschäftsfeldplanung, 3., überarb. Aufl., Wiesbaden.

Kuß, Alfred/Tomczak, Torsten (2004): Käuferverhalten: Eine marketingorientierte Einführung, 3., überarb. Aufl., Stuttgart.

Lambert-Pandraud, Raphaëlle/Laurent, Gilles/Lapersonne, Eric (2005): Repeat Purchasing of New Automobiles by Older Consumers: Empirical Evidence and Interpretations, in: Journal of Marketing, Vol. 69, April, S. 97-113.

Lamnek, Siegfried (1995): Qualitative Sozialforschung, Band 2: Methoden und Techniken, 3., korr. Aufl., Weinheim.

Lamnek, Siegfried (1998): Gruppendiskussion: Theorie und Praxis, Weinheim.

Lampel, Joseph/Shamsie, Jamal (2000): Critical Push: Strategies for Creating Momentum in the Motion Picture Industry, in: Journal of Management, Vol. 26, No. 2, S. 233-257.

Langner, Dirk (1974): Der Entscheidungs- und Informationsprozess bei der Markteinführung neuer Produkte: Eine theoretische Untersuchung und Anleitung zum operationalen Vorgehen, Wien.

Law, Kenneth/Wong, Chi-Sum (1999): Multidimensional Constructs in Structural Equation Analysis: An Illustration Using the Job Perception and Job Satisfaction Constructs, in: Journal of Management, Vol. 25, No. 2, S. 143-160.

Lazarsfeld, Paul F./Berelson, Bernard/Gaudet, Hazel (1944): The People's Choice: How the Voter Makes up his Mind in a Presidential Campaign, New York.

Lee, Yikuan/O'Connor, Gina Colarelli (2003): The Impact of Communication Strategy on Launching New Products: The Moderating Role of Product Innovativeness, in: Journal of Product Innovation Management, Vol. 20, No. 1, S. 4-21.

Leigh, Thomas W./Rethans, Arno J. (1983): Experiences with Script Elicitation within Consumer Decision Making Contexts, in: Advances in Consumer Research, Vol. 10, S. 667-672.

Lemm, Karsten (1998): Notizen vom Untergang, in: Die Woche vom 9.1.1998, S. 21.

Levene, Howard (1960): Robust Tests for Equality of Variances, in: Olkin, I. (Hrsg.), Contributions to Probability and Statistics, Palo Alto (CA), S. 278-292.

Levinthal, Daniel A. /Purohit, Devavrat (1989): Durable Goods and Product Obsolescence, in: Marketing Science, Vol. 8, No. 1, S. 35-36.

Levy, M. R. (1978): Opinion Leadership and Television News Uses, in: Public Opinion Quarterly, Vol. 42, S. 402-406.

Levy, Stephan M. (1996): Vaporware, Working Paper, Federal Trade Commission, Washington.

Lilly, Bryan/Walters, Rockney G. (1997): Toward a Model of New Product Preannouncement Timing, in: Journal of Product Innovation Management, Vol. 14, No. 1, S. 4-20.

Lilly, Bryan/Walters, Rockney G. (2000): An Exploratory Examination of Retaliatory Preannouncing, in: Journal of Marketing Theory and Practice, Vol. 8, No. 4, S. 1-9.

Lin, Chinho/Wu, Wann-Yih/Wang, Zhi-Feng (2000): A Study of Market Structure: Brand Loyalty and Brand Switching Behaviours for Durable Household Appliances, in: International Journal of Market Research, Vol. 42, No. 3, S. 277-300.

MacCallum, Robert C./Browne, Michael W. (1993): The Use of Causal Indicators in Covariance Structure Mod-els: Some Practical Issues, in: Psychological Bulletin, Vol. 114, No. 3, S. 533-541.

Mahajan, Vijay/Muller, Eitan (1998): When Is It Worthwhile Targeting the Majority Instead of the Innovators in a New Product Launch?, in: Journal of Marketing Research, Vol. 35, No. 4, S. 488-495.

Mahajan, Vijay/Muller, Eitan/Srivastava, Rajendra K. (1990): Determination Of Adopter Categories By Using Innovation Diffusion Models, in: Journal of Marketing Research, Vol. 27, No. 1, S. 37-50.

Malhotra, Naresh K. (1993): Marketing Research: An Applied Orientation, Englewood Cliffs (NJ).

March, James G./Simon, Herbert A. (1958): Organizations, New York u.a.

Maslow, Abraham H. (1970): Motivation and Personality, 2. Aufl., New York.

Mattes, Bernhard et al. (2004): Trends in der Automobilindustrie: Paradigmenwechsel in der Zusammenarbeit zwischen Zulieferer, Hersteller und Händler, in: Ebel, B./Hofer, M. B./Al-Sibai, J. (Hrsg.), Automotive Management: Strategie und Marketing in der Automobilwirtschaft, Berlin u.a., S.

May, Frederick E. (1969): Adaptive Behaviour in Automobile Brand Choices, in: Journal of Marketing Research, Vol. 6, No. 1, S. 62-65.

Mayring, Philipp (2002): Einführung in die qualitative Sozialforschung, 5., überarb. und neu ausgestattete Aufl., Weinheim u. a.

McCarthy, Patrick S. et al. (1992): Estimation Loyalty and Switching with an Application to the Automobile Market, in: Management Science, Vol. 38, No. 10, S. 1371-1393.

Meffert, Heribert (1979): Die Beurteilung und Nutzung von Informationsquellen beim Kauf von Konsumgütern: Empirische Ergebnisse und Prüfung ausgewählter Hypothesen, in: Meffert, H./Steffenhagen, H./Freter, H. W. (Hrsg.), Konsumentenverhalten und Information, Wiesbaden, S. 39-65.

Meffert, Heribert (1992): Marketingforschung und Käuferverhalten, Wiesbaden.

Meffert, Heribert (1998): Marketing: Grundlagen marktorientierter Unternehmensführung: Konzepte, Instrumente, Praxisbeispiele, 8., vollst. neubearb. und erw. Aufl., Wiesbaden.

Mintzberg, Henry (1979): An Emerging Strategy of 'Direct' Research, in: Administrative Science Quarterly, Vol. 24, No. 4, S. 582-589.

Mishra, Debi P./Bhabra, Harjeet S. (2001): Assessing the Economic Worth of New Product Pre-Announcement Signals: Theory and Empirical Evidence, in: Journal of Product & Brand Management, Vol. 10, S. 75-93.

Möhrle, Martin (1995): Prämarketing: Zur Markteinführung neuer Produkte, Diss., Wiesbaden.

Moorthy, Sridhar/Hawkins, Scott A. (2005): Advertising Repetition and Quality Perception, in: Journal of Business Research, Vol. 58, No. 3, S. 354-360.

Morgan, David L. (1988): Focus Groups as Qualitative Research, London.

Motor Presse Stuttgart (2005): Autofahren in Deutschland, 7. Ausgabe, Stuttgart.

Müller, Stefan (2000): Grundlagen der qualitativen Marktforschung, in: Herrmann, A./Homburg, C. (Hrsg.), Marktforschung: Methoden, Anwendungen, Praxisbeispiele, 2., aktual. Aufl., Wiesbaden, S. 129-157.

Narayana, Chem L./Markin, Ram J. (1975): Consumer Behavior and Product Performance: An Alternative Conceptualization, in: Journal of Marketing, Vol. 39, October, S. 1-5.

Nelson, Philip (1970): Information and Consumer Behavior, in: Journal of Political Economy, Vol. 78, No. 2, S. 311-329.

Nelson, Philip (1974): Advertising as Information, in: Journal of Political Economy, Vol. 82, No. 4, S. 729-754.

Nielsen Media Research (2004): Dokumentation der Werbestatistik, Hamburg.

Nunnally, Jum C. (1978): Psychometric Theory, 2. Aufl., New York u.a.

Nunnally, Jum C./Bernstein, Ira H. (1994): Psychometric Theory, 3. Aufl., New York.

o.V. (2005): Nearly 326,000 Xbox 360 Consoles Sold in Nov., NPD Says, in: Warren's Consumer Electronics Daily, S. 1.

Olshavsky, Richard W./Spreng, Richard A. (1996): An Exploratory Study of the Innovation Evaluation Process, in: Journal of Product Innovation Management, Vol. 13, No. 6, S. 512-529.

Ostlund, Lyman E. (1973): Evoked Set Size: Some Empirical Results, in: Greer, T. V. (Hrsg.), Combined Proceedings, Chicago, S. 226-230.

Panke, Helmut (2004): Pressekonferenz der BMW Group, Mondial de l' Automobile 2004, Paris, 23.9.2004.

Panke, Helmut (2005): Pressekonferenz der BMW Group, 61. Internationale Automobilausstellung, Frankfurt, 12.9.2005.

Panne, Friedrich (1977): Das Risiko im Kaufentscheidungsprozess des Konsumenten, Zürich.

Pepels, Werner (1995): Käuferverhalten und Marktforschung: Eine praxisorientierte Einführung, Stuttgart.

Peter, J. Paul (1981): Construct Validity: A Review of Basic Issues and Marketing Practices, in: Journal of Marketing Research, Vol. 18, May, S. 133-145.

Peter, Sybille I. (1997): Kundenbindung als Marketingziel: Identifikation und Analyse zentraler Determinanten, Wiesbaden.

Peterson, Robert A. (1994): Meta-Analysis of Cronbach's Coefficient Alpha, in: Journal of Consumer Research, Vol. 21, September, S. 381-391.

Petrof, John V./Daghfous, Naoufel (1996): Evoked Set: Myth or Reality?, in: Business Horizons, Vol. 39, No. 3, S. 72-77.

Pfeiffer, Werner/Bischof, Peter (1974): Produktlebenszyklen als Basis der Unternehmensplanung, in: Zeitschrift für Betriebswirtschaft, 44. Jg., Heft 10, S. 635-666.

Pimpl, Roland (2004a): Pre-Launch Kampagnen haben eigene Regeln, in: Horizont vom 17.6.2004, S. 16.

Pimpl, Roland (2004b): Verspielte Vernetzung mit viel Freude, in: Horizont vom 16.12.2004, S. 2.

Pohl, Alexander (1994): Ausgewählte Theorieansätze zur Erklärung des Nachfragerverhaltens bei technologischen Innovationen, Trier.

Pohl, Alexander (1996): Leapfrogging bei technologischen Innovationen: Ein Erklärungsansatz auf Basis der Theorie des wahrgenommenen Risikos, Diss., Wiesbaden.

Popper, Karl. R. (1967): Die Logik der Sozialwissenschaften, in: Adorno, T. W. (Hrsg.), Der Positivismusstreit in der deutschen Soziologie, Neuwied, Berlin, S. 103-123.

Porsche AG (2001): Der Cayenne - ein echter Porsche, Pressemitteilung vom 9.11.2001.

Porsche AG (2004): Weiterentwickelte Keramik-Bremsscheiben erstmals auch für neuen 911 Carrera, Pressemitteilung vom 8.6.2004.

Preukschat, Ulf (1993): Die Vorankündigung von neuen Produkten, Diss., Wiesbaden.

Punj, Girish N./Staelin, Richard (1983): A Model of Consumer Information Search Behavior for New Automobiles, in: Journal of Consumer Research, Vol. 9, March, S. 366-380.

Rabino, Samuel/Moore, Thomas E. (1989): Managing New-Product Announcements in the Computer Industry, in: Industrial Marketing Management, Vol. 18, No. 1, S. 35-43.

Radtke, Philipp/Abele, Eberhard/Zielke, Andreas E. (2004): Die smarte Revolution in der Automobilindustrie, Frankfurt/Main.

Raju, P.S./Lonial, Subhash C./Mangold, W. Glynn (1995): Differential Effects of Subjective Knowledge, Objective Knowledge, and Usage Experience on Decision Making: An Exploratory Investigation, in: Journal of Consumer Psychology, Vol. 4, No. 2, S. 153-180.

Reichheld, Frederick F. (1993): Loyalty-Based Management, in: Harvard Business Review, Vol. 71, No. 2, S. 64-73.

Reichheld, Frederick F. (2003): The One Number You Need to Grow, in: Harvard Business Review, Vol. 81, No. 12, S. 46-57.

Reichheld, Frederick F./Sasser, W. Earl Jr. (1991): Zero Defections: Quality Comes to Services, in: Harvard Business Review, Vol. 68, No. 5, S. 105-111.

Reinking, Guido (2005): Cordes bricht mit Strategien der Vergangenheit, in: Financial Times Deutschland vom 4.4.2005, S. 7.

Ringle, Christian Marc (2004): Messung von Kausalmodellen: Ein Methodenvergleich, Arbeitspapier Nr. 14, Institut für Industriebetriebslehre und Organisation, Universität Hamburg, Hamburg.

Rippberger, Tanja (1998): Ökonomik des Vertrauens: Analyse eines Organisationsprinzips, Diss., Tübingen.

Roberts, Andrew (1980): The Decision Between Above- And Below-The-Line, in: Admap, Vol. 16, No. 12, S. 588-592.

Robertson, Thomas S./Eliashberg, Jehoshua/Rymon, Talia (1995): New Product Announcement Signals and Incumbent Reactions, in: Journal of Marketing, Vol. 59, July, S. 1-15.

Robson, Colin (2002): Real World Research, 2. Aufl., Malden, Oxford u.a.

Rogers, Everett M. (1962): Diffusion of Innovations, New York.

Rogers, Everett M. (2003): Diffusion of Innovations, 5. Aufl., New York.

Rogers, Everett M./Cartano, David G. (1962): Methods of Measuring Opinion Leadership, in: Public Opinion Quarterly, Vol. 26, No. 3, S. 435-441.

Rogers, Everett M./Scott, Karyn L. (1997): The Diffusion of Innovations Model and Outreach from the National Network of Libraries of Medicine to Native American Communities, Working Paper, Department of Communication and Journalism, University of New Mexico, Albuquerque.

Rogge, Hans-Jürgen (1996): Werbung, 4. Aufl., Ludwigshafen.

Rogge, Hans-Jürgen (1999): Sekundärerhebung (Informationsquellen), in: Pepels, W. (Hrsg.), Moderne Marktforschungspraxis: Handbuch für mittelständische Unternehmen, Neuwied, Kriftel, S. 79-94.

Rosenstiel, Lutz von/Ewald, Guntram (1979): Marktpsychologie, Bd. 1, Stuttgart u.a.

Rosenstiel, Lutz von/Neumann, Peter (1991): Einführung in die Markt- und Werbepsychologie, 2. Aufl., Darmstadt.

Rossiter, John (2002): The C-OAR-SE Procedure for Scale Development in Marketing, in: International Journal of Research in Marketing, Vol. 19, S. 305-335.

Rossiter, John (2005): Reminder: A Horse Is a Horse, in: International Journal of Research in Marketing, Vol. 22, S. 23-25.

Ruhfus, Rolf Erwin (1976): Kaufentscheidungen von Familien: Ansätze zur Analyse des kollektiven Entscheidungsverhaltens im privaten Haushalt, Wiesbaden.

Sattler, Henrik/Schirm, Karsten (1999): Der Einfluß von Marken auf die Glaubwürdigkeit von Produkt-Vorankündigungen: Ein internationaler empirischer Vergleich, in: Zeitschrift für Betriebswirtschaft, Ergänzungsheft 2, S. 63-87.

Sauermann, Peter (1999): Qualitative Befragungstechniken, in: Pepels, W. (Hrsg.), Moderne Marktforschungspraxis: Handbuch für mittelständische Unternehmen, Neuwied, Kriftel, S. 116-128.

Saunders, David R. (1956): Moderator Variables in Prediction, in: Educational and Psychological Measurement, Vol. 16, S. 209-222.

Saunders, Jo/Davis, Joe M./Monsees, Daniel M. (1974): Opinion Leadership in Family Planning, in: Journal of Health and Social Behavior, Vol. 15, No. 3, S. 217-227.

Schank, Roger C./Abelson, Robert P. (1977): Scripts, Plans, Goals and Understanding, Hillsdale.

Scharffenberg, Malte (2000): Die Aufnahmebereitschaft des Handels für neue technologische Gebrauchsgüter unter Berücksichtigung von Produkt-Vorankündigungen, Diss., Frankfurt/Main u.a.

Scheuing, Eberhard Eugen (1970): Das Marketing neuer Produkte, Wiesbaden.

Schirm, Karsten (1995): Die Glaubwürdigkeit von Produkt-Vorankündigungen: Eine theoretische und empirische Untersuchung der Beurteilung von Produkt-Vorankündigungen durch Konsumenten, Diss., Wiesbaden.

Schmitt-Hagstotz, Karin/Pepels, Werner (1999): Schriftliche Befragung, in: Pepels, W. (Hrsg.), Moderne Marktforschungspraxis: Handbuch für mittelständische Unternehmen, Neuwied, Kriftel, S. 156-169.

Schnapka, Slawomir (2000): Werbeeffizienzkontrolle, in: Zerres, M. P. (Hrsg.), Handbuch Marketing-Controlling, 2., erw. Aufl., Berlin u.a., S. 321-349.

Schneider, Dieter J.G. (1989): Corporate Identity, Corporate Culture und Corporate Image als strategische Erfolgsfaktoren, in: Marktforschung und Management, 33. Jg., Heft 4, S. 103-109.

Schneider, Willy (2004): Marketing und Käuferverhalten, München.

Schnoor, Anje (2000): Kundenorientiertes Qualitäts-Signaling: Eine Übertragung auf Signaling in Produkt-Vorankündigungen, Diss., Wiesbaden.

Schögel, Marcus/Tomczak, Torsten/Wentzel, Daniel (2005): Communities - Chancen und Gefahren für die marktorientierte Unternehmensführung, in: Thexis, 22. Jg., Heft 3, S. 2-5.

Schwingen, Hans-Christian (2004): Werbung wird Programm, Präsentationsunterlagen zur Crossmedia Konferenz, Berlin, 7.12.2004.

Sharma, Subhash (1996): Applied Multivariate Techniques, New York.

Smend, Percy (2004): Multikanalysteme in der Automobildistribution: Konzeptionelle Grundlagen und empirische Befunde, Diss., Wiesbaden.

Solomon, Michael R. (2004): Consumer Behavior: Buying, Having, and Being, 6. Aufl., Upper Saddle River (NJ).

Spence, A. Michael (1974): Competitive and Optimal Responses to Signals: An Analysis of Efficiency and Distribution, in: Journal of Economic Theory, Vol. 7, S. 296-332.

Srinivasan, Narasimhan (1987): A Path Analytic Model of External Search for Information for New Automobiles, in: Advances in Consumer Research, Vol. 14, S. 319-322.

Srinivasan, Narasimhan/Ratchford, Brian T. (1991): An Empirical Test of a Model of External Search for Automobiles, in: Journal of Consumer Research, Vol. 18, September, S. 233-242.

Stern Markenprofile (2003): Basispräsentation PKW-Branche, 10. Welle, Hamburg.

Stier, Winfried (1996): Empirische Forschungsmethoden, Berlin u.a.

Stiglitz, Joseph E. (1975): The Theory of 'Screening', Education and Distribution of Income, in: American Economic Review, Vol. 65, No. 3, S. 283-300.

Stroebe, Wolfgang (1978): Das Experiment in der Sozialpsychologie, in: Stroebe, W. (Hrsg.), Sozialpsychologie, Bd. 1, Darmstadt, S. 3-49.

Taylor Nelson Sofres Automotive (2000): Attitudes Towards the European Automotive Distribution System, Executive Summary Report, Montrouge Cedex.

TdWI GmbH (Hrsg.) (2005): Typologie der Wünsche 05/06, Offenburg.

Tenenhaus, Michel et al. (2004): PLS Path Modeling, in: Computational Statistics & Data Analysis, Vol. 48, S. 159-205.

Tomczak, Torsten (1992): Forschungsmethoden in der Marketingwissenschaft: Ein Plädoyer für den qualitativen Forschungsansatz, in: Marketing Zeitschrift für Forschung und Praxis, 15. Jg., Heft 2, S. 77-87.

Tomczak, Torsten/Dittrich, Sabine (1997): Erfolgreich Kunden binden: Eine kompakte Einführung, Zürich.

Tomczak, Torsten et al. (2005): Behavioral Branding - Markenprofilierung durch persönliche Kommunikation, in: Thexis, 22. Jg., Heft 1, S. 28-31.

Tomczak, Torsten/Reinecke, Sven (1999): Der aufgabenorientierte Ansatz als Basis eines marktorientierten Wertmanagements, in: Grünig, R./Pasquier, M. (Hrsg.), Strategisches Management und Marketing, Bern u.a., S. 293-327.

Troldahl, Verling C./van Dam, Robert (1965): A New Scale for Identifying Public-Affairs Opinion Leaders, in: Journalism Quarterly, Vol. 42, No. 4, S. 655-657.

Trommsdorff, Volker (1975): Die Messung von Produktimages für das Marketing. Grundlagen und Operationalisierung, 6., vollst. überarb. und erw. Aufl., Köln u.a.

Trommsdorff, Volker (2004): Konsumentenverhalten, 6., vollst. überarb. und erw. Aufl., Stuttgart.

Tscheulin, Dieter K. (1994): 'Variety-seeking-behaviour' bei nicht-habitualisierten Konsumentenentscheidungen: Eine empirische Studie, in: Zeitschrift für betriebswirtschaftliche Forschung, 46. Jg., Heft 1, S. 54-62.

Turley, L. W./LeBlanc, Ronald P. (1995): Evoked Sets: A Dynamic Process Model, in: Journal of Marketing Theory and Practice, Vol. 3, No. 2, S. 28-36.

Ulrich, Hans (1981): Die Betriebswirtschaftslehre als anwendungsorientierte Sozialwissenschaft, in: Geist, M. N./Köhler, R. (Hrsg.), Die Führung des Betriebes, Stuttgart, S. 1-26.

Unger, Mark (1998): Die Automobil-Kaufentscheidung: Ein theoretischer Erklärungsansatz und seine empirische Überprüfung, Diss., Frankfurt/Main u.a.

Verband der Automobilindustrie e.V. (1999): Jahresbericht 1999, Frankfurt/Main.

Voss, Kevin E./Stem, Donald E. Jr. /Fotopoulos, Stergios (2000): A Comment on the Relationship between Coefficient Alpha and Scale Characteristics, in: Marketing Letters, Vol. 11, No. 2, S. 177-191.

VuMA Arbeitsgemeinschaft (2005): VuMA Verbrauchs- und Medienanalyse 2005: Basisauswertung, Frankfurt/Main u.a.

Weiber, Rolf (1993): Was ist Marketing? Ein informationsökonomischer Erklärungsansatz, Trier.

Weiber, Rolf/Adler, Jost (1995a): Informationsökonomisch begründete Typologisierung von Kaufprozessen, in: Zeitschrift für betriebswirtschaftliche Forschung, 47. Jg., Heft 1, S. 43-65.

Weiber, Rolf/Adler, Jost (1995b): Positionierung von Kaufprozessen im informationsökonomischen Dreieck: Operationalisierung und verhaltenswissenschaftliche Prüfung, in: Zeitschrift für betriebswirtschaftliche Forschung, 47. Jg., Heft 2, S. 99-123.

Weiber, Rolf/Meyer, Jörg (2002): Virtual Communities, in: Weiber, R. (Hrsg.), Handbuch Electronic Business, 2., erw. und durchges. Aufl., Wiesbaden, S. 343-362.

Weis, Hans Christian/Steinmetz, Peter (2000): Marktforschung, 4., überarb. und aktual. Aufl., Ludwigshafen.

Welch, Joe L. (1985): Researching Marketing Problems and Opportunities with Focus Groups, in: Industrial Marketing Management, Vol. 14, No. 4, S. 245-253.

Wildermann, Gregor (2005): Microsoft macht den ersten Zug im neuen Konsolen-Spiel, in: Frankfurter Rundschau vom 14.5.2005, S. 11.

Wind, Jerry/Mahajan, Vijay (1987): Marketing Hype: A New Perspective for New Product Research and Introduction, in: Journal of Product Innovation Management, Vol. 4, No. 1, S. 43-49.

Wiswede, Günter (1985): Eine Lerntheorie des Konsumverhaltens, in: Die Betriebswirtschaft, 45. Jg., Heft 5, S. 544-557.

Wittmann, Waldemar (1959): Unternehmung und unvollkommene Information. Unternehmerische Voraussicht, Ungewißheit und Planung, Köln u.a.

Wold, Herman (1980): Model Construction and Evaluation When the Theoretical Knowledge Is Scarce: Theory and Application of Partial Least Squares, in:

Kmenta, J./Ramsey, J. G. (Hrsg.), Evaluation of Econometric Models, New York, S. 47-74.

Yin, Robert K. (1994): Case Study Research: Design and Methods, 2. Aufl., Thousand Oaks u.a.

Zaichkowsky, Judith Lynne (1985): Measuring the Involvement Construct, in: Journal of Consumer Research, Vol. 12, December, S. 341-352.

Zedeck, Sheldon (1971): Problems with the Use of 'Moderator' Variables, in: Psychological Bulletin, Vol. 76, No. 4, S. 295-310.

Zhang Foutz, Natasha/Kadiyali, Vrinda (2003): Competitive Dynamics in the Release Date Pre-announcements of Motion Pictures, Working Paper, S.C. Johnson Graduate School of Management, Cornell University, Ithaca (NY).

CURRICULUM VITAE

Persönliche Daten

Name:	Oliver Merkel
Geburtstag:	15. Mai 1976
Anschrift:	Salzwedeler Strasse 2, 10559 Berlin
Email:	oliver.merkel@hotmail.com

Ausbildung

10/04 - 03/06　Universität St. Gallen (HSG), Schweiz
　　　　　　　Dissertation

04/96 - 08/00　Universität der Künste (UdK), Berlin
　　　　　　　Diplom in Gesellschafts- und Wirtschaftskommunikation

09/90 - 08/94　Max Klinger Gymnasium, Leipzig
09/82 - 08/90　Palmiro Togliatti Oberschule zu Leipzig

Arbeitserfahrung

seit 01/01　The Boston Consulting Group, Berlin
　　　　　　Project Leader
　　　　　　- Internationale Projekte mit Fokus auf Strategieentwicklung und
　　　　　　　Re-Organisation in Unternehmen der Konsumgüter- und Medienindustrie
　　　　　　- Key Account Manager Recruiting

11/99 - 01/00　Deutsche Lufthansa, Miami, USA
　　　　　　　Quality Management für Südamerika, USA und Karibik

09/99 - 10/99　Gruner+Jahr Druck- und Verlagshaus, Hamburg
　　　　　　　Assistenz in der Verlagsleitung der Zeitschrift GEO

07/99 - 09/99　Andersen Consulting Unternehmensberatung, Frankfurt
　　　　　　　Strategy Competency Group

10/97 - 03/98　Springer & Jacoby Werbeagentur, Hamburg
　　　　　　　Strategic Planning

03/95 - 09/95　NRJ Group, Radio Energy, Leipzig
　　　　　　　Nachrichtenredaktion und Marketing

Sprachkenntnisse

Deutsch:	Muttersprache
Englisch:	sicher in Wort und Schrift
Französisch:	sicher in Wort und Schrift
Russisch:	Grundkenntnisse